权威·前沿·原创

皮书系列为
“十二五”“十三五”国家重点图书出版规划项目

BLUE BOOK

智库成果出版与传播平台

北京蓝皮书

BLUE BOOK OF BEIJING

北京经济发展报告
（2019~2020）

REPORT ON ECONOMIC DEVELOPMENT IN BEIJING
(2019-2020)

北京市社会科学院
主　编／杨　松
副主编／唐　勇　邓丽姝

社会科学文献出版社
SOCIAL SCIENCES ACADEMIC PRESS (CHINA)

图书在版编目(CIP)数据

北京经济发展报告. 2019－2020 / 杨松主编. －－北京：社会科学文献出版社，2020.5
（北京蓝皮书）
ISBN 978－7－5201－6558－7

Ⅰ. ①北… Ⅱ. ①杨… Ⅲ. ①区域经济发展－研究报告－北京－2019－2020 Ⅳ. ①F127.1

中国版本图书馆 CIP 数据核字（2020）第 063160 号

北京蓝皮书
北京经济发展报告（2019 ~2020）

主　　编 / 杨　松
副 主 编 / 唐　勇　邓丽姝

出 版 人 / 谢寿光
责任编辑 / 吴　敏

出　　版 / 社会科学文献出版社 · 皮书出版分社（010）59367127
地址：北京市北三环中路甲 29 号院华龙大厦　邮编：100029
网址：www.ssap.com.cn
发　　行 / 市场营销中心（010）59367081　59367083
印　　装 / 天津千鹤文化传播有限公司

规　　格 / 开 本：787mm × 1092mm　1/16
印 张：24.75　字 数：370 千字
版　　次 / 2020 年 5 月第 1 版　2020 年 5 月第 1 次印刷
书　　号 / ISBN 978－7－5201－6558－7
定　　价 / 128.00 元

《北京经济发展报告（2019～2020）》
编　委　会

主要编撰者简介

杨　松　北京市社会科学院经济研究所所长、研究员，兼任首都环境建设委员会专家团成员、北京城市副中心专家团成员、北京市西城区委人民政府顾问。曾任教于北京师范大学、商业部管理干部学院。长期从事城市经济、贸易经济、经济管理等方面的教学与研究工作。主要研究方向为城市经济、城市治理、市政公用事业市场化等。著有《首都城市公用事业市场化研究——趋势、运营、监管和比较》（中国经济出版社，2010）、《北京市政公用事业特许经营制度创新研究》（知识产权出版社，2012）、《北京建设国际活动聚集之都研究》（知识产权出版社，2012）。主持或参与国家级、省部级等科研项目 80 多项。多项研究成果获得北京市委书记及北京市市长、副市长肯定性批示。发表论文 150 多篇。2012 年获北京市第十二届哲学社会科学优秀科研成果二等奖。

唐　勇　北京市社会科学院经济研究所助理研究员。主要研究方向为宏观经济学和数量经济学。

邓丽姝　经济学博士，北京市社会科学院经济研究所副研究员。主要研究领域为创新型经济发展和产业升级、区域经济协同发展等。在《经济管理》《城市发展研究》《前线》等公开发表学术论文 60 余篇，出版专著 2 部。主持和作为主要成员参加各类科研项目 40 余项。

摘　要

《北京经济发展报告（2019～2020）》是以北京市社会科学院经济所的研究人员为核心团队成员，吸收政府部门、科研机构、高等院校及院内相关研究所等各方面专家、学者共同撰写的关于北京市经济发展、经济形势分析与预测的年度研究报告。

《北京经济发展报告（2019～2020）》对2019年北京市经济发展的整体形势进行了系统性的分析与回顾，并对2020年经济走势进行了预测与研判；本报告聚焦北京市经济社会发展中的全局性、战略性和关键领域的重点问题，运用定量分析和定性分析相结合的方法，对北京市经济社会发展的现状、问题、成因进行了深入分析，提出了可操作性的对策建议。

《北京经济发展报告（2019～2020）》分为总报告、宏观经济篇、战略分析篇、产业发展篇、财政金融篇和区域发展篇。从内容看，本书对2020年经济形势、重点任务等进行了展望、预测和分析，特别是有关西城区经济高质量发展、控规约束下核心区产业升级转型发展、创新体系建设、文化产业、软件信息服务业、传统制造业、绿色债券、生态补偿、数字经济、外资总部经济、独角兽企业、北京世园会等重点热点问题进行了深入的研究和分析。

总报告是本书的核心内容。总报告共分四个部分：第一部分主要分析了当前国际经济形势及发展趋势；第二部分主要是对2019年北京经济发展情况进行了回顾与总结；第三部分分析了新冠肺炎疫情对北京经济增长、内需及相关产业的影响；第四部分建立宏观经济联立方程模型，实证分析北京投资、消费、工资与经济增长的关系，并对北京2020年经济形势进行了预测和展望。

本报告预测，2020 年北京全社会固定资产投资将同比增长 1.5%，实现小幅增长；市场总消费同比增长 4.5%，增速较 2019 年有较大幅度的下滑；第二产业增加值增速将小幅下滑，达到 3.8%；第三产业增加值增速将出现较大幅度的回落，达到 4.1%；居民消费价格总指数将继续保持相对稳定，为 102.2。综上所述，考虑到疫情影响，预计 2020 年北京 GDP 将实现 4.0%左右的增长，增速进一步回落。

关键词：北京经济　高质量发展　宏观经济　产业经济

目　录

Ⅰ　总报告

Ⅱ　宏观经济篇

Ⅲ 战略分析篇

Ⅳ 产业发展篇

Ⅴ 财政金融篇

Ⅵ 区域发展篇

总 报 告

General Report

B.1
2019 ~2020年北京经济形势分析与预测

北京市社会科学院经济形势分析与预测课题组*

摘　要： 2019 年世界经济增长举步维艰，经济增速可能为近十年来最低水平。2020 年面临新冠肺炎疫情在全世界蔓延的态势，世界经济增速总体上将延续放缓态势。回顾 2019 年，北京经济增长稳定运行，固定资产投资降幅收窄，消费需求略有回升，产业发展质量提升，物价指数略有回落，居民收入快速增长，商品住宅价稳量增。2020 年初暴发的新冠肺炎疫情对北京经济增长以及旅游业、餐饮住宿业、文化娱乐业、交通运输业、房地产等行业产生了重大影响。建立宏观经济联立方程模型，实证分析了北京市消费、投资、工资与经济增长之间的关系。预计 2020 年北京全社会固定资产投资将同比增长 1.5%，实

* 执笔人：唐勇，北京市社会科学院经济研究所助理研究员，主要研究方向为宏观经济学、经济增长理论。

现小幅增长；市场总消费同比增长4.5%，增速较2019年有较大幅度的下滑；第二产业增加值增速将小幅下滑，达到3.8%；第三产业增加值增速将出现较大幅度的回落，达到4.1%；居民消费价格总指数将继续保持相对稳定，为102.2。综上所述，考虑到疫情影响，预计2020年北京GDP将实现4.0%左右的增长，增速进一步回落。

关键词： 经济形势 新冠肺炎疫情 北京

2019年，在世界经济艰难复苏、中美贸易摩擦影响加深、全国经济增长稳中趋缓的复杂局面影响下，北京经济增速稳步回落，驱动动能加快转换，资源要素优化配置，发展质量有效提高，但经济增长面临的挑战亦不容忽视。

一 外部环境：挑战还是机遇

2019年，世界经济正经历“百年未有之大变局”，大国之间的贸易摩擦此起彼伏，全球经济增长降至近十年以来的最低水平。

（一）世界经济增长举步维艰

联合国在2020年1月16日发布的《世界经济形势与展望2020》中认为，由于大国之间的持续贸易摩擦以及世界范围内的投资缩减，世界经济增速在2019年降为2.3%，为近十年来的最低水平。国际货币基金组织2020年1月20日发布的《世界经济展望》认为，在2018年全球经济增长达到3.7%之后，2019年和2020年将出现增速减缓趋势，预计2019年将增长3.5%，2020年将增长3.6%。

2019年，世界经济增长整体表现低迷，但各主要经济体之间增长差异明显。从发达经济体的增长表现来看，美国受财政政策向中性回归的态势以及货币宽松政策力度减弱的预期影响，2019 年 GDP 增长 2.3%，较 2018 年下降 0.6 个百分点，预计 2020 年经济增速会进一步放缓；欧元区受英国“无协议脱欧”、贸易摩擦不断以及各国国内需求增长放缓的影响，GDP 增长 1.2%，比 2018 年下降 0.7 个百分点，但预计 2020 年增速会略有提高；日本 2019 年经济增速在财政刺激政策的影响下有所恢复，从 2018 年的 0.3% 上升至 1%，预计 2020 年增速将继续缓慢上调；英国 2019 年经济增长 1.3%，与 2018 年基本持平，随着“无协议脱欧”风险的逐步释放，预计 2020 年增速可能将有所回升。

从新兴市场经济体的增长表现来看，中国 2019 年经济增速虽然较 2018 年有所下滑（从 6.6% 下滑到 6.1%），但仍是各主要经济体中增长最快的。印度受农业灾害频发和国内需求严重下滑影响，2019 年经济增速明显下滑，从 2018 年的 6.8% 下滑至 4.8%，一年缩水了 2 个百分点。东盟五国（印度尼西亚、马来西亚、菲律宾、泰国、越南）受出口需求下滑影响，2019 年经济总体增长 4.7%，较 2018 年也有所下滑（2018 年增速为 5.2%）。俄罗斯 2019 年经济增速为 1.1%，但随着对能源依赖减弱以及对企业信贷继续扩大支持，预计 2020 年经济增速将有所上升。其他地区如拉丁美洲和中东地区，经济均维持在较低的增长速度区间。

总体来看，世界经济增长形势不容乐观。2020 年，新冠肺炎疫情无疑会对经济增长态势有一定的负面影响，这对于举步维艰的世界经济来说无异于雪上加霜。面对疫情可能导致的世界性需求疲软，俄罗斯拒绝与欧佩克（OPEC）之间的石油减产协议，各产油国纷纷跟进竞相降价增产，导致国际原油价格暴跌。同时，世界各国股市剧烈震荡纷纷暴跌。但是也不必过于恐慌，疫情毕竟只影响短期经济走势，原油价格下跌也使得世界各国通胀压力大幅度减小。正在恢复的中美贸易关系和不断改善的美欧贸易关系才是影响世界经济长期增长走势的关键。

（二）中国经济增长保持相对平稳，但下行压力凸显

经济增长相对平稳。国家统计局发布的统计公报显示，2019 年中国国

内生产总值同比增长6.1%，虽然增速较2018年下降了0.5个百分点，但保持在6%以上的增长速度相对于艰难复苏的世界各国经济来说，仍然是一个比较高的增长速度，并且没有出现经济的大起大落，相对来说比较平稳。2019年中国人均GDP达到70892元，同比增长5.7%，也保持了相对平稳增长的态势。

就业市场保持稳定。国家统计局数据显示，2019年全国农民工总量约为2.9亿人，比2018年增长0.8%；城镇就业人员占全国就业人口比重为57.1%，比2018年上升1.1个百分点；全国城镇调查失业率年末为5.2%，全年基本保持在5.0%~5.3%的窄幅波动区间。

物价水平温和上涨。2019年受非洲猪瘟疫情冲击等因素影响，全国猪肉价格上涨幅度较大，从2019年6月开始到2019年11月，猪肉消费价格一路攀升。据国家统计局数据，2019年11月，猪肉消费价格指数同比上涨110.2%。在此背景下，中国居民消费价格指数同比上涨2.9%，一般物价水平控制在比较温和的上涨区间。

外贸增速有所下滑。受中美贸易摩擦影响，2019年全国货物进出口总额同比增长3.4%，增速比2018年下滑了6.3个百分点。其中，出口同比增长5.0%，增速比2018年下滑了2.1个百分点；进口同比增长1.6%，增速比2018年下降了11.3个百分点。另外，2019年外商直接投资新设立企业40888家，比2018年下降32.5%，但实际使用外商直接投资金额9415亿元，同比增长5.8%，增速比2018年提高了4.9个百分点。

经济结构继续优化。一是第三产业占比有所提高。2019年中国服务业增加值占GDP比重达到53.9%，比上年提高0.6个百分点；对经济增长贡献率为59.4%，高于第二产业22.6个百分点。二是内需对经济的稳定器作用增强。2019年全国国内消费支出对GDP的贡献率为57.8%，比资本形成总额的贡献率高26.6个百分点；另外，社会消费品零售总额同比增长8.0%，成为稳增长的重要支撑。三是区域发展更加协调。2019年，中部和西部地区生产总值分别比上年增长7.3%和6.7%，快于全国1.2个和0.6个百分点。

总体来看，2019年中国宏观经济基本实现了温和通胀下的平稳增长，避免了经济增长的大起大落。外贸增速有所下滑，但对总体经济的影响暂未扩大，其中内需的稳定增长起到了关键性作用。产业结构、消费结构、区域结构的优化为中国进一步实现高质量发展奠定了良好的基础。

展望2020年，中国经济稳中求进的总体趋势没有改变。中美两个经济大国之间第一阶段贸易协议的正式签订，及时避免了中美之间贸易紧张局势的进一步升级，两国之间的贸易往来将有所恢复。2020年1月底暴发的新冠肺炎疫情不可避免地会对经济社会发展造成较大冲击，但疫情所引发的短时停产停工影响有限，疫情的冲击是短期的、总体上是可控的，我国经济长期向好的基本面没有改变，在党中央正确领导下，2020年我国经济社会发展预期目标是能够实现的。

二 2019年北京经济形势回顾与分析

2019年是北京经济增速“破8”以来的第八个年头，也是与全国经济增速趋同的第八个年头。北京致力于创新引领经济高质量发展，大力发展高技术产业，增强科技创新能力，保持经济平稳运行。

（一）经济增长稳定运行

2019年，北京全年地区生产总值达到35371.3亿元，同比增长6.1%，增速比2018年小幅下降0.5个百分点。从图1可以看出，2012年以来北京经济增速逐渐与全国趋同，到2019年已经是第八个年头，并且也是以低于8%的速度增长的第八个年头。

全社会用电量低速增长。2019年，北京地区全社会用电量为1166.4亿千瓦时，同比增长2.1%，增速比2018年下降了5个百分点。北京全社会用电量的低速增长主要在于全市居民生活用电的大幅下滑。2019年北京城乡居民生活用电量251.6亿千瓦时，比2018年减少1.9%，增速较2018年的18.2%大幅下滑。当然，用电量的大头还是生产用电。2019年北京地区

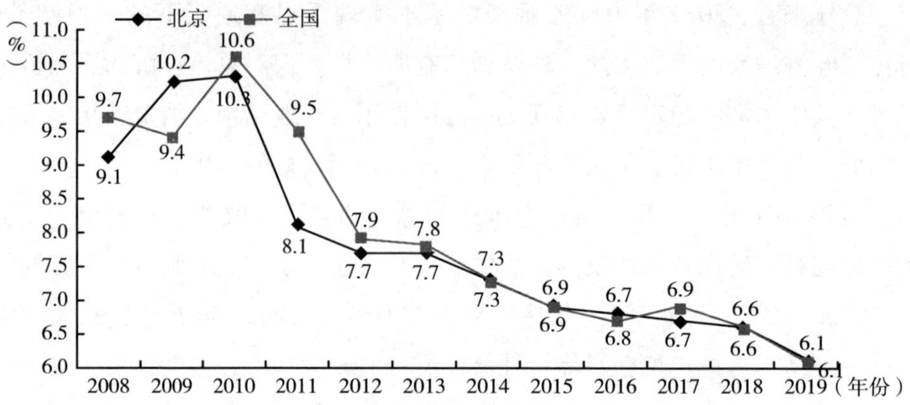

图1　2008～2019年北京与全国GDP增速比较

资料来源：根据历年《北京统计年鉴》整理。

生产用电量为914.8亿千瓦时，同比增长3.2%，增速较2018年的4.2%下滑了1个百分点。一般来说，用电量指标能大致反映经济生产生活的活跃程度。2019年全社会用电量的低速增长，从侧面反映了2020年北京经济增长下行压力仍然较大。

（二）固定资产投资降幅收窄

2019年，北京全社会固定资产投资同比下降2.4%，降幅比2018年有所收窄（见图2）。其中，房地产开发投资小幅下降0.9%。在积极财政政策支持下，建安投资增长5.9%；民间固定资产投资下降1.9%，降幅也比2018年大幅收窄，反映民间资本对未来经济增长预期比较谨慎，但对于经济增长前景的担忧有所减弱。

从分行业来看，固定资产投资增长最快的三个行业分别是租赁和商务服务业（增长157.7%）、住宿和餐饮业（增长116.2%）、文化体育和娱乐业（增长77%）。另外，卫生和社会工作以及科学研究和技术服务业固定资产投资增长也较快，增速分别为49%和27%。投资下降最快的三个行业分别是建筑业（-52.8%），批发和零售业（-46.1%），公共管理、社会保障和社会组织行业（-27.9%）。

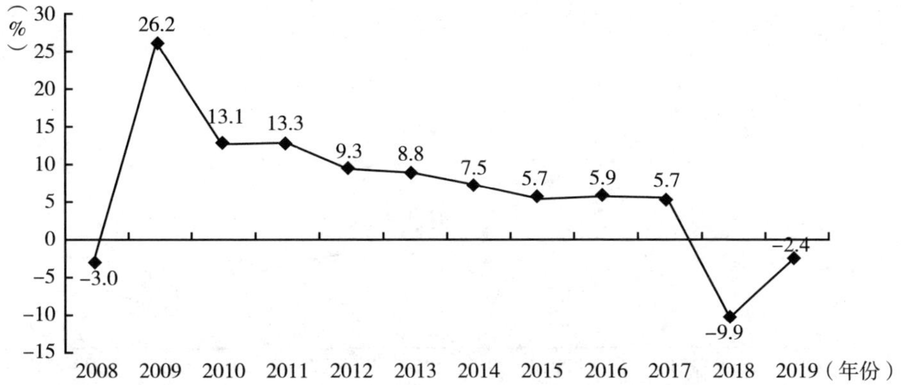

图2　2008～2019 年北京全社会固定资产投资增速

资料来源：根据历年《北京统计年鉴》整理。

（三）消费需求略有回升

2019 年，北京地区市场总消费额达到 27318.9 亿元，同比增长 7.5%，比 2018 年增速提高 0.1 个百分点。社会消费品零售总额实现 12270.1 亿元，同比增长 4.4%，增速比 2018 年上升 1.7 个百分点。从图 3 可以看出，从 2010 年到 2018 年，北京社会消费品零售总额增速逐年下滑，直到 2019 年，增速才略有回升。这表明，内部消费需求对北京经济的支撑作用在进一步增强。

从消费内部结构来看，2019 年北京服务性消费达到 15048.8 亿元，同比增长 10.2%，服务性消费对市场总消费增长的贡献率达到 72.7%。此外，2019 年北京限额以上批发和零售业实现的网购消费额达到 3366.3 亿元，同比增长 23.6%，增幅比 2018 年提高了 11.8 个百分点。网购消费占社会消费品零售总额的比重达到 27.4%，比 2018 年提高了 5 个百分点。网购消费占比的逐步提升表明在线购物消费正在逐步取代传统的线下购物消费，成为北京市民消费中不可或缺的购物模式，对于支撑北京消费增长稳步回升发挥了积极作用。

从消费支出来看，2019 年北京全市居民人均消费支出 43038 元，同比

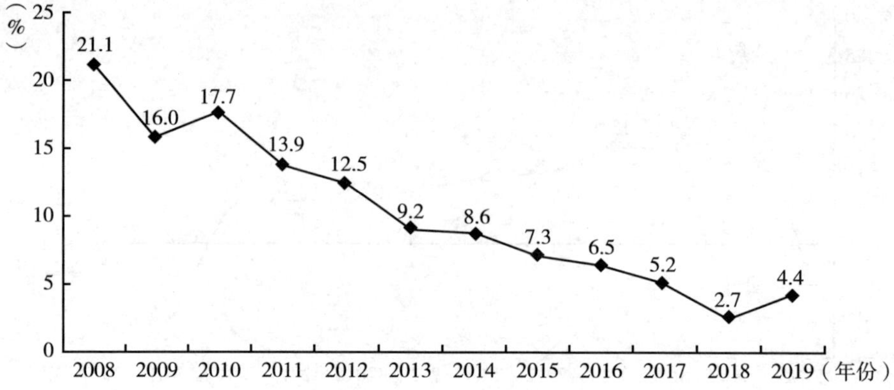

图3 2008～2019年北京社会消费品零售总额增速

资料来源：根据历年《北京统计年鉴》整理。

增长8.0%。其中，医疗保健类消费支出增长最快，增速达到14.2%；其次是居住类消费支出，增速为11.6%。2019年人均居住类消费支出达到15751元，占全部消费支出的比重为36.6%，是北京居民消费支出的最重要组成部分。也就是说，平均来看，北京市民在住房上的开支（包括房租和房贷等）占到其全部消费开支的将近四成。

（四）产业发展质量提升

首先，产业发展质量提升体现在高技术产业和战略性新兴产业的快速增长。2019年，北京高技术产业增加值同比增长7.9%，占地区生产总值的比重达到24.4%，比2018年提高0.2个百分点。2019年，北京战略性新兴产业增加值同比增长7.3%，占地区生产总值的比重达到23.8%，比2018年提高0.1个百分点。同时，这两类产业增加值的增速也高于同期地区生产总值增速。

其次，产业发展质量提升体现在劳动生产率的提高。2019年，北京规模以上工业企业劳动生产率比2018年提高46000元/人，规模以上服务业企业人均收入水平比2018年提高14.1%。

最后，产业发展质量提升体现在科技创新能力不断增强。专利数量是衡量一个地区科技创新能力的重要指标。2019 年，北京专利授权量为 13.2 万件，同比增长 6.7%；其中发明专利授权量为 5.3 万件，占全部专利授权量的比重为 40.3%，比 2018 年提高 2.3 个百分点。2019 年北京平均每万人发明专利拥有量达到 132 件，比 2018 年增加了 20 件。

（五）物价指数稍有回落

维持物价总水平涨幅在比较温和的范围之内（一般为 5% 以内）有利于地区经济的健康稳定增长。2011 年以来，北京市物价总水平涨幅（一般指居民消费价格指数 CPI）一直控制在 5% 以内，保障了经济的可持续稳定增长。2019 年北京市居民消费价格总指数为 102.3，比 2018 年略有回落。

但 2019 年北京工业生产者出厂价格指数（PPI）为 99.6%，意味着北京上游工业企业的商品出厂价格仍在下降。从图 4 可以看出，最近两年，北京居民消费价格指数和工业生产者出厂价格指数之间的“剪刀差”有扩大的趋势。这一方面反映了上游工业企业盈利空间缩小，盈利压力增大；另一方面也反映了价格上涨的结构性差异加大，比如 2019 年出现的猪肉价格“疯涨”以及 2019 年底出现的 ETC 收费乱象导致的物流成本增加。这些结构性价格问题也是北京需要在 2020 年密切关注的。

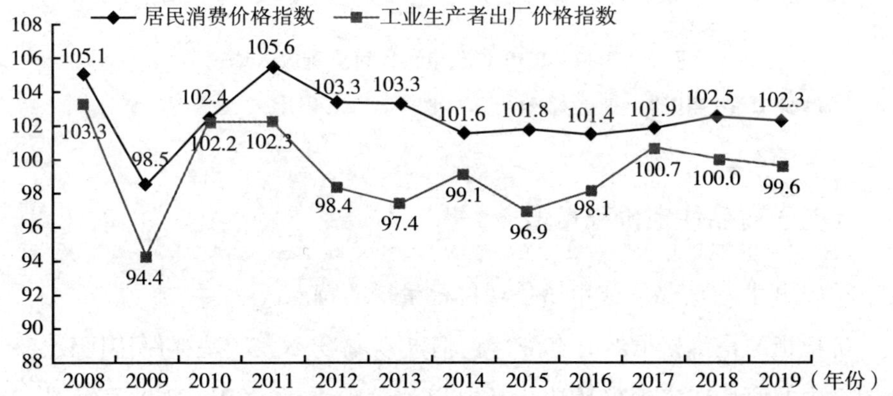

图 4　2008～2019 年北京居民消费价格指数和工业生产者出厂价格指数

资料来源：根据历年《北京统计年鉴》整理。

（六）居民收入快速增长

居民收入增长情况反映了经济发展成果是否为全体居民所共享。2019年，全市居民人均可支配收入达到67756元，同比增长8.7%，扣除价格因素影响后，实际增长6.3%，比同期地区生产总值增速高0.2个百分点。

从图5可以看到，从2011年到2017年，北京人均可支配收入一直维持在7%左右的增长速度，但最近两年（2018年和2019年）在GDP增速稳步回落的情况下，人均可支配收入增速不降反升，表明这两年北京市在发展经济的同时，更加注重使发展成果惠及普通市民。

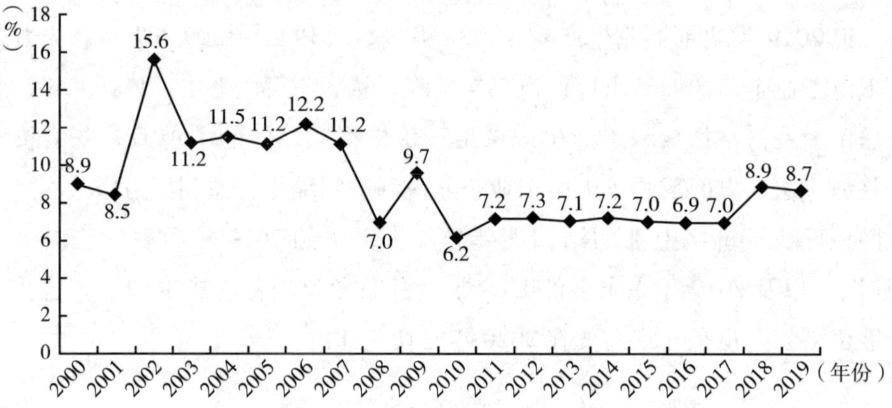

图5　2000～2019年北京人均可支配收入增速

资料来源：根据历年《北京统计年鉴》整理。

（七）商品住宅价稳量增

2019年北京商品住宅市场呈现价稳量增的特点。

价稳指的是价格虽然时有涨落，但波动幅度不大，基本保持比较稳定。从图6中的商品住宅价格环比指数可以清楚地看到，2019年北京商品住宅价格在有的月份涨（环比价格指数大于100），在有的月份跌（环比价格指数小于100），但无论涨跌，波动幅度都不超过2%。具体到新建商品住宅和二手住宅的价格涨落，新建商品住宅价格以小幅上涨为主，而二手住宅价格以小幅下跌为主。

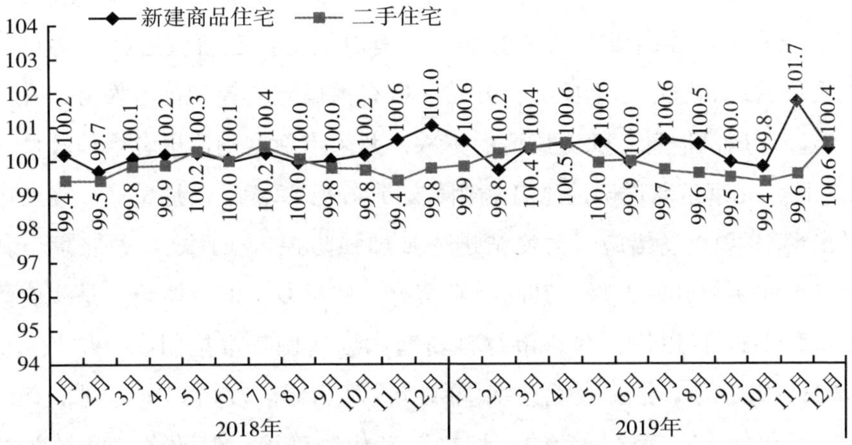

图6　北京住宅销售价格环比指数

资料来源：根据2018年、2019年《北京统计年鉴》整理。

量增指的是商品住宅销售量有所增长。2019年北京房地产市场无论是施工面积还是竣工面积都在同比下滑。其中，施工面积同比下降3.5%，竣工面积同比下降13.8%，这反映了未来商品房市场供给将会减少。与施工面积和竣工面积都下降相反的事实是，2019年北京商品房销售面积却大幅增长34.9%。这一方面是上一年北京商品房销售面积大幅下滑（20.4%）导致基数较低，另一方面是由于前期观望的一些改善型住房需求有所增长。

三　新型冠状病毒肺炎疫情对北京经济的影响

2019年底至2020年初暴发的新型冠状病毒肺炎疫情，不可避免地会对北京经济发展造成影响，因此应该具体分析此次疫情对北京经济的影响，采取积极有力的措施予以应对。

（一）北京疫情情况

2020年1月12日，北京市收治了第一例新型冠状病毒肺炎患者。1月20日，国家卫健委高级别专家组组长钟南山院士肯定新型冠状病毒存在人传人现象后，北京市迅速反应，开始采取有力措施监控和抗击疫情，并向公众发布确诊病例信息。随着疫情的扩散，北京市新增确诊患者增长较快，到2月2日，北京市新增确诊患者病例数达到峰值32例。2月3日，北京市政府又出台19项重磅措施，对疫情进一步加强防控。在这之后，北京市新增确诊患者病例数开始下降，其间时常会有一些反复，但总体趋势是病例数在减少。2月12日以后，北京市每日新增确诊病例基本控制在个位数。到2月22日，北京市新冠肺炎确诊病例数首次降为零。疫情基本得到了有效控制，之后仍然会有确诊患者的密切接触者相继确诊，但数量都已经非常少了。2月29日，北京发现2例确诊患者，均为国外输入型病例。自此之后，北京本地确诊病例已经很少出现，疫情防控主要对象转移到从外国来京的输入型病例（见图7）。

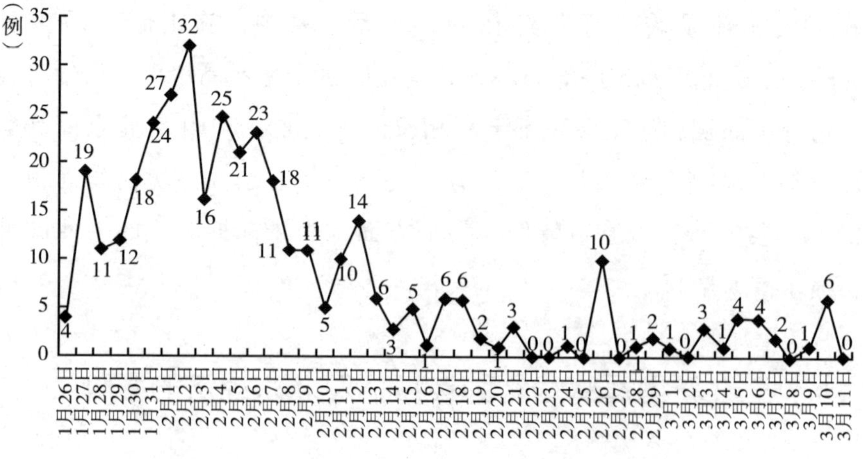

图7 北京市新型冠状病毒肺炎新增确诊病例数

资料来源：根据北京市卫生健康委员会公开发布的信息整理。

（二）对产业发展的影响

1. 旅游业

疫情暴发以来，各省都采取了封城封路的措施，北京市各主要旅游景点于1月24日起均已关闭，同时叫停了全市3016家旅行社的经营服务活动。因此旅游业是最先受疫情影响且最直接的行业。

2019年北京市旅游总收入为6224.6亿元，占全年地区生产总值的比重为17.6%。目前，虽然北京本地的新增病例得到了有效控制，但还需严格防控境外输入型病例，预计4月底之前不太可能全面恢复开放旅游业。从1月下旬到4月底保守估计最少有一个季度的时间北京市旅游业将基本处于停业状态。因此，我们预计2020年北京市旅游收入比2019年减少四成左右。

2. 住宿和餐饮业

与旅游业紧密相关的就是住宿和餐饮业。2月5日，北京市市场监管局与市卫健委、市商务局联合印发了《关于进一步加强疫情防控期间群体性聚餐管控的通知》，明确禁止餐饮服务经营者和个人组织承办各类群体性聚餐活动，实际上大多数餐饮业企业均关门暂停营业。大多数市民响应政府号召，闭门在家抗击疫情，因此住宿和餐饮业将直接受到重创，餐饮企业在疫情期间营业收入出现下跌。

2019年北京市住宿和餐饮业增加值为540.4亿元，占北京地区生产总值的比例为1.5%。疫情期间，饭店虽然保留外卖业务，但营业额会降低很多。随着疫情逐步得到控制，一些餐饮企业可以有条件地开始复工。尽管如此，保守地估计，2020年北京市住宿和餐饮业将在2019年基础上至少损失一个月的增加值，即45亿元。

3. 文化、体育和娱乐业

疫情期间，北京市取消了包括庙会在内的各类大型文化娱乐活动，关闭了电影院、图书馆、文化馆、博物馆、美术馆、体育馆等有可能聚集人群的公共服务机构，这对于文化体育娱乐业的冲击和影响也比较大。

2019年北京地区30条院线256家影院的票房总收入为36.1亿元。2019

年春节假期全国电影票房59.1亿元，占全年票房的比重为9.2%。假设北京地区春节期间票房收入占全年票房的比重也为9.2%，那么2020年初的这场疫情将使得北京市电影票房收入减少3.3亿元。

2019年第一季度，北京文化、体育和娱乐业实现增加值136.7亿元，占同期地区生产总值的比重为1.8%。保守估计，2020年北京文化、体育和娱乐业实现增加值将在2019年第一季度的基础上减少1/2，即68.3亿元。

4. 交通运输、仓储和邮政业

由于疫情期间各省份实行封城封路措施，直接影响交通运输业的发展。据交通运输部估计，2020年春节假期期间，全国铁路、道路、水路、民航共发送旅客1.9亿人次，比2019年同期下降73%。1月30日，据《新京报》报道，首都机场和大兴国际机场的航班总数较上年同期航班总数下降约30%，首都机场当日取消航班546架次。

2019年第一季度，北京交通运输、仓储和邮政业实现增加值252.2亿元，占同期地区生产总值的比重为3.4%。保守估计，2020年北京交通运输、仓储和邮政业将在2019年第一季度的基础上减少50%，即126.1亿元。

5. 房地产业

疫情暴发后，北京市各大房地产开发企业都暂时停止了楼盘销售活动，大多数地产中介公司相继停业，许多建筑工地都基本停工，土地拍卖活动也暂缓进行。据中原地产研究中心统计，疫情期间，大多数房地产开发企业营收相比上年春节期间暴跌95%。根据克而瑞的研究估计，2020年第一季度万达广场损失租金最低约35亿元，预计第一季度的运营收入将下滑超30%。

2019年第一季度，北京市房地产业实现增加值336.1亿元，占同期地区生产总值的比重约为4.5%。保守估计，2020年北京房地产业增加值将在2019年第一季度的基础上减少30%，即100.8亿元。

6. 教育业

疫情暴发后，北京市各类学校和教育机构均暂停上课。与此同时，各类线上教育机构如雨后春笋般涌现。根据北京贵士信息科技公司的调查，教育学习类App每日活跃用户数从平时的8700万上升至疫情期间的1.27亿，升幅达到46%。

2019年第一季度，北京市教育业实现增加值313亿元，占同期地区生产总值的比重为4.2%。教育业线下停摆的损失可以部分地通过线上教育来弥补，不仅如此，中小学生在疫情期间比往年有更多的时间接受在线教育课程，因此我们估计，2020年北京教育业增加值将在2019年第一季度的基础上增加50%，即增加156.5亿元。

（三）对内需的影响

1. 消费

这次新冠肺炎疫情暴发时间正好处于春节前后，根据往年的数据来看，这个时段正好是我国消费最集中的时间段之一。据商务部统计，2019年春节黄金周期间，北京重点监测餐饮企业销售额同比增长10%以上。受疫情影响，没有了聚餐、庙会、出游、购物等公众聚集性活动，北京消费额肯定会大幅度下滑。当然，某些刚性消费需求有可能在疫情结束后得到释放，并且还有一些新增的网络在线购物需求。据普华永道估算，2020年第一季度全国消费品零售额增速可能会下降5～6个百分点。北京经济增速连续两年与全国完全相同，预计北京2020年第一季度社会消费品零售额也将比2019年同期下降5～6个百分点。

2. 投资

相对来说，疫情对投资的影响要远远小于对消费的影响，并且主要是对民营企业的投资影响较大。疫情期间，很多企业无法按时开工，致使已有订单无法完成或者预期订单流失，企业对下一周期的生产预期降低，相应地会减少投资。但是也有一些特殊的行业，如生物医药行业、口罩防护服等医疗器具生产行业的投资大幅增长。

另外，一些政府主导的投资项目、基础建设项目在扩张性财政政策影响下会加大投资力度。

综合来看，疫情对投资的负面影响可能最终并不明显，相反，疫情过后，受反周期调节的宏观经济政策影响，投资力度有可能加大。

（四）对地区生产总值的影响

2003 年“非典”暴发的那一年，全国 GDP 增速为 10.0%，比 2002 年反而提高了 0.9 个百分点。疫情对全国的影响仅限于第二季度和第三季度。当时北京正好是疫情重灾区，受疫情影响比其他省份要大。2003 年北京 GDP 增速为 11.1%，比 2002 年下降 0.4 个百分点。

2020 年初新型冠状病毒肺炎疫情期间，北京虽然不像当年一样是重灾区，但是鉴于这次疫情的严重性防控力度不减。加上又要防范国外输入型病例，疫情防控的时间可能比“非典”时间要更长。

综上所述，估计这次新型冠状病毒肺炎疫情可能会导致北京 2020 年第一季度 GDP 增速下降 7 个百分点左右，2020 年全年 GDP 增速下降约 2 个百分点。因此，北京应统筹推进新冠肺炎疫情防控和经济社会发展工作，在严防疫情的同时，支持实体经济有条件的恢复发展，出台各项政策支持企业复产复工，尽量减少疫情对经济社会的冲击。

四　2020年北京经济发展预测与展望

（一）北京宏观经济联立方程模型

根据经典的克莱因模型，结合北京经济实际数据，对其稍加改变，建立如下宏观经济联立方程模型。

消费函数：$C_t = \beta_0 + \beta_1 P_t + \beta_2 P_{t-1} + \beta_3 W_t + u_{1t}$

投资函数：$I_t = \beta_4 + \beta_5 P_t + \beta_6 P_{t-1} + \beta_7 Y_{t-1} + u_{2t}$

工资函数：$W_t = \beta_8 + \beta_9 Y_t + \beta_{10} Y_{t-1} + \beta_{11} Trend + u_{3t}$

支出法 GDP：$Y_t = C_t + I_t + G_t + NX_t$

收入法 GDP：$Y_t = W_t + P_t + Tax_t + D_t$

上述方程组中，有 6 个内生变量，分别为C_t、I_t、W_t、Y_t、P_t，它们分别代表 t 时期的居民消费、固定资产投资、劳动者报酬、地区生产总值、营业盈余。P_{t-1}和Y_{t-1}分别为P_t和Y_t的滞后一期前定变量。*Trend* 为时间趋势序列，是外生变量，表明劳动者报酬随时间推移有一个相对固定的上涨趋势。其余的变量G_t、NX_t、T_t和D_t均为外生变量，分别代表 t 时期的政府消费、净出口、生产税净额和固定资产折旧。

考察上述联立方程模型的阶条件，发现消费函数、投资函数和工资函数这三个方程都是可识别的并且都是过度识别的，因此我们采用两阶段最小二乘估计法（TSLS）和广义矩估计法（GMM）对上述联立方程模型分别进行估计。两阶段最小二乘估计法的估计结果见表1，广义矩估计法的估计结果见表2。

表1　联立方程模型的两阶段最小二乘估计法（TSLS）结果

消费函数方程：$C_t = \beta_0 + \beta_1 P_t + \beta_2 P_{t-1} + \beta_3 W_t + u_{1t}$			
自变量	系数	t 值	P 值
P_t	0.208	1.43	0.1616
P_{t-1}	0.008	0.06	0.9551
W_t	0.702 ***	16.66	0.0000
$R-squared$	0.9986	$Adjusted\ R-squared$	0.9985
投资函数方程：$I_t = \beta_4 + \beta_5 P_t + \beta_6 P_{t-1} + \beta_7 Y_{t-1} + u_{2t}$			
自变量	系数	t 值	P 值
P_t	2.247 ***	5.53	0.0000
P_{t-1}	0.644 *	1.84	0.0740
Y_{t-1}	－0.160 **	－2.08	0.0450
$R-squared$	0.9922	$Adjusted\ R-squared$	0.9915
工资函数方程：$W_t = \beta_8 + \beta_9 Y_t + \beta_{10} Y_{t-1} + \beta_{11} Trend + u_{3t}$			
自变量	系数	t 值	P 值
Y_t	－0.189 *	－1.79	0.0822
Y_{t-1}	0.785 ***	7.06	0.0000
Trend	－11.05 **	－2.30	0.0276
$R-squared$	0.9991	$Adjusted\ R-squared$	0.9990

注："*"、"**"和"***"分别表示系数在10%、5%和1%的水平上显著。

表 2 联立方程模型的广义矩估计法（GMM）结果

消费函数方程：$C_t = \beta_0 + \beta_1 P_t + \beta_2 P_{t-1} + \beta_3 W_t + u_{1t}$			
自变量	系数	t 值	P 值
P_t	0.219 *	2.00	0.0532
P_{t-1}	0.099	0.86	0.3954
W_t	0.668 ***	18.73	0.0000
R - squared	0.9986	*Adjusted R - squared*	0.9985
投资函数方程：$I_t = \beta_4 + \beta_5 P_t + \beta_6 P_{t-1} + \beta_7 Y_{t-1} + u_{2t}$			
自变量	系数	t 值	P 值
P_t	2.208 ***	5.60	0.0000
P_{t-1}	0.422	1.04	0.3039
Y_{t-1}	-0.107	-1.55	0.1298
R - squared	0.9923	*Adjusted R - squared*	0.9916
工资函数方程：$W_t = \beta_8 + \beta_9 Y_t + \beta_{10} Y_{t-1} + \beta_{11} Trend + u_{3t}$			
自变量	系数	t 值	P 值
Y_t	-0.200 *	-1.91	0.0639
Y_{t-1}	0.797 ***	7.07	0.0000
Trend	-10.05 **	-2.64	0.0124
R - squared	0.9991	*Adjusted R - squared*	0.9990

注：“*”、“**”和“***”分别表示系数在10%、5%和1%的水平上显著。

通过比较上述两种方法估计的结果（根据残差的分布检验），可以认为广义矩估计法的结果在统计结果上更优。剔除掉回归方程中5%水平下不显著的变量，最终我们得到如下估计结果：

$$C_t = 10.15 + 0.668\,W_t$$
$$I_t = -72.48 + 2.208\,P_t$$
$$W_t = 19910.1 + 0.797\,Y_{t-1} - 10.05\,Trend$$

结果表明，消费函数正是传统的凯恩斯主义消费方程，居民消费无论是对当期企业利润P_t还是上一期的企业利润P_{t-1}都不敏感，只受到当期工资水平的影响，边际消费倾向为0.668，表明当居民当期收入增加1000元时，会将其中的668元用于消费。

投资函数也是传统的凯恩斯主义投资方程，企业投资规模只受到当期利润P_t的影响，边际投资倾向为2.208，表明当企业利润提高1000元时，企业认为有利可图，会增加投资2208元。

工资函数是上年总产出和时间趋势的一个线性组合。工资受总产出增长的影响而增长，符合预期，边际效应为0.797，表明上一期国民总收入的增长中约有80%用于分配给劳动者作为报酬，这体现了北京市经济增长的成果有80%能够为民所享。但工资增长对时间趋势的边际效应为负，反映北京市劳动者工资增长并没有一个随时间推移而上涨的固定机制，也就是说，一旦假设经济增长为零，劳动者报酬就会随着时间推移而减少。

由于上述模型中存在总收入的前定变量，可以用此模型预测其他条件不变时的基线经济增长指标。

（二）对2020年主要经济指标的预测

根据上面联立方程模型估计的结果，结合近期新型冠状病毒肺炎疫情的防控现状，综合考虑北京可能出台的相关政策因素，我们对2020年北京主要经济指标预测如下。

1. 固定资产投资小幅增长

2020年，北京将在5G等新一代信息技术和医疗健康领域加大投资力度。北京将继续实施“3个100”市重点工程，投资将向通州、城南、“三城一区”、新首钢等区域重点集中。为确保房地产市场稳定运行，将加大经营性用地供应保障力度。另外，北京将在提高投资效益的基础上，储备一些打基础、利长远的重大项目。

疫情期间，预计北京第一季度投资受到的影响会相对大一些，但在疫情逐步得到控制以后，北京可能会适当扩大政府开支增加一些项目投资，以弥补疫情对北京经济的影响。

综合上述分析，我们预测2020年全年北京社会固定资产投资将同比增长1.5%，实现小幅增长。

2. 消费需求增速略有下滑

疫情期间，消费需求在第一季度受到较大的影响，但居民宅在家中会增加网络在线消费，加之被压抑的消费需求有可能在疫情结束之后集中释放。

综合上述分析，预计北京 2020 年市场总消费同比增长 4.5%，增速比 2019 年略有下滑。

3. 第二产业增速将继续下滑

由于北京近几年持续向外疏解“非首都功能”的产业，尤其是第二产业中一些非高技术制造业，第二产业总体增速将继续下滑。疫情期间，医药和医疗器械制造业可能会出现较快的增长。

综合上述分析，预计北京 2019 年第二产业增加值增速将小幅下滑，达到 3.8%。

4. 第三产业增速将出现较大回落

2019 年，北京第三产业增加值占地区生产总值的比重已经达到 83.5%，比 2018 年提高了 0.4 个百分点。服务业已经成为北京经济发展中最大的贡献力量。但是疫情期间，第三产业中很多行业都受到影响。

综合上述分析，预计北京 2020 年第三产业增加值增速将出现较大程度的回落，达到 4.1%。

5. 通胀水平继续保持稳定

北京市猪肉价格快速上涨势头已经被遏制住了，即使在疫情期间，除了口罩等特殊物资外，北京市基本生活物资的价格都保持相对稳定。加上近期国际原油价格暴跌，从源头上限制了物价水平上涨的空间。疫情期间，宏观经济总需求受到较大负面影响，总供给也同样受到负面影响。

综合来看，预计 2020 年北京居民消费价格总指数将继续保持相对稳定，为 102.2。

6. 经济增速将进一步回落

中美贸易谈判达成第一阶段协议，这为 2020 年中国经济稳定增长奠定了良好的基础。世界经济增长仍然举步维艰，现阶段北京疫情防控的重点转移到防控境外输入型病例上来。北京具有良好的医疗环境和得力的防控体系，很多境外回国的疑似病例都愿意先留在北京进行诊断和治疗，因此北京近期的疫情防控不能松懈。这就无形之中延迟了一些企业复产复工进程，对于经济增长的影响不能小觑。

综合上述分析，根据课题组的测算，考虑到疫情影响，预计2020年北京GDP将实现4.0%左右的增长，增速进一步回落。

2020年北京市主要经济指标预测结果见表3。

表3　2020年北京市主要经济指标预测

指标名称	2019年(实际值)	2020年(预测值)
地区生产总值增长率(%)	6.1	4.0
第一产业增加值增长率(%)	-2.5	-4.0
第二产业增加值增长率(%)	4.5	3.8
第三产业增加值增长率(%)	6.4	4.1
全社会固定资产投资增长率(%)	-2.4	1.5
市场总消费增长率(%)	7.5	4.5
居民消费价格总指数	102.3	102.2

参考文献

Aghion P., J. Fedderke, P. Howitt, C. Kulatane, N. Viegi, *Testing Creative Destruction in an Opening Economy: The Case of the South African Manufacturing Industries*, Harvard University, 2008.

Aghion P., P. Howitt, "A Model of Growth through Creative Destruction," *Econometrica*, 60, 2008.

戴维·S. 兰德斯:《国富国穷》，门洪华译，新华出版社，2010。

戴维·N. 韦尔:《经济增长（第二版)》，中国人民大学出版社，2011。

丹尼·罗德里克:《探索经济繁荣：对经济增长的描述性分析》，张宇译，中信出版社，2009。

G. M. 格罗斯曼、E. 赫尔普曼:《全球经济中的创新与增长》，何帆等译，中国人民大学出版社，2003。

林毅夫:《新结构经济学——反思经济发展与政策的理论框架》，苏剑译，北京大学出版社，2012。

赫尔南多·德·索托:《资本的秘密》，于海生译，华夏出版社，2012。

宏观经济篇

Macroeconomy

B.2
北京市2019年经济社会发展形势和2020年展望

北京市发展和改革委员会综合处*

摘　要： 2019年，北京市经济社会发展总体平稳、稳中有进，疏功能、稳增长、促改革、调结构、惠民生、防风险、保稳定各项工作扎实推进，实现重大活动保障圆满成功、重大战略落实坚定有力、重大工程建设成效显著、重大改革推进成果丰硕。2020年，需要紧扣全面建成小康社会目标任务，坚持稳中求进工作总基调，坚持新发展理念，坚持以供给侧结构性改革为主线，坚持以改革开放为动力，继续大力加强“四个中心”功能建设、提高“四个服务”水平，抓好“三件大

* 执笔人：杨丽，北京市发展和改革委员会综合处干部，主要研究方向为区域经济、宏观经济等。

事”，打好三大攻坚战，扎实推动高质量发展，切实保障和改善民生，全力维护首都安全稳定，不断将全面从严治党引向深入，更加奋发有为地推动首都新发展。

关键词： 北京经济　北京社会　高质量发展　城市治理

一　2019年经济社会发展基本情况

2019 年，全市上下积极主动应对“稳中有变”的发展形势，坚持稳中求进工作总基调，以稳应变、以进固稳，克服了复杂环境影响，经受了转型发展考验，顶住了经济下行压力，推动了经济结构调整，经济社会发展总体平稳、稳中有进，较好地完成了全年主要目标任务。高标准完成新中国成立 70 周年庆祝大会保障任务，第二届“一带一路”国际合作高峰论坛、2019 年中国北京世界园艺博览会、亚洲文明对话大会取得圆满成功，首都国际影响力显著提升。初步核算，2019 年地区生产总值增长 6.1%、符合年初预期，人均地区生产总值约 2.4 万美元、全员劳动生产率超过 26 万元/人，保持全国领先，一般公共预算收入 5817.1 亿元、增长 0.5%。全市居民人均可支配收入实际增长 6.3%、快于经济增速。城镇登记失业率和调查失业率分别处在 1.3% 和 4% 的低位。细颗粒物年均浓度 42 微克/米^3，单位地区生产总值能耗和水耗分别下降约 4% 和 3%。

（一）着力扩内需、优供给，首都经济保持平稳运行

消费增速企稳回升。出台促进便民早餐网点发展等 19 项促消费政策，涌现出海淀华熙 LIVE · 五棵松、顺义中粮 · 祥云小镇等一批“网红打卡地”，新增 878 家品牌首店。加强王府井、前门大栅栏等 4 个传统商圈改造提升工作，启动长安、赛特等首批 10 家传统商场“一店一策”升级改造试点。发布实施便民店建设提升三年行动计划，补建基本便民商业网点 1190

个、超额完成年度任务。市场总消费额增长7.5%、高于上年0.1个百分点，其中社会消费品零售总额和服务性消费额分别增长4.4%和10.2%，网上零售额增长23.6%。

投资促进工作扎实有效。坚持提前谋划、狠抓实物投资落地，建立市重点工程调度与服务平台。全年围绕基础设施、民生改善、高精尖产业三大领域安排300项市重点工程，支撑全市建安投资三成以上。加强逆周期调节，地方政府专项债券2019年新增额度975亿元、提前下达2020年额度600亿元。建安投资增长5.9%、高于上年2.3个百分点。分两批向社会公开推介115个项目、总投资近2000亿元。

（二）着力疏功能、优布局，京津冀协同发展持续深化

疏解整治促提升成效明显。制定战略留白空间管控措施，出台生态控制线和城市开发边界管理办法，城乡建设用地全年减量30平方公里左右。抓好市民诉求集中的29个治理类街乡镇整治提升工作，治理"开墙打洞"、无证无照、占道经营等专项年度任务全部完成，拆除违法建设腾退土地5706公顷，拆除清退市场18个、疏解物流中心16个，退出一般制造业企业399家。北京信息科技大学等5所市属高校新校区加快建设，北京口腔医院迁建工程实现开工。核心区背街小巷环境整治提升任务基本完成，出台公共空间改造提升三年行动计划，完成雨儿胡同"共生院"试点项目改造，探索形成引入社会资本参与老旧小区改造"劲松模式"。"留白增绿"完成绿化1686公顷，建成开放一批城市森林公园和休闲公园。

副中心城市框架有序拉开。赋予城市副中心管委会市级管理权限。制定实施城市副中心老城双修与更新三年行动计划。行政办公区二期建设正式启动，剧院、图书馆、博物馆三大文化设施实现开工，城市副中心站综合交通枢纽按站城一体化创新模式启动建设。城市"绿心"完成8000亩绿化造林主体栽植，北运河实现11.4公里河道游船通航。黄城根小学通州校区、北京学校小学部开班招生，北大人民医院通州院区基本建成，环球主题公园一期进入设施安装阶段。台湖演艺小镇控制性详细规划形成阶段性成果，张家

湾设计小镇规划方案启动招标、33 家城市设计和创意企业开始入驻。

区域协调发展不断增强。修订发布新版北京市城乡规划条例，13 个分区规划及亦庄新城规划发布实施，2018 年度城市体检 98% 的指标完成较好。城南地区重点项目进展顺利，北京大学第一医院城南院区等项目开工，丽泽城市航站楼开展方案征集。新首钢地区加快产业转型升级，新首钢大桥建成通车，成功举办冰壶世界杯总决赛等一批国际赛事。生态涵养区生态保护和绿色发展加快推进，延庆成功创建国家森林城市，平原区与生态涵养区结对协作全面启动，积极开展优势互补多元化合作，跨区横向转移支付制度落地见效。乡村振兴战略深入实施，稳步推进美丽乡村建设三年行动计划，两年累计完成 2200 多个美丽乡村村庄规划，完成农村公厕改造 839 座。

京津冀重点领域合作取得重大进展。支持雄安新区“三校一院”交钥匙项目全部开工。交通一体化建设成果丰硕，北京大兴国际机场建成通航，首都航空进入“双枢纽”时代，京雄高速开工建设。生态环境协同治理成效明显，京津风沙源治理二期工程完成人工造林 1.76 万亩，实现引黄补水 1.5 亿立方米，永定河山峡段河道 40 年来首次不断流。产业对接协作不断深化，本市与北三县 52 个签约项目中 33 个启动实施，北京大兴国际机场临空经济区总体规划落地实施、自贸片区正式挂牌，北京流向津冀技术合同成交额 282.8 亿元、增长 24.4%。冬奥筹办进入测试就绪阶段，京张高铁、京礼高速北京段建成，国家速滑馆“冰丝带”整体亮相，国家高山滑雪中心竞速赛道、首钢滑雪大跳台达到测试赛要求，冬奥会和冬残奥会吉祥物正式发布。

（三）着力促创新、强动力，科技支撑和新兴产业引领作用不断增强

“三城一区”整体推进水平提升。三大科学城完成发展规划编制。中关村科学城创新生态体系和城市创新形态更趋完善，加快建设“城市大脑”，涌现出类脑芯片等标志性科技成果。怀柔科学城“科学 + 城”建设框架全面拉开，高能同步辐射光源等 5 个大科学装置全部开工建设，11 个科教基础设施和第二批交叉研究平台获批并集中启动建设。未来科学城“两区一

心”格局加快构建，引入国际专业化运营管理团队加快中关村生命科学园建设，促进沙河大学城科教融合发展。北京经济技术开发区完成亦庄新城扩区并加强管理机制创新，22 个技术创新中心和 13 家产业中试基地挂牌运营。制定实施创新型产业集群示范区（顺义）发展规划，北京奔驰新能源汽车项目首台车测试过线。

创新创业生态不断优化。发布实施新时代深化科技体制改革 30 条政策措施，落实促进科技成果转化条例，推动科技成果“有的转、有权转、愿意转、转得顺”。实施应用场景建设工作方案，推进首批 10 项重大应用场景和 20 项央企应用场景建设。实施中关村国际人才 20 条新政，引进人才落户 3500 余人，实现“三城一区”国际人才社区规划全覆盖。推动新一代人工智能、智能网联汽车等国家重大创新平台在京落地。在全国率先试点动产担保统一登记系统，设立企业续贷受理中心，实现无还本续贷。高水平举办 2019 年中关村论坛。中关村示范区规模以上企业总收入达 6.5 万亿元左右，增长 10% 以上。本市 12 家企业成功在科创板挂牌上市，82 家企业入选全球独角兽榜单、约占全国四成。

新产业新动能加快培育。加快高精尖产业“10+3”系列政策落实和项目调度，着力抢占生物医药、新一代信息技术、人工智能等战略性新兴产业发展制高点。发布促进药品医疗器械产业发展政策，将本市药品和医疗器械注册费标准降为零、减轻企业负担 6600 万元，创新医疗器械获批数量居全国第一。实施 5G 产业发展行动方案，五环内 5G 基站实现连续覆盖。实施智能网联汽车产业创新发展行动方案，制定全国首个自动驾驶车辆模拟仿真测试平台团体标准。全市战略性新兴产业和高技术制造业增加值分别增长 5.5% 和 9.3%，高于规模以上工业企业增速 2.4 个和 6.2 个百分点。建信金服等 70 余家金融科技企业落地“金科新区”，率先开展“监管沙盒”试点，北京成为全球金融科技聚集度最高的城市之一。

首都文化更加繁荣发展。编制完成老城整体保护规划，推动《北京历史文化名城保护条例》修订和中轴线文化遗产保护立法，中轴线南段御道整体亮相。印发长城文化带、西山永定河文化带保护发展规划，发布大运河文化保护传承利用实施规划和五年行动计划。艺术创作百花齐放，“五个一工程奖”获奖作品数量居全国首位。实施《北京市非物质文化遗产条例》，促进传统工艺振兴。完成首都公共文化服务示范区创建工作，开展首都市民系列文化活动2.3万场。制定实施文化产业高质量发展三年行动计划等系列政策措施，出台文化和旅游融合发展意见，延庆、怀柔、平谷成为首批国家全域旅游示范区。

（四）着力抓改革、扩开放，市场活力和社会创造力进一步激发

营商环境再上新台阶。落实优化营商环境三年行动计划，制定实施“9+N”系列政策2.0版和3.0版，本市在国内评价中继续位列第一，助力我国世行营商环境排名提升15个位次。企业开办、获得电力、跨境贸易等领域28项改革举措在全国范围内复制推广借鉴。市、区、街道乡镇政务服务中心开设综合窗口，市区政务服务事项申请材料和办理时限均压减60%，895个事项全程网办。狠抓企业“服务包”承诺事项落地，市、区两级共为1624家企业送出“服务包”，兑现比例达69%，12345市民热线企业服务功能正式上线运行。清偿拖欠民营企业、中小企业账款86.77亿元，超额完成年度工作目标。

重点领域改革有序实施。顶格实施国家减税降费政策，全年减轻企业和个人税费负担约1800亿元。国企国资改革积极推进，完成10家一级企业调整重组，100家企业实施混合所有制改革，退出僵尸企业162家。医耗联动综合改革积极推进，3700家医疗机构取消医用耗材加成，调整规范6621项医疗服务项目。投融资改革取得新成效，率先在亦庄实施企业投资项目承诺制改革试点，制定实施加强市级政府性投资建设项目成本管控若干规定。价格改革稳步推进，两次降低一般工商业用电价格，核定管道天然气配气价格，减少用户年用电用气负担22.8亿元。

对外开放不断拓展升级。新一轮服务业扩大开放综合试点方案177项试点任务已实施160项，制定实施科技、金融等8个领域开放改革三年行动计划，宝马中国投资、戴姆勒商用车投资等一批试点项目在京落地。金融业扩

大开放取得新进展，合格境内有限合伙人境外投资试点获批，引进环球银行金融电信协会、大和证券等一批外资机构。制定实施稳外贸22条措施，口岸通关提前申报、国际贸易“单一窗口”出口退税申报等一批首创经验向全国复制推广，京交会提级为中国国际服务贸易交易会。北京地区实现进出口总额2.87万亿元、增长0.9%，实际利用外资142亿美元。

（五）着力补短板、惠民生，城市治理和社会保障水平不断提升

三大攻坚战扎实开展。淘汰国三标准柴油货车4.27万辆、推广纯电动汽车7.5万辆，全市降尘量均值降至每月6吨/平方公里。新一轮百万亩造林绿化工程新增造林25.8万亩、超额完成年度任务。第二个污水治理三年行动计划顺利收官，密云水库最高蓄水量突破26亿立方米、创近21年新高。推动完成生活垃圾管理条例修订，生活垃圾分类示范片区创建率达60%。强化P2P网贷风险专项整治，出台防范化解隐性债务风险实施方案，政府债务率低于全国平均水平。坚持“房住不炒”，落实“一城一策”长效调控机制，房地产市场总体平稳。精准扶贫扎实攻坚，各级赴受援地区调研对接8319人次，投入财政资金57.3亿元，预计助力50.6万人脱贫。“一户一策”加强低收入农户帮扶，全市低收入农户人均可支配收入增长20%左右。

就业和社会保障力度加大。把稳就业放在更加突出位置，提高失业保险费返还、用人单位岗位补贴标准，返还失业保险费16.2亿元，发放用人单位岗位补贴和社会保险补贴16.4亿元。促进农村劳动力转移就业3.5万人，北京生源高校毕业生就业率达97.5%。6007人取得积分落户资格。启动城乡居民基本养老保险市级统筹，基本实现全民参保。积极保供稳价，及时向困难群体发放价格临时补贴8000万元，全市居民消费价格指数涨幅2.3%、比全国低0.6个百分点。制定促进无障碍环境建设三年行动方案，发放困难和重度残疾人“两项补贴”11.6亿元、惠及32万余人。开展根治农民工欠薪专项行动。加快建设一批租赁型宿舍，着力解决快递小哥等务工人员的住宿困难问题。

公共服务短板精准补齐。落实第三期学前教育行动计划，新增幼儿园学

位3万余个。出台幼儿园、中小学、高校教师职业行为十项准则，加强“平安校园”建设，实现中小学、幼儿园食堂“阳光餐饮”全覆盖。制定实施国际学校发展三年行动计划，加快布局优质国际教育资源。全面支持高校“双一流”建设，完成首批39个“卓青计划”项目立项。院前医疗急救效率明显提升，急救呼叫满足率达到95%、较上年提升15个百分点。乡村医疗卫生服务实现全覆盖。率先实现疫苗全程追溯。制定加快推进养老服务发展实施方案，全面取消养老机构设立许可，新建街道乡镇养老照料中心20家、社区养老服务驿站160家，养老机构医疗服务覆盖率超过95%。

交通治理积极推进。开通7号线东延、八通线南延等3条新线，轨道交通运营总里程近700公里。城市副中心线东延支线开通运营，怀密线引入清河站，市郊铁路运营里程新增59.7公里、达241.3公里。不断加密城市路网，建成长安街西延、环球主题公园东六环立交工程。强化交通接驳换乘，建成北苑北综合交通枢纽。全市支路以上城市道路路侧停车实现电子收费。优化调整公交线路141条，整治自行车道894公里，治理322处堵点。实行外埠客车进京证管控和国三柴油货车全市域限行。大力发展智慧交通，地铁和地面公交实现“扫码”乘车，率先完成ETC车道和收费管理系统改造，进一步提高通行效率和空气环境质量。

社会治理创新不断加强。完善“街乡吹哨、部门报到”工作机制，12345市民服务热线全年办理约252万件群众反映的操心事、烦心事、揪心事，响应率保持100%，解决率从年初的53.1%上升到75%，群众满意率从年初的64.6%上升到87.3%。改革街道社区管理体制，街巷长制、小巷管家在全市普遍推开，社区议事厅实现全覆盖。回龙观、天通苑地区公共服务和基础设施加快“补短板”，回龙观至上地自行车专用路开通运行，深化“回天有我”社会服务，将市管国企、民企、社会组织和智库纳入报到服务范围。发挥《向前一步》共商共治平台作用，全年累计播出47期。深入实施北京大数据行动计划，成立大数据中心，“北京通”App2.0版上线发布。制定实施生产经营单位安全生产主体责任规定，生产安全死亡事故起数和死亡人数分别下降11.6%和12.3%。扎实开展“扫黑除恶”专项斗争。

二 对2020年经济社会发展的基本判断

2020 年是全面建成小康社会和“十三五”规划收官之年，国家围绕推动高质量发展、建设现代化经济体系、强化自主创新、深化“放管服”改革、促进形成强大国内市场等方面出台了一系列政策措施，为推动首都经济发展创造了良好的宏观政策环境。同时，首都自身发展也积累了一系列有利因素：一是经济布局加速优化。“三城一区”成为首都高质量发展主引擎，中关村示范区升级版加速打造、园区统筹力度加大，北京大兴国际机场临空经济区进入开发建设阶段，副中心城市框架全面拉开，CBD 核心区、“金科新区”等重点区域产业承载力加快提升，北京经济增长新的动力源不断形成。二是创新优势持续增强。三大科学城规划陆续发布实施，高端创新资源加速集聚，创新密度和浓度持续提升。北京创业投资金额和案例数均占全国的 30%左右。顶尖科技人才集聚优势明显，北京市金融科技指数排名全球首位。三是产业发展更加聚焦。本市正以新一代信息技术与医药健康为引领，加快塑造高精尖产业新动能，聚焦 5G、人工智能、智能网联、AI + 健康等细分行业和重点领域，不断提高产业基础能力和产业链水平，提高产业发展的专业化、国际化、市场化水平。四是营商环境改革全面深化。减税降费政策坚定落实，有利于进一步扩大税基、涵养税源。我国世行营商环境排名大幅提升，极大地鼓舞和激发了全市改革热情，带动面向企业和群众的政务服务改革大幅优化。

三 2020年经济社会发展的重点工作

（一）织密扎牢民生保障网，让广大群众在全面建成小康社会中更有获得感

坚持民有所呼、我有所应，对标全面建成小康社会目标任务，对照

“七有”要求和“五性”需求，发挥政府保基本作用，注重普惠性、基础性、兜底性，精心办好民生实事。

促进更高质量和更充分就业。加大稳企稳岗力度，实现城镇新增就业28万人。实施职业技能提升三年行动计划，用好54.1亿元职业技能提升行动资金，全年培训60万人次左右。推进大学生创业服务平台、大学生创业板与创业孵化机构合作，支持生态涵养区农村劳动力到城市就业，研究出台退役军人就业岗位目录，加大“直通车”安置力度。加强就业形势监测，为企业分流职工提供就业服务。

加大社会保障力度。完善职工基本养老保险缴费和待遇计发政策，进一步扩大社保人群覆盖面。健全房地产长效调控机制，完善租购并举的住房制度，加大公租房供应，完善共有产权住房政策，建设筹集各类政策性住房4.5万套、竣工9万套。全力做好猪肉、蔬菜等商品保供稳价工作，切实保障困难群体基本生活。加强弱势群体福利保障，确保有需求残疾人的康复和辅具服务覆盖面达90%以上，残疾儿童康复服务覆盖率达100%。基本完成重点区域盲道、人行道等17项整治任务。扎实推进“家家幸福安康工程”，切实保障妇女儿童合法权益。

打造高品质生态空间。推进新一轮百万亩造林绿化工程，新增造林绿化17万亩。中心城新增城市绿地600公顷，建设30处休闲公园、13处城市森林和50处口袋公园及小微绿地。实现一道绿隔地区城市公园百园闭合。支持通州、怀柔、密云创建国家森林城市。加强湿地保护与恢复，建成温榆河公园朝阳示范区并开园迎客，新建和恢复湿地2200公顷。完成潮白河、密云水库、永定河等生态空间管控规划，开工建设永定河山峡段、平原南段综合整治工程。

扩大优质公共服务供给。完成第三期学前教育行动计划，新增学位3万个，适龄儿童入园率达到85%以上。落实本市中小学校外供餐管理办法，确保学生吃到安全、保温、营养、可口饭菜，让学生“暖胃”又“暖心”。加强“平安校园”建设，基本实现全市中小学、幼儿园达标验收全覆盖。推动医院安全秩序保障立法，切实维护广大医务工作者人身安全和健康医疗秩序。优化布局30个急救工作站，公共场所母婴设施配置率达90%。制定全民健身行动计划，集中补充一批群众家门口的体育健身场所。制定加快推进养老服务发展的实施方案，建设运营100个社区养老服务驿站。试点建立养老机构与医疗卫生机构联合体，鼓励社会资本参与社区适老化改造和提供居家养老服务。

（二）聚焦发展短板弱项，坚决打好打赢三大攻坚战

坚持精准发力、务求实效，扎实推进污染防治、重大风险防范和扶贫工作，为全面建成小康社会奠定坚实基础。

持续加强污染防治。完成蓝天保卫战三年行动计划，实施机动车和非道路移动机械排放污染防治条例，执行国六（B）排放标准，加强施工、道路、裸地扬尘管控，开展挥发性有机物治理专项行动。实施城乡水环境治理三年行动方案，完成200公里污水管线建设，深入开展清河、清管行动，巩固黑臭水体和入河排污口治理成效。落实新修订的生活垃圾管理条例，在中小学校开展垃圾分类教育，推动学校、医院、宾馆、饭店等单位实施强制分类，完善垃圾分类投放、收集、运输体系，在全市90%的街道乡镇开展生活垃圾分类示范片区创建。落实生活垃圾源头总量控制计划，推进快递包装绿色化、减量化。促进垃圾分类体系和再生资源回收体系两网融合，建成投运房山循环经济产业园焚烧厂。

着力防范化解重大风险。强化重点风险监测研判预警，用大概率思维应对小概率事件，坚决守住不发生系统性风险的底线。推动出台地方金融监管条例，完善风险防范和应急处置机制。加强互联网金融风险监测预警，持续做好P2P等重点领域风险整治工作。严厉打击非法集资，加强陈案积案和高风险企业案件协调处置。落实本市防范化解政府隐性债务风险实施意见，建立各类债务常态化监测机制，有序化解债务风险。

促进受援地高质量脱贫摘帽。强化高层对接互访机制，集中各方力量形成强大合力，坚决打赢扶贫攻坚战，确保受援地稳定实现“两不愁三保障”。编制实施年度项目计划，助力受援地区剩余贫困县如期脱贫。深化消

费、产业、健康教育扶贫，开展贫困县农副产品“七进”活动，积极开展产业帮扶，促进结对帮扶向行政村、学校、医院等延伸，抓好“组团式”健康教育扶贫。建立稳定脱贫长效机制，确保已脱贫人口稳定脱贫。

（三）加快建设现代化经济体系，促进首都经济高质量发展

坚持“巩固、增强、提升、畅通”的方针，深入推进供给侧结构性改革，出台本市构建现代化经济体系实施方案，发挥科技创新引领作用，加快发展先进制造业，推动生产性服务业向专业化和价值链高端延伸，推动生活性服务业向高品质和多样化升级，确保经济实现量的合理增长和质的稳步提升。

持续优化创新生态。积极打造中关村新时代深化改革试验田，开展科技成果转化考核及奖励试点，支持企业“揭榜挂帅”关键核心技术攻关。实施一区多园统筹发展规划和分园三年提升发展行动方案，引导分园高质量发展。将中关村论坛打造成具有全球影响力的科技创新交流合作平台。落实促进科技成果转化条例和“科创 30 条”，支持技术转移服务平台和硬科技孵化器建设。加强政府投资基金统筹和规范管理，引导社会资本共同推动重点产业发展。加强知识产权保护和运用，推进知识产权质押融资及保险试点。提高国际标准制（修）订补助标准，增强标准创制能力。

系统打造“三城一区”创新高地。中关村科学城注重系统布局基础前沿创新和关键核心技术，推动产生一批全球领先的科技成果和独角兽企业。怀柔科学城注重打造综合性国家科学中心，抓好控规落地，推动 11 个科教基础设施和第二批交叉研究平台建设，推进中国科学院大学本科整体迁入，谋划推进一批“十四五”大科学装置和科研平台，建立科学设施运营开放机制，高标准配套交通基础设施和公共服务。提升怀柔科学城平台公司运作能力。未来科学城注重盘活存量资源，引进多元创新主体，东区积极打造“能源谷”，西区推进中关村生命科学园三期建设，打造具有全球领先水平的“生命谷”。北京经济技术开发区注重创新源头的产业落地和市场转化，加强与“三城”对接联动，推进 95 个重点产业项目建设。高标准推进创新

产业集群示范区（顺义）发展。

以一流人才支撑创新发展。制定面向战略科技人才及其团队放权改革的若干措施，推进研究方向、经费使用等权限下放。出台中关村人才特区新一轮国际人才改革创新举措，实施中关村高聚工程、雏鹰人才工程等人才计划。鼓励高等院校在人工智能、集成电路、精准医学等领域设置新兴学科，加强高技能人才培养。出台国际人才社区建设导则，强化对人才的教育、医疗、住房等服务保障。出台积分落户管理办法和细则，稳妥推进积分落户工作。

提升产业基础能力和产业链水平。注重产业发展精度、高度和梯度，抢占战略性新兴产业发展制高点，逐步提高先进制造业比重。完善高精尖产业项目协调服务机制，制定稳定制造业投资、加快高精尖项目落地的指导意见。实施制造业技术改造提升计划，促进传统工业企业数字化、智能化、绿色化升级。积极发展集成电路产业，筹建国家集成电路技术创新中心。编制5G细分领域工作方案，制定支持5G发展政策包，实现5G在超高清视频等领域实质性商用。推动区块链和人工智能、大数据等前沿信息技术深度融合，建好国家网络安全产业园区。实施生物医药创新品种研发培育专项计划，加强研究型病房建设。培育“AI + 医疗”“AI + 政务”等新业态，促进北斗卫星导航和智能网联汽车产业发展。实施产业链补短板工程，结合企业需求配建一批中试基地。

巩固提升现代金融发展优势。落实国家金融业对外开放11条措施，争取外资机构在京新设理财、资产管理等分支机构。继续抓好金融领域开放改革三年行动计划措施和项目落地，大力发展供应链金融、离岸金融和贸易金融。积极创建国家级“金科新区”，持续开展金融科技创新监管试点，推动丽泽金融商务区与金融街一体化发展。增强金融服务实体经济能力，继续做好企业科创板上市服务，加快推动新三板改革措施落地，在全市推开小微企业续贷中心做法，建成运营首贷服务中心。

推动全国文化中心建设取得新成效。培育和践行社会主义核心价值观，做好“2020北京榜样”选树工作。抓好老城整体保护，实施漫步中轴线行动方案，加强胡同、四合院、名人故居保护，认定第五批市级非物质文化遗产代表性项目。加快建设三大文化带，修缮颐和园画中游建筑群和箭扣长城，推进大运河国家文化公园、大运河源头遗址公园、路县故城考古遗址公园建设，实施“三山五园”整体保护规划。增强文化事业发展活力，实现图书馆一卡通全覆盖，开展2万场首都市民系列文化活动。支持文化产业做大做强，打造国际视听产业园区，促进游戏产业发展，利用老旧厂房拓展文化空间。

促进消费提质扩容。优化商业设施布局，在北京大兴国际机场周边、中关村科学城北区、城市副中心等发展新区，吸引社会资本建设一批体验式商业综合体。启动朝阳 CBD、昌平龙德等第二批传统商圈改造。大力推进便民服务消费，建设提升基本便民商业网点 1000 个。持续扩大和升级信息消费，在海淀、朝阳、北京经济技术开发区建设信息消费体验中心，鼓励混合现实购物等新业态发展。深入挖掘文化旅游消费潜力，实施“点亮北京”夜间文化旅游消费计划，建成 10 条左右深夜食堂特色餐饮街区。实施乡村民宿发展指导意见。优化服务消费供给，加快 11 所国际学校规划建设。

精准加力有效投资。扩大补短板领域投资，制定基础设施领域补短板专项行动计划，聚焦 5G 等新一代信息技术和医疗健康领域稳定产业投资。制定城市更新实施意见，把城市更新和老旧小区、重点楼宇改造提升作为解决当前群众住房问题的重要抓手，作为带动经济发展方式转变的重要突破口。继续实施“3 个 100”市重点工程，项目安排、资金投放和政策创新向城市副中心、城南、“三城一区”、新首钢等区域集中。强化要素保障，用好地方政府专项债券，坚持“资金跟着项目走”。完成重点区域控制性详细规划编制审批，加大经营性用地供应保障力度。加强重大项目储备，结合“十四五”重大项目谋划，储备一批打基础、利长远的重大项目。提高投资质量效益，修订市政府固定资产投资管理办法，切实做好政府性投资项目成本管控工作。

（四）坚定有序疏解非首都功能，纵深推进京津冀协同发展

牢牢抓住疏解非首都功能这个“牛鼻子”，坚定不移持续推进，深化

“一核”功能重组和“两翼”联动发展，推动京津冀城市群向高质量发展迈进。

扎实推进“疏整促”专项行动。全面完成“疏整促”阶段性工作任务。深化疏解，有序退出一般制造业企业 90 家，疏解提升区域性专业市场和物流中心 66 个，加快北京信息科技大学昌平校区、友谊医院顺义院区等项目建设和投用。强化治理，拆除违法建设腾退土地 4000 公顷以上，制定实施背街小巷环境精细化治理三年行动计划，打造 200 条示范背街小巷。加大老旧小区综合整治提升力度，实现新开工 80 个项目，老楼加装电梯开工 400 部以上、完工 200 部以上，加快推进“共生院”试点改造。优化提升，在大红门等重点区域实施一批腾退空间再利用试点项目，强化“留白增绿”，腾退土地实现增绿 1600 公顷。

全面推进城市副中心高质量发展。推动出台支持副中心高质量发展的指导意见，向副中心管委会全面赋权，制定城市副中心近期建设规划和年度实施计划。出台加快城市副中心产业项目落地的政策措施，加速营造高品质产业生态圈，推进运河商务区规划建设，组建园区运营平台，建成环球主题公园一期。制定实施 2020 年重大工程行动计划，有序推进行政办公区二期、东六环路入地改造、城市副中心站综合交通枢纽一体化开发建设，广渠路东延建成通车，全面完成城市绿心绿化任务。统筹推进城市副中心老城双修与更新，加强南大街历史片区保护，基本完成“三庙一塔”周边环境整治。

持续加强重点领域合作。全力支持雄安新区建设，加快推进“三校一院”交钥匙项目，编制雄安新区中关村科技园发展规划。持续推进交通一体化，加快京唐城际、轨道交通平谷线等项目建设，建成京沈客专，推动京津冀及周边区域货物运输“公转铁”。巩固深化生态协同治理，推进永定河、潮白河等跨界河流综合治理与生态修复，加强京津风沙源治理。不断深化产业协作，开展京津冀大数据综合试验区应用试点，持续推动京津合作示范区、金隅集团曹妃甸示范产业园等园区建设，引导本市优质健康养老资源向北三县延伸。推进新一轮京津冀全面创新改革试验，促进科技仪器设备开放共享、先进适用成果转移转化。加强公共服务资源跨区域合作，强化就业、养老、社保政策衔接。高水平筹办冬奥会、冬残奥会，建成全部竞赛场馆，提前谋划冬奥经济带动和赛后场馆利用。办好高山滑雪世界杯等体育赛事，组织系列大众冰雪文体活动。

（五）促进城乡协调发展，进一步优化区域功能布局

坚持规划引领，统筹推进城乡融合发展和区域联动发展，努力率先建成彰显优势、协调联动的城乡区域发展体系。

做深做细城市总体规划落实。全面完成总体规划实施工作方案102项任务，编制中心城区和新城控制性详细规划。高质量编制“十四五”规划，形成有机统一的“十四五”规划体系。深入推进城乡建设用地增减挂钩试点，城乡建设用地规模压减到2860平方公里，平原地区开发强度下降到45%以内。构建面向实施、城乡统管的规划管理机制，整体编制区域规划综合实施方案，启动编制乡镇国土空间规划。完善公众参与、专家评审和评估评价制度，开展2019年度城市体检。持续抓好自然资源领域问题整改工作，确保首都规划和自然资源工作依法规范有序开展。

提升区域发展平衡性和协调性。高质量完成城南三年行动计划，规划建设丽泽金融商务区与金融街轨道专线。确保“回天地区”三年行动计划既定目标和各项任务有序落实，推进积水潭医院回龙观院区二期扩建、林萃路断点疏通等工程建设，编制新一轮三年行动计划。加快推动西部地区产业转型升级，推进轨道交通冬奥支线等项目建设，出台绿色生态发展行动计划。研究制定促进新城高质量发展的政策措施，加强重大功能、重大项目、重大活动向平原新城布局。调整优化生态涵养区考评指标体系，深化结对协作，出台市级生态保护补偿政策资金统筹实施方案。支持平谷京瓦农业科技创新中心建设，加快无人机小镇建设，办好2020年世界休闲大会，实施延庆区绿色发展行动计划，试点启动生态涵养区城区绿化隔离体系建设。

深入实施乡村振兴战略。发挥乡村规划引领作用，基本实现村庄规划“应编尽编”，研究编制区域协同性规划。完成美丽乡村建设三年行动计划，扎实推进“百村示范、千村整治”工程，确保99%的行政村生活垃圾得到

有效治理，农村污水处理设施村庄覆盖率达50%以上。规范促进特色小镇建设，在重要廊道和主要交通沿线试点规划建设新市镇，带动农村地区发展。扎实推进农业供给侧结构性改革，制定促进都市现代农业高质量发展政策措施，基本建成北京农产品绿色优质安全示范区。大力发展科技农业，积极发展观光采摘、林下经济等绿色产业。完成低收入农户"脱低"任务。深化农村改革，审慎开展镇域承包地统一流转试点。

（六）更高水平深化改革开放，全力营造国际一流发展环境

大力推进市场化改革，以更加开放的心态和举措，努力营造稳定公平透明、可预期的市场环境。

持续提高企业和群众营商环境改革获得感。全面完成优化营商环境三年行动计划，深入落实3.0版、制定实施4.0版改革政策。深化商事制度改革，着力"照后减证"，推行企业变更和注销全程网上办理。大力提升政务服务质量，以"办成一件事"为标准实施全流程改革。全面加强智慧政务建设，出台区块链应用专项行动计划，开展"秒批""无感审批"等场景应用，本市设定的政务服务事项办事材料压减比例提升至80%。推进民生卡"多卡合一"。推动出台本市优化营商环境条例，落实公平竞争审查制度，清理与企业性质挂钩的歧视性规定和做法。加快推进市场主体退出制度改革，加强法官和破产管理人队伍专业能力建设。完善"服务包"企业遴选标准，紧密结合企业发展愿景制订服务事项，加大承诺事项评价落实力度。完善重大政策意见征集和预吹风制度。出台进一步提升民营经济活力、促进民营经济高质量发展的意见。

深入推进重点领域改革。深化投融资改革，推进以企业投资项目承诺制为核心的工程建设项目审批流程改革，健全向民间资本推介项目长效机制，推出一批吸引民间投资的示范项目。深化财税体制改革，实施市与区收入划分改革，牢固树立过"紧日子"思想，政府带头厉行节约，优化支出结构。深化国资国企改革，分层分类推动市管国企混合所有制改革，扩大创新型企业员工持股试点范围，加快推动企业改制上市，力争国有资本证券化率达到

50%，清理僵尸企业50家以上。深化事业单位改革，基本完成全市经营类事业单位改革，全面推进公益类事业单位改革。深化医药卫生体制改革，深入开展紧密型医联体国家试点建设，推进医保支付方式改革，开展按疾病诊断相关分组付费改革试点。

进一步提升国际交往中心功能。加快推进雁栖湖国际会都扩容、国家会议中心二期、第四使馆区、新国展二三期、北京大兴国际机场临空经济区会展中心等重点项目建设。健全重大国事活动常态化服务保障机制，满足不同层次、不同类别对外交往需求。完善相关管理制度，吸引集聚国际组织，举办具有全球影响力的品牌性节庆、会展和赛事活动，提升城市国际化能级。深挖友城工作潜力，为科技创新、经贸合作、城市治理等提供支持。加快公共场所外语标识法治化进程，增强国际化公共服务供给能力。

在更高层次上扩大对外开放。将航空"双枢纽"打造成首都发展重要动力源，提高大兴国际机场国际航班时刻比例至20%。制定北京大兴国际机场临空经济区和自贸片区创新政策，力争年底前综保区一期封关验收，启动亦庄综保区申报工作，出台天竺综保区创新升级实施方案。深化服务业扩大开放，研究推出新一轮服务业扩大开放措施清单，推动跨国公司地区总部、投资性公司等一批优质企业落户。制定实施CBD国际化提升三年行动计划，发挥亚投行等重大项目带动作用，提升奥林匹克中心区发展质量。深入开展服务贸易创新发展试点，出台促进数字贸易发展工作方案，高质量举办2020年中国国际服务贸易交易会。加强对外经贸合作，规划建设好中德、中日国际合作产业园，引进一批隐形冠军企业，完成共建"一带一路"三年行动计划。

（七）强化共建共治共享，推进城市治理体系和治理能力现代化

从市民需求出发，聚焦城市治理突出问题，提高城市精治共治法治水平，积极构建更加科学有效的首都治理体系。

加大交通综合治理力度。优化供给，建成通车房山线北延、16号线中段，轨道交通运营里程超过710公里。开通城市副中心线西延、怀密线引入北京北站等市郊铁路，新增运营里程超过100公里。实现公共交通"一码

通乘”。调控需求，将交通承载力纳入城市规划建设管理系统，实行新能源物流配送车辆优先通行，提高货运车辆中新能源车比例。强化治理，持续推进10处一级堵点治理，完成20处二级堵点、266处三级堵点治理。对重要道路100处交通信号灯进行配时优化，新建10条信号灯绿波带。深入推进道路停车改革，加强“有位失管”问题整改，开展公共建筑停车设施有偿错时共享。

构建基层社会治理新格局。继续深化党建引领“街乡吹哨、部门报到”改革，开通12345网上“接诉即办”。落实街道办事处条例，针对超大街道、社区，适时启动街道行政区划调整和社区规模调整工作。进一步为社区减负，建立以居民满意度为核心的社区工作考评指标体系，推动出台物业管理条例，将小区业委会和物业纳入社区治理范畴。完善“回天有我”社会服务机制，总结推广“五方共建”社会治理经验，加快社会组织创新发展示范区建设。加强城市精细化管理，着力补齐大数据基础设施和能力支撑短板，建成城市管理综合执法大数据平台，实现执法“到人、到点、到事”。

打造“平安北京”升级版。推动安全生产条例修订，在7个区创建首批国家安全发展示范城市。加强城市运行保障，建成河北唐山LNG应急储备工程，启动建设天津南港LNG应急储备项目，研究制定应急热源升级改造建设和津冀电厂送热进京方案。强化食品药品安全监管，打造“阳光餐饮”工程2.0版。探索创造具有首都特点的“枫桥经验”，推动社区设立治安和调解委员会。建立健全扫黑除恶长效常治机制，创新完善立体化、信息化社会治安防控体系，为群众营造安定祥和的社会环境。

参考文献

陈吉宁：《2020年政府工作报告》，《北京日报》2020年1月19日。

谈绪祥：《关于北京市2019年国民经济和社会发展计划执行情况与2020年国民经济和社会发展计划的报告》，《北京日报》2020年3月3日。

B.3

2019年北京市经济形势回顾与2020年展望

北京市经济信息中心*

摘　要： 2019年，面对复杂多变的国际环境和经济结构深度调整的国内环境，北京市经济增速有所放缓，GDP增长6.1%，仍处于6%～6.5%的合理区间。2020年，新冠肺炎疫情暴发对经济产生明显冲击，虽然疫情不会改变全市经济长期向好的基本面，但预计全年GDP增速将下降到2.8%左右。

关键词： 经济增长　固定资产投资　总消费　工业　服务业

2019年，在全国经济增长放缓、中美经贸摩擦影响加深、要素减量持续等因素影响下，我市经济增速明显回落，但经济发展的新动力在不断累积，经济效率显著提升，全年GDP增长6.1%，增速较2018年下降0.5个百分点。2020年，是全面建成小康社会的大考之年，是完成“十三五”规划任务、谋划“十四五”发展的关键一年，也是京津冀协同发展中期目标任务验收之年。总的来看，我市经济周期下行力量依然较强，新冠肺炎疫情暴发对于经济增长短期冲击较大，但全市经济处于疏功能、促协同的加速期，新动能的积蓄期，新增长点的建设期，新产业的培育期的总体判断不变，长期经济发展依然保持向好的基本面，预计全年GDP增长2.8%左右。

---

* 执笔人：奚春，北京市经济信息中心研究部经济师，主要研究方向为宏观经济、产业经济等。

一　2019年北京市经济仍在合理区间内运行

2019年，面对复杂多变的国际环境和经济结构深度调整的国内环境，全国各省份经济增速均有所放缓，北京市经济增速也结束连续四年6.5%~7%的稳定增长，全年GDP增长6.1%，增速较2018年下降0.5个百分点，与全国持平。全市要素持续减量流出，但经济效率不断提升，新动能加速培育，服务业的“压舱石”作用稳定发挥，消费需求的“稳定器”作用进一步增强。

内需作为经济主引擎作用不断增强，外需受中美经贸摩擦影响回落明显。投资方面，在项目储备不足、要素约束偏紧、企业预期较弱等长期因素与投资调度前移、财政支出加快、地方政府债务限额提前发行等短期因素共同交织作用下，北京市全社会固定资产投资增速呈现前高后低的态势，全年下降2.4%，较上半年增速回落17.1个百分点。消费方面，汽车、住房等重点消费品市场持续疲软，但居民收入提升、消费结构优化升级以及系列促消费政策逐步显效，推动总消费保持平稳增长，全年社会消费品零售总额增长4.4%，服务消费增长10.2%。外贸全年受中美经贸摩擦影响明显，尽管年底中美释放积极信号，外贸增速有所回升，但全年仅增长5.4%，相比2018年回落18.5个百分点。

工业与服务业增速均有所下滑，新旧动能转换仍处于接续期。2019年以来，在重点行业深度调整、市场需求趋弱、逆周期政策短期刺激等因素共同影响下，全市规模以上工业增加值增速呈现先上升后逐步下降的态势，全年规模以上工业增长3.1%，比上年下降1.5个百分点。但代表新一轮科技革命方向、有利于技术积累的高技术制造业和战略性新兴产业增速均高于规模以上工业，对规模以上工业的贡献率均在五成左右。服务业增速“下台阶”至6.4%，比上年下降0.9个百分点。金融、信息服务、科技服务等优势行业增速高于服务业整体增速，对全市经济增长的贡献率合计超过68%，批零业、交通运输、商务服务等生产性服务业增速较低，公共服务业受一般财政支出减少影响涨幅下降。

经济发展质量与效率不断提高。北京市坚持要素减量，全年城乡建设用地预计减少30平方公里左右，常住人口与就业人口保持下降态势，“疏整促”专项行动下一般制造业企业、传统市场和物流中心不断退出。经济效率不断提升，全市经济发展对人口的依赖程度不断下降，“高精尖”经济结构促进就业结构优化，全年规模以上工业企业劳动生产率为50.3万元/人，比上年增加4.6万元/人。能源利用效率持续提升，单位地区生产总值能耗下降2.5%左右，能源消费总量完成国家节能考核要求。土地利用效率不断提高，单位地区生产总值建设用地使用面积下降率保持5%以上。

二　当前经济发展面临的迫切问题

一是短期内新冠肺炎疫情对经济冲击较大。总的来看，此次新冠肺炎疫情涉及范围和冲击效应均超过2003年“非典”。工业生产经营受到较大影响，北京汽车、小米手机、三一重工等龙头企业由于零部件供应不足、员工返京隔离等问题，复工复产面临较大困难。对我市经济贡献近九成的服务业所受影响更为直接，旅游业、餐饮住宿业、交通运输业、商务会展业等企业收入大幅下滑，对短期经济造成冲击，预计2020年一季度全市GDP增速将回落至4%左右。

二是内需潜力有待进一步释放。投资方面，项目储备不足，缺大少新的问题依然严峻，受重点工程投资量提前释放、后期项目投资接续面临较大压力、叠加基数较高的影响，2020年一季度固定资产投资可能出现负增长；全市投资增长对房地产投资的依赖仍较明显，房地产市场受经济环境和政策调控等因素影响较大，容易引起全社会投资的波动，也难以对产业结构调整发挥先行支撑作用。消费方面，传统商业仍处于低迷态势，2019年1~8月传统商业下拉社会消费品零售总额增速0.6个百分点，一些大型商业企业硬件老化、低效率经营，百盛、天桥百货等大型商场陆续闭店改造；在商品消费中占比较大的汽车行业销量延续下滑态势，2019 年 1 ~8 月下降 8.7%，降幅较上半年扩大 2 个百分点，下拉社会消费品零售总额增速 1.4 个百分点；入境旅游发展水平亟待提振，受美欧加签证政策收紧、国际汇率波动等因素影响，1 ~9月入境游客数量同比下降 7.8%。

三是实体经济发展困难较多。转方式、调结构依然处于阵痛期，工业增速仍在中低速区间运行，2019 年前三季度规上工业累计增速已降至近三年来最低值。重点产业增速回落，汽车行业处于市场低迷叠加周期调整阶段，电子信息制造业增速回落至 2017 年以来最低点，医药制造业由往年的双位数降至个位数增长。PPI 持续下滑、出口增速转负、国内需求放缓等导致企业生产经营效益不佳，利润总额下降明显，2019 年前三季度规上企业利润总额同比下降 7.6%，受此影响，企业投资意愿和能力明显趋弱。

四是新业态发展面临新的挑战。新业态发展中存在技术链运行低效、资金链循环不畅、产业链创新不足等问题，尤其在其他城市纷纷崛起、外部竞争环境发生变化的过程中，新业态发展面临更大挑战。如天使投资、风险投资等显著推动了北京市创新创业和新业态发展，但在资本热度下降之后，出现融资进度缓慢、融资难等情况，进而大量依赖风投资金生存的创新创业企业出现按比例发放员工工资、拖欠员工工资、裁员甚至倒闭现象，这种较为普遍的现象超出了创新创业生命周期范畴，新业态中企业的良性输血与造血功能亟待提升。

五是财政收支平衡压力加大，金融风险仍须严格防控。2019 年全年一般公共预算收入增长 0.5%，增速实现转正但仍处于低位。近期国家陆续出台增值税留抵退税、提高加计抵减比例等政策，对税收增长形成一定压力，重点区域、重大工程建设和民生保障资金刚性需求量大，收支平衡困难。金融风险隐患需要高度关注，金融业增势放缓，截至 2019 年 9 月末人民币存贷款余额增长 8.1%，比上年回落 1.2 个百分点、低于目标 0.9 个百分点，本市辖内银行业不良贷款余额较年初增长 62.8%。股权质押风险仍在高位，超 40 家上市公司第一大股东股权质押比例超过 80%。

三　2020年北京市经济社会发展环境复杂多变

第一，国际经济下行压力依然较大。国际货币基金组织（IMF）、经济合作与发展组织（OECD）分别预计2020年全球经济增速为3.4%、3%，较上期预测下调了0.2个、0.4个百分点（见表1）。一是贸易摩擦、地缘政治等因素短期内难以消退，抑制全球投资和消费增长。贸易摩擦进一步引发金融战、科技战，各种关税和非关税壁垒严重冲击跨国公司全球价值链，并严重打击投资者和消费者的信心，抑制制造业投资和居民消费。IMF预计2020年全球贸易增速为3.2%，较上期下调了0.5个百分点，贸易紧张局势将导致全球GDP增速在2020年被拉低0.8个百分点。二是新冠肺炎疫情逐步蔓延全球，造成全球供应链明显中断，未来不确定性较多，主要经济体已经启动新一轮降息周期，但持续宽松的政策对经济增长的边际贡献在逐步弱化。

表1　经济合作与发展组织（OECD）对全球及部分国家经济预测

单位：%，个百分点

地区	GDP增速		较上期预测变化	
	2019年	2020年	2019年	2020年
全球	2.9	3.0	-0.3	-0.4
美国	2.4	2.0	-0.4	-0.3
欧元区	1.1	1.0	-0.1	-0.4
英国	1.0	0.9	-0.2	-0.1
日本	1.0	0.6	0.3	—
中国	6.1	5.7	-0.1	-0.3
俄罗斯	0.9	1.6	-0.5	-0.5
印度	5.9	6.3	-1.3	-1.1

资料来源：OECD：《2019年世界经济中期展望》，http://www.oecdchina.org/topics/eco/2019/20190919.html，2019年9月。

第二，国内稳增长压力有所加大。外部环境复杂严峻，疫情对经济社会短期影响较大，实体经济发展面临多重困难，债务高峰期金融风险仍然存在，财政收支矛盾日益突出。但是，我国逆周期宏观政策调节力度加大，保持流动性合理充裕，专项债发力促进基建投资增加，落实大规模减税降费政策，促进形成强大国内市场。产业结构升级态势延续，服务业对经济增长贡献稳步提高，战略性新兴产业和新兴产业对经济的带动作用持续增强，新旧动能加速转换。对外开放格局不断调整和深化，强化企业自主创新以突破“卡脖子”关键核心技术，坚定共建和深度参与“一带一路”倡议，形成对外开放新格局。

第三，北京市的发展将更多关注效率和质量。2020 年，北京市将迎来一系列重要政策和规划的节点，在“稳增长”的同时，城市治理与民生领域的发展将全面提速，更多政策释放民生红利，促进发展成果全民共享。北京市将率先全面建成小康社会，针对环境质量和民生领域存在的一系列短板，在改善大气环境质量、促进城乡协调发展、补齐公共服务等方面发力，切实提高人民的获得感。2020 年也是京津冀协同发展中期目标任务的考核年，在非首都功能疏解、北京“两翼”建设、生态环境协同治理、交通互联互通、产业对接协作、协同创新、公共服务共建共享等方面将取得新突破，尤其冬奥会项目的落地和推进，将成为京津冀协同发展的重要抓手。北京市“疏解整治促提升”专项行动计划（2017 ~ 2020 年）将迎来收官之年，产业发展将从疏解为主逐渐发展为疏解整治与优化提升并举，腾退空间的高效再利用将成为政策研究重点。

四　2020年北京市经济形势展望

2020 年，北京市经济发展面临的压力依然较大：一是新冠肺炎疫情对于经济的短期冲击较大，企业生产经营受到显著影响。二是经济周期下行力量有所强化，产能周期去化且内外需缺乏周期回升的力量，金融周期去杠杆仍处于后半段，高位劣质杠杆将继续被淘汰。三是新旧动能转换仍处在重要接续期，十大高精尖产业尚在培育中，“三城一区”仍处于科学装置配置阶段，环球影城、冬奥会项目等仍在建设中，难以对经济形成有效拉动。四是经济要素分流在一定程度上下拉经济增速，北京市将加快一般制造业企业疏解退出步伐，到2020年再退出1000家左右一般制造业企业，全力支持河北雄安新区建设，部分高精尖产业将加快转移与承接。但是，随着疫情防控成效的逐步显现、稳增长政策的出台和落实，经济恢复增长的能级将不断提高，预计全年经济增速将呈现前低后高的运行态势，GDP增长2.8%左右。

（一）总需求将整体保持平稳

2020年，在全球经济增速趋缓、全球供应链深度调整、逆全球化思潮兴起的背景下，北京市经济总需求的增长将更多依赖于内需拉动，预计疫情后消费需求将出现回补，投资需求将加速释放，带动全年总需求保持平稳。

1. 固定资产投资将恢复正增长

2020年，在投资资金来源持续偏紧、土地市场供应不足、项目缺大少新等因素限制下，固定资产投资将恢复正增长，初步预计全年增长2%左右。

一是基础设施投资增长6%左右，拉动固定资产投资增长2个百分点。疫情期间部分项目延迟开工，但疫情过后将陆续开工，全年影响不大。全市补齐民生和基础设施建设领域短板的投资将有所增加，2020年是优化“回天地区”公共服务和基础设施、促进城南地区加快发展三年行动计划收官之年，也是城市轨道交通第二期建设规划的投资高峰期，同时新一轮百万亩造林绿化、老旧小区整治等专项行动都将促成基础设施投资。重大工程新建及续建项目仍能支撑基础设施投资增长，冬奥会场馆及配套设施将形成300亿元左右的投资，城市副中心二期工程等新开工项目，以及城市副中心站综合交通枢纽、京雄高速、轨道交通新机场线北延等交通基础设施续建项目将支撑基础设施投资平稳增长。

二是房地产开发投资增速将有所放缓，预计增速为1%左右，拉动固定资产投资增长约0.5个百分点。从先行指标看，经营性土地供应减少，2019

年前三季度全市供应经营性用地292.36万平方米，较上年同期减少18.48万平方米，根据土地交易走势领先于新开工面积与施工面积一年左右的历史规律，2020年房地产新开工面积与施工面积增速将有所放缓。在房地产投资主体预期偏弱、持续实施严格房地产调控政策背景下，企业拿地成本高企、自持比例高、融资难等问题短期内仍难有改善，房地产开发企业投资建设积极性将在较长一段时期呈现趋弱态势。

三是产业投资将保持良好发展态势。工业投资降幅有望收窄至10%左右，下拉固定资产投资增长近0.5个百分点，已具备建设条件的子午线二期、高能同步辐射光源等高精尖产业项目投资，车和家智能新能源汽车研发中心、华润生命科学园、京东方生命科技产业基地等投资继续加强，对工业投资增长有一定贡献。现代服务业投资延续高速增长态势，受益于北京市服务业扩大开放综合试点政策逐渐落地实施，国家会议中心二期、实创医谷产业园、阿里巴巴北京总部园区、亚洲基础设施投资银行总部等服务业扩大开放项目继续加码投资建设，将形成较大规模的服务业投资。

2. 总消费将平稳增长

2020年，国家和本市2019年出台的促消费政策将进一步落地见效，个税减免有利于增加居民收入、提高消费能力，预计全年总消费增长7.5%左右。疫情对我市消费造成冲击，一季度社会消费品零售总额或将下降10%左右，但疫情期间积蓄的消费需求将集中释放和回补，全年来看商品消费有望继续保持4%左右的增速。分结构看，5G相关设备如智能手机、智能音箱、无人机等智能硬件消费将较快增长，一定程度上抵消汽车消费下降带来的消极影响。占比40%左右的食品、衣着、生活用品等生活基础类消费将保持较快增长，消费升级下人们对于进口产品、品牌产品、个性化产品等偏高端的日常消费品的需求更加旺盛。2020年全市计划新建便民店1500个左右，较2019年增加300个，将有效拉动便民消费。

服务消费有望保持双位数增长。受疫情影响，以生活服务类应用为代表的信息消费将快速增长，美团、京东、小米、腾讯等10余家企业成立了北京市信息消费共同体，未来将通过加强“互联网+”、人工智能等信息技术与居民出行、就餐、娱乐、居住、教育、医疗等众多生活服务领域深度融合，不断推出新的消费场景。教育培训和医疗保健消费将继续保持较快增长势头，随着收入水平的提高，人们越来越关注生活水平、生活品质、个人发展能力的提升，加之报销药品目录扩大、异地就医直接结算更加便利等政策支持，居民教育消费和医疗消费潜力不断被激发。相关市场建设不断加快、市场供给能力日益增强等因素带动文化消费持续增长，备战冬奥会体育事业支出增速加快、居民参与冰雪运动热情提升成为拉动体育消费增长的重要影响因素，北京惠民文化消费季开启夜间模式，文化场馆延长开放时间，将显著带动文化消费。

新的消费增长点不断涌现。一是中高端体验型消费载体加快建设，根据商圈改造提升行动计划，2019~2020年王府井、大栅栏、公主坟、朝阳CBD等重点商圈将进行改造提升。北京临空国际免税城项目计划在2020年建成，预计主体商业年销售额将达200亿元，带动周边产业及消费500亿元。二是打造多个“夜经济”地标、商圈和生活圈，发展购物、餐饮、旅游、娱乐、学习、影视、休闲等多元化消费，延长消费时间，挖掘消费潜力。三是5G等新一代信息技术加速发展，从全国来看，预计2020年至2025年，5G商用将直接带动信息消费8.2万亿元，同时推动互联网、软件企业开发出更多更好的应用，促进信息服务消费。

（二）产业增速稳中趋缓

2020年，在信息、科技、金融等优势产业带动下服务业增速将继续保持在6%以上，拉动经济增长约4.7个百分点，工业有望逐步筑底企稳，拉动经济增长0.8个百分点。

1. 工业生产将阶段性筑底，全年增长2%左右

2020年，在全球经济增速放缓、国内经济下行压力加大背景下，工业产品的国内外市场需求仍然偏弱，前两年工业投资持续负增长导致工业后续增长动力不足，但逆周期调节下工业生产有望逐步筑底企稳，预计全年工业增加值增长2%左右。从政策环境看，减税降费、金融支持、创新驱动、高

精尖产业等系列政策将继续引领我市实体经济高质量发展，制造业内生动力逐渐修复，创新后劲逐步释放，助力工业稳增长。从产业周期看，前期供给收缩导致库存去化，尽管内外需尚缺乏周期回升的驱动力量，但在逆周期调解发力、库存持续去化下，部分厂商的补库存动机或有所加强，工业周期有望在2020年初实现补库存。从先行指数看，2019年9月我市制造业PMI为50.7%，指数连续4个月位于景气区间，新订单指数和生产指数均保持扩张态势，市场预期有所恢复。

分行业看，汽车制造业有望增长1%左右。我市高端汽车及新能源智能汽车产业有望保持较快增长，北京奔驰纯电动乘用车技术改造项目已经提前建成投用，北京奔驰新能源汽车有望于2019年底前实现量产和上市。北京现代将在2020年推出包括第十代索纳塔、全新名图以及全新领动在内的多款车型，同时推出9款新能源产品，并在2020年完成新能源产品占全国的10%的目标。电子信息制造业将增长2%左右，受中美经贸摩擦、市场需求趋弱、产品竞争力不足等因素影响，2019年我市电子信息制造业增加值增速下降明显。2020年，电子信息行业整体发展仍不乐观，面板产业仍然产能过剩、供大于求，计算机市场仍不景气，全球手机市场饱和。但随着新一轮5G规划的全面落地，商业化应用部署加速，其有望成为电子信息产业新的增长点；小米手机国外市场开拓较好，AIoT布局快速发展；5G、8K超高清技术可能对面板产业有所刺激，京东方北京8.5代线产值有望增长10%左右。医药制造业有望增长5%左右，发动机效应更加明显，我市医药健康产业创新能力强劲，2019年更是引进多家国内外医药健康领域的龙头企业，包括江苏恒瑞、上海联影、辉瑞公司等，创新产出后劲充足，目前本市已布局支持一批在研品种，预计未来一两年内近百个品种可进入临床研究阶段，10个以上品种可实现产品注册，在研品种未来全部上市后有望产出15个以上10亿元大品种。装备制造业将继续保持分化态势，通用设备制造业在非首都功能疏解叠加外省份优惠政策吸引下，企业“进少出多”，在京投资意愿普遍不强，发展后劲不足；专用设备制造业在工业机器人制造业、高端通信设备制造业、环保装备制造业等带动下仍将延续较快增长态势。

2. 服务业运行将呈现整体平稳的走势

2020年，北京市服务业发展质量将持续稳步提升，经济活力不断增强，扩大开放步伐加快，空间结构持续优化，金融、信息、科技等重点行业将继续发挥引领带动作用，受疫情影响，交通运输、住宿餐饮、影视娱乐等产业增速或将不及预期，全年服务业增速保持在6%以上。金融业将平稳增长，为了应对经济下行压力，流动性有望保持合理充裕，在银行加大表内信贷投放力度、表外业务监管要求适当放宽的背景下，银行业有望保持稳定增长；在更加宽松的环境下证券市场有望进一步改善，股市相对活跃下佣金收入有望增加；保险市场仍将保持较快增长，过去两年寿险市场聚焦保障及渠道高质量发展，预计2020年将迎来收获期，财险中车险保费预计将继续下降，但非车险业务将有所增长。在创新活跃、融合发展、投资强劲、政策利好等因素带动下，信息服务业有望继续保持双位数增长。信息服务业受疫情影响较小，直播经济、平台经济和游戏产业等迎来发展契机；5G牌照正式颁发将带动5G商用化进程加快，我市5G发展进程较快，将形成更多的新业务和新市场，成为带动行业增长的重要力量；产业融合创新发展势头强劲，智能网联汽车、人工智能等新兴产业推动5G通信技术、芯片、云计算等领域产生一批具有较强国际竞争力的产品，经过转化和产业化将形成大量可观增长点。在全国科技创新中心深化建设背景下，聚焦前沿科技创新、大力提升要素服务能力，科技服务业有望实现平稳增长。北京市聚焦前沿科技创新，成立国家智能网联汽车创新中心、全国首个青蒿素研究中心、北京电控集成电路装备创新中心等前沿研究机构，推动应用场景项目落地，有望形成新的增长点；持续筹办机器人、5G、自动驾驶等国际重大赛事，提升科技创新的国际影响力和竞争力；中关村、各区通过发布新政策、设立科创基金成果转化子基金等创新方式助力科技创新服务再升级。房地产业难以保持2019年的较高增速。2019年全市房地产市场在政策性住房加快入市、前期压抑的住房需求集中释放下，实现了较快增长。2020年，购房政策难以出现明显放宽、房地产信贷监管持续趋严，受叠加基数较高的影响，预计房地产业难以保持快速增长。公共服务业增速或将有所回落。我市财政增收形势严峻，收支平衡压力依然较大，公共服务业与财政支出存在明显正向关系，增速或将随之下降。

（三）物价上涨压力将有所增大

1. CPI 全年上涨3%左右

2020 年，CPI 上涨压力较大，预计全年新涨 2%，翘尾 1%，CPI 涨幅为 3% 左右。一是疫情影响下价格上涨压力较大，由于外省份采取疫情防控措施及本市对外地抵京人员管控力度加大，生活必需品运输及销售将受到一定影响，带动物价上涨。二是分类别来看，食品烟酒类价格将小幅上行，畜肉、鲜菜、蛋类价格明显上涨，仍是带动 CPI 上涨的主要动力；交通和通信类价格跌幅收窄，公交系统价格实行“五年一大调”的调价机制，起始里程、价格及计价方法可能调整，将带动交通工具使用价格上涨；5G 套餐资费标准即将公布，市场预期价格水平将高于 4G 套餐，对通信服务价格具有上拉作用。

2. 工业品价格将呈现稳中有降的运行态势

2020 年，MPI 和 PPI 翘尾分别为 -0.6% 和 0.2% 左右，较 2019 年均有所回落，预计工业品价格将呈现稳中有降的运行态势。一是国际大宗商品价格整体上涨空间不大，带来的输入型上涨压力较小。世界银行预测，在全球经济增长前景弱于预期、美国原油产量高企的影响下，2020 年原油价格在 65 美元/桶左右，与 2019 年基本持平；铁矿石价格趋于下降，摩根大通预测 2020 年铁矿石价格为 81 美元/吨；花旗银行预测 2020 年有色金属价格将呈现宽幅震荡运行态势，价格中枢将比 2019 年略高；农产品价格将小幅回升。二是经济增长稳中趋缓，需求总体偏弱，主要工业品供给充裕，出厂价格缺乏上涨基础。三是企业通胀预期回落，2019 年第二季度北京市企业家问卷调查结果显示，原材料购进价格感受指数为 56.2%，较上季度上升 2.9 个百分点，但较上年同期下降 5.4 个百分点；产品销售价格感受指数为 45.7%，较上年同期下降 0.4 个百分点，较上季度下降2.9个百分点。通胀预期走弱将通过企业投资等途径进一步影响PPI，抑制工业品价格上涨。

参考文献

国家信息中心：《2019年中国经济回顾及2020年展望》，2020。

北京市产业经济研究中心：《北京市产业经济发展蓝皮书（2018～2019）》，北京工艺美术出版社，2019。

国家信息中心：《“十四五”时期国际国内发展环境重大变化影响及北京市经济社会发展目标指标研究》，2020。

B.4 北京市2019年工业和软件信息服务业发展回顾和2020年展望

北京市产业经济研究中心*

摘 要： 2019年，北京工业和软件信息服务业保持了稳中有进、稳中提质的发展势头，总体上呈现增速平稳、高端引领、创新驱动、绿色环保等高质量发展特征。从重点行业来看，电子信息、智能装备、生物医药和汽车交通行业成为拉动工业增长的主力。从各区规模以上工业企业产值来看，亦庄开发区、海淀区、顺义区占比较大，成为支撑北京市工业发展的主力。2020年，宏观经济形势依然严峻复杂，我市实体经济面临困难仍然较多，工业下行压力逐渐加大，规模以上工业企业增加值预计增长3%左右，工业重点产业固定资产投资预计完成210亿元以上。软件信息服务业预计实现营业收入14500亿元，同比增长12%左右。

关键词： 北京　工业　重点产业　高精尖项目　投资

一　2019年工业和软件信息服务业发展回顾

2019年，在复杂多变的发展形势下，全市经信系统努力克服经济下行

---

* 执笔人：王海燕，北京市产业经济研究中心资源平台部经济师，主要研究方向为产业经济、区域经济；王长赦，北京市产业经济研究中心资源平台部部长、经济师，主要研究方向为产业经济、宏观经济。

压力，紧盯发展目标，加强运行调度，精准精细服务，确保发展保持稳中有进、稳中提质的势头。2019 年，全市规上工业实现增加值 4241. 1 亿元，同比增长 3. 1%，与年度目标持平，软件信息服务业营业收入同比增长 14. 0%，高于年度目标 2 个百分点（见图 1），总体上呈现增速平稳、高端引领、创新驱动、绿色环保等高质量发展特征。

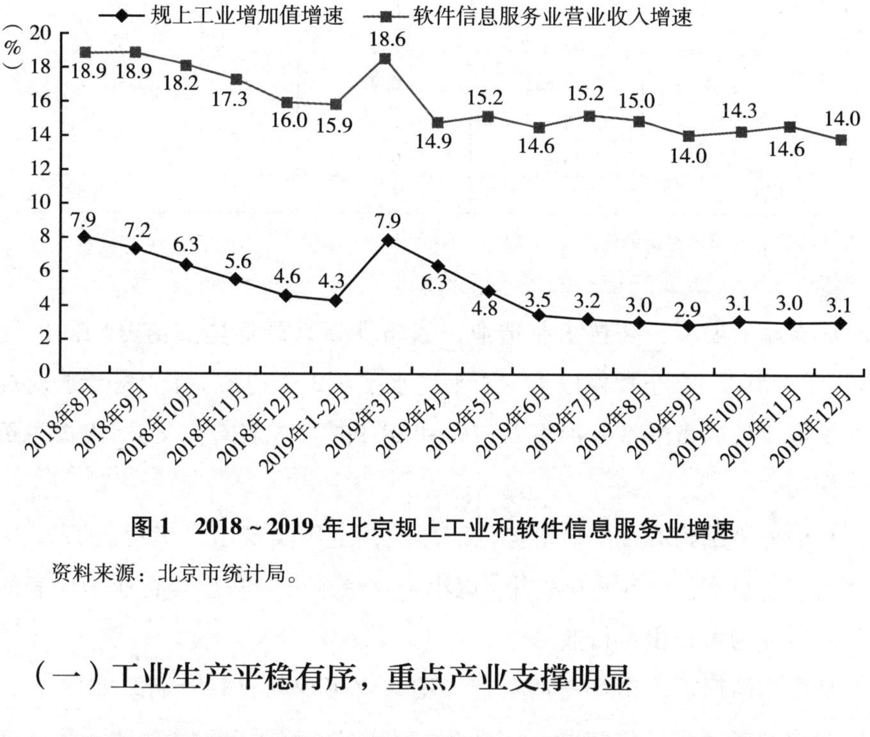

图 1　2018～2019 年北京规上工业和软件信息服务业增速

资料来源：北京市统计局。

（一）工业生产平稳有序，重点产业支撑明显

在中美经贸摩擦和全国工业增速总体放缓的背景下，北京市有序推进全市工业发展，坚持大力培育和发展高精尖产业，坚持高端发展道路。2019 年全市规模以上工业企业 3801 家，实现工业总产值 19665. 2 亿元，同比增长 2. 4%，增加值同比增长 3. 1%，完成了年度 3% 的发展目标。

从新兴产品看，卫星导航定位接收机产量增长 26. 3%，智能电视产量增长 13. 3%，智能车载设备、可穿戴设备等智能消费设备制造业产值增长 24. 7%，新能源汽车产值增长 78. 8%。

从重点产业看，电子信息、智能装备、生物医药和汽车交通等产业全年增加值保持比较合理的增速，分别为9.9%、6.3%、6.2%和2.5%，拉动工业经济增长0.9个、1.0个、0.7个和0.5个百分点（见表1）。

表1 2019年北京市重点产业产值指标

序号	重点产业	现价产值(亿元)	增加值增速(%)	对工业经济拉动作用(个百分点)
1	电子信息	2499.0	9.9	0.9
2	智能装备	2478.7	6.3	1.0
3	汽车交通	4253.7	2.5	0.5
4	生物医药	1208.5	6.2	0.7
5	基础新材料	7812.7	2.2	0.8
6	都市	1412.7	-6.6	-0.7
合计		19665.2	3.1	—

资料来源：北京市经济和信息化局。

从高端发展看，高技术制造业、战略性新兴产业增加值分别同比增长9.3%和5.5%，高于规模以上工业平均水平6.2个和2.4个百分点，对规模以上工业增长的贡献率分别为74.7%和58.9%（二者有交叉），发挥了重要引领作用。

从内外销结构看，出口形势依旧严峻，全年实现出口交货值1297.9亿元，占工业总产值的6.6%左右，以小米、京东方、联想等企业为代表的电子信息行业为主要出口行业。

从市场情况看，市场有所低迷，销售水平保持低位运行。2019年，全市工业生产者出厂价格指数、工业生产者购进价格指数均为99.6%。规模以上工业企业实现营业收入22856.4亿元，比上年同期增长4.8%，高于产值平均增速2.4个百分点。

（二）软件行业持续发力，创新创业持续活跃

2019年，全市软件信息服务业规模以上企业3505家，实现营业收入13464.2亿元，同比增长14.4%，预计增加值增速为13.5%左右，保持连续六年在两位数水平，占全市经济总量的比重达到13%，高于全市经济增速

7.4 个百分点，对全市经济增长贡献在23%左右。“头部企业”带动作用较为明显，百度、爱奇艺、金山云等龙头企业保持较快增长。传统软件和系统集成企业持续发力优势业务，中国软件、软通动力、启明星辰、先进数通等企业增速保持在两位数。培育发展新产业链，主要集中在安全芯片、汽车芯片产品等。行业创新保持活跃。专利授权量为11644件，其中，发明专利授权量为7302件，占比超六成；软件著作权登记量超17万件，同比增长22.3%。行业对外辐射能力不断增强。北京企业在全国各地共设立分支机构3315家。在津冀设立分支机构304家，被投资企业注册资本总额197.0亿元。

（三）质量效益稳步提高，产业发展集约环保

利润增速由负转正。在国家为企业减税降费背景下，下调增值税率和降低银行融资成本，企业成本降低，规模以上工业利润增速逐月回升，2019年末实现利润1683.5亿元，同比增长6.7%（见图2）。分行业看，在39个工业行业大类中，27个行业利润同比增长。其中，实现利润百亿元以上的4

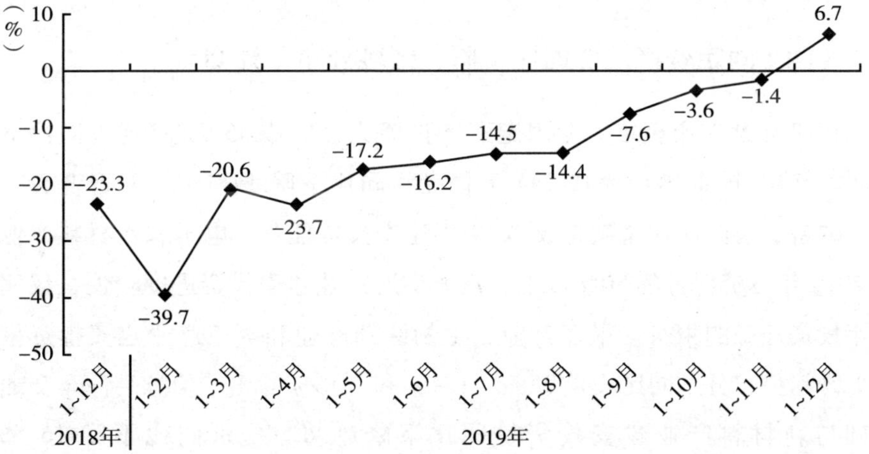

图2　规模以上工业利润累计增速

资料来源：北京市统计局。

个行业中，医药制造业实现利润总额210.4亿元，同比增长4.6%；汽车制造业实现利润总额348.7亿元，同比下降11.3%；计算机、通信和其他电子设备制造业实现利润总额184.5亿元，同比增长80.9%；电力、热力生产和供应业实现利润总额467.6亿元，同比下降3%。

劳动生产率显著提高。自2013年以来，规模以上工业企业从业人员逐年减少，全员劳动生产率提升。2019年末规模以上工业企业从业人员降至83.3万人，减少6.2万人，规模以上工业企业全员劳动生产率进一步提升至48.9万元/人，比同期提高了8.9%，约为全市平均水平的2倍。

持续推进绿色发展。2019年，规模以上工业万元增加值能耗同比下降2.8%，能源利用效率居全国前列，工业能耗中天然气占比65%，较上年同期提高1个百分点，能源结构进一步优化。全年累计退出一般制造业企业399家，提前完成年度目标，涉及人员约2万人。退出企业主要集中在建材、家具和木制品加工、印刷装订等行业。绿色制造示范体系逐步完善，集约发展程度不断提升，京东方光电、同方威视等18家企业入选国家级绿色工厂，北汽股份、施耐德电气等6家企业入选国家绿色供应链管理示范企业。

（四）固定资产投资同比下降，区域分布差异明显

2019年北京市全年工业固定资产投资累计完成459.9亿元，同比下降7.6%；建安投资累计完成244.7亿元，同比下降14.1%。分行业看，都市、装备、医药产业超额完成2019年建安投资任务，电子和新材料产业完成2019年投资任务的80%以上，汽车交通产业建安投资进度较慢，仅完成全年投资任务的48%。装备产业、生物医药产业和都市产业建安投资呈同比上升趋势，分别同比增长25%、1.4%和14.9%。电子信息、汽车交通和基础与新材料产业建安投资呈同比下降趋势，分别同比下降16.5%、11.1%和26.2%。

分区看，北京经济技术开发区、顺义区、大兴区、房山区和海淀区等区是主要投资承载区，顺义区、大兴区已超额完成2019年建安投资任务；经

济技术开发区、房山区和海淀区未完成2019年建安投资任务，分别完成2019年投资任务的97.6%、87.6%和71.1%。

（五）发挥基金杠杆作用，加快推进高精尖项目

2019年，北京市安排高精尖资金约4亿元，支持创新集群、智能制造、绿色制造等领域的项目40个，预计带动社会投资30亿元左右。北京奔驰新能源汽车生产基地、8K超高清转播车集群创新等47个重点项目落地，小米移动互联网产业园、北京奔驰发动机二厂、中关村集成电路设计园等52个项目竣工，完成重点产业建安投资110亿元的任务。以集成电路、5G、人工智能、智能网联汽车等细分领域为突破口，加快培育新产业、新模式、新业态。中芯北方12英寸扩产线、扩产能，燕东8英寸集成电路试生产等。制定全国首个自动驾驶车辆模拟仿真测试平台团体标准，在国内率先启动车联网和自动驾驶地图应用试点，截至2019年底，全市开放自动驾驶测试道路151条，共计503.68公里。

（六）发挥“三城一区”主平台作用，促进科技创新成果产业化

北京服务全国科技创新中心建设，完成创新型产业集群与制造业高质量发展专项年度建设任务，引导企业注重科技创新提升竞争力。亦庄开发区与中关村、海淀制定《关于共同建设中关村科技成果产业化先导基地的行动方案》，推进中关村前沿技术创新中心建设，构建“南北协同、产研互补”的发展格局。

在新技术、新产业、新模式推动下，企业加大在5G、人工智能、芯片、物联网、大数据等前沿科技和新兴领域的研发投入，创新活力逐步增强。全市规模以上工业企业研发费用376.2亿元，同比增长28%。新创建国家智能网联汽车产业创新中心1家、市级产业创新中心5家，国家技术创新示范企业3家，全国质量标杆企业5家，市级企业技术中心45家，高精尖产业设计中心23家，为高精尖产业创新发展提供了强有力的载体和平台支撑。

（七）加强区域协同，扩大国际交流，推动产业加快开放发展

推动京津冀产业协同发展，与津冀共同签署进一步加强产业协同发展备忘录、智能网联汽车道路测试互认合作协议。持续推动北京（曹妃甸）现代产业发展试验区、北京·滦南大健康产业园、北京·张北云计算产业基地等共建园区建设，首钢京唐二期一步工程等重点产业项目建成投产，完成国家智能汽车与智慧交通（京冀）示范区一期建设，开展京津冀地区新能源汽车动力蓄电池回收利用试点。

二 北京工业重点产业运行情况

在全国支持实体经济发展，特别是强调大力发展制造业的背景下，随着2019年一季度下调增加值税率和减税降费，全年工业利润增速快于生产增速。分产业来看，产值增速呈现四升两降，利润增速呈现五增一降，利润增速快于产值增速3.4个百分点。

（一）电子信息

从生产效益看，全年实现工业总产值2499.0亿元，同比下降0.9%，占全市工业的比重为12.7%，比上年同期回落0.4个百分点。其中，12月当月产能释放充足，实现产值276.7亿元，同比增长29.9%，两项指标均达全年最高；实现利润184.5亿元，同比增长80.9%，对全市工业利润贡献率达到77.6%；上缴财政税收41亿元左右，同比增长9%，高于工业税收增速约19个百分点。

从重点监测板块看，移动通信板块实现产值近千亿元，占据电子信息产业近半壁江山，5G手机市场启动，小米终端生产商保持平稳生产；以京东方为代表的数字显示板块产值增长10%以上；中美贸易摩擦促使国产集成电路市场在终端的应用，集成电路国产板块产值增长20%以上，中芯国际等企业产能充分释放；计算机板块产值增速下降两位数，PC市场环境有待优化。

（二）智能装备

从生产效益看，全年实现工业总产值2478.7亿元，同比增长2.6%，占全市工业的比重为12.6%，与上年同期持平；实现利润274.0亿元，增长7.2%，对全市工业利润贡献率为17.4%；上缴财政税收77亿元左右，下降7%。

从重点监测板块看，高端能源装备板块产值同比增长17%左右，金风、三一重能、四方继保等企业产值保持两位数增长；特色智能专用装备板块产值略有下降；智能制造装备板块产值下降8%左右。节能环保装备板块产值同比下降两位数。

（三）汽车交通

从生产效益看，全年实现产值4253.7亿元，增长1.5%，占工业的比重为21.6%，实现产销汽车164.1万辆，同比增长0.7%，高于全国平均增速。其中，生产新能源汽车2.1万辆，同比增长78.7%。全年实现利润390亿元，同比下降8.8%，占全市的比重为23.2%。上缴税收135.1亿元，下降12.5%。

从重点监测板块看，整车板块在北汽奔驰、北汽越野等企业带动下保持增长，完成产值2916亿元，增长4.5%；传统汽车零部件板块产值620亿元，下降12.3%；新能源零部件板块受北汽新能源、威卡威等产能转移、调整影响产值下降55.6%；轨道交通装备板块在高铁、地铁等市场需求推动下保持增长态势。

（四）生物医药

从生产效益看，全年实现产值1208.5亿元，同比增长5.5%；实现利润210.4亿元，增长8.7%；上缴税收56.4亿元，下降13.4%。近两年，国家调整政策陆续出台，医保控费、新基药目录、带量采购、国家医保目录调整等方面的多项改革政策集中落地，医药产业政策敏感度高，除当期降价控费影响外，企业开始调整扩张发展战略。全国医药工业销售收入增速预计同比下降3.5~4个百分点。我市医药工业受上述政策影响，产值增速同步趋缓，进入调整期。

从重点监测板块看，同仁堂、华润等国企集团板块实现产值约105亿元，下降7%左右；以拜尔、泰德、赛诺菲、赛升等企业为主的化药生物药板块产值约630亿元，增长9%左右。

（五）基础新材料

从生产效益看，全市基础材料产业实现产值7813亿元，增长5.2%，高于全市工业增速2.8个百分点。其中，原材料部分（石化、冶金、建材及采掘业）实现产值1797亿元，同比下降2.3%。公用事业（电力、热力、燃气及水生产和供应业）部分实现产值6016亿元，同比增长7.6%。实现利润507亿元，增长5.3%。上缴税收134亿元，下降2.4%。

从重点监测板块看，石化板块产值620亿元，下降10.5%，主要受国际原油价格波动影响，燕山石化等企业产值下降；建材板块产值142亿元，增长2.4%，在房地产补库存的作用下，地产市场增长，金隅等水泥、混凝土等建材价格较上年同期有所上涨，带动行业产值上涨；冶金板块产值82亿元，下降12.9%，受下游汽车市场需求减少影响，首钢冷轧等钢铁行业产量减少；采掘板块产值283亿元，增长15.7%，在去产能、去库存背景下，钢铁市场回暖，上游原料价格上涨，首钢矿业增长20%以上；公用事业板块产值5733亿元，增长8%，其中，国家电网较快增长，北京燃气、北京电力运行平稳。

（六）都市产业

从生产效益看，全年非洲猪瘟疫情导致北京本地生猪屠宰全部停止，对上下游企业影响较大，全年产值1413亿元，同比下降6.2%。实现利润118亿元，增长7.5%。上缴税收51亿元，下降18%。

从重点监测板块看，食品饮料板块产值330亿元，下降5.7%，重点企业包括顺鑫农业、燕京啤酒、玛氏、肉联厂等。综合板块产值230亿元，增长2%，主要企业包括工美集团、北京卷烟、利乐包装、曲美家居、爱慕内衣等。

三 2019年各区工业运行情况

从北京市16个区及亦庄开发区规模以上工业企业产值来看，亦庄开发区、海淀区、顺义区等占比较大，成为支撑我市工业发展的主力（见表2）。各区工业经济运行呈现如下特点。

表2 2019年北京市规模以上工业企业产值及利润总额

单位：亿元，%

地区	产值	累计增长	利润总额	累计增长
全市	19665.2	2.4	1683.5	6.7
首都功能核心区	750.7	-0.8	464.2	-4.9
东城区	177.4	1.4	13.0	21.6
西城区	573.3	-1.4	451.2	-5.5
城市功能拓展区	3571.6	0.9	348.5	123.9
朝阳区	758.6	2.5	89.7	18.2
丰台区	303.7	3.0	29.2	267.1
石景山区	232.1	11.1	-32.8	—
海淀区	2277.2	-0.8	262.4	75.5
城市发展新区	9227.6	0.7	827.8	-4.2
房山区	912.2	-9.0	-0.4	—
通州区	593.3	-3.1	60.0	17.3
顺义区	1587.8	-12.8	104.1	-15.0
昌平区	1114.2	6.9	74.7	-25.5
大兴区	837.2	-0.9	74.3	-1.5
亦庄开发区	4183.0	9.0	515.1	6.9
生态涵养发展区	1155.4	-5.7	43.1	-37.8
门头沟区	56.3	-26.2	6.0	-60.1
怀柔区	565.3	-7.6	31.1	-12.0
平谷区	138.8	-16.7	3.3	98.1
密云区	286.0	2.5	-18.2	—
延庆区	109.0	19.3	20.8	3.2

资料来源：北京市统计局。

（一）全市已形成以重点区域为主导的高精尖产业布局

按照“每个区不超过三个主导产业、每个主导产业不超过三个区”的原则，北京高精尖产业正在逐步形成以北京经济技术开发区、顺义区、海淀区、朝阳区、房山区、昌平区为重点，辐射覆盖全市的总体布局。其中，北京经济技术开发区逐渐形成集成电路设计、集成电路制造、新一代显示产业等产业集群；顺义区逐渐形成集成电路制造、化合物半导体、5G 产业等产业集群；海淀区逐渐形成集成电路设计、集成电路制造、新一代创新应用产业等产业集群；朝阳区逐渐形成集成电路设计、5G 产业、新一代创新应用产业等产业集群；房山区逐渐形成高端医疗器械研发创制、智能制造、整车研发设计等产业集群；昌平区逐渐形成新药和医疗器械研发创制、节能产业、环保产业等产业集群（见表3）。

表3　北京市高精尖产业区域布局

辖区	布　　局
海淀区	集成电路设计、集成电路制造、5G 产业、新一代创新应用产业、人工智能、自主可控系统和应用产业、数字经济产业、前沿新材料研制及应用、科技金融、智能制造系统集成服务、节能产业、新药和医疗器械研发创制等产业集群
房山区	高端医疗器械研发创制、智能制造、整车研发设计、前沿新材料研制及应用等产业集群
昌平区	新药和医疗器械研发创制、节能产业、环保产业、资源循环利用产业、综合服务产业、智能制造系统集成服务、前沿新材料研制及应用等产业集群
顺义区	集成电路制造、化合物半导体、5G 产业、人工智能、先进复合材料、整车研发设计、动力系统产业、应用服务产业等产业集群
朝阳区	集成电路设计、5G 产业、新一代创新应用产业、人工智能、数字经济产业、科技金融等产业集群
经开区	集成电路设计、集成电路制造、新一代显示产业、生物医药产业、中药现代化、节能产业、环保产业、资源循环利用产业、人工智能、工业互联网、整车研发设计、动力系统产业、应用服务产业、智能制造系统集成服务、机器人等产业集群

（二）依托精准政策扶持，为高精尖产业发展营造良好环境

北京经济技术开发区构建“1+1+N”政策体系，为高精尖技术创新和产业培育全过程提供精准扶持。2019年，在谈产业项目超过900个，累计新增企业7400余家。开发区规模以上工业总产值完成4183亿元，同比增长9%；万元GDP能耗0.14吨标准煤，同比下降7.1%；万元GDP水耗4立方米，为全市最低。海淀区制定《海淀区先进制造业发展行动计划（2020~2022年）》，着力形成智能制造新优势。加快新一代信息技术产业布局，国家网络安全产业园挂牌，入园企业入驻签约。研究编制《海淀区5G产业创新发展行动计划》，加快推进海淀区5G产业创新发展，海淀全区已建设完成2000多处5G基站，约占北京市的1/6。昌平区依托北汽福田、三一公司、康明斯发动机、诺华制药等重点企业，工业运行稳中向好，实现工业总产值1141.2亿元，增速6.9%，在城市发展新区中仅次于亦庄开发区，居第二位。

（三）加强产业合作，加速国际优势产业项目落地

各区积极搭建国际产业交流合作平台，服务企业参与“一带一路”建设。亦庄开发区2019年实际利用外资5.57亿美元，同比增长3.7%，新增外资企业39家，拜耳和威讯等34家企业增资扩产，瓦里安设立研发中心，GE256排高端CT项目实现落户，阿斯利康设立北方总部。围绕传统产业智能化升级、绿色化转型，引入美国福瑞自动化公司、无人驾驶隐形冠军踏歌智行、水下机器人领军企业博雅工道等，形成了以智能制造装备为核心、高端能源装备和节能环保装备为两翼的“一核双翼”产业发展格局。大兴区加强国际合作，积极筹建北京中日国际合作产业园。按照“一区四园”的空间布局，进一步完善管理体制机制，积极对接涉日机构、企业，吸引日本隐形冠军企业、小巨人企业入驻。顺义区正规划建设北京国际合作产业园中德园区，规划总面积约20平方公里，对标德国三大具有世界性竞争力支柱产业，重点发展新能源智能汽车、航空航天、智能装备等产业。

（四）强化产业结构调整，促进提质增效

自年初以来，各区持续开展“疏解整治促提升”专项行动，严格落实《北京市工业污染行业生产工艺调整退出及设备淘汰目录（2017年版）》，综合运用法律法规、标准及市场等手段，持续推进不符合首都功能定位的一般制造和污染企业关停退出。海淀区加强对一般制造业企业空间资源的梳理，结合一般制造业腾退时序和中关村科学城产业布局规划，建立空间资源释放清册和分区域鼓励产业项目清册，精准对接中关村科学城高科技企业落地，实现腾笼换鸟。

四　当前北京工业和软件信息服务业发展面临的问题与挑战

（一）宏观经济形势严峻复杂

从国际看，外部环境依然复杂严峻，国际货币基金组织近期下调2020年全球经济增速0.1个百分点至3.4%；从全国看，经济基本面依然向好，但结构性矛盾突出，国家信息中心预测2020年我国经济增速5.8%左右（国际货币基金组织预测值为6%左右）。从本市看，实体经济面临的困难仍然较多，下行压力依然较大。全市GDP增长目标为6%左右，较2019年的6%～6.5%有所下调，与全国保持一致。

从短期看，新冠肺炎疫情对我国经济增长的冲击将会非常明显。自疫情暴发以来，不少国内外机构进行了预测。其中多数认为，一季度GDP增速可能会下降大约2个百分点，即增长4%左右，剩下三个季度增速将根据疫情结束时间逐步回升，全年GDP增长将呈现“V”形状态。

（二）产业增长压力明显加大

从工业看，我市工业仍处于结构调整和增速换挡期，结构性矛盾和瓶颈

性问题日益凸显，存量萎缩、增量不足、效益下降、投资下滑、信心不强、预期不稳等问题导致下行压力不断加大，尤其制造业平稳增长难度越来越大。2019 年规模以上制造业增加值增速只有 2.2%，低于工业增速 0.9 个百分点。从软件信息服务业看，随着产业规模扩大，人口红利衰减，传统软件企业转型升级面临技术、业务和组织等多重困难，行业人力成本持续攀升，行业增速放缓趋势明显，实现高速增长的难度越来越大。产业运行和投资下行压力加大，产业进入深度转型期，面对工业运行压力凸显、项目落地综合成本较高等困难，还存在主动组织项目不够、项目成熟度不高、工作不够深入等问题，亟待进一步加强产业投资，加快新旧动能接续步伐。

随着非首都功能疏解，各地吸引优质企业的竞争更加激烈，企业外迁意愿有所增强。从 2017 年开始外迁或异地新建生产基地的企业逐步增多，累计起来对产值增速影响较大。另外，从产业结构看，有些区工业产值过分依赖于少数大企业。一旦一家企业产值有所下滑，将对整体数据影响较大。

（三）中美贸易摩擦及新冠肺炎疫情的影响

北京市产业结构与美国加税的领域高度耦合，本市重点发展的新一代信息技术、集成电路等产业是美国本轮贸易摩擦中主要针对的对象，贸易摩擦将抑制全市高科技产品出口。小米、联想、中芯国际等龙头企业均有不可替代的核心元器件进口自美国，双方互加关税后企业面临原材料进口成本增加的风险，相关技术授权、技术转移限制也会造成新技术应用放缓，这些都会在一定程度上影响北京工业的发展。另外，中美贸易摩擦也会在一定程度上使国内企业加大自主研发力度，实现进口替代，缓解贸易摩擦给企业带来的不利影响。

受新冠肺炎疫情影响，很多北京工业企业开工延迟，生产订单被迫取消，投资也将相应减少。2020 年情况特殊，让许多工厂停工时间延长。预计疫情将至少影响 2020 年一季度该类制造业的生产进度，从而拖累全年产量和销量。若疫情持续时间较长，国内制造业的情况也将产生相当规模的溢出效应，影响国际相关产业链中上游企业的采购需求和下游企业的产品供给。

五 2020年北京工业和软件信息服务业发展展望

总体来看，2020 年宏观经济形势依然严峻复杂，实体经济面临困难仍然较多，工业下行压力逐渐加大。北京市 GDP 增长预计为 6% 左右，较 2019 年的 6% ~6.5% 有所下调。

2020 年，全市保持产业经济持续健康发展，规模以上工业增加值预计增长 3% 左右，工业重点产业固定资产投资预计完成 210 亿元以上。产业效益不断提升，高技术制造业和战略性新兴产业增加值占比持续提高，规模以上工业全员劳动生产率预计提高 3% 左右。软件信息服务业预计实现营业收入 14800 亿元，同比增长 12% 左右。

（一）抓好全年稳增长工作，做好工业运行监测

按照 2020 年市级工业增长指标，明确各区工业产值、软件信息服务业收入以及重点产业建安投资分解任务，印发通知下达至各区，加强与工业、软件信息服务业大区的沟通对接，督促重点区域发挥支撑作用，持续加大稳增长工作力度，确保年度目标任务完成。盯住龙头企业，加强对重点区的走访调研，力争一季度实现“开门红”。开展重点工业企业运行监测分析工作，协助解决发展中遇到的困难和问题。

（二）发挥政策带动作用，聚焦重点产业做大做强

北京市要围绕高精尖产业，进一步分领域细化工作方案，发挥政策带动作用。瞄准产业集群、重大项目，研究精准培育政策，探索采取公开招标、揭榜等支持方式，引导各区特色化、差异化、协同化发展，聚焦重点产业做大做强。发挥高精尖资金、基金对项目落地的带动作用，研究支持园区建设标准厂房服务项目落地的政策措施，进一步激发社会投资活力。开展产业链精准招商，重点围绕龙头企业延伸产业链，围绕生态短板完善产业链，围绕创新优势拓展产业链。

（三）发挥市、区两级专班作用，推进高精尖重点项目落地

目前，北京市出台了促进5G、超高清视频、机器人等发展的行动方案，成立了市、区两级高精尖产业落地推进工作专班，实行全市高精尖产业项目“一库式”管理。下一步要进一步发挥市、区两级专班作用，围绕重点项目挂图推进，紧盯项目重点企业开展精准服务，尽快办理项目开工手续，全力推动高精尖产业项目落地，不断增加高精尖项目储备，推进项目库流程化、标准化管理。努力实现福田戴姆勒高端重卡、北汽新能源高端智能生态工厂、京东方生命科技产业基地一期等66个项目的开工建设，完成长阳航天城电子科技园、中芯国际12寸集成电路生产线、智飞绿竹疫苗新品种产业化生产基地（三期）等74个项目的竣工验收。

（四）建设创新平台载体，大力提升产业创新能力

加大产业创新中心跟踪服务和支持力度，推动国家制造业创新中心建设项目在京落地，争取国家级创新中心在京布局建设分中心，继续创建市级产业创新中心，推动贯通实验室产品与产业化之间的“最后一公里”。聚焦高精尖产品研制、核心技术研发、传统产业升级改造，创建企业技术中心20家左右。加强高精尖产业设计中心建设，带动重点产业领域打造行业精品。在智能网联汽车、5G、大数据等领域加快出台产业技术标准，在新能源汽车、高档数控机床、电子元器件等细分领域组织攻关长期困扰产品质量提升的关键共性技术。筹建国家集成电路技术创新中心，打造基础技术和战略产品研发服务平台，加快重大先进集成电路生产线布局。积极发展氢燃料电池汽车产业，建设国际氢能中心，推进氢燃料电池、发动机研发和产业化。组建京车联车联网运营平台，逐步扩大自动驾驶测试区域和测试道路范围。加快5G商用步伐，深入落实5G产业发展行动方案，加快布局典型场景应用。深入对接2022年北京冬奥会、北京城市副中心等重点建设需求，推进5G、氢燃料电池汽车、超高清视频、无人机、机器人、石墨烯、北斗导航、新材料等项目的示范应用。

（五）推动产业融合发展，加快制造业转型升级

编制制造业企业提质升级行动方案，积极争取国家技术改造资金支持我市技术改造项目，加大市级产业资金对技术改造的专项支持力度，持续推动存量优势企业向数字化、智能化、绿色化方向升级。推动互联网、大数据、人工智能等新一代信息技术与制造业深度融合发展，加强工业互联网平台建设应用，推进工业互联网标识解析国家顶级节点和二级节点建设。深入实施“智造100”工程，组织实施一批智能制造应用示范项目。实施绿色技术改造，支持专业机构提供绿色制造工艺技术开发、装备系统集成、工厂绿色化提升、资源综合利用等技改服务和节能节水诊断服务，鼓励园区和企业积极参与建设绿色制造体系。

（六）强化企业服务，进一步优化营商环境

充分发挥政府职能部门的作用，深入实地了解企业的基本情况及其存在的问题，研究服务企业的具体措施，力争在服务企业发展方面取得新突破。跟踪重点项目实施进度，协调解决项目建设中的审批、规划、土地、环保等问题，确保项目尽快建成投产。规范涉企收费，全力做好民营企业清理拖欠账款工作，切实减轻企业负担，为企业营造良好的经营氛围。进一步完善全市促进中小企业发展工作的统筹协调机制，发挥全市促进中小企业发展工作领导小组统筹协调作用，推动修订《北京市促进中小企业发展条例》。继续设立中小企业创投引导基金子基金，开展中小基金绩效评价工作。

（七）推进京津冀协同发展，扩大产业交流合作

紧抓疏解北京非首都功能“牛鼻子”不放松，进一步健全依法依规促进一般制造业企业退出工作机制，有序退出一般制造业企业90家以上，阶段性完成集中退出工作。加大工业大院和镇村产业聚集区清理整治力度，全面完成挂账任务。筹备设立高精尖产业制造基金，支持龙头企业在京津冀范围内优化布局，提高产业配套能力，加快形成良好的产业生态体系。加强京

津冀产业政策衔接，支持雄安新区与北京错位发展、协同发展，促进城市副中心与廊坊北三县联动发展。继续加强产业园区共建，支持北京（曹妃甸）现代产业发展试验区、北京·滦南大健康产业园、北京·张北云计算产业基地等园区建设，构建布局合理、梯次发展的产业链。开展京津冀大数据实验区应用试点，探索三地数据开放共享。利用行业协会、国际活动等平台，推动企业参与“一带一路”建设，为企业“走出去”提供服务，加快推进一批海外新兴技术项目在北京落地。

参考文献

北京市产业经济研究中心：《北京市产业经济发展蓝皮书（2018～2019）》，北京工艺美术出版社，2019。

普华永道：《疫情对中国宏观经济影响及政策建议》，2020。

B.5
加强创新体系建设
推动首都经济高质量发展

邓丽姝*

摘　要： 创新体系是首都经济高质量发展的创新引擎。本文从企业创新主体地位、科技服务业支撑技术创新市场导向机制建设、以“三城一区”为主平台的战略布局三个方面分析了首都创新体系建设的现状，从深度融合对接创新链和产业链、提升企业创新能力和创新主体地位方面提出进一步加强首都创新体系建设的对策建议。

关键词： 首都创新体系　首都经济　高质量发展　创新

率先实现以创新为引领的高质量发展，是新时代首都经济发展的基本要义。中共北京市委十二届十次全会进一步明确，着力建设具有全球影响力的科技创新中心，要“完善以科技创新为核心的全面创新体系”。加强创新体系建设，是实现科技创新为核心的全面创新、夯实经济高质量发展创新引擎的必由之路。

一　企业在首都创新体系中的地位和作用不断提高

企业创新能力提升及其主体地位确立是创新体系建设的根本支撑。

* 邓丽姝，经济学博士，北京市社会科学院经济研究所副研究员，主要研究方向为产业经济、创新经济等。

企业是“推动创新创造的生力军”，企业创新主体地位的主要标志是企业成为“技术创新决策、研发投入、科研组织和成果转化的主体”。随着创新驱动发展战略的深入推进，企业在首都创新体系中的主体地位不断提升。

（一）企业在创新投入中的主体地位逐步提升

2018 年，企业研发经费内部支出达到 780.5 亿元，占全市的 41.7%。其中，工业企业支出为 274.01 亿元，占全市的 14.7%；非工业企业支出为 506.5 亿元，占全市的 27.1%。企业的试验发展经费支出为 750.38 亿元，占全市的 63.6%，其中工业企业和非工业企业分别占全市的 22.5% 和 41.1%。2018 年，企业研发人员折合全时当量为 11.67 万/（人·年），占全市的 43.64%。其中试验发展人员折合全时当量为 11.15 万/（人·年），占全市的 76.1%。从行业来看，制造业企业，信息传输、软件和信息技术服务业企业，科学研究和技术服务业企业居于研发投入的主导地位，2017 年，研发经费内部支出合计占全市的 84.7%，研发人员折合全时当量合计占全市的 82.2%。其中，信息传输、软件和信息技术服务业企业研发经费内部支出达到 203.1 亿元，与 2013 年相比，年均增长 13%。制造业企业研发经费内部支出达到 261.39 亿元，年均增长 5.1%，高技术制造业医药制造业、汽车制造业研发经费内部支出年均增长分别达到了 9.2%、16.5%。①

（二）企业在创新组织中的主导作用日益提高

企业开展创新活动的主动性增强。2017 年，规模以上工业企业中，有研发活动的企业数占比为 36.9%，达到 1192 家，制造业有研发活动的企业数占比为 38.1%，达到 1175 家，分别高于 2013 年的 29.1% 和 29.6%。高技术制造业起到了十分重要的带动作用，医药制造业有研发活动企业数占比增加了 9.8 个百分点，专用设备制造业增加了 14 个百分点（见表 1）。同时，

① 根据《北京统计年鉴 2019》《北京统计年鉴 2014》计算。

服务业企业创新活力也在提升。以信息传输、软件和信息技术服务业为例，2017年，有研发活动企业数为226家，占比达到15.9%，其中国有企业研发活动企业数占比更是从2013年的20%提高到2017年的30%。

表1　北京地区企业研发活动情况

项目	2017年企业数（家）	有研发活动的企业数（家）	2017年有研发活动企业数占比（%）	2013年有研发活动企业数占比（%）	2017年占比较2013年增加（个百分点）
规模以上工业企业合计	3228	1192	36.9	29.1	7.8
制造业	3088	1175	38.1	29.6	8.5
医药制造业	215	132	61.4	51.6	9.8
通用设备制造业	206	93	45.1	36.7	8.4
专用设备制造业	280	166	59.3	45.3	14.0
汽车制造业	237	61	25.7	18.5	7.2
铁路、船舶、航空航天和其他运输设备制造业	77	48	62.3	57.8	4.5
电气机械和器材制造业	223	96	43.0	37.3	5.7
计算机、通信和其他电子设备制造业	276	165	59.8	52.4	7.4
仪器仪表制造业	162	107	66.0	58.2	7.8

资料来源：根据《北京统计年鉴2019》《北京统计年鉴2014》计算。

同时，在重大科技项目和创新组织建设中，企业参与程度和主导作用不断提高。截至2015年底，北京地区拥有企业国家重点实验室37个，占全国的21%，主要包括依托半导体照明产业技术创新战略联盟的半导体照明联合创新国家重点实验室等，在衔接基础研究、成果转化和产业化，加快推广和应用先进技术，研制国际、国家和行业标准等方面发挥着重要作用。同时，经认定的北京市重点实验室中，依托企业建设的有30余个，例如，依托安泰科技股份有限公司建设的纳米能源材料北京市重点实验室等。经认定的北京市工程技术研究中心中，依托企业建设的有140余个，占到近一半，例如，依托华润双鹤药业股份有限公司建设的北京市大容量注射剂质量工程技术研究中心、依托北京北一机床股份有限公司建设的北京市数控机床工程技术研究中心、依托北汽福田汽车股份有限公司建设的北京市新能源汽车工程技术研究中心等。北京市企业科技研发机构也是重要的企业研发组织，有500余个，为企业主导推进基础研究、应用研究、技术创新融合，促进成果转化与产业化提供了有效载体，成为企业参与和引领产业创新的重要抓手。同时，企业对重大科技项目的参与程度提高。行业领军高科技企业逐步加入到“科技创新—2030”等重大科技项目的论证和组织实施中来。例如，国家新一代人工智能重大科技项目吸收科技企业参与，2017年，科技部公布的首批4家国家新一代人工智能开放创新平台中，“自动驾驶国家新一代人工智能”开放创新平台依托百度建设；2019年，新启动建设的10家中，有约一半由旷视科技、奇虎科技、小米等在京科技企业作为依托单位承建。

（三）企业创新活动效率效益不断提高

企业创新成果产出效率不断提升。2018年，工矿企业专利申请量为15.04万件，占全市的71.2%，与2013年相比，年均增长13.5%；企业专利授权量为9.32万件，占全市的75.5%，年均增长18.1%。企业在技术输出中居主导地位，输出技术合同成交额4768.2亿元，占全市的96.2%。从主要行业来看，2017年，限额以上信息传输、软件和信息技术服务业企业专利申请量为2.4万件，占全市企业总申请量的18.5%，与2013年相比，年均增长19.8%；专利申请量为1.82万件，占全市企业的23.64%，年均增长16.8%。[①] 中关村国家自主创新示范区企业发展效率与创新能力不断提升。2018年，实现总收入58830.9亿元，自2013年以来，年均增长14%，其中技术收入达到11174.3亿元，年均增长22.6%，占总收入的比重由13%提高到19%。专利授权数5.64万件，年均增长20.4%（见表2）。

① 根据《北京统计年鉴2019》《北京统计年鉴2014》计算。

表2　中关村国家自主创新示范区企业创新发展情况

项目	2013年	2014年	2015年	2016年	2017年	2018年	2013～2018年年均增长(%)
总收入(亿元)	30497.4	36057.6	40811.9	46047.6	53025.8	58830.9	14.0
其中:技术收入(亿元)	4032.4	4837.7	6623.6	7580.4	9369.6	11174.3	22.6
技术收入占总收入比重(%)	13.2	13.4	16.2	16.5	17.7	19.0	—
当年专利申请数(万件)	4.43	5.5	6.89	7.49	8.64	10.27	18.3
期末有效发明专利数(万件)	3.5	4.49	6.32	8.29	11.45	14.15	32.2
当年专利授权数(万件)	2.23	2.51	3.23	3.76	4.6	5.64	20.4

资料来源：根据《北京统计年鉴2019》计算。

企业通过科技成果产业化实现发展壮大。2017年，医药制造业，汽车制造业，铁路、船舶、航空航天和其他运输设备制造业分别实现新产品产值为236亿元、808.1亿元、177.7亿元，与2013年相比，年均增长7.4%、17.5%、8%。[①] 信息传输、软件和信息技术服务业创新发展优势突出，形成创新型产业集群。“2019软件与信息技术服务综合竞争力百强企业”中，北京共有45家企业入选，其中前20强中，就有百度、中国通信、京东、中软国际、小米等10家企业。2018年，新增软件创新创业企业达3285家，在营软件企业数量达2.7万家，其中年营业收入超过100亿元以上的有14家，10亿元以上的有141家，亿元以上的有1148家。北京共有82家独角兽企业，占全国的40.6%；总估值3355亿美元，占全国的45%，其中软件企业62家。[②] 创新型企业在新兴领域形成创新优势，例如在人工智能领域，百度的深度学习算法框架达到国际先进水平，引领形成产业链。工业互联网等新兴领域与制造业形成融合创新，如用友等建设工业互联网平台，石化盈科、东方国信等与制造业企业深入合作，推动企业数字化研发设计工具普及率和关键工序数控化率持续提升。[③]

① 根据《北京统计年鉴2019》《北京统计年鉴2014》计算。

② 《北京经济发展新动力，万亿软件产业再启航》，北京市经济和信息化局网站，2019年7月1日。

③ 《北京45家企业入选“2019软件与信息技术服务综合竞争力百强企业”》，北京市经济和信息化局网站，2019年7月19日。

二　科技服务业支撑技术创新市场导向机制建设

科技服务模式创新，优化科技创新的市场化、专业化、社会化服务机制，为市场导向机制的培育夯实基础。加强科技服务模式创新，完善科技服务体系，是确立创新体系市场机制的突破口，应以科技服务业的创新发展，优化创新资源和要素配置方式，完善创新体系市场导向机制。北京科技服务业呈现良好的发展态势，为创新体系市场机制培育提供了支撑。2013～2018年，科技服务业实现增加值从1783.2亿元增加到3223.9亿元，年均增速达到12.6%。2018年，科技服务业占地区生产总值比重达到10.6%，占第三产业比重达到13.1%。2013～2017年，科技成果转化服务实现增加值从279.8亿元增加到482.2亿元，年均增速达到14.6%，在科技服务业中占比达到16.9%。①

一是加强市场化综合创新服务平台建设。科技创新服务打造一体化创新服务平台，开展科技成果转化的全链条服务，为创新要素和创新成果供需对接、转化提供了综合平台。例如，中关村天合科技成果转化促进中心以中关村开放实验室为基础，提供科技成果或企业需求深度挖掘与测评、项目方案设计与策划、全过程服务、要素资源配置与整合等促进科技成果转化的专业化生态服务，增强科技成果转化效果。

二是促进创新资源社会化共享。作为首都区域创新体系建设的基础支撑，首都科技条件平台通过高效运营和市场化服务，促进高校院所资源开放共享，面向企业、社会提供研发实验服务，形成整合资源促进产学研用协同创新的“北京模式”。建立了以24家研发实验服务基地、12个领域中心、13个区工作站为主体，包括2423家大网络成员单位的“小核心、大网络”的工作体系和开放服务体系。截至2018年底，首都科技条件平台共推动北京地区916个国家级、市级重点实验室和工程中心，价值277亿元的4.39

① 根据《北京统计年鉴2019》《北京统计年鉴2018》《北京统计年鉴2014》计算。

万余台（套）仪器设备开放共享，促进967项科研成果转移转化，产生24879项知识产权和技术标准。[①] 2018年，共有1.3万余家企业享受到平台各类服务，签订合同额61.33亿元。

三是通过技术市场有效配置创新资源，实现对产业发展的创新要素支撑。2018年，北京地区实现技术交易增加值2940.2亿元，占GDP的比重为9.7%。北京地区技术市场认定登记技术合同82486项；实现技术合同成交额4957.8亿元，占全国成交额的28%，其中流向外省份的技术合同额占到60%。其中“高精尖”产业领域输出技术合同项数占全市的74.9%，成交额占全市的54.9%。落地流向本市技术合同为33836项、1219.5亿元，其中技术服务合同和技术开发合同的项数分别占54.3%和39%，成交额分别占69.7%和24.6%；电子信息、先进制造和新能源与高效节能等“高精尖”领域落地项目数和成交额分别占73.4%和60.9%。同时，吸纳外省市技术合同27377项，成交额为1027.6亿元，其中电子信息、先进制造领域成交额合计占到40.9%。[②]

三 “三城一区”为首都创新体系建设夯实战略布局

“三城一区”基于创新链相互衔接、有效互动，成为基础研究、应用研究、技术创新、成果转化与产业化一体化的创新体系主要载体。2018年，“三城一区”地区生产总值占全市比重已超过30%，输出技术合同成交额占全市的46%。其中，中关村科学城地区生产总值突破6400亿元，国家级高新技术企业数量突破1万家，占全市的45%；独角兽企业达到31家，占全市的38%。[③]

---

① 任敏：《“三城一区”主平台加快建设科技服务、信息服务，金融对全市经济增长的贡献率达63%，北京基础研究经费全国占比超25%》，《北京日报》2018年12月7日。

② 《2018北京技术市场统计年报》，http://kw.beijing.gov.cn/col/col1408/index.html，2019年11月11日。

③ 《北京全力建设“三城一区”主平台》，《中国科学报》2019年1月24日。

（一）三大科学城加强产学研协同创新

中关村科学城积极推进科技创新政策先行先试，打造具有全球竞争力的创新生态体系，提升创新发展效率和能级。实施新型研发平台领航计划，推进政产学研用深度融合、协同创新，加强与市级政策衔接配套和政策集成，加快发展整合基础研究、应用技术研发和产业化实现的新型研发平台，按需支持全球领袖型科学家领衔建设的新型研发平台。目前，已落地建设北京石墨烯研究院、全球健康药物研发中心等一批新型研发平台。同时，在中关村科学城打造创新成果转化全链条服务平台。完善高校院所技术转移转化机制，加快推进基础研究成果向技术和产品、服务转化。为解决科技成果转化“最初一公里”问题，建设中关村前孵化创新中心，对前沿领域重大科研成果进行超前投资和前移孵化，促进高校院所高端硬技术和前端原始创新项目落地转化。持续将支持环节向科技成果转化的“最初一步”前移，实施概念验证支持计划，促进基础研究项目向概念验证项目转化。

怀柔科学城以与中科院的合作为重点，打造“世界级原始创新战略高地”，培育基础研究和前沿交叉领域源头创新能力。聚焦物质科学、空间科学、地球系统科学、生命科学、智能科学等方向，建设大科学装置和科技研发平台，推进高校院所、新型研发机构和创新型企业协同创新，争取获得世界领先的原创科研成果。国家布局的5个大科学装置和首批5个交叉研究平台已经全部启动建设，11个科教基础设施和第二批交叉研究平台正在加紧推进，综合性国家科学中心基本框架形成。同时，建设科技服务平台，完善创新服务体系，创新机制，促进科技成果转化和产业化。推进孵化中心布局，培育新材料、生命健康、信息装备与精密仪器、太空与地球探测、节能环保等先导产业。

未来科学城推进创新链各环节协同联动，企业、科研院所、高校协同创新，构建一流的创新创业生态系统，营造创新创业文化氛围和制度环境。在东区依托在低碳环保、清洁能源、智能电网等重点领域具有自主知识产权创新成果的企业，打造“能源谷”。在西区依托中关村生命科学园、工程技术创新园、科技服务产业园、先进制造产业园等功能区，聚集创新型企业、关键共性技术创新平台、科技服务平台，形成了从基础研究、技术研发到科技服务和成果转化的创新发展链条。中关村生命科学园已入驻单位近 500 家，初步形成以基础研究为核心，涵盖研发、中试、生产、临床应用的生物医药产业创新体系。

（二）北京经济技术开发区积极承接“三城”创新成果，促进科技成果向现实生产力转化

北京经济技术开发区围绕主导产业承接“三城”科技成果落地转化项目，与“三城”合作不断深化，成为主要产业转化基地。近三年落地项目达到 340 余项，以新一代信息技术、机器人与智能制造、生物医药、高端汽车为主要支撑，形成电子信息产业、装备制造业、生物工程和医药产业、汽车及交通设备产业四个创新型产业集群。2018 年，实现工业增加值 960.3 亿元，占全市的比重达到 21.5%，并形成互联网产业集群。制定实施《关于共同建设中关村科技成果产业化先导基地的行动方案》，建设中关村科技成果产业化先导基地，加强基金、政策等支持，突出高端研发在海淀、成果转化首站在经济技术开发区，吸引成果落地，力争把先导基地建设成为重要的科技成果转化中枢。通过政府签约落地、孵化载体承接、企业自主对接等方式促进科技成果转化。例如，依托第三代半导体功率器件制造与验证中试基地，满足中科院项目中试需求，承接项目落户，帮助企业实现从实验室到规模生产；成立于 2016 年的北京科益虹源光电技术有限公司，是中科院国家 02 重大专项“浸没式曝光光源研制与小批量产品生产能力建设”成果的产业化载体；北京国望光学科技有限公司通过将中科院科技成果作价入股实现增资，促进研发转化，加快突破“卡脖子”技术难题。

同时，通过加强各类创新服务平台建设，优化创新生态，促进“三城”创新成果产业化。完善“产业联盟、研究院、专利池、公共服务平台、基金、特色产业园”六位一体的创新服务体系。依托龙头企业，联合重点高校和科研院所，与“三城”源头机构实现资源对接与创新协同，建设新型

显示、下一代互联网、国家新能源汽车等技术创新中心，突破一批关键核心技术，提升自身创新能力。加强云计算等新兴产业研发平台建设，链接产业链上下游企业，打造创新辐射能力强、产业关联度高的创新产业集群。加强中试基地建设，制定实施《中试基地认定管理办法》，首批认定基因药物等6家中试基地，支持北亦蛋白等中试服务平台做大做强，在集成电路IP设计、汽车整车开发、诊断试剂等重点领域，以市场为导向，培育规模化产业中试基地，建设中试服务业集群，打造科技成果转化“中间站”，提高科技成果转化效率。

四　进一步加强首都创新体系建设的对策建议

与高质量发展的要求相比，北京创新体系建设仍然存在不足，主要表现在：支撑深度融合创新的服务体系不完善，科技成果转移转化的通道仍不畅通，技术创新供需难以实现有效对接；产学研有效合作在利益分配、技术供求、沟通渠道等方面存在障碍，科技服务业对协同创新的联结支撑功能有待提升；企业研发创新优势不突出，企业自主创新主体地位仍未真正确立，企业创新能力、动力、活力不足，高精尖产业创新发展的微观基础受到制约，首都知识创新能力尚未完全转化为企业创新实力。要以习近平总书记关于科技创新重要论述为指导，进一步完善创新体系，提升创新体系效能，为首都高质量发展夯实创新动力引擎。

（一）深度融合对接创新链和产业链，提升创新体系效能

加快发展新型研发组织，为产学研深度融合创新打造战略引擎。支持产学研合作建设促进前沿技术研发和成果落地转化的创新研究院和产业创新中心，建设工程技术研究中心，协同搭建产业先进技术研发平台和技术创新服务平台。统筹推进在京布局的国家级制造业创新中心和市级制造业创新中心建设，攻克关键共性技术，提升制造业创新中心对高精尖产业技术创新的带动作用。完善制造业创新中心运营机制，以企业化、市场化为主导，健全合

作共享运行机制，打造支撑行业发展的创新中心。

完善高校院所服务企业创新的长效机制。加强北京高校高精尖创新中心与企业的有效联动与协同创新，成立促进高校院所与企业进行实质性合作的创新组织，合作开展关键共性技术研发与成果应用推广。推进研发众包模式创新，鼓励高校院所承接企业技术难题招标和委托，加强开放式协同创新。建立科研数据采集和科技成果发布平台，面向企业开展科技信息服务，发布科技成果目录，提供科技成果从实验室研发到规模化生产各阶段的信息，与企业进行市场需求与成果对接，促进科技成果转移转化的供需精准对接。支持高校建设专业技术转移服务机构，与高校高精尖创新中心有效联动，探索科技成果转移转化的有效机制与模式。

进一步畅通“三城一区”创新联动发展通道，提升科技创新中心集聚发展效能。加强有效功能定位与合理分工，补齐创新链短板，协同推进科技成果中试、产业化、转移转化。提升创新型产业集群带动作用，在新一代信息技术、生物医药等符合首都功能定位的高精尖产业领域，加强产业基地建设，有效承接科技创新研发成果，开展中试熟化与产业化开发，实现落地转化。优化创新创业载体，加强科技服务功能集成，推动模式创新，向有潜力的项目进行股权投资，提升技术转移转化效果。探索并推广有效创新成果转化模式，提升“研发设计—技术转移—创业孵化—产业化”的创新服务链条效能，为科技创新全过程提供全方位集成式服务。

（二）进一步加强企业研发优势，提升企业创新能力和创新主体地位

提高企业对相关科技项目、创新组织的参与程度，加强企业在区域创新体系和产业创新体系中的主导作用。创新管理制度和运行机制，推动在京部署的相关国家重大科技专项和科技基础设施整合龙头骨干企业，国家和北京市相关科技项目、技术创新行动计划吸收企业参与。支持重点优势领域龙头骨干企业发挥组织协调等主导作用，联合高校院所承担国家科技项目。通过参加科技计划、科技项目，发挥龙头骨干企业链接创新链和产业链的作用，提升创新成果市场应用和转移转化效果，以重大科技项目实施带动在京具有

核心知识产权的创新产业集群的形成。

加快企业研发组织建设，提升企业创新能力。进一步完善政策措施，引导企业创新组织模式，加大技术创新投入。在高精尖产业领域促进骨干企业建设国家企业技术中心，支持中小企业通过与科技服务机构合作等方式，建设专业化、独立化研发机构。由企业主导，搭建创新平台，创新产学研合作形式，加强企业主导的产业驱动型基础研究，完善联合开发、专利共享、利益风险共担的产学研用合作机制，深化产学研协同创新。

培育平台型龙头企业，营造企业创新生态。应用新一代信息技术，深入推进“互联网＋科技服务”，在软件、电子商务、智能制造等高精尖产业领域以平台经济模式推动龙头企业转型升级，促进创新创业企业成长。优化行业发展环境、创新管理体制机制，培育具有较强竞争力和辐射带动力的平台型企业。在重点优势制造业领域，支持龙头骨干企业带动产业链上下游价值共创，衍生创新型企业群。

参考文献

王刚等：《创新是高质量发展的关键》，《前线》2019 年第 5 期。

王晖、李岱松、杨秋：《布局高精尖产业　促进高质量发展》，《前线》2019 年第 12 期。

战略分析篇

Strategic Analysis

B.6
在更高水平上创新推动西城区经济高质量发展的实践与思考

孙　硕*

摘　要：　党的十八大以来，以习近平同志为核心的党中央深刻总结国内外发展经验教训，分析把握国内外发展大势，以新发展理念引领经济高质量发展。本文围绕在更高水平上创新推动西城区经济高质量发展的实践与思考这个课题，以习近平新时代中国特色社会主义经济思想为指导，准确把握新时代首都发展的新任务和新要求，深入研究高质量发展的丰富内涵和指标体系，立足西城区资源禀赋和发展实际，科学探究高质量发展的战略布局和实践路径，深入总结近年来开展的创新

* 孙硕，经济学博士，高级经济师，中共北京市西城区委副书记，区政府党组书记、区长，主要研究方向为宏观经济与政策。

实践和取得的积极成效，进一步坚定推动西城区经济高质量发展的决心和信心，努力在首都减量发展、创新发展、高质量发展中走在前列。

关键词： 西城区　经济　高质量发展

当前，全面建成小康社会目标即将实现，我国处于“两个一百年”奋斗目标的历史交汇点。做好高质量发展这篇大文章，关系社会和谐、关乎民生福祉，是推进国家治理体系和治理能力现代化的题中之义。作为首都功能核心区，要强化职责使命，深入贯彻落实党和国家关于经济工作的重大决策部署，创新推进西城区经济高质量发展。

一　深刻理解和牢牢把握高质量发展的科学内涵与核心要义

党的十八大以来，以习近平同志为核心的党中央深刻总结国内外发展经验教训，分析把握国内外发展大势，以新发展理念引领经济高质量发展。这是我们认清时代定位、探寻国家复兴发展的策论，是实现“思、策、行”合一、解决当代中国问题的金钥匙。

推动高质量发展，是新时代我国经济发展的必由之路。党的十九大明确提出，“我国经济已由高速增长阶段转向高质量发展阶段，正处在转变发展方式、优化经济结构、转换增长动力的攻关期”，这是首次明确提出“高质量发展”。随后召开的中央经济工作会议强调，我国经济发展进入新时代，基本特征就是已由高速增长阶段转向高质量发展阶段。从历史必然角度来讲，高质量发展是由工业化社会到后工业化社会的发展阶段的变化。[①] 面对新的格局，中国经济发展的速度要换挡，增长速度要从高速转向中高速，发

---

① 赵莉：《北京高质量发展的逻辑起点》，《前线》2018 年第 10 期。

展方式要从规模速度型转向质量效率型，经济结构调整要从增量扩能为主转向调整存量、做优增量并举，发展动力要从主要依靠资源和低成本劳动力等要素投入转向创新驱动。这些变化，是我国经济向形态更高级、分工更优化、结构更合理的阶段演进的必经过程。

推动高质量发展，是关系发展全局的深刻变革。推动高质量发展不仅是保持经济持续健康发展的必然要求，也是适应我国社会主要矛盾变化和全面建成小康社会、全面建设社会主义现代化国家的必然要求。从理论层面上，高质量发展是指经济数量增长到一定阶段之后，经济发展新旧动能转换、效率提升和结构优化的状态。[①] 高质量发展要求对生产要素进行全面提升，又强调发展过程的效益，注重成果为全民共享，是理念、要求、过程、结果的全面变革。要放眼发展全局，把握发展大势，推进思想解放和理念变革，解放和发展社会生产力，增强社会发展活力，进而深刻改变和重塑发展格局。

推动高质量发展，是落实新发展理念的生动实践。习近平总书记指出，高质量发展，是能够很好满足人民日益增长的美好生活需要的发展，是体现新发展理念的发展，是创新成为第一动力、协调成为内生特点、绿色成为普遍形态、开放成为必由之路、共享成为根本目的的发展。在推动高质量发展过程中，要坚定不移贯彻创新、协调、绿色、开放、共享的发展理念，努力实现更高质量、更有效率、更加公平、更可持续的发展。

更高质量，意味着经济发展从“有没有”向“好不好”“强不强”转变。改革开放40年来，中国已经发展成为世界第二大经济体、第一大工业国、第一大货物贸易国、第一大外汇储备国，形成了世界上人口最多的中等收入群体。面临着日趋激烈的国际竞争，全球产业变革蓄势待发，各国积极谋求经济新旧动能转换，我国经济发展已由“数量追赶”转为“质量追赶”。但是客观来看，我国制造业规模居全球首位，是全世界唯一拥有全部工业门类的国家，但是我国的制造业整体仍处于全球价值链的中低端，高端芯片、核心技术、软件应用仍需进口，产业基础能力弱，存在“卡脖子”

① 任保平、赵通：《高质量发展的核心要义与政策取向》，《红旗文稿》2019年第13期。

现象。因此，在宏观层面，我国要加快实施创新驱动发展战略，为高质量发展提供技术支撑和发展机遇。微观层面，我们要不断完善科技含量高、质量高、附加值高的产品体系，培育支撑高质量发展的科技、金融、人才等要素，发展壮大创新型企业，实现中国速度向中国质量的转变。

更有效率，意味着经济发展从粗放向高效集约转变。要提高全要素生产率，实现资源优化配置。根据 Solow 经济增长理论，全要素生产率是指除资本、劳动投入、能源、自然资源等生产投入要素贡献之外，技术进步、技术效率、管理创新、社会经济制度等因素所导致的产出增加。① 从客观效益来看，无论是劳动生产率、土地产出率、增量资本产出率、全要素生产率，还是单位 GDP 能耗、产能利用率、资金使用效率、科技进步贡献率等均与发达国家存在较大差距。当前，我国经济增速放缓，进入新常态，需要寻找增长新动能。因此，我们必须要加快培育新兴产业，改造提升传统产业，发展现代服务业，抢抓数字经济发展机遇，推动科技创新和经济发展深度融合，完善科技成果转化机制，提高全要素生产率，迅速提升中国在全球价值链和产业链中的地位，建立与目前消费需求相适应的新常态化供给结构。

更加公平，意味着经济发展从受益不均衡向广大群众有更多获得感、幸福感、安全感转变。围绕解决好人民日益增长的美好生活需要和不平衡不充分的发展之间的矛盾，促进平等发展、共享发展、充分发展和协同发展。在过去的高速增长阶段，我国主要通过改善制度激励环境、加大资源要素投入、做大 GDP 蛋糕来提升人民生活水平。40 年来，我国成为世界上减贫人口最多的国家，贫困发生率由 1978 年的 95.5% 下降到 2018 年的 1.7%。我国所取得的减贫成果无疑是巨大的，但是实现整体脱贫只是底线保证和基础要求，还必须瞄准人民群众对更高生活品质的追求，综合提高人民的经济生活水平，实现收入分配合理，提供完善的社会保障和安全服务，形成有效的

---

① 周杰琦：《金融发展对中国全要素生产率增长的影响：作用机制与实证分析》，中国社会科学院研究生院博士论文，2011。

社会治理和良好的社会秩序，为人民提供更安全、舒适、便利、优质的生活环境。

更可持续，意味着经济发展从资源攫取型向绿色低碳、人与环境和谐共生转变。绿色发展是构建高质量现代化经济体系的必然要求，是解决污染问题的根本之策。这就要求贯彻新发展理念，把生态文明建设摆在全局工作的突出地位，协调好经济发展动力与生态资源环境承载力的辩证统一关系，坚持在发展中保护、在保护中发展。过去，在快速拉动经济增长的背景下，环境保护日益缺位，人民群众不得不承受环境恶化带来的不良后果。但是，随着经济社会不断发展，人民的物质需求得到极大满足，对美好生活环境的需求开始大幅提升。因此，在经济高质量发展的时代，必须让环境保护和经济发展同行，坚持绿色发展理念，调整经济结构，转变经济发展方式，坚决遏制低端的高能耗、高污染、高物耗产业，实现生态效益、经济效益和社会效益最大化。

二　推动西城区经济高质量发展的战略谋划与实施路径

推动西城区经济高质量发展，必须始终坚持以习近平新时代中国特色社会主义经济思想为指导，以习近平总书记对北京重要讲话精神为根本遵循，深入落实中央经济工作会议精神，坚持稳中求进工作总基调，深入践行新发展理念，在深化供给侧结构性改革上持续用力，紧密结合西城区的区域经济特点、比较优势，在落实推动北京“四个中心”功能建设、落实《首都功能核心区控制性详细规划（街区层面）（2018 年～2035 年）》（以下简称《核心区控制性详规》）的过程中，努力当好高质量发展排头兵，确保经济实现量的合理增长和质的稳步提升。

（一）在总体考量上要紧紧把握“四个立足”

立足区域功能定位和北京新总规要求。《北京城市总体规划（2016 年～2035 年）》（以下简称《北京新总规》），明确了西城区作为首都功能核心区是“全国政治中心、文化中心和国际交往中心的核心承载区，历史文化名城保护的重点地区，是展示大国首都形象的重要窗口地区”。在近期公布的《核心区控制性详规》中，进一步明确要建设政务环境优良、文化魅力彰显和人居环境一流的首都功能核心区。西城区推动高质量发展，必须从首都功能核心区特殊区位出发，必须强化《北京新总规》的战略引领和刚性约束作用，必须提升创新驱动发展能力，必须坚持国际眼光，在服务国家和首都发展大局中提升发展水平。

立足服务国家金融管理中心功能建设。《北京新总规》明确“金融街集中了国家金融政策、货币政策的管理部门和监管机构，集聚了大量金融机构总部，是国家金融管理中心”。这是《北京新总规》里面除了“四个中心”之外的“第五个中心”。建设好金融街，服务好国家金融管理中心是西城区的重要职责和使命担当，是落实《北京新总规》的具体实践。

立足西城区资源禀赋和长期形成的发展优势。从一些主要指标来看，西城区已经成为经济高质量发展的区域。一是经济规模稳步扩大，人均 GDP 达到发达国家水平。2019 年，西城区地区生产总值 5007.3 亿元，同比增长 6.1%，占北京市地区生产总值的比重为 15.3%。从人均 GDP 看，西城区与一些发达国家相比，2018 年西城区人均 GDP 高于德国、英国、日本等发达国家水平。二是产业结构持续优化，服务型经济特征显著。2019 年，西城区第三产业增加值占地区生产总值的比重达 94.4%，生产性服务业占地区生产总值的比重达到 70% 以上。自 2012 年开始，西城区第三产业增加值所占比重一直保持在 90% 以上。三是集约发展水平高，总部经济特征明显。辖区内有规模以上央属法人单位 807 家，央属法人单位以 25% 的单位数量，占据了全区 88% 的资产，创造了 65% 的收入和 72% 的利润。

立足抢占新产业新经济的制高点。一是从国内外新兴产业发展态势看，以人工智能、量子信息、移动通信、物联网、区块链为代表的新一代信息技术加速突破应用；以合成生物学、基因编辑、脑科学、再生医学等为代表的生命科学领域加速变革；融合机器人、数字化、新材料的先进制造技术加速推进制造业向智能化、服务化、绿色化转型；以清洁高效可持续为目标的能源技术加速发展等。[①] 二是从国内外风险投资的方向看，风险投资是推动新产业发展、激发经济活力的重要力量。埃森哲（Accenture）的研究显示，2018 年，全球金融科技投资总额增长超过 1 倍，达到创纪录的 553 亿美元，中国市场贡献了 46% 的投资额，成为全球最大的金融科技投资市场。三是从我国金融产业未来发展看，近年来，我国持续深化金融改革创新，推动金融业实现了快速发展。2019 年，我国金融业增加值 77077 亿元，增长 7.2%，占 GDP 的比重为 7.78%。进入新时代，国家把握国内外环境变化，做出了一系列战略性部署，推动金融业发展呈现出新的变化和趋势。金融科技加速融合，传统金融业的参与，涉及互联网支付、网络借贷、股权的众筹融资、互联网基金销售、互联网保险、互联网消费金融。[②] 资产管理和财富管理转型创新，截至 2019 年 6 月，全球资产管理规模再创新高，达到 95.3 万亿美元。从国内看，我国经济快速增长和人民生活水平的提高引领了财富管理行业发展，2019 年我国总财富在全球财富中的比重已提升至 17.7%，财富市场面临很大的潜力。四是从西城区特有的区位优势看，西城有知名的北京金融街，共有各类金融机构 1883 家，金融机构资产规模达到 107.7 万亿元，占全国总量的 35%。比邻西城区的中关村核心区，是具有全球影响力的科技创新中心的主平台，对标纽约“硅巷”之于华尔街、伦敦“硅环岛”之于东区金融城，处于金融街与中关村之间连接地带的西城北展地区，天然成为金融与科技深度融合、发展金融科技的最佳地区。

综上所述，西城区可以依托特有的资源禀赋和区位优势，积极顺应产业发展趋势，紧紧抓住重大发展机遇，大力发展金融和金融科技与专业服务等产业，这既是产业布局的优先选择，也是在更高水平上推动西城经济高质量发展的重要支撑，更是落实国家战略、服务首都发展的重大任务。

---

① 习近平：《在中国科学院第十九次院士大会、中国工程院第十四次院士大会上的讲话》（单行本），人民出版社，2018。

② 巴曙松：《中国金融科技发展现状与趋势》，《21 世纪经济报道》2017 年 1 月 20 日。

（二）在应对挑战上要着力破解发展难题

在更高水平上推动西城区经济高质量发展，既是充分利用优势的体现，更是加快补齐短板、在有限条件下深挖经济增长潜力，激发区域经济活力的必由之路。当前，西城区仍面临不少困难和挑战，也还存在一些短板和不足。一是北京金融街与国际金融城市相比还有差距。从经济总量看，与伦敦金融城等全球知名金融功能区相比仍有不足。2017 年，与金融街同等面积的伦敦金融城（1 平方英里）GDP 达到 916.45 亿美元，约合 6048.57 亿元人民币，占英国 GDP 的比重高达 3%，高于 2019 年西城区地区生产总值。从国际化程度看，金融街外资金融机构 143 家，缺乏全球性的金融交易市场，国际业务相对较少，主要管理国内资产，在全球资产管理中所占份额较少。而伦敦金融城聚集了 520 多家外资银行，管理着全球近 44% 的资产。从空间资源看，伦敦金融城、曼哈顿 CBD 的写字楼面积超过 800 万平方米，均超过金融街。二是产业转型升级仍有很大空间。从产业结构看，西城区货币金融服务业占主体地位，货币金融服务业的营业收入、利润、资产规模、三级税收和区级税收占西城区金融业的比重分别为 63%、67%、92%、85% 和 66%，保险业和证券业比重较小，具有进一步做强做大的发展空间。保险业的营业收入、利润、资产规模、三级税收和区级税收占西城区金融业的比重分别为 26%、18%、3%、8% 和 14%。资本市场服务业的营业收入、利润、资产规模、三级税收和区级税收占比分别为 7%、12%、3%、4% 和 10%。金融市场不强是西城区乃至北京市的短板。目前，上海金融市场较为完整，北京金融市场发展层次单一，二级市场股票投资、股票承销发行、财务顾问业务均落后于上海。在交易所领域，西城区只有全国中小企业股份转让系统（以下简称“新三板”），经过多年发展已经包容万家企业，但由于之前一直受政策制约，挂牌中小企业难以上市。2019 年，国家启动新三板全面深化改革，在方案中推出设立精选层和建立挂牌公司转板上市机制等，实现了政策上的重大突破，这为新三板发展创造了条件。目前，新三板作为新兴未成熟市场，未来发展空间较大、尚待持续培育。2019年上海推出科创板，进一步拉开了上海与北京在资本市场上的差距。与发达国家和城市相比，保险深度有待进一步提高。目前，北京保险密度和保险深度在国内处于领先地位。根据公开数据，北京地区保险密度达到9080元，是全国平均水平的3.43倍，保险深度达到7.03%，是全国唯一过“7”的地区，但欧美等发达国家保险深度基本在8%以上。资产管理行业仍处于发展期，国际知名资产管理机构正加速在中国布局，合资理财公司、外资保险资管跃跃欲试，资产管理行业在国内远未达到饱和，但市场参与者众多，竞争也很激烈。此外，区域有丰富的高端旅游资源、多家知名老字号企业和文创园区，但科技、文化等核心要素与金融融合的优势和潜力还没有充分发挥，文化事业和文化产业的品牌效应不突出，文化产业收入占全区和全市的比重不高。传统商业转型升级不够快。创新资源整合不够，区域内大型总部拥有的众多科研机构、科技板块、科技产品等资源没有形成统筹和合力。三是区域空间资源不足和部分空间利用率不高同时存在。西城区空间资源紧张，主业发展受限制。作为首都功能核心区，产业发展空间约有1800万平方米，约占区域建筑规模的1/4。一些空间资源利用率高，2017年金融街实现地均产出率超过2100亿元/平方公里，但同时仍有一些低效运营楼宇和空置资源没有完全做到高效利用。对全区非金融机构400栋办公楼宇进行调查，近半数楼宇利用效率不高，既体现在租金价格不高，也表现为占用这些资源的大多为低端业态。四是优化营商环境仍需加大力度。政策体系还需要完善，面对金融业扩大开放和国内外金融功能区的激烈竞争，政策作用发挥还不够充分，促进金融产业、人才和企业上市等政策还有调整不及时、措施不到位的情况。行政服务效率还需提高，仍存在多头管理、服务领域交叉重合等问题，特别是与区域重点机构的沟通机制还需进一步完善。人才友好型的全方位服务还需加强，吸引高端人才聚集的优势还不突出。

（三）在战略定力上要切实做到“五个坚定不移”

一是坚定不移实施减量发展。北京是全国第一个减量发展的城市。《北京新总规》进一步明确了减量要求，以“双控”“四降”倒逼发展方式转变、产业结构转型升级。西城区发展受空间资源等客观条件影响较为明显，要主动减量、提升存量、优选增量。二是坚定不移全面巩固金融主导产业优势。金融业作为现代服务经济的核心，不仅本身就具有高精尖特征，而且是国民经济的血脉，已经渗透到经济社会生活的方方面面，是国家重要的核心竞争力。依托国家金融管理中心功能定位，西城区具有发展金融业的独特优势，未来要在优化聚集金融功能、完善配套设施、提升金融街国际影响力等方面持续发力，努力打造与大国首都地位相匹配的现代金融业。三是坚定不移精准培育高精尖产业。习近平总书记指出，北京不提经济中心，不是要放弃经济发展、产业发展，而是要放弃“大而全”的经济体系，构建高精尖的经济结构。西城区要持续优化高精尖经济结构，进一步推进产业业态转型升级。一方面，要健全高精尖企业筛选机制，聚焦产业发展的新兴业态和高端环节，把边际效应大、税收贡献大、人均地均产出高的机构引进来、服务好。另一方面，发挥科技在创新创造中的引领作用，加快形成以创新创造为动力的具有区域特色的产业链条。产业链的实质是不同产业的企业之间的关联，要加快推动产业融合，努力发掘经济新的增长点。四是坚定不移促进区域协同联动发展。充分发挥主动性和创造性，与其他区域优势互补、竞相发展，促进产业梯度转移，增强区域发展的协调性。一方面，要积极融入京津冀协同发展，大力支持北京城市副中心和雄安新区建设。加强与丰台丽泽商务区、北京城市副中心运河商务区等区域的战略协作，进一步优化资源配置。另一方面，要紧抓新一轮服务业扩大开放试点机遇，注重发挥市场机制作用，采取市场化、法治化手段，制定有针对性的引导和激励政策，提高区域国际化水平。五是坚定不移守住安全发展底线。中央经济工作会议指出，打好防范化解重大风险攻坚战，重点是防控金融风险。北京市金融工作会议指出，金融安全是首都安全稳定大局中的重要一环。西城区作为首都功能核心区，必须坚守安全发展底线，处理好发展与稳定的关系，统筹好发展目标和实施路径，带头筑牢金融安全防线，全力防范化解金融风险。在体制机制方面，依托国家金融监管机构，完善国家、地方、部门联动机制，促进多部门信息共享，提高金融安全应急处置能力。在监管重点方面，要坚决整治金融乱象，有效保护投资者合法权益。在监管技术方面，应用金融科技手段强化监管，提升跨行业、跨市场交叉金融风险的甄别、防范和化解能力。

（四）在实施路径上要注重抓好“五个依托”

一是依托更加有力的政策支持。实现经济高质量发展，需要政府在宏观上加以引导和规范，统筹重点发展的产业、领域和功能区，以及人才、空间、资金等各类产业发展要素，打造一系列支持经济高质量发展的具体政策，逐步构建相对完善的政策支撑体系。二是依托更加精准的空间资源投放。根据区域需求和现有资源配置情况，因地制宜确定具体使用方向，实现空间资源优化配置，重点用于发展符合区域产业功能定位的高精尖产业，完善商务、生活、文化等配套服务设施。三是依托更加一流的营商环境。要构建完备的服务保障体制，包括开放的市场竞争、透明的产业政策等，与企业建立沟通交流机制，及时了解企业的服务需求，提供个性化、精准化的服务。四是依托更加全面的改革开放。一方面，要以建成具有国际影响力的金融中心城市为目标，更加深入地参与国际金融秩序构建，提升国际话语权。另一方面，要主动适应新一轮科技革命和产业变革新趋势，大力开展金融业创新，围绕传统金融机构改革发展、新兴金融业态等重点领域，不断提高金融创新能力。五是依托更加优质的人才服务。在生活方面，统筹区域资源，坚持人才优先，积极解决高层次人才子女教育、医疗等问题。在发展方面，坚持“强服务、优环境”，建立企业“服务包”，健全人事代理、社保接续、档案管理、工作居住证办理等公共服务平台。

三　西城区推动高质量发展的探索实践和主要成效

近年来，西城区始终牢牢紧抓发展第一要务，组建区域经济高质量发展工作专班，下设“一办九组”①，制定日报信息、周开例会、月出政策、季看成果、随时走访机制，主要开展了以下方面工作。

（一）全力疏解非首都功能，为高质量发展提供空间资源和创造发展环境

一是全力疏解区域性批发市场。2014 年以来，西城区认真落实习近平总书记对北京重要讲话精神，紧紧抓住北京疏解非首都功能这一“牛鼻子”，深入实施“疏解整治促提升”专项行动，全面推动区域“双控”“四降”。坚持依法疏解、有序疏解、和谐疏解，通过采取“一楼一策”、一对一指导、全方位服务等措施，历经 4 年多的艰辛努力，成功推动“动批”等市场疏解，实现了区域性批发市场疏解全面收官，为区域高质量发展提供 80 万平方米的宝贵空间资源。在初步完成区域批发市场疏解后，着眼高质量发展需要，全面梳理区域低效楼宇，加快推动改造升级。“动批”市场的部分楼宇已经成功转型为宝蓝金融创新中心、北矿金融大厦、首建金融中心。二是持续优化市场主体结构。对标首都功能核心区产业发展要求，制定并执行《北京市西城区新增产业的禁止和限制目录》，压缩淘汰不适合核心区发展的业态，实现市场主体总量持续下降，企业数量稳步提升，个体数量大幅度减少。目前，全区市场主体总量 7.3 万家（户），企个比提升至 4.5∶1，在“瘦身健体”中实现了新发展。三是加强老旧厂房和存量空间优化利用。结合首都历史文化名城保护，深化文物活化利用，积极推动金融文化等融合发展，成功推动天宁 1 号、新华 1949 等一批老旧厂房改造为文创产业园区。目前，西城区重点在“促提升”上下功夫，通过改造低效楼宇加速提升区域产业承载力，带动空间资源要素合理配置流动，努力形成区域高质量发展的新支撑、新亮点。

① “一办”指成立经济发展综合协调办公室，“九组”指优化营商环境专项组、总部机构精准服务专项组、金融工作专项组、金融科技创新专项组、楼宇提升专项组、异地经营企业服务专项组、服务业扩大开放专项组、国企发展专项组和统计分析专项组。

（二）持续提升服务国家金融管理中心能力，不断巩固金融业主导优势

一是实施北京金融街服务体制改革。按照“政府授权＋跨界共治＋专业机构＋市场机制”的架构，建立北京金融街合作发展理事会、北京金融街服务局、北京金融街服务中心有限公司、北京金融街论坛“四位一体”服务模式。不断提升金融街论坛影响力，注重向系统化发展，构建以一年一次的金融街论坛年会、日常多个分论坛子品牌和多个沙龙为核心的框架体系；注重向国际化发展，对标达沃斯经济论坛、博鳌亚洲论坛等国际性论坛，努力打造成国际一流、国内顶尖的服务国家金融管理中心建设发展的论坛活动；注重向高端化发展，发挥“中国金融改革发展风向标”作用，将论坛打造为国家金融管理部门和金融机构政策解读信息发布的权威平台、机构交流平台、智库研究平台和产业促进平台。目前，正全力推动北京金融街论坛升级为国家级论坛。二是推动金融街走向世界。坚持国际化视野，在北京开展“北京金融街与伦敦金融城交流对话活动”，在伦敦金融城举办“走进北京金融街——2019（Feeling the Heartbeat of China's Financial Industry）”活动。举行“中国—阿联酋金融科技合作”研讨会，围绕两国金融科技合作与监管、金融赋能“一带一路”合作等开展交流。构建国际化生态，从建设国际一流和谐宜居之都的要求出发，对标国际标准，推进区域联动、产业配套、文化氛围、金融法治建设，提升金融街的国际化服务水平。引入国际化机构，引进万事网联信息技术（北京）有限公司、环球同业银行金融电讯协会（SWIFT）全资子公司、大和证券、阿布扎比国际金融中心金融服务监管局北京代表处、欧洲市值最大资产管理公司东方汇理全资设立的锋裕汇理投资咨询（北京）有限公司等外资知名机构在华分支机构。世界500强上榜外资机构中有16家在北京金融街设立分支机构，瑞士银行、摩根大通等4家外资银行在北京金融街设立中国区法人总部。三是拓展丰富金融业态。在全国新一轮资管改革中抢占先机，吸引工银理财、中银理财、邮储理财等98家重点金融机构落地。

鼓励驻区国内外银行业金融机构大力发展绿色信贷。鼓励驻区金融机构创新消费信贷产品和服务，推动消费金融发展。积极引导支付结算、银行金融、保险金融、财富管理等领域头部企业落地。目前，金融街总部企业175家，有20家位列《财富》世界500强，聚集了工商银行、建设银行、中国银行、邮政储蓄银行等国有大型商业银行，汇集了全国100%的政策性金融机构总部、60%的保险集团总部、四大资产管理公司总部、全国中小企业股份转让系统和中债登、中证登、网联清算等重要国家金融基础设施。西城区金融业有力支撑了区域经济平稳健康发展。四是加快金融街生态构建。服务国家金融基础设施建设，着力培育和完善运行高效、服务规范、种类齐全的中介机构组织体系。服务国家金融管理中心智库研究高地建设，运营金融街研究院，搭建沟通交流平台，探索成立金融街智库联盟，构建多层次智库体系。服务世界优秀杰出金融人才集聚区建设，积极落实金融人才奖励办法等相关激励政策，研究探索参照粤港澳大湾区个人所得税优惠政策对驻区优秀外籍金融人才给予补贴，整合区域优质资源，健全人才服务功能。当前，北京金融街已发展成为集决策监管、标准制定、资产管理、支付结算、信息交流、国际合作功能于一体的国家金融管理中心。区域人民币支付业务占全国的40%，外币支付业务占全国的60%，是全国资金流动的枢纽地区。基本形成以具有行业领导力的金融机构为骨干、多种金融机构协同发展的多元化金融机构体系。五是推进金融街软硬件提升。在精准有效、精简高效、招商引资、招才引智等方面集中发力突破，出台“金服十条”促进政策，支持金融机构发展。落实管家式服务模式，为重点机构提供全生命周期、全业务流程的专业服务。建设“金融街 i 客厅”，打造开放、多元、智能的金融服务空间。创办《金融街观察》内刊，为金融监管部门、驻区机构提供信息参考和智库服务。发挥金融街法庭功能和作用，为各类金融机构和国内外投资者提供法律纠纷解决机制。加强金融风险监测预警与防范，创新提出的网贷平台风险化解模式在全市推广，为国家金融管理部门运行、区域金融产业发展提供稳定发展环境。

（三）把握金融与科技融合发展趋势，建设国家级“金科新区”

一是加强“金科新区”顶层设计。西城区紧抓发展机遇，经北京市人民政府批准，2018 年 5 月，全面启动北京金融科技与专业服务创新示范区（以下简称“金科新区”）建设。在借鉴纽约、伦敦、新加坡等发展金融科技经验的基础上，制定了《北京金融科技与专业服务创新示范区（西城区域）建设方案》，重点实施“十六项工程”①，建成“五个创新体系”，形成“五项国际示范”②。2019 年，在国务院批复的《关于全面推进北京服务业扩大开放综合试点工作方案》中，明确提出西城区建设“国家级金融科技示范区”。二是优化“金科新区”空间布局。“金科新区”以西城区北展地区、德胜地区、广安地区和海淀区北下关地区、中关村大街沿线区域为主体，面积约 15 平方公里。采用智慧城市理念，从交通、环境、资源、标识和色彩等多方面统一规划，加快楼宇改造提升，着力打造与区域未来产业功能相匹配的全新形象。三是制定“金科十条”政策。在集成中关村科技政策、西城区金融和公共服务政策的基础上进行了创新，联合中关村管委会、北京金融街服务局制定了《关于支持北京金融科技与专业服务创新示范区（西城区域）建设若干措施》（以下简称“金科十条”），对入驻示范区西城区域的金融科技企业和专业服务机构，在金融监管科技、降低运营成本、提升创新能力、促进交流合作、搭建应用场景、服务优秀人才、拓宽融资渠道、汇聚高端要素、提升楼宇品质、优化营商环境等十个方面提供支持。四是积极构建“产学研用资”金融科技生态。成立北京金

---

① 金融科技监管的“金眼工程”、金融基础设施的“金基工程”、金融风险防控的“金盾工程”、金融科技产业培育工程、金融科技产品和服务创新工程、新兴金融科技业态创新工程、金融科技助力产业升级工程、金融科技标准体系建设工程、金融科技国际标准引领工程、专业服务支撑平台建设工程、研发及应用成果展示工程、金融科技专项政策支持工程、专业服务暖心工程、金融科技资本支撑工程、城市品质提升工程、金融科技国际化融通工程。

② 推进监管科技创新体系建设，形成金融监管示范；推进产业生态创新体系建设，形成产业发展示范；推进标准引领创新体系建设，形成业界标准示范；推进专业服务创新体系建设，形成应用展示示范；推进营商环境创新体系建设，形成服务创新示范。

融科技研究院、北京金融科技产业联盟和保险科技联盟，推动设立北京金融科技产业投资基金，成功举办首届成方金融科技论坛，赴香港参加亚洲金融科技论坛，举办招商推荐会。经过近两年的不懈努力，“金科新区”建设取得重要进展，全区金融科技企业总数超过100家、年收入超过1000亿元。

（四）抢抓服务业扩大开放机遇，进一步壮大经济实力

服务业是经济增长的重要支撑，也是产业升级、创新发展的重要引擎。西城区积极把握大势，不断推动服务业实现新发展。一方面，西城区在服务国家重大战略中求发展。在先行先试方面，紧密对接相关部门，争取政策试点，加快推动服务业扩大开放综合试点项目落地见效。在引进外资机构方面，扩大高质量引资引企引智渠道，着力吸引外资参与银行、证券、保险、信托、公募基金、期货、金融租赁、汽车金融、货币经纪、消费金融、银行卡清算等业态，鼓励经营理念和管理模式创新，促进内外资机构竞合发展。在拓宽开放领域方面，突出市场需求导向，着力在教育、医疗、家政等现代化服务领域寻求突破，培育跨境电商、跨国医疗等新业态新平台。另一方面，西城区在落实北京市新一轮服务业扩大开放综合试点工作中求发展。依托区域资源优势，突出金融特色，推出22项具体工作举措，积极抢占新一轮对外开放的制高点，加快推进金融、家政、医疗、养老等领域的对外开放。2019年，预计实现进出口总额6709亿元、增长7.1%，其中出口总额1167.6亿元，增长14%，继续保持北京市前列。

（五）多措并举优化营商环境，积极打造首都经济高质量发展的高地

一是不断健全高精尖政策体系。陆续出台“1+5+N”政策及实施细则，实施优秀杰出金融人才服务支持计划。“1”是指《北京市西城区关于优化高精尖经济结构的意见》；“5”是指优化高精尖经济结构的财政、人才、低效空间资源利用、服务业扩大开放、营商环境等一系列政策；“N”是指各部门根据“1”和“5”出台本部门、本领域的支持高精尖产业配套

政策。注重加强政策的宣传和兑现时效。积极落实好新一轮营商环境改革推出的各项任务和国家减税降费政策，支持企业发展。二是深化“放管服”改革。在政务服务方面，巩固“最多跑一次”“不见面审批”改革成效，推进电子证照全面应用，让企业和群众在办事过程中享受到更多优质、便利、高效的服务，吸引更多优质企业在西城区投资或业务延伸，为区域经济高质量发展提供支撑。推出“e窗通”企业一日准营套餐服务，推进政务服务“掌上办、马上办、就近办”，1500个事项可通过微信公众号办理，区政务服务大厅实现1092个事项“一窗”办理，占全部事项的94%。政务服务“好差评”制度建设的创新做法得到李克强总理批示。三是持续深化“服务卡、示范牌、晴雨表、亲清会、光荣榜”服务模式。区领导会同产业促进部门，加强对重点企业的走访和服务。坚持“一企一策”，为企业精准定制“服务包”。开发“灵溪指数晴雨表”，强化信用分级分类监管，提高市场监管规范化水平和透明度，实现“双随机、一公开”全覆盖，为投资兴业者提供高质量的服务保障。四是加强对民营企业支持力度。深入贯彻落实习近平总书记在民营企业座谈会上重要讲话精神，为民营经济发展创造良好环境，出台《西城区关于进一步支持民营企业发展的若干措施》，帮助辖区内民营上市公司全部实现纾困。

（六）抓好产业布局，着力促进产业融合发展

西城区深入研究区域资源优势，进一步明确了以金融为主导产业，以文化科技、大数据为重点产业，以高品质生活性服务业、健康医疗、高端智库为培育类产业的“一主导两重点三培育”产业布局，不断优化高精尖经济结构，在推动金融和金融科技产业发展的同时，促进文化、商业、旅游等产业融合发展。一是依托设计之都核心区的优势，大力发展文化产业。对文创园发展方向路径进行分级分类研究，推进园区“一园一品”建设，中国北京出版创意产业园等8家园区被评为“首批北京市文化创意产业园区”。积极发展文化演艺事业，对标百老汇、伦敦西区等世界演艺集聚区，打造天桥演艺区，成为首都优秀文艺作品展演的新高地。2019年西城区共有规模以

上文化产业法人单位517家，实现收入998.2亿元，实现利润总额122.4亿元。二是依托西单、大栅栏、马连道等资源，促进现代商业和传统商业发展。西单因时尚而发展，大栅栏因老字号集聚而更具魅力。西城区构建“四位一体”商圈管理体制，推动西单、大栅栏规划升级，实施“一店一策”改造提升方案。鼓励“首店经济”发展，引入曼联足球俱乐部全国首个体验中心、星巴克全球首家数字化概念店等。支持西单、北京坊及老字号打造“深夜食堂”。马连道因传承茶文化而驰名中外，西城区积极推动马连道茶文化发展，成功举办北京国际茶业展，展示了新时代我国茶文化特色。实施“四季品西城”促消费品牌活动，积极打造消费新亮点。西城区社会消费品零售总额保持平稳增长，2019年，实现1085.1亿元，同比增长4%。三是依托丰富的文化资源，推动更具区域特色的旅游业发展。近年来，西城区立足特殊区位，以旅游降密度为抓手，着力促进旅游供给创新提质，努力将旅游业发展为支撑大国首都首善之区建设的功能产业和展现大国首都形象的名片产业。围绕全国文化中心建设目标，以首都文化、红色文化、京味文化、胡同文化和创新文化为脉络，深入挖掘西城文化内涵，讲好“西城故事”，深度开发主题文化旅游产品。

（七）创新服务管理方式，不断壮大区属国资国企发展

近年来，西城区积极推动企业改制重组，调整产业发展布局，扩大新兴业务板块，不断壮大发展潜力、提升竞争力。一是加强区域协作促发展。强化与央市区三级企业联络，不断融入京津冀协同发展、“一带一路”以及粤港澳大湾区建设，业务范围涉及18个省、直辖市、自治区。二是推动企业再创业，加快新发展。2019年，区属企业共获得市级以上创新成果奖11项，其中一等奖3项，助力企业打造核心竞争力。金融街集团公司不断拓展新的业务，金融板块实现扭亏为盈，先后在物业板块、教育板块等方面集中发力。广安集团北京坊获北京商业创新大奖等18个奖项，商业运营能力进一步提升。华天集团不断探索发展新模式，荣获2018年度中国餐饮百强，与旗下庆丰、华天凯丰共同入围北京餐饮企业50强，庆丰公司荣获餐饮快

餐集团10强。三是以基金促进产业结构升级。为推动西城区产业结构转型升级，引领高精尖企业和项目落地，发起设立新动力股权投资基金及其管理公司熙诚金睿，并将其作为推进市区传统产业转型升级和构建高精尖经济结构的投资主体。依托北京新动力股权投资基金、北京新动力优质企业发展基金、北京新动力金融科技产业发展基金等系列基金，围绕科技、大消费和医疗健康领域投资布局，目前管理的基金达247亿元。完成新犁、金沙江、礼来亚洲、奇安基金4只子基金投资，总投资金额4亿元，全年共开发271个直投项目，为区属国有资本布局结构调整奠定基础。四是有序推动混合所有制和股权多元化改革。全面完成华天集团所属庆丰包子铺混合所有制改革及员工持股试点，庆丰公司成为北京市区属企业在新一轮国企改革中第一家试行员工持股的企业。完成华方养老公司与华润维麟公司的混合所有制改革，提升区域内养老产业的核心竞争力，提高国有资本服务区域经济社会的能力及水平。五是加快企业资产证券化步伐。完成金融街物业公司股份制改制，推动香港H股上市进程，目前已获得证监会国际部批准，正式上报港交所。持续推动菜百公司A股上市工作。预计2020年两家企业将成功上市。六是打造多元化产业板块。不断优化国有资本布局，形成房地产、金融、文化、都市服务及新型高科技产业五大板块，服务区域经济社会发展。

在更高水平上创新推动西城区经济高质量发展，是新时代赋予核心区的职责使命。我们要深入贯彻习近平新时代中国特色社会主义经济思想，不折不扣落实好习近平总书记对北京重要讲话精神，把握要求、顺势而为、迎难而上，努力打造新时代首都高质量发展的高地。

参考文献

习近平：《习近平谈治国理政》，外文出版社，2014。

习近平：《之江新语》，浙江人民出版社，2007。

习近平：《在中国科学院第十九次院士大会、中国工程院第十四次院士大会上的讲话》（单行本），人民出版社，2018。

任保平、赵通：《高质量发展的核心要义与政策取向》，《红旗文稿》2019 年第 13 期。

赵莉：《北京高质量发展的逻辑起点》，《前线》2018 年第 10 期。

周杰琦：《金融发展对中国全要素生产率增长的影响：作用机制与实证分析》，中国社会科学院研究生院博士学位论文，2011。

徐惠喜：《全球金融科技融资进入爆发期》，《经济日报》2019 年 11 月 25 日。

《全球创投风投行业年度白皮书（2019）》，全球（青岛）创投风投大会，2019。

巴曙松：《中国金融科技发展现状与趋势》，《21 世纪经济报道》2017 年 1 月 20 日。

B.7 控规约束下首都功能核心区产业发展定位与优化路径研究

杨 松*

摘 要： 城市功能是城市主导产业选择和产业演进过程中的重要基准因素，城市产业与城市功能之间存在同向演进的规律性特征。控规约束下，首都功能核心区产业定位应当符合首都功能，坚持减量集约、创新引领、绿色低碳等发展原则，坚定不移地疏解非首都功能，适度发展符合首都功能定位的现代金融业、现代服务业、高品质的特色文旅产业和高品质的生活服务业等，引导核心区现有产业转型重组、迭代升级、提质增效。推动核心区产业结构与城市空间结构优化重组。推进核心区商业高品质发展，优化提升传统商业区。推动核心区产业国际化发展，提升产业的国际竞争能力。

关键词： 首都功能核心区 现代服务业 文化产业

2019 年底，北京市政府公布《首都功能核心区控制性详细规划（街区层面）（2018 年～2035 年）》（草案）（以下简称《核心区控规》），并向社会公开征求意见。这是首次将东、西城区作为“首都功能核心区”[①] 统一编

---

* 杨松，北京市社会科学院经济研究所所长、研究员，主要研究方向为城市经济、产业经济等。

① 《北京城市总体规划（2016 年～2035 年）》第 17 条和第 18 条首次从规划角度提出“首都功能核心区”概念，并界定首都功能核心区总面积约 92.5 平方公里，但并未明确首都功能核心区的覆盖范围。

制发展规划。《核心区控规》首次明确了首都功能核心区包括东城区和西城区两个行政区，总面积92.5平方公里，并再次重申了《北京城市总体规划（2016年~2035年）》中关于首都功能核心区的功能定位，即首都功能核心区是“全国政治中心、文化中心和国际交往中心的核心承载区，是历史文化名城保护的重点地区，是展示国家首都形象的重要窗口地区”。2020年2月4日，市政府常务会议研究了《核心区控规》，目前正在履行报审程序。控制性详细规划的作用主要是“对具体地块的土地利用和建设提出控制指标”[①]，包括明确规划范围内用地的界线、建筑高度、密度、容积率、绿地率等控制性指标，一般不涉及界线范围内的产业发展和产业规划。但控制性详细规划是以城市功能、城市定位和空间布局作为编制的基础依据，它必然会对城市的产业定位和产业发展产生极其重要的影响。笔者注意到，目前《核心区控规》中有关产业定位和产业发展的内容表述较少。《核心区控规》公示后，引起了社会各界的关注，控规约束下核心区产业如何定位、现有产业未来如何优化和转型升级，这是当前需要研究和回答的一个重要问题。

一　首都功能核心区相关研究文献回顾

城市或区域如何选择和确立主导产业？城市经济学主要有筱原三代平的动态比较费用理论（收入弹性基准和生产率上升基准）、阿尔伯特·赫希曼的产业关联度理论（前向、后向、旁侧关联基准）、区位比较优势理论（区位熵基准）、弗朗索瓦·佩鲁的增长极理论、资源环境基准理论等选择理论和判断基准，[②] 根据有关学者的研究，国内外城市主导产业选择的基准有三基准、四基准、五基准以及在上述基准之上的各种补充基准。[③] 经济学家们以往对产业选择基准的研究主要集中在产业的经济职能上，忽略了空间体系、要素环境等因素对产业选择的重要作用，而“区域的要素环境往往决

① 建设部：《城市规划编制办法》第二十四条。
② 孙久文：《城市经济学》，中国人民大学出版社，2016。
③ 梁兴辉：《关于城市主导产业选择的思考》，《城市》2016年第7期。

定着该区域的产业选择状况”“产业要素环境会影响产业的分布”。[①] 更有研究表明，城市功能是城市主导产业选择和产业演进过程中的重要基准因素，城市产业与城市功能相互作用、相互影响，城市产业与城市功能之间存在同向演进的规律性。[②]

关于首都功能核心区产业定位的研究是与人们对首都城市功能和战略定位的认识不断清晰而密切相关的，这种研究状况大体上以 2014 年为分界。2014 年之前，随着“首都经济”“首都四大功能区”等概念的提出，学者们对首都功能核心区产业定位和产业发展问题展开研究。1997 年底，北京市第八次党代会首次提出了“首都经济”的概念，并对首都经济的基本内涵及首都经济建设的重点任务做出了初步阐述。[③] 1999 年，北京市计委探讨了面向 21 世纪首都战略主导产业问题。[④] 卢映川提出了首都经济产业类型是科技主导型、文化主导型、服务主导型经济。[⑤] 杨松从城市治理和商业业态更新的视角对北京城市中心区的小商品批发市场问题进行了研究，较早提出了对城市中心区小商品批发市场进行“搬迁、改造、升级”的政策建议。[⑥] 朱晓青比较了北京四大功能区服务业发展水平，指出“首都功能核心区的产业集聚特色，是金融业、信息服务业和商务服务业，并已形成了以金融街为代表的特色产业集聚区”[⑦]。延静尝试从经济、社会、人口、资源与

---

① 倪鹏飞、张天、赵峥等：《北京城市产业体系选择研究》，社会科学文献出版社，2010。

② 阮平南、孙莹：《城市产业与城市功能同向演进的关联性研究》（Proceedings of International Conference on Engineering and Business Management，EBM2010），美国科研出版社会议论文集，2010。

③ 所谓首都经济，即是立足首都、服务全国、走向世界的经济，是充分体现北京城市的性质和功能，充分发挥首都比较优势，充分反映社会主义市场经济规律的经济；是向结构优化、布局合理、技术密集、高度开放、资源节约、环境洁净方向发展的经济；是既保持较高经济增长速度，又体现较好效益的经济。参见马仲良、范军《发展以知识经济为本质的首都经济》，《探索新路构筑辉煌——庆祝中华人民共和国建国五十周年论文集》，1998。

④ 北京市计委研究室课题组：《首都经济面向 21 世纪发展的战略主导产业选择》，《首都经济》1999 年第 3 期。

⑤ 卢映川：《首都经济的产业类型和主导产业选择》，《首都经济》1999 年第 8 期。

⑥ 杨松：《北京城市中心区小商品批发市场治理对策建议》，北京市社会科学院《要报》，2006 年 3 月 26 日。

⑦ 朱晓青：《对北京四大功能区现代服务业发展的探讨》，《新视野》2007 年第 3 期。

环境四个维度构建“首都功能核心区可持续发展评价指标体系”①。倪鹏飞等系统地研究了北京市产业门槛，确定了北京市主要删除产业，对备选产业进行了筛选，将北京市未来产业定位于“高科技产业、文化产业、金融业、房地产业、旅游业、物流业、商贸业、商务服务业和部分装备制造业”等“八个半”产业上，② 但并未对产业进行区域划分。刘玉对北京各功能区产业结构进行了研究，指出“现代服务业进一步向核心区集聚，物质生产、城市基础设施与功能服务方面的部门显著从首都功能核心区向城市功能拓展区和城市发展新区转移，高新技术产业和生产生活服务类部门从首都功能核心区向城市功能拓展区转移”③。

2014 年 2 月，习近平总书记视察北京，明确了北京城市战略定位，即坚持和强化首都全国政治中心、文化中心、国际交往中心、科技创新中心的核心功能，努力把北京建设成为国际一流的和谐宜居之都。习近平总书记指出：“城市战略定位决定着城市产业布局和发展模式。北京产业布局和发展必须与城市战略定位相适应、相一致、相协调，这是北京产业发展的大原则。”习近平总书记强调，北京要转变经济发展方式，构建高精尖经济结构；北京要做“白菜心”，不做“白菜帮”。2017 年 6 月 27 日，习近平总书记主持中央政治局常委会专题听取北京城市总体规划编制工作汇报时再次强调指出：北京“要靠创新发展，舍弃‘白菜帮子’，精选‘菜心’，腾笼换鸟、调整结构”④。从此以后，首都经济发展朝坚持减量集约、结构持续优化升级、构建高精尖产业结构的方向发展，首都经济发展的质量和效益显著提升，服务型经济特征显著，产业结构进一步明晰和优化。理论界围绕习近平总书记重要讲话精神，对首都功能核心区发展定位（包括产业定位）等问题展开了相关研究。张维昊基于区位熵方法研究了四大功能区产业结构，提出“首都功能核心区应继续疏散其第二产业，集中

① 延静：《首都功能核心区可持续发展评价体系和方法研究》，《经济师》2009 年第 4 期。

② 倪鹏飞、张天、赵峥等：《北京城市产业体系选择研究》，社会科学文献出版社，2010。

③ 刘玉：《基于功能定位的北京区域产业发展格局分析》，《城市发展研究》2013 年第 10 期。

④ 《习近平总书记关于北京工作指示摘编》，中共北京市委办公厅，2017。

发展技术和知识密集型的金融业、租赁和商务服务业、文化创意产业，进一步巩固提高其服务中央政府机关的能力，并有效保护其历史文化遗产"[①]。金晖强调提升核心区发展品质，"就东城区而言，就是要坚持以文化为魂，以提升首都核心功能、做好'四个服务'为核心"[②]。唐鑫从"创新、协调、绿色、开放、共享"五个维度，研究了首都功能核心区的发展定位问题，强调要"合理兼顾经济功能建设"，"联系主体功能优化经济功能，聚焦服务保障和文化发展，发展现代服务业和文化创意产业"[③]。陆小成基于首都功能核心区的定位，指出"北京经济功能主要集聚在中心城区，吸纳了全市60%以上的就业人口，客观上影响着服务保障首都功能的发挥"，强调"核心区以减量疏解高质量做好服务保障，核心区是减量发展的重点区域"[④]。罗勇从后城市化途径特征出发，指出北京已迈入"首都型"城市化进程，即"物质密集型产业如制造业从城市中心区域不断退出"，面对"大厦—胡同"二元结构矛盾，应大力发展首都现代服务业，并强调"首都服务业不仅产业本身的减物质资源化特征符合首都功能区发展的要求，而且其产业区位的集中与分散同时发生之空间过程特征还有利于首都功能的正溢出效应发挥及其与首都功能核心区空间发展的均衡和协调"[⑤]。龚文婧等从社会资本参与老城保护的角度，主张"适当放宽《北京市新增产业的禁止和限制目录》中对相关产业的限制规定，以合理利用老城资源、更好地保护老城"[⑥]。

上述相关研究文献表明，首都功能核心区产业选择与产业定位研究，大多基于"首都功能""核心功能"基准判断，学者们多数主张适度发展与首

① 张维昊：《北京市四大功能区产业结构现状及其发展趋势分析》，《中国物价》2015年第10期。

② 杨松主编《北京蓝皮书：北京经济发展报告（2018～2019）》，社会科学文献出版社，2019。

③ 唐鑫：《首都核心区发展的五个维度》，《前线》2019年第5期。

④ 陆小成：《高质量发展的减量疏解与增量承接》，《前线》2019年第8期。

⑤ 罗勇：《超越后城市化的首都功能区与智慧胡同》，《辽宁大学学报》（哲学社会科学版）2019年第5期。

⑥ 龚文婧、王尘子：《社会资本参与老城保护对策研究》，《前线》2020年第1期。

都功能相适应、相匹配的现代服务业、现代金融业、金融科技、商务服务、文化创意、设计等相关产业，同时持续强化对首都功能核心区内一般制造业和低端产业的疏解清退。

二　首都功能核心区产业发展现状及主要问题

2014 年以来，首都功能核心区以疏解非首都功能作为“牛鼻子”，通过连续实施产业禁限目录、“疏整促”专项行动等措施，持续推动一般制造业从核心区疏解，首都功能核心区产业结构不断优化，形成以现代服务业、金融业、文化创意产业、商务服务业等为主导产业的发展格局。

（一）一般性制造业和区域性专业市场加速从核心区疏解和退出

2017 年 1 月，市政府发布《北京市人民政府关于组织开展“疏解整治促提升”专项行动（2017～2020 年）的实施意见》，核心区内的一般性制造业和专业市场加速退出，东、西城区内的市场数量、总摊位数、营业面积、成交额等持续降低（见图 1）。伴随“疏整促”行动，核心区内土地资源、地上空间资源和地下空间资源腾退工作取得了显著成效。截至 2017 年底，东、西城区共计腾退地下空间近百万平方米，直管公房腾退点位 8235 个，批发市场及物流基地点位 46 个，腾退土地面积 32.6 万平方米，建筑面积 102.2 万平方米。西城区腾退土地点位达 6719 个，为全市最多（见表 1）。腾退工作为下一步发展创造了空间资源条件。

表 1　东、西城区疏解腾退空间资源情况

单位：个，万平方米

地区	腾退土地资源		腾退地上空间资源		腾退地下空间资源	
	点位	面积	点位	建筑面积	点位	建筑面积
东城区	18	97.77	7002	79.90	552	48.70
西城区	6719	—	2233	57.03	1837	—

注：表中数据截至 2017 年底。

资料来源：北京市发展和改革委员会：《北京市疏解整治腾退空间资源再利用研究报告》，2018。

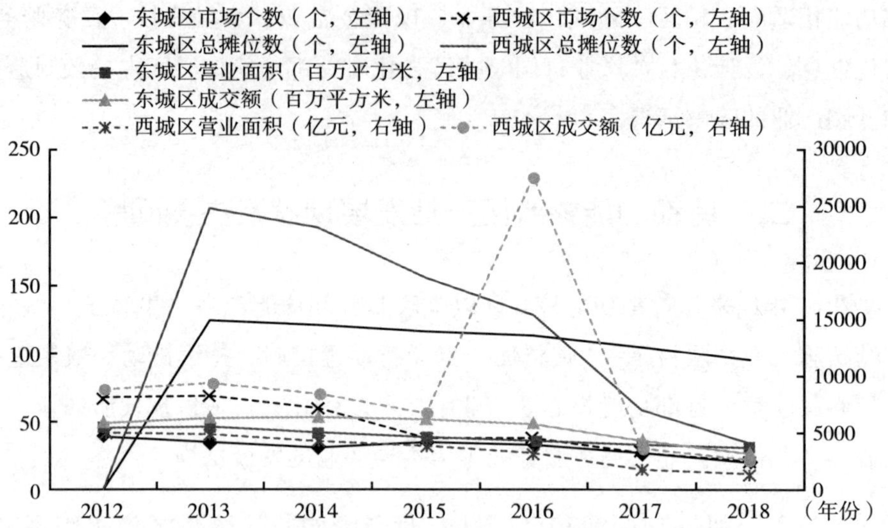

图1　2012～2018年东、西城区商品交易市场变化情况

资料来源：根据历年《北京区域统计年鉴》统计。

与产业疏解相适应的变化是，首都核心功能区人口得到有效疏解，核心区常住人口占全市常住人口比重逐年下降，从2010年的11%、2014年的10.3%下降到2018年的9.3%。

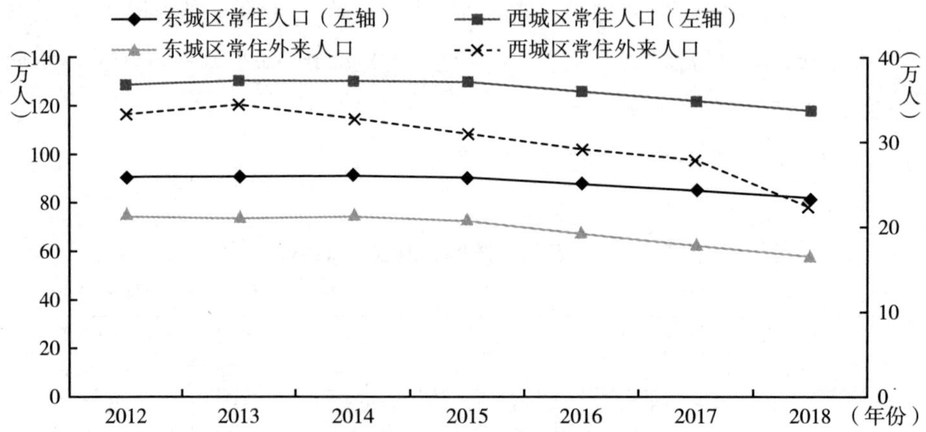

图2　东、西城区常住人口和常住外来人口变化情况

资料来源：根据历年《北京区域统计年鉴》统计。

（二）现代服务业成为核心区的主导产业

“十三五”时期，东、西城区依据核心区功能定位，加快建立和完善现代产业体系，形成了“三二一”产业结构，第三产业占 GDP 比重超过了 90%，现代服务业①成为核心区主导产业（见图 3）。东城区“十三五”规划确立的产业发展目标是，重点发展符合首都核心功能，聚集人员少、占用资源少、能耗低、附加值高、资本和知识密集的业态，基本形成“高精尖”经济结构。具体到产业发展规划就是，“做强文化创意产业和商业服务业两大优势产业，做优金融业、商务服务业和信息服务业三大支柱产业，培育健康服务业这一新兴产业”。② 西城区“十三五”规划确立的产业发展目标是，“优化发展以金融服务为支撑，科技服务、商务服务、信息服务为依托，文化创意产业与高品质生活性服务业等共同发展的服务经济结构”。金融业作

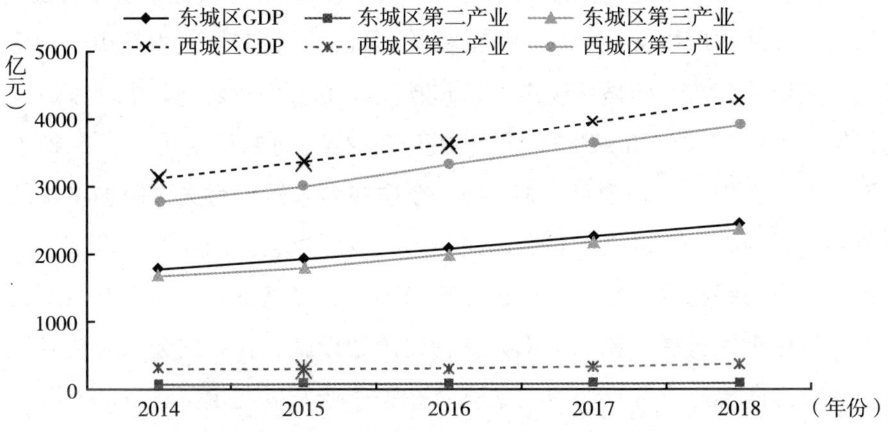

图 3　东、西城区生产总值和第二、三产业情况

资料来源：根据历年《北京区域统计年鉴》统计。

---

① 根据北京市统计局统计口径，现代服务业包括金融业、科技服务业、信息服务业、商务服务业、文体娱乐业、教育业、医疗业、房地产业、公共设施和环境管理业九大门类。

② 《东城区“十三五”时期产业发展规划》，北京市东城区产业和投资促进局网站，2017 年 10 月 20 日。

为现代服务业的标志性产业成为核心区的主导产业，尤其在西城区，金融业成为第一支柱产业。据统计数据，2018 年西城区金融企业 747 家，收入合计 9731 亿元。其中，货币金融服务企业 136 家，收入 7250 亿元；资本市场服务企业 384 家，收入 644 亿元；保险企业 140 家，收入 1808 亿元；其他金融企业 81 家，收入 29 亿元。[①] 2018 年东城区金融企业 245 家，收入合计 6045 亿元。其中，货币金融服务企业 60 家，收入 1046 亿元；资本市场服务企业 87 家，减收 247 亿元；保险企业 54 家，收入 516 亿元；其他金融企业 44 家，收入 4730 亿元。[②] 2012 ~ 2018 年，核心区金融业增加值占全市比重分别为 54%、56%、53%、51%、51%、50%、51%，[③] 核心区金融业占全市半壁江山。

（三）核心区文化底蕴深厚，文化及相关产业成为发展的重点产业

首都功能核心区是全国政治中心、文化中心和国际交往的核心承载区，也是文物大区和历史文化名城保护的重点地区，是最能体现古都历史文化的区域。据统计，东、西城区现有不可移动文物单位 719 处，其中国家级重点文物保护单位 77 处、市级 131 处、区级 136 处、尚未核定为文物保护单位的不可移动文物（普查项目）375 处。在这些尚未核定为文物保护单位的普查项目中，约有 1/3 以上的是会馆类、名人故居类、民国建筑类设施。经过近年来大力疏解腾退，目前核心区内普查项目大多基本完成腾退和修缮，腾退工作取得重大进展，相当一部分文物建筑和设施正在朝向公共文化利用和社会开放方向推进，为核心区内文化及相关产业发展奠定了良好的基础。

东、西城区都把文化及相关产业确定为本区发展的重点产业，数据表明，2012 ~ 2018 年，东城区和西城区文化体育娱乐业年平均增速分别为 9.2% 和 5.5%。2015 年以前，东城区文化及相关产业规模和增加值低于西

① 北京市西城区政府网，https：//www.bjxch.gov.cn/f/tjj/tjnj/2019/0101.html。

② 北京市东城区政府网，http：//www.bjdch.gov.cn/n2001806/n2917385/n2917389/c8997034/content.html。

③ 根据历年《北京区域统计年鉴》计算。

城区，从2015年起，东城区文化及相关产业增速加快，产业规模及产值逐渐赶超西城区。2012年以来，核心区（东、西城区）文化体育娱乐业收入占全市比重保持在32%以上，2018年占比达34%，显示核心区文化及相关产业在全市的重要地位。

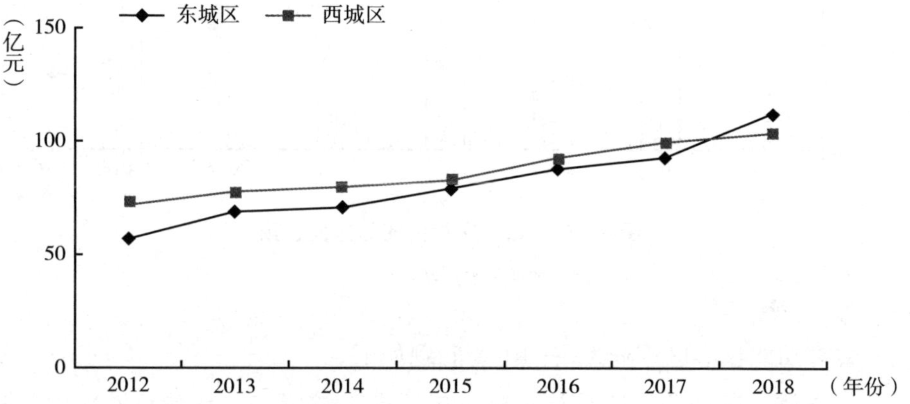

图4　东、西城区文化体育娱乐业收入

资料来源：根据历年《北京区域统计年鉴》统计。

（四）核心区零售商业业态丰富，高精尖商务服务业门类齐全

首都功能核心区内已形成以王府井百货大楼、西单商场、前门大栅栏、宣武门崇光百货等为代表的现代都市商圈，百货商场、超级市场、大型综合超市、购物中心、便利店、专卖店等现代商业业态遍布。2013～2018年，核心区社会商品零售总额占全市的比重一直保持在18%左右。2016年以来，核心区社会商品零售总额超过2000亿元/年，显示核心区零售商业发展的实力。

除了传统的零售商业外，核心区内的高端商务服务业发展势头迅猛，主要包括企业管理服务、法律服务、咨询与调查、广告业、知识产权服务、人力资源服务、旅行社及相关服务、安全保护服务及其他商务服务业，涵盖《国民经济行业分类》（GB/T4754－2017）中的8个行业中类及24个小类。

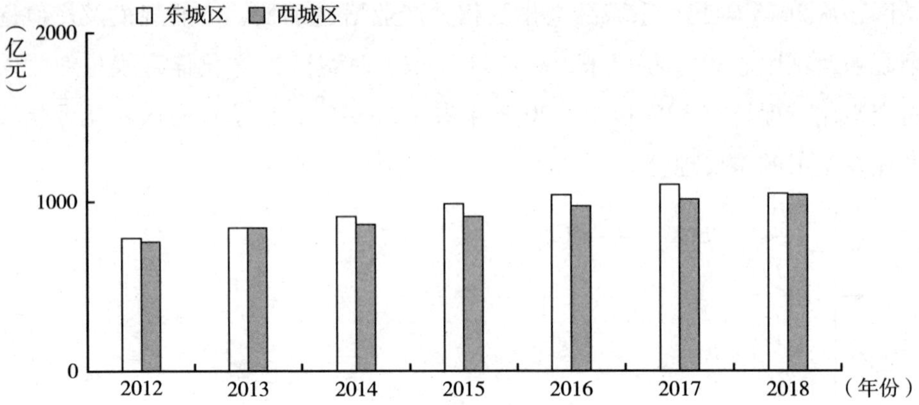

图5　东、西城区社会商品零售总额

资料来源：根据历年《北京区域统计年鉴》统计。

首都功能核心区产业发展的主要问题如下。

一是核心区产业配置与首都功能衔接尚不够紧密。目前核心区内的产业配置是历史形成的产物，在城市化进程中，规模经济被认为是影响产业集聚的重要推动力量，资源聚集往往会产生规模经济和较高的产出效率，结果导致某些产业在核心区内的集聚，形成产业集群。比如，兼具零售和批发功能的商品交易市场曾经在核心区形成规模产业。目前，核心区内仍有少量的商品市场需要疏解或转型升级。同时，核心区内的产业集聚也受到行政体制影响和行政资源的牵引，比如，金融业在国家金融管理权力中枢周边形成大规模的集聚。这种资源集聚与核心区首都功能的实现缺乏紧密联系。

二是核心区主导产业升级重组与区域空间重构存在错位。核心区内的金融业、文化创意产业、商务服务业等产业重组和升级发展客观上存在向外扩张的需求，但遭遇空间场地限制。一方面，核心区内大量的腾退空间资源因建筑自身使用面临各种障碍等而利用不充分，甚至大量资源长期闲置；另一方面，主导产业升级重组却面临空间限制，新引进高效益、高产出、具有较大空间需求的产业项目难度较大，产业重组与空间重构存在错位窘境。具体到街区层面，在基本完成疏解任务和治理“开墙打洞”取得成效的情况下，功能街区的产业分工和产业方向不明确，功能街区的发展需要在“减量”与“发展”、“产业”与“空间”之间找到新的平衡点。功能街区要更多地依靠科技、创意、资本、人才等无形要素的投入，通过重组产业链、创新商业模式、技术升级、空间整合等方式，加速推动跨产业融合发展，进一步提高街区综合竞争力。

三是核心区腾退空间资源再利用方向和途径尚不明晰。市委书记蔡奇同志指出，“核心区的腾退空间应优先保障中央机关办公需求，注意补充完善民众身边的菜场、便利店等生活服务设施，新增业态要与首都功能定位相匹配”。① 核心区腾退空间除了满足首都功能发展需求外，还可以发展与首都功能定位相适应的新增业态，但目前新增业态并不明确。其中的原因，既有供需匹配信息不畅通、土地未变性带来规划许可和手续办理困难、腾退平房和院落功能用途变更政策限制等因素，更主要的是新增业态利用方向和途径不明确。街区层面的控制性详细规划迫切需要出台，已有的功能街区产业提升规划需要更新和完善。

四是保障“四个服务”能力及高品质生活服务业有待提升。核心区要坚持“为中央党政军领导机关工作服务、为国家国际交往服务、为科技和教育发展服务和为改善人民群众生活服务”的功能定位，城市基础设施、政务服务保障和公共服务保障能力需要提升。便民服务网点、服务设施尚不能满足群众生活需要，特别是高品质生活服务业发展滞后。

三　首都功能核心区产业定位及优化路径

《核心区控规》对核心区内的产业发展提出了总体要求，即“有序疏解非首都功能，促进首都功能核心区提质增效”，具体要求有以下三条：“切实为首都功能核心区减重、减负；促进产业功能提质增效；优化提升传统商业区。”针对核心区产业发展，《核心区控规》明确要求“完善和细化产业

① 《蔡奇部署八个方面重点工作推进总规实施》，《北京晚报》2017年9月29日。

发展负面清单和准入标准，调整不符合功能定位的产业和用地，鼓励土地使用权人按规划提升产业功能，引导差异化发展”。

（一）产业定位和产业发展的基本原则

根据《北京城市总体规划（2016 年 ~ 2035 年）》及《核心区控规》等规定，首都功能核心区产业发展应当服务于首都功能，坚决摒弃传统产业发展思路和单纯追求 GDP 的思维定式，坚定不移地疏解非首都功能，引导现有产业转型重组、迭代升级、提质增效向高端化发展，适度发展符合核心区功能定位的相关产业，基本原则如下。

一是坚持减量集约发展。核心区产业发展要坚持减量集约发展，为核心区发展减重、减负，禁止现有产业盲目扩张规模和体量，严格控制建设总量和建设用地，降低产业对核心区内各种资源的消耗水平。

二是坚持创新引领发展。核心区产业主要依靠科技创新驱动发展，坚持向高精尖、高端、高效方向发展，淘汰落后低效产能。

三是坚持优化空间布局。核心区产业布局要与城市空间结构保持协调，加强空间秩序管控，产业布局要服务于建设“纲维有序、运行高效的国家中枢，古今辉映、礼乐交融的千年古都，舒朗庄重、蓝绿环抱的文化名城”的城市空间发展目标。

四是坚持绿色低碳发展。核心区产业要坚持绿色低碳标准，坚持生产生活生态协调发展，保护核心区城市优良环境，实现可持续发展。

（二）主导产业定位及主要任务

根据《核心区控规》的要求、产业发展的原则及产业发展的实际情况，核心区内的主导产业可以考虑确定如下。

1. 现代金融业

2019 年北京的金融业增加值占地区生产总值的 18.5%，成为北京的第一支柱产业，核心区的金融业增加值占全市的比重超过 50%。核心区汇集了大量国内外金融机构总部，是国家金融管理中心，也是中国金融服务业的战略高地。《核心区控规》明确提出，“支持保障金融街国家金融管理中心功能和关系国家经济命脉的央企总部发展”。按照北京市金融业“一区一核、多点支撑”的规划要求，核心区内的金融业主要任务是建设北京金融科技与专业服务创新示范区及核心区。具体任务是在西城区和海淀区相邻地区建设北京金融科技与专业服务创新示范区，加强专业化公共服务平台建设和支撑，加强金融科技前沿技术和关键核心技术开发应用，大力发展金融科技产业，促进科技创新与金融发展深度融合，以科技创新提高金融服务实体经济能力，以金融发展促进科技创新成果转化应用。为强化“金科示范区”建设，要支持金融科技底层关键核心技术、前沿技术、应用型新技术的研发；支持金融机构借助金融科技创新发展；发展金融科技产业，鼓励物联网技术、分布式账本、大数据分析等技术在普惠金融、绿色金融、文化金融、财富管理等领域应用；加强金融科技场景应用，鼓励在线下零售、电子商务、批发物流、融资租赁、产权登记、公共服务等领域推广应用金融科技等。

2. 现代服务业

现代服务业涵盖范围广泛，核心区发展现代服务业大致上可分为四个重点方面。首先，要培育和发展政务服务。要围绕着增强城市服务功能，提升城市服务水平，为中央政务活动创造安全、良好、宜人的服务保障环境。重点是提升城市基础设施、智慧城市建设、公共管理、公共服务设施、会展服务等领域的服务保障能力，促进这些领域相关产业发展。其次，培育和发展科技服务业。《核心区控规》明确提出“培育发展科技服务业”，科技服务业是以研究与实验发展、科技咨询服务等为主要内容的，可以充分发挥核心区科技、人才优势，符合核心区功能。再次，培育和发展高品质的商业。《核心区控规》明确提出“推进商业高品质发展，优化业态结构”。核心区内商业零售业态丰富，但发展品质有待提高，品质提升要坚持“三个导向”，即“生活服务导向、品质效能导向和文化特色导向”。最后，《核心区控规》明确提出的“合理发展软件和信息服务业”。发展软件和信息服务业的关键是要做到“合理”，即产业规模、产业布局、产业聚集度、产业链分工等要适度合理，避免产业盲目扩张。

3. 高品质的特色文旅产业

“培育发展文化产业”是《核心区控规》明确的方向。核心区的文化及相关产业，主要应朝向高品质的特色文化产业发展。《北京城市总体规划（2016 年 ~2035 年）》提出，“针对四合院、工业遗产、近现代建筑等特色存量资源，制定完善相应政策法规，鼓励发展符合核心区功能定位、适应老城整体保护要求、高品质的特色文化产业”。核心区的旅游产业要与文化紧密结合，要大力整顿旅游市场秩序，升级传统的“一日游”“胡同游”，推动文旅业融合发展。《核心区控规》也提出“加强文化探访路线体系建设”的要求，并规划了 10 条精品文化旅游探访路线。

4. 高品质的生活服务业

要聚焦“七有”“五性”，构建优质均衡的公共服务体系，重点是构建便利规范的高品质生活性服务业体系。首先，要完善社区生活性服务业网点布局，形成多层次、全覆盖的服务网络。其次，要规范、提升现有设施，因地制宜增补菜市场、便利店等服务设施。最后，促进生活性服务业提升服务水平。推动核心区生活性服务业向规范化、便利化、连锁化、品牌化、特色化、智能化方向发展。

（三）产业优化路径

1. 推动核心区产业结构迭代升级，促进产业功能提质增效

对核心区现有的金融业、服务业、文化产业、商业等各类型产业，要推动它们向品质高端化、功能多元化、产业链细分化的迭代升级转型，促进产业提质增效。一是要制定核心区产业量化准入标准。制定地均税收、地均用人、地均能耗等考核指标和建立考核机制，实行优胜劣汰，达不到标准的低效产业（企业）要退出核心区。二是要推动核心区产业“再结构化”，促进企业经营管理向柔性生产方式转变。依托互联网技术、5G 信息技术、虚拟技术、系统集成等，重构企业的系统结构、运营方式，促进企业节能降耗、减人增效。三是要促进产业融合发展。通过技术渗透、要素融合、资源整

合、产业链解析、机制协同等方式，推动核心区内的金融业、文化产业、服务业、商业、旅游业等跨业态融合发展，打通产业链，畅通上下游，发挥主导产业的关联带动作用，完成产业迭代升级。四是要完善产业配套服务政策。制定和完善有助于核心区产业发展的人才引进政策、产业服务政策、空间资源配置政策等，推动核心区产业转型升级。

2. 推动核心区产业结构与空间结构优化重组，为产业发展营造新的支撑空间

产业发展离不开空间支撑。核心区的空间资源极为有限，有限的空间资源首先要用于保障中央政务服务和国际交往服务的需要。在寸土寸金的核心区内，要积极开拓和营造产业发展的支撑空间，满足创新类、服务类、商务类、特色文化类、国际交往类等不同类型产业对空间的需求。一是要在整个核心区大尺度范围内，推动相关产业在东、西城区域内的优化布局和均衡发展。要突破区域行政限制，按产业分工合理安排产业布局。二是要通过腾笼换鸟等方式，引导核心区产业与腾退空间资源优化重组，实现腾退空间的高效再利用。腾退出来的空间资源，不管是单独点状空间、局部带状空间还是成片集中的独立块状空间等，都可以根据产业类型和产业链细分情况加以合理利用。三是对老旧厂房和平房院落的合理利用。在切实保护历史文化遗产的前提下，对核心区内的老旧厂房和平房院落进行恢复性修建，发展文化创意、设计、展陈等特色产业。四是优化利用楼宇资源，建设高品质楼宇。通过导入高端产业和高能级企业，重点解决低效楼宇问题，促进楼宇提质增效，为产业发展提供载体和空间支撑。五是优化中关村科技园东城分园和西城分园产业布局，实现园区功能重组。推动两个分园聚焦首都功能核心区的战略定位，突出核心产业，建设特色产业集群；盘活腾退园区内的空间资源，提高园区的空间资源和土地利用效率。推动两园发展成为支撑首都核心功能的服务型园区、多元要素融合驱动的创新型园区、空间资源高效利用的集约型园区。

3. 推进核心区商业高品质发展，优化提升传统商业区

《核心区控规》把推进“商业高品质发展、优化业态结构”作为核心区商业优化的主要路径和方向。核心区内传统的百货店业态，要坚持“一店

一策”，发展体验式商业。王府井商业区要坚持国际化、高品质发展，打造独具人文魅力的步行商业街区。前门（大栅栏）商业区应密切服务文化中心、国际交往中心的要求，坚持特色化发展，在转型中充分融合文物、建筑、老字号等历史文化资源和现代文化要素，推进消费空间品质改善和服务升级。西单商业区应强化面向本地居民的服务属性，着力塑造西单文化广场节点，成为长安街沿线具有文化魅力和一流品质的展示窗口。

4. 推动核心区产业国际化发展，提升产业的国际竞争能力

核心区产业发展要坚持走对外开放的道路，推动核心区主导产业国际化发展，提升产业的竞争能力。一是核心区产业发展要坚持国际化视野，瞄准国际一流发展目标，对表对标世界城市先进产业发展目标、要求和发展水平，提升创新能力。推动核心区主导产业深入参与全球和区域产业链分工与合作，参与“一带一路”建设中的合作与交流，主动参与国际竞争，在竞争中提升水平。二是要巩固和做强核心区主导产业，聚焦产业发展的新兴业态和高端环节，精心选择和布局新经济新产业新业态，发展数字经济和推动产业数字化。三是要抓住扩大开放的机遇，拓宽产业开放领域，争取先行先试和政策试点。依托首都核心区的功能优势，统筹利用好国际国内两个市场、两种资源，扩大企业出口，抢占新一轮对外开放的制高点。

参考文献

北京市计委研究室课题组：《首都经济面向21世纪发展的战略主导产业选择》，《首都经济》1999年第3期。

卢映川：《首都经济的产业类型和主导产业选择》，《首都经济》1999年第8期。

朱晓青：《对北京四大功能区现代服务业发展的探讨》，《新视野》2007年第3期。

延静：《首都功能核心区可持续发展评价体系和方法研究》，《经济师》2009年第4期。

倪鹏飞、张天、赵峥等：《北京城市产业体系选择研究》，社会科学文献出版社，2010。

阮平南、孙莹：《城市产业与城市功能同向演进的关联性研究》（Proceedings of

International Conference on Engineering and Business Management，EBM2010），美国科研出版社会议论文集，2010。

刘玉：《基于功能定位的北京区域产业发展格局分析》，《城市发展研究》2013 年第 10 期。

张维昊：《北京市四大功能区产业结构现状及其发展趋势分析》，《中国物价》2015 年第 10 期。

梁兴辉：《关于城市主导产业选择的思考》，《城市》2016 年第 7 期。

罗勇：《超越后城市化的首都功能区与智慧胡同》，《辽宁大学学报》（哲学社会科学版）2019 年第 5 期。

杨松主编《北京蓝皮书：北京经济发展报告（2018～2019）》，社会科学文献出版社，2019。

唐鑫：《首都核心区发展的五个维度》，《前线》2019 年第 5 期。

陆小成：《高质量发展的减量疏解与增量承接》，《前线》2019 年第 8 期。

龚文婧、王尘子：《社会资本参与老城保护对策研究》，《前线》2020 年第 1 期。

朱晓青主编《北京高端服务业发展研究报告 2018》，中国社会科学出版社，2019。

《东城区“十三五”时期产业发展规划》，北京市东城区产业和投资促进局网站，2017 年 10 月 20 日。

B.8
北京市绿色债券的发展现状、存在问题与未来展望

丁 军*

摘 要： 绿色债券是把资金专门用于满足绿色项目的一种融资性债券工具。绿色债券与一般债券相比，主要表现为使用途径均为绿色项目，评估流程体现绿色性，募集资金跟踪管理的特殊性和年度报告出具的特殊性。目前，北京绿色债券发展中还存在市场规模增长缓慢、绿色债券发行主体较为单一、绿色债券市场准则不统一、第三方评估认证方式存在差异等问题。建议进一步推动落实绿色债券优惠政策落地，对绿色债券给予财政支持，设立独立的第三方绿色认证机构，增强绿色投资者意识等。

关键词： 绿色债券 企业债 金融债

绿色债券是支持实体经济、助推绿色发展的有效金融工作工具，具有融资成本低、期限长、筹集资金投向较为集中等优势，是构建绿色金融体系的重要组成部分。北京金融活跃度较高，大型商业银行和国企较为集中，北京的绿色债券发行规模位居全国前列。2016 年 12 月，北京市金融局和市发改委联合印发的《北京市“十三五”时期金融业发展规划》中明确指出，要立足北京市发展的实际情况，积极发展绿色信贷，积极完善绿色金融体系，

---

* 丁军，北京市社会科学院副研究员，主要研究方向为区域经济、绿色金融等。

为北京金融市场的发展创造良好的条件。2017 年 9 月，市金融局发布了《关于构建首都绿色金融体系的实施办法》，北京市绿色金融发展从政府层面正式启动。

一 绿色债券国际国内形势

根据气候债券倡议组织（CBI）数据统计，2018 年国际绿色债券增速有所放缓，全球绿色债券发行期数 1543 期，发行规模为 1673 亿美元，发行规模比上年增长 3.21%，与 2017 年 85.47% 的同比增幅相比，增速明显放缓。主要是受到美国中小发行人绿色债券发行规模大幅减少的影响。美国（341 亿美元）、中国（309 亿美元）和法国（142 亿美元）是全球绿色债券发行的前三名，合计占全球总规模的 47%；从投向来看，新能源行业、建筑行业和交通行业是绿色债券募集资金投向的三大领域。

依据相关部门的数据调查结果可以得知，我国 2018 年发行绿色债券的企业有 99 家，发行的绿色债券数量有 129 只，绿色债券发行筹集到全部资金总额达到 2221.97 亿元，同比提高了 8.66 个百分点。发行的绿色债券中，主要分为两种类型，一种是普通绿色债券，一种是绿色资产支持证券。2018 年，我国不断加强完善绿色债券市场的相关制度建设，引导绿债市场规范发展。2018 年 9 月，全国金融标准化技术委员会绿色金融标准工作组审议通过了关于绿色金融体系构建的指导文件，对绿色金融体系基本框架构成所涉及的主要内容进行了确定，下一步将从明确工作机制、确定时间表和路线图、推动标准落地等方面入手，全力做好绿色金融标准制定工作。2018 年 12 月 7 日，绿色债券标准委员会（以下简称“绿标委”）正式成立，根据上年发布的《绿色债券评估认证行为指引（暂行）》，绿标委将对绿色债券评估认证机构统筹实施自律管理。绿标委的成立意味着我国绿色债券的运行得到了有效的制度保障，对于进一步提高绿色债券市场发展有着积极的促进作用，我国绿债市场标准化进程再进一步。2018 年 6 月 1 日，中国人民银行（以下简称“央行”）发布公告将不低于 AA 级的绿色金融债券、优质绿色贷款纳入中期借贷便利（MLF）担保品范围，并在公司信用类债券担保品中优先接受涉及绿色经济的债券；2018 年 7 月 27 日，央行下发《银行业存款类金融机构绿色信贷业绩评价方案（试行）》，指出绿色信贷业绩评价将按季度开展，并将业绩评价结果纳入 MPA 考核（见表 1）。以上举措一方面有助于加强绿色债券的投资吸引力，提升银行对绿色债券的投资意愿，另一方面大力鼓励商业银行发放绿色贷款，绿色金融债的发行需求有望随之提升。2018 年 11 月，我国基金业协会专门针对绿色金融发展颁布实施了一系列的执行标准和遵循原则，对绿色金融债投资目标进行了界定，除此之外，还制定了非常详细的绿色投资监管细则。此文件为各类投资人开展绿色投资提供了导向性指引，有望推动形成我国资本市场绿色投资氛围。

表 1　中国绿色债券界定标准（中国金融学会绿色金融专业委员会发布）

绿色企业债	金融债/债券融资工具/公司债
绿色循环低碳发展项目支持重点 ·低碳生活，节能减排项目 ·城镇绿色建设项目 ·清洁能源利用项目 ·开发新能源项目 ·循环经济发展项目 ·节约和高效可利用水资源项目 ·污染防治项目 ·绿色生态农业发展项目 ·节能环保产业 ·低碳产业 ·生态文明示范项目 ·低碳示范项目	绿色产业项目共分为六大类，细分为 31 小类 ·节能 ·污染防治 ·资源节约与循环利用 ·清洁交通 ·清洁能源 ·生态保护和适应气候变化

二　北京绿色债券发展现状

（一）2018年绿色债券发行数量、发行规模下滑明显

2018 年，全国共计 24 个省份参与了绿色债券发行。2018 年，北京绿色债券发行 15 期，与浙江、广东和江苏合计占绿色债券总发行期数的

45.95%；发行规模为396.14亿元，居全国第2位（见表2）。与2017年比较，北京绿色债券的发行数量和金额都大幅减少，发行数量占比由27.45%下降到14.55%，发行金额占比由46.6%下降到16.82%。在去除中央国有企业后，2018年北京市仅发行4只绿色企业债券，排名下降到第八名（去除央企前，为第一名）；发行金额也同样大幅减少，下降至80亿元（见图1）。

表2　2016～2018年北京绿色债券发行情况

单位：只，亿元

年份	数量	规模	排名
2016	22	460.3	3
2017	40	1104.9	1
2018	27	396.14	2

资料来源：Wind金融数据库整理。

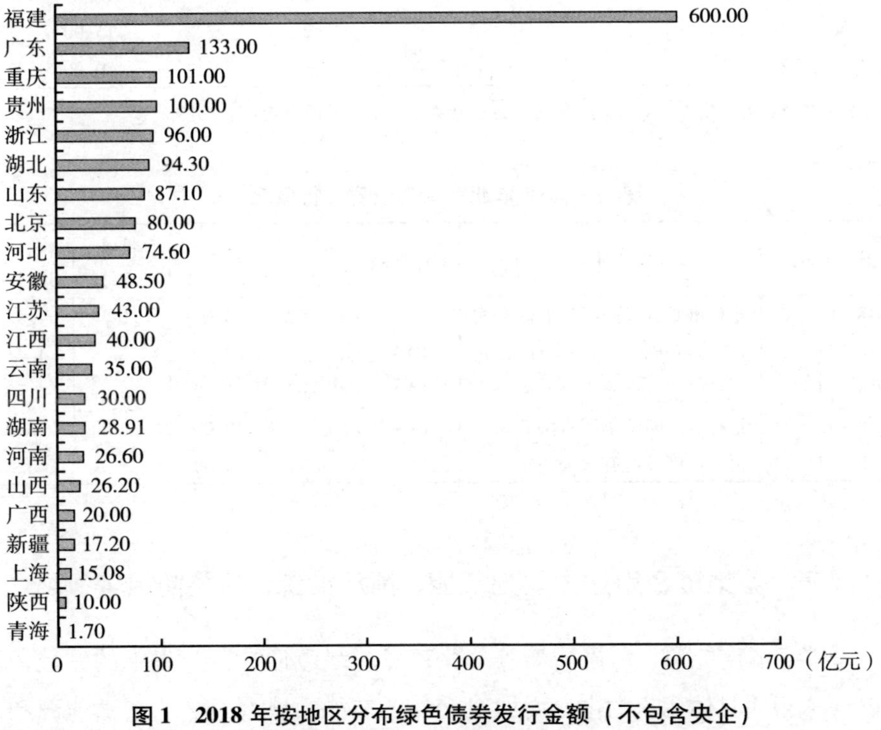

图1　2018年按地区分布绿色债券发行金额（不包含央企）

资料来源：Wind金融数据库，中央财经大学绿色金融国际研究院。

（二）债券品种由公司债、企业债为主转为金融债为主

2016 年北京发行的绿色债券以公司债、企业债为主，发行规模分别为 179.4 亿元、135.9 亿元，分别占比 43% 和 33%，金融债规模仅为 70 亿元，占 17%；2017 年北京发行的绿色债券以金融债为主，发行规模为 340 亿元（见表 3），占总规模的 72%。2018 年，北京发行绿色企业债的公司为北京市基础设施投资有限公司、北控清洁能源集团有限公司、北京首创股份有限公司（见表 4）。

表 3　2017 年北京绿色债券的发行品种

单位：亿元，只

债券类型	发行规模	债券数量	平均单只规模
金融债	340	6	56.67
公司债	50	3	16.67
债务融资工具	30	2	15.00
绿色欧元债券	50	1	50.00

资料来源：王广宏等：《北京绿色金融发展初探》，经济管理出版社，2018。

表 4　2018 年北京绿色债券发行概况

发行日期	发行主体	主体评级	债券简称	规模（亿元）	期限（年）	票面利率（%）
2018-09-10	北京市基础设施投资有限公司	AAA	G18 京 Y1	10.00	3	4.91
2018-11-21	北京市基础设施投资有限公司	AAA	G18 京 Y3	29.00	3	4.45
2018-11-21	北京市基础设施投资有限公司	AAA	G18 京 Y4	21.00	5	4.70
2018-11-23	北控清洁能源集团有限公司	AA+	18 清 PGY1	10.00	3	6.50
2018-11-23	北京首创股份有限公司	AAA	G18 首股	20.00	5	4.24

（三）募集资金用途主要为节能、清洁能源、污染防治等领域

节能、清洁能源、污染防治等是北京发行绿色债券较为集中的领域，但 2017 年未说明具体用途的占比增加至 55%。节能领域占 15%，清洁能源和污染防治领域均占比为 11%，生态保护和适应气候变化领域占 9%。

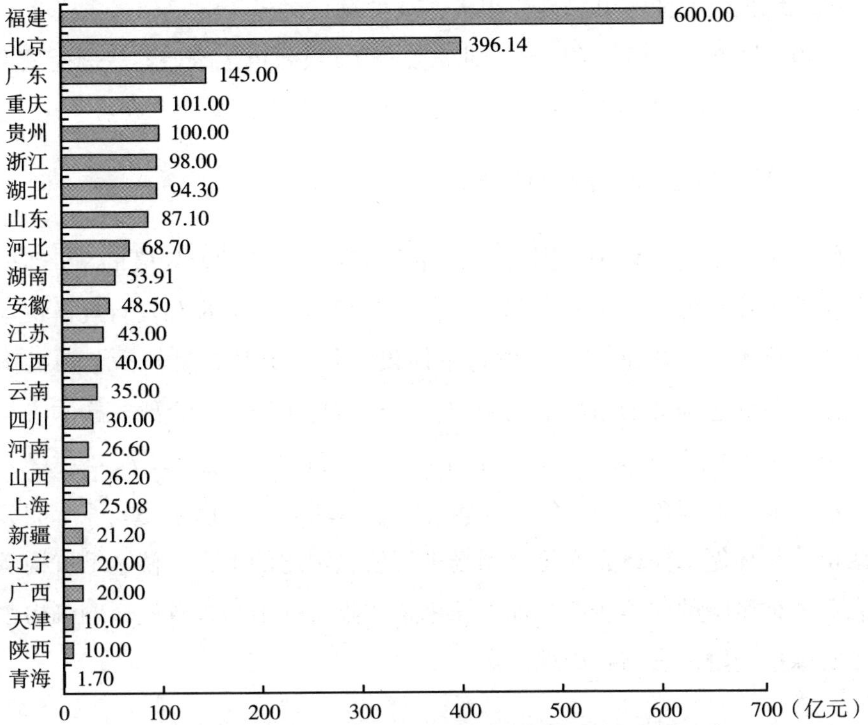

图 2　2018 年绿色债券发行金额

资料来源：Wind 金融数据库，中央财经大学绿色金融国际研究院。

三　存在问题

（一）北京绿色债券市场规模增长缓慢

尽管北京的绿色债券市场发展迅速，在三年内一直保持在全国的前三名，但是从现状来看，绿色债券的总体市场增长缓慢，变化不大。当前我国绿色债券市场发行量需求巨大，中央财经大学团队测算显示，为达到 2015 年我国制定的绿色发展目标和环境保护标准，2012 ~2030 年绿色资金需求为 95. 45 万亿元，每年至少 10 万亿元。然而现在的绿色债券发行规模远远不能满足资金需求。北京绿色债券市场规模增长缓慢的原因之一是受绿色金融债券发行情况影响。绿色金融债券单只规模很大，减少发行对当年绿色债券的总发行规模产生很大影响。2016～2018 年，北京发行 14 只绿色金融债券，规模最大的为 150 亿元，其他种类的绿色债券最大单笔仅为 35 亿元。

（二）绿色债券发行主体较为单一

绿色债券发行主体中，国有企业占比最高，占到发行规模的 90% 以上。民营企业占比较低。在债券内部，绿色企业债的发行数量和发行规模也逐年减少，占比不高。2018 年 3 个发行主体仅发行了 1 只。另外，金融机构尚未广泛参与绿色债券的市场活动当中，由于信息不对称，金融机构的参与意愿不强。绿色债券涉及多个领域、学科，不仅包含金融，还涉及环保、节能、清洁能源、绿色交通、绿色建筑等专业领域。北京尚未建立一个能够让金融机构与环保部门或企业可以顺畅进行信息沟通的平台，使金融机构承担信息不对称风险的成本较高，加上绿色金融收益并不高，致使金融机构普遍缺乏对绿色金融的参与积极性。

（三）绿色债券市场准则不统一

2015 年 12 月，中国人民银行和国家发改委先后对绿色债券市场准则发布相关指引，并对绿色债券进行了较为明确的制定。然而，由于两家单位所监管的债券品种和发行人不同，工作运行机制也有差异，对绿色项目认定标准并不一致。因此，中国人民银行和国家发改委虽然对各自监管的绿色金融债券和绿色企业债券进行了绿色定义，却没有制定一个严格绿色债券运行市场标准，监督管理上还存在缺陷，使相关主体无法准确地对项目的绿色属性进行判断，对绿色项目的认定存在争议。

（四）绿色债券第三方评估认证方式存在差异

绿色债券第三方评估认证的主要目的就是帮助投资者明确投资项目的绿色属性。但是在实际评估过程中，不同评估机构使用的评估标准是不相同的，认证方式也存在差异。每种绿色债券评估认证方法除绿色债券类别的确定使用的是相同标准，其他的基本上采用的都是不统一的评估指标体系。因此，不同机构对统一项目的评估结果会有所差别，这会降低绿色债券之间的可比性，增加投资者的交易成本。

四　未来展望与政策建议

（一）推动落实绿色债券优惠政策落地

自 2017 年开始，北京出台了一系列支持绿色债券发展的政策。如 2017 年 4 月，中关村管委会出台《中关村国家自主创新示范区促进科技金融深度融合创新发展支持资金管理办法》，提出对“绿色企业”贷款贴息支持，对绿色债券贴息最高 100 万元。同年 9 月，北京市金融局和市发改委联合发布的《关于构建首都绿色金融体系的实施办法》也提出了要大力发展绿色债券，但政策支持过于原则性，只释放了积极的政策信号，应转变到落实优惠政策的具体措施。特别是对非金融类企业发行绿色债券，要制定更加细化的财政税收等支持措施。

（二）对绿色债券给予财政支持

灵活运用财政贴息等手段支持绿色债券发展。由于绿色项目周期长且前期具有较高的成本，绿色债券产品对财政贴息有很大需求，需要对绿色项目实施价格补贴、财政贴息和投资补助等优惠措施。应该主动积极地探索绿色债券发行和使用新模式，充分借助政府机构的主导作用，立足于北京市的实际产业布局情况，集中精力发展绿色高精尖产业。此外，还应依据发行主体的实际来确定贴息和担保标准，以此来更好地实现社会资本的稳定发展。同时，要更加重视绿色债券募集资金的后续使用情况，对绿色项目融资进行高效合理的利用，降低发生道德风险的可能性，高效、廉洁地支持绿色金融的发展。通过增值税返还的方式鼓励机构投资者认购绿色金融债。积极争取财政部、国家税务总局的政策支持，对认购绿色金融债的机构投资者，取得的利息收入部分免征企业所得税。在“营改增”后，对绿色金融相关机构给予增值税减免等优惠政策。

（三）设立独立的第三方绿色认证机构

北京市目前还没有成立独立的绿色认证机构，绿色债券的发行缺乏权威的第三方认证。可以依据我国金融学会绿色金融专业委员会 2015 年编制的有关绿色债券支持目录的标准内容，为绿色债券发行审批与注册、第三方评估和绿色债券评级。要高度重视环境信息的披露。构建良好的债券发行评价体系，在发行债券之前确定项目的属性，在发行债券之后，要密切关注绿色资金的实际使用情况，用市场机制约束不规范的“洗绿”行为。支持市属金融机构发行绿色金融债券，为符合条件的企业发行绿色金融债券提供支持，由监管部门出台资金使用的具体要求，对金融机构的资金使用和项目的环保效果进行评估。

（四）增强绿色投资者意识

培育绿色投资者是绿色债券市场发展的关键要素。当前，国际投资者 ESG（环境、社会和公司治理）责任投资理念逐渐增强，即更为关注公司业务经营和投资活动对环境、社会和公司治理的影响。但在我国，投资者的 ESG 投资意识仍十分薄弱，不仅普遍缺乏识别环境与社会风险的能力，而且尚未意识到由此带来的潜在商业机会。政府首先要推动金融机构进一步丰富绿色投资类型，进一步培育增强投资者的绿色投资意识；其次要重视对投资者进行绿色投资教育和服务，高效合理地利用各种媒体工具来进行宣传，进一步扩大舆论宣传对绿色投资的影响力，引起大众对绿色投资的重视程度，为投资者营造一个安全健康的绿色投资环境；再次要采取有效措施来对融资成本进行控制，完善绿色债券发行主体的信息披露机制，引导资金流向绿色发展项目，促进经济的可持续发展；最后要引导机构投资者树立对绿色投资的正确认识。绿色投资既不是社会公益，也不是慈善式的绿色优惠，而是一项长期性、价值性的投资活动。机构投资者可以通过在投资工具和投资策略中纳入绿色投资主题，将绿色投资产品配置到广大投资者的财富管理资产中。

参考文献

李星坛、李圣尧：《北京绿债发展如何更进一步》，《投资北京》2019 年第 7 期。

袁大龙：《绿色债券融资影响因素研究——以京投公司为例》，北京交通大学硕士论文，2019。

王广宏等：《北京绿色金融发展初探》，经济管理出版社，2019。

王遥、罗谭晓思：《中国绿色金融发展报告（2018）》，清华大学出版社，2019。

王遥、潘冬阳：《地方绿色金融发展指数与评估报告 2018》，中国金融出版社，2019。

宋燕玲：《基于层次分析法和熵值法的绿色债券绿色等级评估研究》，北京化工大学硕士论文，2018。

郭占：《中国绿色金融指数构建研究》，西北大学硕士学位论文，2019。

B.9

建立平原区与生态涵养区生态补偿式长效对接协作机制研究

刘 薇*

摘 要： 平原区与生态涵养区生态补偿式对接协作机制是将生态保护与对接协作有机结合，是实现绿色发展、经济和生态协调发展的重要途径。生态补偿长效对接机制主要涉及以下四种不同类型：一是以森林碳汇为代表的市场化生态补偿协作机制；二是重点水资源保护区横向生态保护补偿机制；三是通过生态购买机制实现长效协作政策创新；四是通过智力补偿形成平原区与生态涵养区的绿色生态产业长效合作机制。

关键词： 生态涵养区　生态补偿　北京

一 引言

为了进一步完善我国生态文明制度体系，实现国家的持续稳定健康发展，党中央颁布实施了一系列重要指导文件，要求进一步落实生态文明制度体系，明确生态文明建设的主要内容，实现经济发展和生态环境保护的协同发展。北京市委十二届十次全会对党中央颁布实施的关于完善社会主义制度、增强国家治理能力的相关文件制定了详细的落实规划，

* 刘薇，博士，北京市社会科学院经济研究所副研究员，主要研究方向为生态经济等。

提出在党中央的政策指导下，要加强生态环境的保护，积极发展绿色生态产业，积极探索可持续发展的新型道路，进一步完善生态补偿长效对接机制。

2018年10月，北京市委、市政府提出了关于建立完善结对协作机制的要求。北京市各区以抓实抓好结对协作为重点，加大力度将守护好绿水青山作为生态涵养区的头等大事、不让保护生态环境的吃亏、绿色发展落到实处，体现在促进生态涵养区高质量发展之中。

平原区与生态涵养区生态补偿式结对协作即是围绕着生态环境资源的保护问题，以经济、行政等手段对受影响的生态系统开展服务，平原区与生态涵养区的协作方式是通过建立生态补偿的长效协作机制来实现区域之间的优势互补与合作共赢。生态涵养区是首都重要的生态屏障和水源保护地，自然生态资源丰富，为平原区提供了重要的生态功能。因此，平原区与生态涵养区的结对协作，核心内涵就是要提高生态资源的利用效率，重视生态资本的使用，并将其更好地融入经济发展中，实现协调发展，引导广大人民群众正确认识生态资源，获取更多的生态效益。结对协作应立足于对应区域的生态主体功能，重点向多样化的生态补偿方式倾斜，以生态补偿或市场化生态补偿作为重要抓手，建立长效的生态补偿式结对协作机制。

二　生态涵养区建设现状与存在问题

《北京城市总体规划（2016年~2030年）》提出了“一核一主一副、两轴多点一区”城市空间结构，“一区”就是指“生态涵养区”，具体涉及门头沟区、怀柔区、平谷区等，是京津冀协同发展格局中西北部生态涵养区的重要组成部分。北京的生态涵养区总面积达到11259.3平方公里，占北京市全部土地面积的68%。2017年常住人口266.4万人。北京的生态涵养区在长期发展中，立足于自身特点，不断积累经验，采取积极有效措施来努力实现绿色发展，取得了良好的生态环境保护成效。

（一）绿色发展能力不断提升

生态涵养功能定位清晰以后，各区不断深化对生态涵养、环境保护的认识，能源消费总量不断下降，万元地区生产总值能耗不断下降（见图1）。2017年门头沟区万元地区生产总值能耗下降率11.82%，延庆区为8.82%。林木覆盖率全部高于全市平均水平，PM2.5等大气指标也基本低于全市平均水平。绿色产业结构不断优化，形成了以第三产业为主的产业结构。农业生产能力逐步增强，产业内部结构逐步优化。服务环境持续改善，逐步形成了以批发和零售业，交通运输、仓储和邮政业，房地产业等为主导的多元化行业结构。2012～2017年，生态涵养区三次产业结构由7.8∶46.2∶46.0优化为3.9∶43.2∶52.9。地区生产总值平稳增长，年均增速达到8.5%。

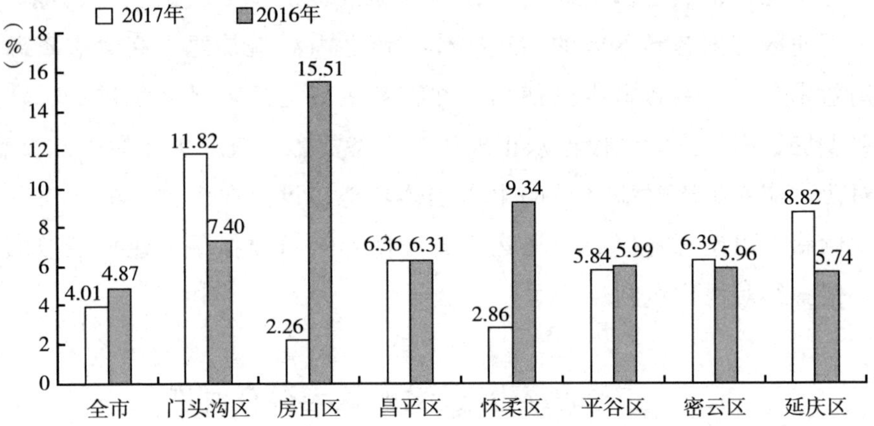

图1　生态涵养区万元地区生产总值能耗下降率情况

资料来源：《北京区域统计年鉴2018》。

表1　生态涵养区环境基本情况（2017年）

单位：ug/m³，%

区域	二氧化硫（SO_2）年均浓度值	二氧化碳浓度年均值	吸入颗粒浓度年均值	细颗粒物浓度年均值	林木覆盖率
全市	8	46	84	58	61.0
门头沟区	7	39	81	54	69.2

续表

区域	二氧化硫(SO_2)年均浓度值	二氧化碳浓度年均值	吸入颗粒浓度年均值	细颗粒物浓度年均值	林木覆盖率
房山区	9	39	87	57	61.8
昌平区	7	37	75	52	66.9
怀柔区	5	27	71	49	79.4
平谷区	8	29	73	59	71.6
密云区	7	35	74	50	73.1
延庆区	8	36	71	49	71.2

资料来源：《北京区域统计年鉴 2018》。

表 2　生态涵养区地区生产总值增长速度（2017 年）

单位：%

区域	地区生产总值年均增速	第一产业	第二产业	第三产业
全市	6.7	-5.9	4.7	7.3
门头沟区	7.0	18.1	7.9	6.0
房山区	6.5	-3.3	10.5	1.7
昌平区	8.5	4.1	11.7	6.6
怀柔区	7.6	5.8	9.9	4.5
平谷区	4.2	-11.9	-1.6	12.1
密云区	7.1	-11.3	1.0	14.6
延庆区	8.4	-5.8	13.8	7.3

资料来源：《北京区域统计年鉴 2018》。

（二）依托生态优势，促进产业融合

生态涵养区不是不发展，而是要探索如何更好、更绿色、更可持续的高质量发展。而依托生态本底资源优势，着力促进产业融合是生态涵养区区域经济可持续发展的重要路径。生态涵养区以绿色有机、产业融合发展为支撑，利用生态优势、地域优势，大力发展现代都市农业。如延庆区的蔬菜、瓜果、畜牧产业发展相对较好，要积极构建高端特色都市农业产业价值链，在获取经济效益的同时获取更多的生态效益和社会效益；平谷区是国家重点粮食和农产品出口生态示范区，该区域把发展重点逐渐转移到生态农业发展上，利用现代化设备和技术来提高农业生产效率。门头沟在发展过程中，依据自身所具有的旅游资源，积极打造精品观光旅游路线，以此来培育一些发展潜力较大的绿色产业，把人文旅游、医药健康以及科技创新三大产业密切联系起来，推动该区域的进一步发展。

表3　生态涵养区民俗旅游接待情况（2017年）

区域	民俗旅游接待户数(户)	高峰期从业人数(人)	民俗旅游接待人次(人次)	民俗旅游总收入(万元)
全市	8363	22455	22321317	142021.7
门头沟区	436	1097	658513	4827.6
房山区	1254	2079	1608497	8211.4
昌平区	352	1655	2560062	11002.4
怀柔区	1495	4218	2716473	21072.6
平谷区	1374	4688	4345902	29241.5
密云区	2157	4580	4841860	33402.8
延庆区	1090	3225	4979459	31167.4

注：民俗旅游接待户数为实际经营的户数。
资料来源：《北京区域统计年鉴2018》。

（三）发展中存在的问题

北京的生态涵养区有着丰富的自然资源，但自然资源没有得到充分的利用，没有建立高效的资源匹配机制，生态优势尚未形成。一是生态产品市场化路径缺乏。据李云燕等对北京生态涵养区生态服务价值进行评估计算，2016年总的生态服务价值约为228.419亿元（见表4）。生态产品市场化路径转化需要将生态服务价值向生态资产、产业资本和发展资金转变，而当前对生态涵养区的生态资源核算体系尚未建立、生态资产管理机制尚未完善、“资源—资产—资本”链条和“资源+评估+信贷”的市场化运行机制均未打通。二是生态资源配置缺乏市场化。生态补偿方式存在补偿方式、补偿主体单一化、补偿标准较低等问题，以项目为载体的补偿方式缺乏可持续性，市场化、长效的补偿机制尚未建立。因此，必须理顺生态资源的供需关系，以此来提高生态资源的利用效率，实现经济和生态的协调发展，构建良好的市场化资源配置体系。

表4　2009～2016年北京市生态涵养区土地利用类型面积和生态服务价值动态变化

单位：亩，亿元

年份	土地利用类型面积					生态服务价值
	耕地	林地	草地	水体	合计	
2009	1020624.3	8474442.8	531184.2	590452.7	10616703.9	228.952
2010	1014440.1	8470898.6	538957.7	590245.2	10614541.5	228.881
2011	1011141.3	8466713.6	538195.1	589736.7	10605786.6	228.723
2012	1011163.5	8462412.5	538035.0	589585.7	10601196.6	228.622
2013	1030607.3	8451771.6	537696.3	588552.6	10608627.8	228.527
2014	1026916.5	8453164.2	537092.3	586637.6	10603810.5	228.412
2015	1025694.9	8452809.9	536520.2	586453.7	10601478.6	228.377
2016	1022727.6	8458317.9	534747.0	585900.0	10601692.5	228.419

资料来源：李云燕、黄姗、张彪等：《北京市生态涵养区生态服务价值评估与生态补偿机制探讨》，《中国环境管理》2019年第5期。

三　平原区与生态涵养区对接协作现状与问题

（一）对接协作主要进展

在生态环境领域，朝阳区与密云区确定密云水库智能监控一期、潮河体育休闲公园、设施农业、精品民宿等年度协作项目4个，总投资2.7亿元，由朝阳区支持1亿元；海淀区和延庆区明确了共建蔡家河绿道、康西万亩森林湿地公园和美丽乡村污水处理3个协作项目；丰台区和房山区（山区）加强生态环境联建联防联控，建立了空气质量、水污染处理、土壤环境等7个方面会商机制，对交接区域的百万亩造林绿化工程加强规划设计衔接。在绿色发展领域，昌平区组织农业企业、合作社赴顺义区交流座谈，明确在食用菌、食用百合等农产品深加工、推进昌平特色农产品销售等方面加强合作；平谷区利用开发区每年 1 亿元资金设立平谷区产业发展基金。平谷区与开发区无人机企业成立“通航高新技术产业联盟”，为开发区无人机测试提供场地。在公共服务领域，海淀区和延庆区在教育、医疗、就业等领域签订了合作协议或合作方案。延庆区 15 所中小学与海淀区 12 所名优学校结成第一批对口帮扶关系；西城区 10 家医院与门头沟区 4 家医院、7 家卫生服务中心建立帮扶协作机制，西城区派驻门头沟区医师、管理人员 357 人次，培训医务人员近 400 人次。

（二）对接协作中存在的主要问题

1. 对生态涵养区资源输出的针对性不足

平原区对生态涵养区所需的适宜性资源输出不足。平原区对生态涵养的特色资源、地理禀赋、产业基础条件等因素研究不足，不能形成针对性更强的资源输出。应针对制约生态涵养区绿色发展的短板和弱项，有针对性地输出产业、企业、人才等资源，形成精准化结对帮扶。

2. 龙头企业带动力量不足

发挥平原区龙头企业、平台公司的带动作用，推动生态涵养区产业发展，使生态涵养区的人民群众尽快走上自我发展、自我积累的良性循环轨道，这是推进产业协作的重要环节。然而从总体来看，生态涵养区的龙头企业和平台公司的能力都较弱，平原区要多利用龙头企业、平台公司带动生态涵养区绿色产业发展，通过现代企业结构、先进管理模式、高层次人才帮助生态涵养区产业提质升级。

3. 市场机制利用不足

缺乏市场要素的连接交融，生态资源没有转化为“金山银山”，应积极寻找市场机制配置的切入口，通过市场机制切实推动结对协作长效发展。市场机制不健全，势必会造成对接协作机制中的风险和问题，一定要通过发挥市场机制的作用，尽量通过政策扶持或者购买服务的方式，引入市场主体，为生态涵养区的绿色产业发展服务。

四　建立市场化生态补偿长效协作机制

（一）建立以碳汇为代表的森林市场化生态补偿协作机制

生态涵养区森林资源丰富，有林地面积达到48.90万公顷，森林覆盖率达到54%，森林固碳潜力巨大。应继续积极探索市场化的生态涵养区碳汇协作机制，使生态涵养区的人民群众从森林资源保护中获得更大的收益。一是建立林业碳汇市场准入标准。结合国际经验，森林碳汇标准制定应该逐步与主流CDM标准接轨。在开展具体的碳交易之前，需要对森林碳资源的生产量、计量标准以及认证标准进行确定，进而制定详细的交易规则。与此同时，还需要对交易项目可能引起的外部效应进行分析评估。二是搭建林业碳汇交易市场组织架构。总体来看，森林碳汇交易市场的组织架构应是包括市场项目和交易的参与主体、交易客体、交易平台在内的各种市场要素的有机组合。三是制定有吸引力的林业碳汇需求机制。依据实际发展情况，制定科学合理的林业碳汇需求机制，具体路径有：①聘请专家团队对影响企业购买林业碳汇的相关因素开展研究和分析，把理论研究和实践研究密切联系起来，深入分析；②要依据生态涵养区实际发展情况，制定行之有效的政策，突出优势，带动企业发展；③在销售环节中构建良好的关联机制，获取真正的市场时效性；④政府应为企业购买碳汇给予税收政策上的优惠支持，以此起到良好的激励作用；⑤充分利用碳汇专项基金平台，积极总结运作经验，为林业碳汇交易平台的建立提供参考和借鉴。

（二）完善平原区与生态涵养区重点水资源保护区横向生态保护补偿机制

针对密云区、怀柔区、平谷区、延庆区、昌平（山区）等重点水源保护区，平原区应积极完善水资源保护横向生态保护补偿机制，以此来促进经济和生态的协调发展。区级政府部门应该明确自身所承担的责任，积极履行职能，创造良好的交易环境。培育第三方部门对生态保护补偿政策进行有效指导，对补偿政策详细内容进行界定，把水质质量和用水总量作为重要的补偿参考依据，综合评估交接断面水质自动检测系数变化。依据实际情况来选择科学合理的补偿方式。依据不同生态涵养区的实际发展情况和特征，选择更加适合的补偿方式。还需要制定详细的补偿标准，把环境发展现状、环境治理成本、水质改善程度等指标作为参考依据，以此来确定详细的补偿标准。还要依据区域生态发展需求来构建联防联控治理机制，对于一些结构复杂、规模较大的重点生态工程，要构建科学合理的应急联防机制，以此来提高治理效率。需要签订补偿协议，把以上所提到的相关信息以补偿协议的方式确定下来，以此来形成良好的约束力和控制力。还要进一步提高资金引导效率，政府可以适当给予财政资金方面的支持，建立激励机制，以此来获取更好的发展成效。

（三）实行生态购买机制形成平原区与生态涵养区的长效协作政策创新

一是实行“生态共建”，即生态涵养区和平原区要严格依照实际情况来具体开展生态建设，注重对生态涵养区的建设和保护，平原区也要承担相应的建设责任，给予资金支持，提供一定的人力资源支持和技术指导。二是依据生态涵养区实际发展情况来探索新的发展模式。把生态涵养区划分为不同的区域，以此来对不同区域进行有针对性的管理，重点突出不同区域的优势，进一步实现对生态的有效补偿。三是可以通过发行生态涵养区建设保护方面的彩票，以此形成支持生态涵养区绿色发展、保护生态环境的资金。其一，对彩票发行和承办主体进行确定，设定专门的管理机构来进行监督管理。不仅管理彩票的发行，而且负责对基金的管理，提高运营效率，为生态环境保护提供资金上的支持。其二，科学合理地发行彩票。根据生态功能区规划项目实际发展需求，以此来确定彩票具体的发行金额，之后再对发行有效期、中奖率、奖项设置等内容进行明确。确保彩票购买的自愿性，不得强制购买。其三，对募集到的生态彩票补偿资金强化管理，提高资金的使用效率。确保筹资者和使用者的分离，依据实际募集的资金额度，预估所需预算金额，避免出现较大资金缺口等问题。制定严格的项目监督机制，及时对外披露信息，确保资金的合理使用。

（四）建立平原区与生态涵养区绿色生态产业长效合作机制

充分挖掘生态涵养区的生态区位优势，实现生态资源的优化配置，积极创新研发新技术，获取新能源，大力发展生态绿色产业，实现经济的可持续发展。充分运用平原区丰富的教育培训资源，强化农业科技推广服务，充分吸收经验丰富的专家团队提出的意见，依据区域农民发展的实际情况来制定可行性的人才培养方案，培养现代化绿色产业新型农民，以此来促进区域特色农业产业的发展，为生态绿色产业的发展提供强有力的技术和人才支持。除此之外，还应该把智力补偿应用到生态涵养区中，使生态涵养区的自我发展能力显著提升，合理分配使用自然资源，取得更多的经济效益、生态效益和社会效益。以科学技术为载体，加大对科学技术研发的资金投入，提高生态涵养区经济发展水平。此外，积极依靠不同的科技协作组织，有针对性地对生态涵养区开展技术指导，助推生态涵养区特色绿色产业健康、可持续发展。

参考文献

陆园园：《推动首都涵养区绿色发展》，《前线》2019 年第 9 期。

李云燕、黄姗、张彪等：《北京市生态涵养区生态服务价值评估与生态补偿机制探讨》，《中国环境管理》2019 年第 5 期。

刘薇：《基于京津冀区域生态格局变化的市场化生态补偿机制设计》，《国土资源科技管理》2018 年第 2 期。

B.10
加快外资总部企业在京发展的对策建议

刘宪杰*

摘　要： 总部经济是首都经济的重要特征，是首都经济辐射力、影响力、控制力的集中体现。外资总部是北京总部经济的重要组成部分。多年来外资总部企业对首都经济发展、“四个中心”建设等发挥了积极作用。但外资总部在京发展也面临着诸多问题和挑战，需要立足首都总部经济发展面临的新形势，结合落实国家开放战略、服务首都城市战略定位、推动首都经济高质量发展等，明确支持外资总部企业在京发展的思路与举措，更好地引导外资总部在京健康发展，进一步提升外资总部在服务首都发展中的积极作用。

关键词： 外资总部　营商环境　专业化服务体系

一　外资总部企业在京发展现状

“外资总部”是北京市各类涉外总部型企业的总称，是北京市总部企业按不同所有制划分的一个重要类型，其认定的依据为《北京市人民政府关于印发加快总部企业在京发展工作意见的通知》（京政发〔2013〕29号），具体包括与港澳台商合资经营、与港澳台商合作经营、港澳台商

* 刘宪杰，北京方迪经济发展研究院区域经济研究三部部长、助理研究员，主要研究方向为区域经济、产业经济。

独资、港澳台商投资股份有限公司、其他港澳台投资、中外合资经营、中外合作经营、外资企业、外商投资股份有限公司、其他外商投资、跨国公司地区总部等11种类型的总部企业。目前北京市外资总部共计884家。从全市经济层面看，外资总部企业以占全市1‰左右的企业数量，拥有全市1/25的资产、1/6的营业收入、1/7的利润总额，成为支撑首都经济发展的重要组成部分。总体上看，外资总部企业在京的发展呈现出以下主要特征。

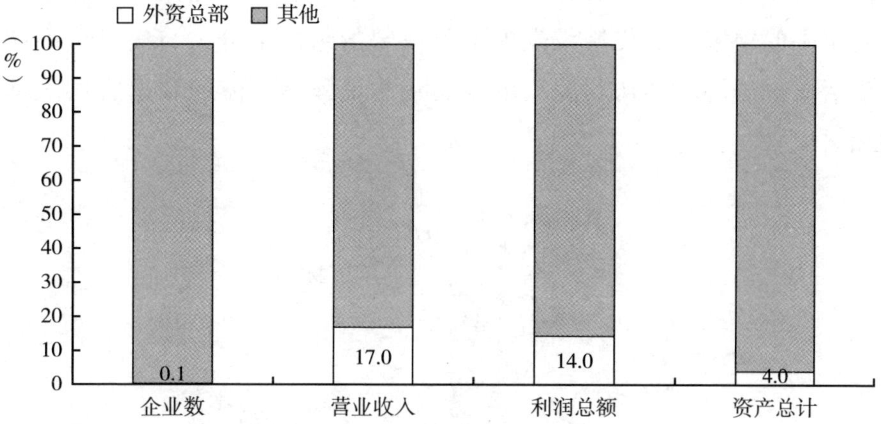

图1 外资总部企业主要经济指标占全市的比重

资料来源：北京市商务局。

（一）外资总部主要集中在制造业和现代服务领域

在全市884家外资总部企业中，现代服务业领域外资总部企业数量占总数的1/2，其中信息传输、软件和信息技术服务业外资总部企业171家，租赁和商务服务业140家。制造业外资总部企业160家，占比接近1/5（见图2）。另外，批发零售业的外资总部企业数量较多，但总体上看批发零售业中的外资总部企业在京主要从事高精尖与高附加值业务，大体可以分为两类：一类属于贸易型外资总部企业，如戴姆勒、宝马、现代、康明斯、壳牌石油等。这类批发零售企业很多是由贸易公司发展而来，改革开放初期进入我国，最初从设立贸易办事处发展到后来建设制造工厂，最后由办事处升级为外资总部企业。这些企业虽然从类型看属于批发零售业，但都是既开展投资业务又继续做进出口贸易的外资总部。这些企业具有的共同特点是：企业从业人员不多，企业经营效益往往都非常高。并且这些企业的业务发展也符合北京“高精尖”经济结构和推动高质量发展的方向，尤其对北京开展国际经贸交往活动发挥着非常重要的支撑作用。另一类是满足居民高品质生活需求的生活服务业，如沃尔玛、百盛、亚马逊、BHG 百货等。总体来看，这些外资总部企业主要集中的领域是现代城市发展不可或缺的组成部分，与满足市民高水平生活质量的需求密切相关，也与北京建设国际一流的和谐宜居之都要求相适应。

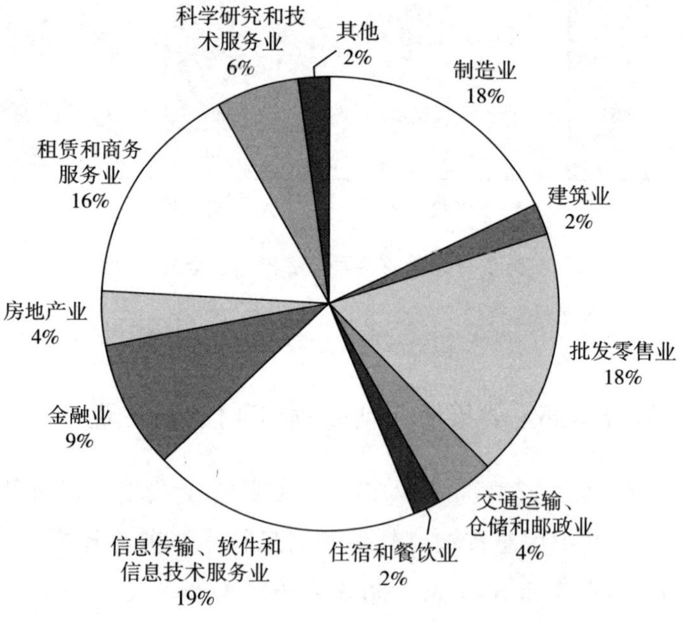

图 2　北京市外资总部企业行业分布情况

资料来源：北京市商务局。

（二）创新型外资总部占比较大，创新活力强劲

北京市 884 家外资总部企业中，国家高新技术类总部企业占比超过 1/4。从行业领域来看，高技术产业领域外资总部企业占比超过三成，战略性新兴产业领域外资总部企业占比达 23.3%，文化创意产业领域外资总部企业数量所占比重也超过 1/4。创新型外资总部企业，特别是国高新外资总部企业创造的知识产权大都在中国国内进行申报，其研发活动也都在我国境内完成，这些企业不仅在北京落地生根，更是真正实现了本土化运营和发展。很多在京外资总部企业看中北京众多高校和研发机构、研发人才等创新要素聚集优势，积极推动研发创新的本土化发展。例如，SMC、日立、斯伦贝谢等外资总部企业在京已经设立了独立研发机构，并加强与本土高校和企业合作；泰雷兹等外资总部企业希望加强与本土企业共同研发等。

（三）外资总部主要集中在中心城区及亦庄、顺义等区域

北京市 884 家外资总部企业中，有 2/5 的企业分布在朝阳，1/5 分布在海淀，1/10 分布在东城，6.8% 分布在亦庄开发区，6.1% 分布在顺义（见图 3）。各区依托独特的资源优势，聚集了各具特色的外资总部企业。其中，朝阳区外资总部多为服务型总部和创新型总部。朝阳汇集了全市 70% 的涉外资源、60% 以上的外国商社和 90% 的外国驻京新闻机构。近年来，国际化科技创新资源和创新高端人才也在加快集聚，苹果中国、默沙东、戴姆勒等国际知名企业的研发创新机构纷纷落户朝阳，特斯拉、惠普、雷诺、斯伦贝谢等知名跨国企业均在朝阳设立区域性总部，区内外资总部多为服务型总部和创新型总部。海淀区外资总部主要为高技术企业总部、研发总部。海淀科教资源丰富，创新服务体系完善，区域内集聚的外资总部以高技术企业总部、研发总部等创新型企业总部为主。

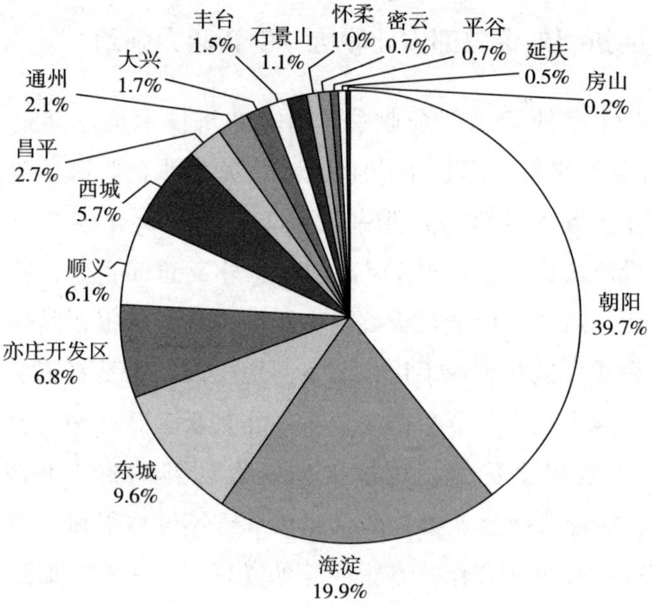

图 3 北京市外资总部企业按区域分布

资料来源：北京市商务局。

二 外资总部企业在京发展面临的问题与挑战

（一）国际形势变化给外资总部在京发展带来较大挑战

当前，国际贸易保护主义不断抬头，给公平、开放的国际经济秩序带来严重挑战，给外资总部企业在京发展带来不利影响。比如，美国在一些关键技术上对我国实施封锁，使得我国在某些科研领域出现“卡脖子”问题，部分跨国公司地区总部难以将其核心技术在京开发和进行成果转化，给企业在京业务拓展也带来一定影响。同时，受我国劳动力、土地等要素成本上升的影响，部分在京跨国公司地区总部的生产环节或相关业务，出现向其他国家转移的趋势。比如，随着我国生产成本攀升，东陶在印尼、越南、印度等国家进行产业布局，每年从上述地区进口 3000 多万美元的产品，以缓解我国高端卫浴产品供不应求的问题。

（二）扶持外资总部企业在京发展的政策有待加强

北京市高度重视外资总部发展，自 1999 年出台鼓励跨国公司地区总部在京发展的相关政策以来，不断完善跨国公司地区总部和外资总部在京发展的政策措施，围绕外资总部落户、用房、经营贡献、高管人员、能级提升等多个领域制定了详细的扶持政策。但与其他城市相比，北京扶持外资总部发展的政策涉及领域相对较多，导致每个领域所能扶持的资金额度较少，尤其在企业落户奖励、经营贡献奖励、管理人员奖励等外资总部普遍关注的重点领域，资金支持力度不大，加之部分政策条款前置条件较多，政策执行缺乏灵活性，降低了对外资总部的吸引力，给北京吸引外资总部企业发展带来一定挑战。

（三）外资总部实体化经营水平有待提高

长期以来，由于发展基础、发展阶段等方面的较大差异，北京与周边地区产业结构落差大，京津冀区域各城市间产业联系强度较弱，基于产业链的分工合作不足。河北和天津的许多城市和区县产业结构层次偏低，不具备承接北京产业转移的配套条件，吸引北京企业就近疏解与扩张性投资的能力不足，为外资总部尤其是制造类外资总部提供生产配套的能力有限。北京部分技术密集型、对产业配套要求高的外资总部都有可能将其制造环节、中试环节等通过“蛙跳式”落户长三角、珠三角。其他城市的税收政策等优惠措施，也是推动总部实体化部门外迁的一个重要因素。比如，部分外资总部反映北京在应对其他城市对总部企业的竞争中“没有紧迫感”，并表示北京的总部政策“偏向于稳重和保守”，在政策落地、政策支持幅度和政府服务的主动性方面与其他城市有很大差距，公司的很多职能部门都有可能外迁。

（四）国际化营商环境有待进一步优化

营商环境是影响外资总部企业布局和发展的一个重要因素。近年来北京营商环境改善取得较大进步，政府部门审批流程大幅简化，审批效率明显提高，但在部门间审批流程衔接、审批流程设计等方面还有很多不够完善之处。比如，在工商登记方面，工商部门的口径与商务部门不同，部分外资总部扩大经营范围后无法实现有效对接；在审批方面，目前审批流程已有所简化，但部分外资总部对审批、资料办理等流程依然不适应，在网上填表时有些定义不清，缺乏指导，寻找可咨询渠道不便捷等。同时，企业“注销难”问题依然存在，不利于促进企业“新陈代谢”和结构优化。

三　外资总部在京发展的新趋势

（一）外资总部在华经营业绩良好，继续在京增资意愿较强

当前我国全方位对外开放步伐逐渐加快，北京拥有独特的优势和高端消费市场，对外资总部企业的吸引力依然强劲。比如，2019 年 3 月，北汽、戴姆勒及其全资附属公司戴姆勒大中华订立合资经营合同修订协议，共同向北京奔驰增资约 8.93 亿美元，其中戴姆勒注资 3.45 亿美元，戴姆勒大中华注资 0.92 亿美元。外资总部在京增资意愿较强。比如，7 - 11 希望通过投资建厂方式，不断扩大直营店的覆盖面；山特维克集团总部通过直接债转股的方式增加对公司的投资，扩大在华业务规模等。其中，日资企业在华经营状况良好，企业收入、销售规模均保持稳定增长，对未来继续在京发展的增资意愿也较强。野村综合研究所开展的问卷调查显示，35% 的在京日资总部有意向在京扩大投资。日资企业之所以对北京青睐有加并持续增加投资，是因为它们不仅看重北京拥有较大的市场规模，还认为其北京公司品牌更容易在中国推广以及吸引人才等。

（二）外资总部发挥科技资源优势，积极参与北京全国科技创新中心建设

外资总部是北京重要的创新主体，在全国科技创新中心建设中发挥重要作用。一方面，外资总部在京研发机构持续开展科学技术和产品创新，取得了大量科技创新成果。比如，微软亚太研发集团在人工智能技术领域研发取得卓越成绩，截至 2017 年，累计在中国申请人工智能领域专利 1648 件。另一方面，通过培育本土科研人才、共建研发机构和创新创业服务机构、营造良好创新生态环境等，外资总部不断增强对北京乃至全国的技术溢出和科技辐射带动作用。外资研发中心与北京本土科研人员共同从事研发活动，为本土科研人员获得更多前沿知识和技术提供了平台和渠道，同时也为北京培养了一批具有国际先进技术水平的科技人才。外资总部技术和管理人才的流动，也是北京本土企业吸收国际先进技术和管理经验的重要来源之一。据统计，创始人或创始团队成员来自微软系的创业公司 44 家，来自 Google 系的 32 家，百度、创新工场、聚美优品等一批北京知名创新企业的创始人或高管都有微软或 Google 等外资企业工作的经历。

（三）依托自身产品和技术优势，外资总部参与首都城市治理、智慧城市建设的积极性较高

随着我国对外开放程度的不断扩大，越来越多的外资企业进入中国、进入北京。而外资企业国民待遇的普遍实行，使得外资总部将北京作为拓展中国市场、寻求发展商机的平台，同时越来越多的企业选择扎根北京，在京长远发展。许多在京外资总部表示愿意依托自身技术、产品、服务和营销渠道等资源优势，积极参与首都城市治理、基础设施改造和民生改善等重大项目，实现城市发展和企业发展双赢。比如，施耐德、戴姆勒、诺华、高通等外资总部表示愿意在新机场等重大项目、2022 年冬奥会、金融产业、生物医药产业等方面与北京深度合作；佳能希望其安防摄像头能够应用于城市安防领域；日立希望其智慧城市、智能交通等领域的信息解决方案能够服务首

都城市建设。同时，外资总部还通过市长国际企业家顾问会议等方式和渠道，积极参与市政府重大决策，为首都发展贡献智慧和方案。

（四）外资总部积极参与京津冀协同发展、“一带一路”建设等，以北京为平台拓展大区域业务市场

京津冀协同发展、“一带一路”建设等的推进，不仅为我国本土企业发展带来了机遇，同时也为在京外资总部拓展市场、扩大全球影响力提供了渠道和平台。很多在京外资总部愿意结合企业所在行业特征和企业产品技术优势，积极参与京津冀协同发展、“一带一路”建设等。比如，安东石油在中东、非洲等地区整体发展良好，通过在国外的一体化承包业务，带动20～30家国内相关企业共同参与“一带一路”建设；西门子积极参与京津冀协同发展，与京投、公交集团合作，并把部分产能放在河北。

四　支持外资总部企业在京发展的对策建议

（一）深化服务业扩大开放，加快外资总部集聚

北京服务业主导型发展格局已经形成，未来外资总部发展的重点领域主要集中在服务业。立足服务业发展，紧扣“四个中心”首都城市战略定位，深化新一轮服务业扩大开放综合试点政策，不断扩大开放领域。结合针对外资总部企业的相关政策不足等问题，加强政策创新，推动跨国公司地区总部、研发中心等外资总部在京更好更快发展。落实“十全”制度创新改革，在全国乃至全球率先构建服务业领域制度体系和营商环境的评价指标，促进北京优化营商环境改革取得新突破，为吸引更多外资总部在京发展创造良好的营商环境。深化金融领域创新，进一步放宽金融业外资准入限制，积极对接跨国金融机构在北京布局，针对外资总部企业反映的换取或使用外汇流程烦琐、外汇结算难等问题，建议争取国家金融管理部门支持，允许在京外资总部企业开展资本项目收支便利化试点。加快科技创新开放步伐，支持跨国

公司在京设立具有独立法人资格的研发中心，支持外资研发中心升级为全球研发中心。

（二）支持外资总部企业能级提升和实体化发展

近年来，受外贸形势、疏整促、成本上升等因素影响，部分外资总部企业出现实体业务外迁的现象，但总体上看，外资总部企业在京扩大投资、布局新业务的趋势是向好的。很多外资总部企业希望扎根北京，扩大投资规模，更好地实现本土化发展，这需要进一步创新扶持政策和服务举措，支持外资总部在京实体化发展，提升总部能级。比如，对有意愿在京实体化发展的外资总部给予增资便利化支持。对外资总部在京实体化项目，在用地、用能、规划等方面给予支持，提供便利，简化增资审批和备案等管理程序。结合具体业务，鼓励外资总部参与科技、商务、经信等业务部门相关重大项目，并积极给予支持。统筹利用各区腾退土地、低效楼宇、老旧厂房等空间资源，支持外资总部实体化项目。

（三）加大外资总部政策创新支持力度

北京出台的支持外资总部相关政策中，人才、综合贡献奖励等方面的力度仍需加强。需要创新和完善人才、贡献奖励等政策，不断增强政策的针对性和灵活性。建议北京针对跨国公司地区总部高级管理人员和科技创新人员等人才的个人所得税纳税贡献，制定出台更有针对性的个税返还或奖励政策。提高总部经济政策聚焦度、针对性和灵活性，整合、简化资金支持条款，集中从落户奖励、能级提升奖励、税收增量贡献奖励等方面加大支持力度，争取政策覆盖至全部外资总部。增强支持跨国公司地区总部发展政策的精准性，探索建立重点引入科技型跨国公司地区总部的独特标准，对于纳入该标准的企业给予特殊优惠政策支持。

（四）建立健全外资总部专业化服务体系

建立健全外资总部在京发展的协调服务机制，及时了解外资总部企业在经营中遇到的难题，精准提供优质服务。依托市发展总部经济工作部门联席会，进一步强化发改、商务、市场监管等部门的联合协调服务，围绕外资总部需求，整合政府资源和商会、协会等中介机构资源，关注外资总部合理关切，保护企业合法权益，加强政策解读，量身定制“服务包”，为外资总部企业提供优质公共服务。加强与中国欧盟商会、中国美国商会、中国英国商会、中国日本商会等的合作，建立常态化的联系沟通机制，及时了解外资总部在京发展面临的问题和相关政策诉求。积极利用商会平台，向外资总部宣讲北京市相关优惠政策，推动外资总部企业在京发展。依托国际商会会员网络平台功能，吸引金融、科技、文化创意、信息等重点领域的高端外资总部企业。充分发挥北京作为国家“一带一路”建设向北开放重要窗口和中蒙俄经济走廊重要节点城市作用，建立与亚洲基础设施投资银行、丝路基金等平台的对接合作机制。依托“亚投行”国际合作项目，吸引交通、能源、电信和城市发展等基础设施建设领域的外资总部在京发展，以北京作为进入相关国家和地区的前沿平台，在“一带一路”框架下开展业务。

（五）进一步优化国际化营商环境

结合在京外资总部企业的实际需求，积极创造条件，进一步深化营商环境改革，提升政府服务水平，完善公共服务体系，加强城市管理，打造更优的国际化营商环境，吸引更多的外资总部资源在京发展。加强外资开放领域政策集成，构建外资总部企业数据库，建立政策措施清单，大力推进“开放北京”公共信息服务平台建设。针对外资总部企业集中反映的审批环节部门间衔接力度不够的问题，加强政府相关部门的沟通协调，统筹协调各部门间的关联审批业务和政策措施，简化审批事项、审批环节，提高审批效率，实现行政审批和政策服务的无缝对接与高效衔接。进一步提升公共服务、城市管理的国际化品质，增加涉外医疗服务供给，鼓励发展多种形式国际医疗保险，提升外籍人才医疗服务水平；研究在国际人才社区、海外高端人才和科技创新产业聚集区域新设外籍人员子女学校，不断完善首都国际化教育服务体系。

参考文献

赵弘：《总部经济》（第二版），中国经济出版社，2004。

王勇：《上海对外开放与外资总部集聚发展协同推进》，《上海金融报》2019 年 8 月 27 日。

张武晴：《推动总部经济高质量发展的战略思考》，《科学发展》2018 年第 4 期。

黄爱光：《北京总部经济发展研究》，《时代经贸》2018 年第 10 期。

B.11
北京郊区小城镇支撑都市圈建设的现状研究与发展建议

徐李璐邑*

摘　要： 建设现代化都市圈是实现城市群发展的基础。为了推动京津冀世界级城市群的建设，应首先推动北京地区首都都市圈的建设。小城镇作为新型城镇体系的基础，其发展状况直接影响到都市圈的建设成效。因此，选择北京郊区重点建设的42个小城镇为研究对象，从经济与产业、人口状况与城镇化水平、交通基础设施、基本公共服务水平四个方面对各个小城镇的发展现状进行了分析。以支撑都市圈建设为目标，认为小城镇建设存在交通基础设施不足、产业转型发展压力大、产业发展存在供需结构偏差和发展模式单一等问题，并建议加快轨道交通建设，基于区位采用不同层次产业支持政策，加快建立生态补偿机制，进一步提高公共服务水平。

关键词： 小城镇建设　首都都市圈　新型城镇体系

为了解决北京一直以来的交通拥堵、人口集聚过多、资源负担过重等“城市病”问题，提升首都地区的发展质量，北京新版城市总体规划已经提出了“减量发展”的要求，同时以疏解北京“非首都功能”为抓手，推动

---

* 徐李璐邑，经济学博士，北京市社会科学院经济研究所助理研究员，主要研究方向为区域经济、城镇化与城乡发展。

京津冀协同发展。经过近年来的不断努力，尽管北京疏解“非首都功能”已经取得了一定的成效，但要切实实现京津冀协同发展，推动京津冀地区世界级城市群的建设，首先应建成北京地区的现代都市圈成为共识。2019 年 2 月 19 日，国家发展和改革委员会发布《关于培育发展现代化都市圈的指导意见》明确指出，“以中心城市与周边城市（镇）同城化发展为方向，以创新体制机制为抓手，以推动统一市场建设、基础设施一体高效、公共服务共建共享、产业专业化分工协作、生态环境共保共治、城乡融合发展为重点，培育发展一批现代化都市圈，形成区域竞争新优势，为城市群高质量发展、经济转型升级提供重要支撑”。

关于“都市圈”的概念实际上尚未在学术界形成共识，与之相关的还有“都市区”和“城市群”的概念。马燕坤等认为都市区主要描述的是大都市就业人口上下班通勤地域，都市圈主要描述的是大都市的经济辐射地域，城市群则描述的是都市圈与其他都市圈或城市圈空间耦合构成的更广阔的地域。① 在此定义下，北京地区的首都都市圈应包括北京中心城区、郊区新城以及郊区小城镇。其中，郊区小城镇作为都市圈城镇体系中的最基层，对都市圈的形成和发展有着关键作用。特别是当前北京大量的城市功能依然集中在中心城区，周边的小城镇与实现对中心城区人口疏解、支撑北京地区首都都市圈的发展目标还存在一定的差距，有必要对小城镇的发展状况进行研究。因此，本文选择北京郊区的 42 个重点小城镇为研究对象，对当前小城镇的发展状况进行总结分析，以便未来更好地促进这一批郊区重点小城镇的发展，达到构建新型城镇体系、推动北京地区首都都市圈形成、建设京津冀地区世界级城市群、促进京津冀协同发展的战略目标。

一 北京郊区重点小城镇的发展状况

北京市 42 个重点小城镇建设最早是在 2009 年提出的。2009 年，为

① 马燕坤、肖金成：《都市区、都市圈与城市群的概念界定及其比较分析》，《经济与管理》2020 年第 1 期。

了进一步推动北京郊区的小城镇建设，北京市政府办公厅印发《关于本市重点小城镇建设有关工作的通知》（京政办发〔2009〕37号），对郊区小城镇布局进行了调整，研究确定了42个重点小城镇为下一步本市郊区小城镇建设发展的重点。42个重点小城镇分布在北京郊区的10个区，每个区的重点小城镇数量相对均衡，数量最多的是密云区，有6个重点小城镇，而数量较少的也有3个重点小城镇，分别是门头沟区、平谷区和怀柔区。

张伟、张庆文认为，这42个重点小城镇大都有着较好的产业基地支撑[①]。在42个小城镇中，分布有各级经济开发区或者镇村产业基地的有34个，占重点小城镇总数的81%。在重点小城镇拥有的34个产业基地中，北京市农委认定的镇村产业基地有19个，市级开发区有6个（西集镇、高丽营镇、采育镇、小汤山镇、马坊镇、窦店镇），区县级开发区有9个（斋堂镇、杨镇、李遂镇、安定镇、汤河口镇、溪翁庄镇、穆家峪镇、旧县镇、西田各庄镇）。还有部分小城镇拥有优质的旅游发展资源。例如，十三陵镇是世界文化遗产明代十三陵所在地，潭柘寺镇是北京著名古寺潭柘寺的所在地，古北口镇有司马台长城，而八达岭镇则有长城中最为险峻的八达岭长城一段。因此，各个小城镇都拥有良好的产业基础和发展潜力。

（一）经济发展和产业情况

经过十余年的发展，在42个重点小城镇中，房山区长沟镇、昌平区小汤山镇、密云区古北口镇、大兴区魏善庄镇、延庆区康庄镇进入了国家特色小镇的名单，[②] 也有部分小城镇的城市化发展迅速，如昌平区北七家镇、房山区琉璃河镇、顺义区杨镇、昌平区南口镇、平谷区峪口镇等。总体来说，

① 张伟、张庆文：《新型城镇化背景下重点小城镇的产业发展——以北京市为例的实证研究》，《农村经济》2013年第12期。

② 房山区长沟镇、昌平区小汤山镇、密云区古北口镇属于2016年公布的第一批，大兴区魏善庄镇、延庆区康庄镇属于2017年公布的第二批。

经过了一段时期的投资、建设与发展，各个重点小城镇的经济发展都取得了较为明显的成绩。

从工业总产值来看，2015 年，重点小城镇的工业总产值基本在各区的工业总产值中占有一定的比重，意味着各个小城镇的产业发展已经在各区具有较为重要的地位。在 42 个重点小城镇中，工业总产值最高的是房山区窦店镇，为 1938029 万元。42 个小城镇的工业总产值均值为 272964 万元，中位数为 124353 万元，说明 42 个小城镇中工业总产值低于均值的城镇更多。从分区的情况来，按照重点小城镇工业总产值占全区工业总产值的比重可以分为三档：第一档是比重低于 30% 的区，包括顺义区、怀柔区和门头沟区，说明该区的工业发展并没有完全在重点小城镇集中；第二档是比重在 30% ~60% 的区，包括通州区、昌平区、大兴区、密云区，说明这些区的工业发展仅有一部分集中在重点小城镇；第三档是比重超过 60% 的区，包括房山区、延庆区和平谷区，说明这些区的工业发展大部分集中在重点小城镇（见表 1）。

表 1　北京市重点小城镇及其所属区的 2015 年工业发展情况

单位：万元，%

地区	全区工业总产值	重点小城镇工业总产值	占比
通州区	6887545	2802569	40.7
昌平区	2294689	1071820.4	46.7
大兴区	6648043	2498056	37.6
顺义区	5419358	1604461	29.6
密云区	781594	255794.1	32.7
房山区	2805171	2099493	74.8
怀柔区	1128646	336505	29.8
延庆区	487691.9	330297.7	67.7
平谷区	653322	444352.5	68.0
门头沟区	599059	21150.4	3.5

注：大兴区数据含亦庄经济技术开发区。

资料来源：《北京区域统计年鉴 2016》《中国县域统计年鉴 2016》，数据为 2015 年。

实际上，从设立重点小城镇十余年的发展历程来看，由于北京对城市发展的定位和要求产生了一些新变化，也影响了各个小城镇的发展。尽管过去大部分被选为重点小城镇的地区都具备了一定的工业发展基础，但随着2015年开始落实北京“非首都功能”疏解，各个小城镇的工业发展也受到了影响。通过对比2013年和2017年的工业企业数量，可以发现在42个重点小城镇中有24个小城镇的工业企业数量出现了下降，其中下降最多的是通州区西集镇，2013年有工业企业298家，2017年仅为34家，减少了264家。这说明很多小城镇的企业属于一般产业，并不符合北京未来的产业发展方向。另外，也有小部分城镇的工业企业数量出现了增加，如房山区窦店镇增加了228家工业企业，密云区穆家峪镇增加了26家。从整个区的企业数量变动来看，这些增加的企业更多的是受到了区内产业布局调整的影响，将工业企业向统一的产业园区集中。

同时，除了工业发展外，部分重点小城镇的现代服务业也迎来了发展机遇。昌平区北七家镇是北京科技创新中心“三城一区”中未来科技城的所在地。目前北七家镇已经实现了城市化，同时完成了大规模的基础设施建设，未来定位于高端的科研创新集聚区，是北京当前最有发展潜力的地区之一。大兴区榆垡镇地处京津冀三地的交界处，是北京大兴国际机场的所在地。大兴国际机场从2014年开始建设，施工历时5年，于2019年9月30日正式通航。大兴国际机场的建设也对榆垡镇的未来发展产生了重要影响，榆垡镇的新版规划以配套大兴国际机场发展为主，未来将支持航空、物流等高新技术和高端服务产业发展，成为机场重要配套服务区。通州区台湖镇专注于演艺小镇培育，环球影城落址于此。环球影城（Universal Studios）是好莱坞电影集团打造的具有世界影响力的主题乐园度假区，北京环球影城项目是环球影城集团在全世界的第六个项目，已经于2016年10月正式动工，预计2021年正式开园。环球影城的落址不仅将引领台湖镇的产业升级，还将影响台湖镇以世界级的水准和要求不断发展，成为具有世界影响力的高端、优质休闲度假区。

除此之外，部分重点小城镇本身位于生态涵养区，一直以来工业企业数量就不多，而是利用良好的旅游资源优势，通过积极、大力地推动旅游产业发展，提升了自身的经济实力。传统的十三陵、潭柘寺、妙峰山、小汤山等都是北京周边地区著名的旅游度假目的地，新兴的古北水镇、雁栖湖等也发展良好，实现了优质旅游产品开发。其中，密云区古北口镇已经成为近年来北京旅游的一张新名片。古北水镇是 2010 年密云区政府开始打造的“沟域经济”中强力支持的首个项目，定位于集观光旅游、休闲度假、商务会展、创意文化四大功能于一体的综合性特色休闲旅游度假基地。[①]古北水镇的建设总投资超过了 45 亿元，于 2014 年开始营业，已经实现了营业收入超过 7 亿元、游客近 500 万人次的成绩。特别是在当前流行的互联网口碑上，古北水镇获得了众多游客的高度评价，使得“赏星空下的古长城、品北方水乡”一直具有较高的人气，已经成为越来越多北京人短途旅游的目的地。

（二）人口状况与城镇化水平

近十年来，除了产业发展和企业数量的变化，重点小城镇的人口状况和城镇化水平也能客观反映各个小城镇的发展状况。总体上，各个小城镇的人口数量在近十年来是增长的，但是 2015 年北京开始的疏解“非首都功能”也影响了各个小城镇的人口集聚水平。从 2009 年被确立为重点小城镇到 2015 年的六年间，42 个小城镇中有 30 个小城镇的常住人口数量都在增加，仅有 12 个出现了人口减少，且出现人口减少的 12 个城镇中大部分都处于非常偏远地区。而从 2015 年到 2017 年，42 个重点小城镇中，有 24 个小城镇都出现了常住人口的下降，且减少数量较大。除昌平区北七家镇基于“未来科学城”在 2015 年后进入全面发展时期，吸引了人口迁入，使常住人口数量增加了 8 万人外，其余 41 个小城镇总体的人口规模都是下降的。

① 丁军：《重点风口地区保护性旅游开发研究——以北京密云古北水镇为例》，《中国经贸导刊（中）》2018 年第 20 期。

在城镇化水平方面，如果以城镇建成区人口占小城镇常住人口总数的比重为评价标准，则近年来各个小城镇的城镇化水平都有明显的提高。2009年，42个小城镇中仅有5个镇城镇化率超过了50%，21个镇的城镇化率超过了30%。到2017年，42个小城镇中，有9个小城镇的城镇化率超过了50%，有24个小城镇的城镇化率超过了30%，城镇化率较低的小城镇大部分位于较为偏远的山区。特别是位于生态涵养区的小城镇，因为承担了保护生态、支持可持续发展的重要功能，在城市建设上受到一定限制。因此，可以预计未来各个小城镇的城镇化水平将会出现分化，平原地区城镇的城镇化水平将进一步提升，而生态涵养区城镇将走完全不同的发展道路，城镇化水平缓慢提升。

（三）交通基础设施情况

交通基础设施条件包括：一是小城镇在北京的区位条件，即该小城镇是位于城市发展新区还是位于生态涵养区；二是小城镇的通达性，包括距离中心城区的距离、道路等级、公共交通方式等条件。区位条件对小城镇发展的影响主要在于不同的规划发展区域必须选择不同的产业，且出于生态保护的需要，在生态涵养区的建设开发中必定要面对更多的要求和更高的成本。通达性对小城镇的影响主要在于其受北京中心城区的发展辐射程度，通常来说，距离越近、通达性越好的小城镇，越容易受到北京中心城区发展的辐射带动。

为了便于衡量，选择各个小城镇的镇政府到天安门广场的距离为标准，按城市发展新区和生态涵养区两类，依据30公里、50公里和70公里三条界限，将42个小城镇做划分。从划分结果来看，城市发展新区的小城镇大都在距离北京市中心50公里的范围内，而生态涵养区的小城镇距离北京市中心50公里以上（见表2）。实际中，由于北京城市呈典型的同心圆式发展，且北京城市北部建设的时间要早于南部，可以认为在同等距离下，当前城市北边的小城镇比南边的小城镇更加接近中心城区。

表 2　根据距离对小城镇的划分

与市中心距离	城市发展新区	生态涵养区
小于 30 公里	台湖镇、北七家镇	
30 ~ 50 公里	窦店镇、河北镇、韩村河镇、漷县镇、西集镇、永乐店镇、高丽营镇、李遂镇、赵全营镇、阳坊镇、小汤山镇、十三陵镇、采育镇、安定镇、庞各庄镇、魏善庄镇	潭柘寺镇、军庄镇
50 ~ 70 公里	琉璃河镇、杨镇、南口镇、榆垡镇	桥梓镇、马坊镇
大于 70 公里	长沟镇	斋堂镇、怀北镇、汤河口镇、峪口镇、金海湖镇、溪翁庄镇、西田各庄镇、巨各庄镇、穆家峪镇、太师屯镇、古北口镇、康庄镇、八达岭镇、永宁镇、旧县镇

以 2017 年数据为例，如果将所有小城镇的城镇建成区人口数与企业数参照各个小城镇与中心城区之间的距离绘制成散点图，可以发现城镇建成区人口数和企业数都与小城镇到中心城区的距离呈明显的负向关系，即小城镇距离中心城区越远，小城镇的人口集聚规模越小，企业集聚程度越低（见图 1）。从散点的趋势线也可以看出，随着距离的增加，人口数和企业数都是下降的，充分说明 42 个小城镇的发展较为明显地受到北京中心城区的影响。

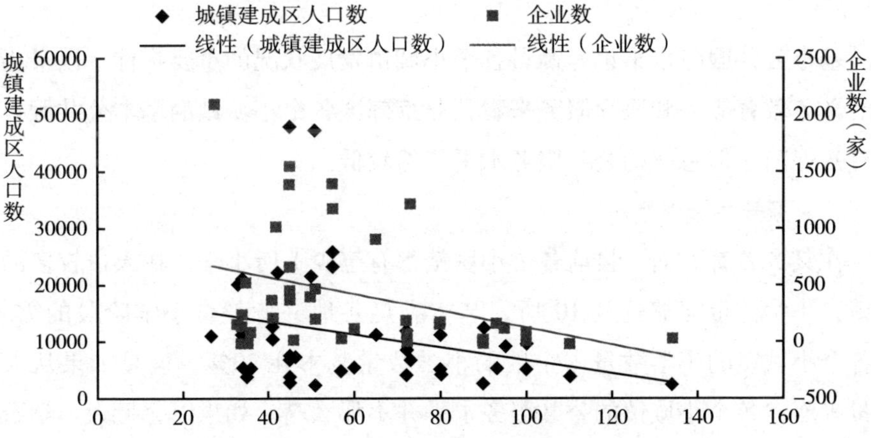

图 1　小城镇城市发展与距中心城区距离的关系

而随着北京城市的不断发展，轨道交通的建设已经成为衡量各个地区发展质量的重要标准。轨道交通建设能够提高各个郊区小城镇与中心城区之间的交通效率，有效提升各个小城镇交通的便利度。截至2019年底，北京市的地铁轨道交通里程数已经达到699.3公里，① 市郊铁路已经开通运行了3条线路，但轨道交通的密度在市区和郊区之间还存在较为明显的差距。当前仅有平谷区没有开通轨道交通线路，延庆区、怀柔区、密云区尽管没有地铁线路开通，却已经开通了市郊铁路线路。但如果具体到42个小城镇中，目前已经实现轨道交通连接的城镇屈指可数。其中，通州区尽管有八通线、6号线、7号线三条地铁线路，还有市郊铁路副中心线，但4个重点小城镇中只有台湖镇已建成地铁线路。昌平区有昌平线、13号线两条地铁线路，还有市郊铁路S2线、怀密线经过，但5个重点小城镇中只有南口镇是市郊铁路的途经地。房山区、大兴区、顺义区、门头沟区均有1~2条地铁线路已经开通，但除顺义区高丽营镇距离地铁15号线距离较近外，其他重点小城镇尚未形成真正意义上的轨道交通连接。因此，从当前的发展情况来看，已建成的各等级公路和汽车出行依然是各个重点小城镇实现对外交通连接的主要方式。

（四）基本公共服务水平

基本公共服务水平也是衡量各个小城镇发展状况的重要指标。以最为基本的义务教育服务和医疗服务来看，北京郊区各个小城镇的基本公共服务得到有效保障，但总体的公共服务水平依然较低。

1. 义务教育服务水平

在义务教育方面，目前各个小城镇都有至少1所小学，在人口较多的小城镇，小学数量能够达到10所，基本满足各地义务教育小学阶段的需求，而各个小城镇的小学数量占全区的小学数量基本在20%。但是如果从人均数量来看，各个小城镇的公共服务水平并不那么高。如果以每万人小学数量

① https：//baijiahao. baidu. com/s？ id = 1622719686606808938&wfr = spider&for = pc.

来衡量各个地区的义务教育服务水平，可以发现郊区的每万人小学数量均值为0.74，在42个小城镇中高于郊区均值的小城镇仅有26个。42个小城镇每万人小学数量均值为0.95，中值为0.9，说明大部分小城镇的每万人小学数量其实低于平均水平。

表3　北京郊区重点小城镇义务教育供给数量

单位：所，%

地区	小学数量			中学数量	每万人小学数量
	总数	重点小城镇	占比		
门头沟区	28	4	14.3	15	0.87
房山区	106	26	24.5	45	0.92
通州区	85	18	21.2	41	0.56
顺义区	57	8	14.0	32	0.51
昌平区	69	15	21.7	35	0.33
大兴区	96	29	30.2	45	0.55
怀柔区	29	4	13.8	22	0.72
平谷区	48	8	16.7	20	1.07
密云区	43	15	34.9	25	0.88
延庆区	33	7	21.2	21	0.97

从各区的小城镇实际发展情况来看，如果以城市化率作为衡量各个城镇发展状况的指标，同时用每万人小学数作为衡量各镇义务教育服务水平的指标，可以发现42个小城镇的2项指标之间存在较为明显的负向关系（见图2）。通过前文分析可知，北京郊区的义务教育服务已经实现了基本保障，即每个城镇都有至少1所小学。但出现这种明显的负向关系，说明城市化率越高的城镇，虽然集聚的人口更多，但相应人口数的义务教育服务供给量并没有及时跟上，导致城市化率更高的城镇反而每万人小学数更少，形成了一种基本义务教育公共服务相对稀缺的局面。

2. 基本医疗服务水平

在医疗服务水平方面，目前北京市医疗机构主要有三级医疗机构、二级医疗机构和社区医疗机构三种层次。其中，各个小城镇都至少有1家社区级

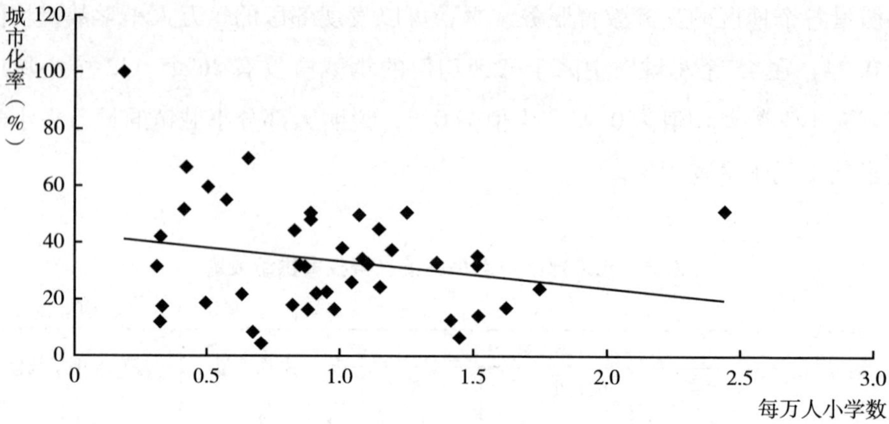

图2 郊区小城镇的城市化率与义务教育服务供给量关系

医疗机构，因此各地的社区医疗机构数量是相对充足的。但在社区医疗机构的分布上，各区的重点小城镇发展状况并不突出。各区中，社区级医疗机构数占全区社区医疗机构数的比重在10%～30%，其中仅有密云区的占比达到了30%，而其他各区的比重仅为20%左右。考虑到社区医疗机构能够最直接地给群众提供医疗服务，进一步考察各区小城镇的每万人医疗服务机构数，发现在42个重点小城镇中，每万人医疗服务机构数的均值为1.76，而中值为1.66，说明大部分重点小城镇的每万人医疗服务机构数实际上低于平均水平。同时，在更高级别的医疗机构数量上，各区之间的差距更加明显。二级医疗机构数量最多的昌平区，达到了15家，而最少的区仅有4家。在三级医疗机构方面，数量最多的也是昌平区，达到了13家，但怀柔区、密云区和延庆区却连1家三级医疗机构都没有。

表4 北京郊区各区及小城镇的医疗服务供给数量

单位：家，%

地区	社区医疗机构数量			二级医疗机构数量	三级医疗机构数量
	总数	重点小城镇	占比		
门头沟区	34	7	20.6	4	1
房山区	200	58	29.0	5	8

续表

地区	社区医疗机构数量			二级医疗机构数量	三级医疗机构数量
	总数	重点小城镇	占比		
通州区	83	11	13.3	10	4
顺义区	196	26	13.3	4	5
昌平区	122	25	20.5	15	13
大兴区	134	39	29.1	8	6
怀柔区	67	11	16.4	7	0
平谷区	143	32	22.4	4	2
密云区	36	11	30.5	5	0
延庆区	69	17	24.6	4	0

二　北京郊区重点小城镇发展面临的问题

通过对42个小城镇十余年的发展状况分析来看，各个小城镇的经济、社会和城市化发展都取得了一定的成绩。但如果要以小城镇发展支撑首都都市圈的建立，实现整个北京地区空间格局优化，并以推动京津冀世界级城市群建立为目标，当前小城镇发展还面临着以下问题。

（一）交通基础设施不足抑制了进一步的发展

当前各个小城镇已经完成了初步的基础设施建设，达到了基本开发建设要求，但依然存在交通基础设施不足的问题。一方面，尽管目前北京市的轨道交通设施日趋完善，但是连接周边小城镇的轨道交通数量非常有限，特别是市郊铁路的数量还非常少。不论是生态涵养区还是城市发展新区的小城镇，主要的出行方式都是公路和汽车。而有限的高速公路数量难以满足大规模人口短途出行的需求，导致各条通向郊区的高速公路一到节假日就出现严重拥堵，极大限制了人们的出行便利。另一方面，北京市为了缓解汽车保有量的快速增长，采取了近十年的车牌摇号政策，造成了北京地区车牌比车辆稀缺的现状，也从侧面抑制了居民郊区短途出游的需求。从人口规模来看，北京市常住人口数量超过2000万，郊区的短途休闲度假旅行本应是一个体量较大的市场，而当前公共交通基础设施难以支撑人们便捷、快速地通往各个小城镇，同时对汽车的保有量又有着严格限制，使得相关的市场需求难以得到释放。

（二）疏解“非首都功能”给部分小城镇带来了转型压力

在以往产业园区发展政策支持下，北京郊区的部分小城镇也集聚了一定数量的制造业企业，支撑了各个城镇的产业发展。但近年来在疏解“非首都功能”的要求下，各个城镇对不符合北京未来产业发展方向的企业进行了一定的整治，使得从2015年之后企业数量出现了明显的下降，就业人员规模减小。尽管对企业的整治和疏解是为了“腾笼换鸟”，实现更好的发展，但也给郊区发展带来了巨大的转型压力，特别是一些距离中心城区较远的城镇，这些城镇由于距离较远，难以直接受到北京中心城区的高精尖产业辐射带动，过去的产业通常是为北京提供城市服务的一般制造业或仓储物流业。在交通便利性短期内难以提升的状况下，新兴产业并没有迁往这些远距离城镇的动力，而是直接选择了其他交通更加便利的大城市周边，使得这些城镇既没有旧的企业运营，也出现了新的企业入驻，面临较大的经济发展压力。

（三）产业发展存在供需结构偏差

不论是注重生态功能的生态涵养区，还是注重产业发展的城市发展新区，都面临着产业发展供需结构偏差问题。在生态涵养区，部分小城镇的旅游资源开发缺少系统性。如果没有系统性开发，一方面难以充分利用旅游资源，另一方面容易导致旅游产品的供给出现断层，高端和低端的产品较多，中端产品供给不足。在旅游产品的消费中，高端产品虽然利润高，但市场需求相对较少。低端产品虽然供给容易，但难以增加经营效益。对北京地区的居民来说，必须要扩大中端的旅游产品供给，才能满足居民休闲度假需求，且同时实现小城镇居民人均收入水平的提升。而在城市发展新区，尽管小城镇已经为承接北京科技服务、金融等高端产业外溢腾出了空间，但实际上这些产业的空间需求有限，且对交通等基础设施要求更高，反而是部分高端制造业需要工业厂房等用地，却难以在邻近的地区找到合适的地点，小城镇有工业用地却难以升级为高端制造业基地，造成了产业发展的供需偏差。

（四）发展较好的小城镇以投资型为主

从42个小城镇的发展现状来看，目前发展较好的典型小城镇都离不开大型项目投资。例如，大兴区榆垡镇紧抓大兴国际机场这一重大基础设施建设的机遇，通州区台湖镇环球影城投资达到65亿美元，密云区古北水镇的总投资建设超过45亿元人民币，房山区长沟镇基金小镇投资超过19亿元人民币。投资型小城镇的优势是定位高端、规划完备、成长迅速，能够在较短的时间内建成一个层次较高的产业平台，形成一个微型的产业集聚中心，奠定良好的发展基础。但投资型小城镇具有一定的不可复制性，即一个小城镇的发展必须首先依靠外来投资，再逐渐形成内生增长动力。而同一类产业的投资应在区域内只有一个产业中心，否则容易形成地区间竞争性产业关系。地区间的竞争性产业关系在城市发展阶段的早期是比较常见的，但在都市圈建设的背景下不再适用，反而容易造成资源浪费。因此，对于投资方来说，在都市圈建设背景下将更多地考虑各个小城镇之间能够形成相互协调的产业关系，才能形成良好的投资效益，推动区域经济发展达到新高度。

三　对北京郊区重点小城镇的发展建议

未来，“中心城区＋郊区新城＋小城镇”的城市空间格局将成为北京地区现代化都市圈建设的基础。如果要有效支撑首都都市圈的建设，除了加强通州副中心、郊区新城等地的建设之外，更要重视北京郊区重点小城镇的发展，构建新型城镇体系。因此，建议从以下几个方面入手，加大对重点小城镇的支持力度。

（一）加快轨道交通建设，提升交通通达性

核心城市在城市人口和产业外溢时，其外溢影响的距离不仅取决于核心城市的经济规模，还取决于周边的地理条件、交通条件等因素。因此，要更好地实现小城镇对北京中心城区产业外溢的承接，加强各个小城镇作为都市圈承载体与中心城区之间的交流与联系，必须进一步改善各个小城镇的交通条件，加快轨道交通的建设。相比于当前的公路交通，轨道交通不仅有客运量大、运送速度较快等优点，还能更好地不受大雾、降雪、冰冻等天气的影响，稳定的保障客流在小城镇与中心城区之间来往通行。有了轨道交通的支撑，小城镇的交通通达性才能得到迅速提升，推动中心城区人口和产业外溢落地小城镇，提升各个小城镇的产业集聚程度，降低中心城区的人口密度。

（二）针对不同区位的小城镇，给予不同层次的产业支持政策

在现代化都市圈中，中心城市和外围城市发展腹地之间最为重要的是形成产业体系的协同合作，通常是现代服务业在核心城市集聚，制造业扩散至外围地区，核心城市依托外围地区获得持续发展，外围地区通过参与分工实现振兴。从过去的发展实际来看，北京周边地区的小城镇随着北京中心城区范围的不断扩大，由近及远逐步受到了城市经济发展的辐射影响，逐步承担了城市溢出的功能需求。而42个小城镇与北京市中心的距离非常大，近的仅为30公里左右，大致是五环的位置，而远的在100公里以上。所有的小城镇都依靠承接北京中心城区的功能溢出去推动发展是明显不切实际的。因此，建议根据小城镇的区位给予不同层次的产业支持政策，保障在首都都市圈内形成产业体系的协同合作。对于生态涵养区的小城镇，进一步鼓励休闲、度假、旅游等产业发展，做好生态保护。对于城市发展新区中距离在30～40公里的小城镇，可以限制一般制造业、物流仓储业等产业发展，支持高端制造业等高精尖产业发展，为北京的科技创新中心建设提供产业化的平台。而城市发展新区中距离在50公里以上的

小城镇，由于距离过远已经不再有直接承接北京产业溢出的能力，可以在绿色生产、管理规范等方面合理引导，对于具体的产业选择给予各个小城镇一定的自由度，由各个小城镇根据市场需求来选择企业和产业。例如，小城镇可以成为独立的文化产业产品制造中心，为首都的文化产业发展提供优质的产品。

（三）加快建立对生态涵养区小城镇的生态补偿机制

重点小城镇中还有相当一部分位于生态涵养区。这些小城镇为了保护北京的自然环境资源，实现首都的生态宜居，一直以来都在产业发展上面临诸多限制。从区域整体来看，生态涵养区的产业限制对整个区域的生态环境质量和可持续发展做出了贡献，整个北京市域范围内都享受到了生态保护带来的优质生活，因此，这种限制产业发展的成本应当由北京市域范围的所有地区共同承担，应加快建立对生态涵养区的生态补偿机制。一是提高资源的使用成本，如收取阶梯式的用水、用电费用，将富余的利润用于支持提高生态涵养区小城镇的公共服务水平；二是实施市域范围内的财政转移支付，确保生态涵养区居民的基本生活保障水平与其他地区居民一致；三是对于前往生态补偿区小城镇旅游、休闲、度假的游客收取少量的生态服务费用，专款用于补偿当地为保护生态环境做出的贡献。

（四）进一步提高重点小城镇的公共服务水平

公共服务水平是影响小城镇经济社会发展的“软”环境。公共服务水平的提升能够使人们安居乐业，吸引人口向小城镇集聚，使企业稳定地落址小城镇。通过前文分析已知，当前各个重点小城镇的公共服务水平仅仅达到了基本保障要求，还有着较大的提升空间。因此，各个重点小城镇应进一步加大对公共服务的投入，要有一定前瞻性地提升公共服务水平，避免人口快速集聚后出现的公共服务相对不足问题。只有在基本公共服务得到有效保障的情形下，小城镇才能真正实现留住企业和人才，承载产业发展，实现经济和社会水平的提升。

参考文献

丁军：《重点风口地区保护性旅游开发研究——以北京密云古北水镇为例》，《中国经贸导刊（中）》2018 年第 20 期。

马燕坤、肖金成：《都市区、都市圈与城市群的概念界定及其比较分析》，《经济与管理》2020 年第 1 期。

张伟、张庆文：《新型城镇化背景下重点小城镇的产业发展——以北京市为例的实证研究》，《农村经济》2013 年第 12 期。

B.12

北京市数字经济发展现状、问题与对策研究

郑婷婷*

摘　要： 数字经济作为北京市重点培育的新动能，对于其发展现状及存在的问题分析，有助于明确北京市数字经济发展难点，推进数字经济健康快速发展。本文首先对北京市数字经济发展总体水平、基础设施、核心大数据产业、数字化转型及区域协同方面的现状进行分析，肯定了北京市在数字经济发展中取得的成效；其次从政策扶持力度、数字人才、开放数据利用率、数字治理能力四个方面分析了北京市数字经济发展中存在的问题；最后提出了加强北京市数字经济发展的对策。

关键词： 数字经济　大数据产业　数字人才　数字治理

数字经济是继农业经济、工业经济之后新的社会经济形态，也是当前我国提升经济效率、优化经济结构、带动经济增长的新动能。我国数字经济持续保持高位运行，《中国数字经济发展与就业白皮书（2019年）》测算数据显示，2018年中国数字经济总量、名义增长率、对GDP增长贡献率分别达到31.3万亿元、20.9%、67.9%，已经超过了部分发达国家的水平。为顺

* 郑婷婷，北方工业大学经济管理学院讲师，主要研究方向为产业经济等。

应趋势、抓住机遇，包括北京市在内的各级地方政府也均意识到数字经济对本地经济发展的重要性，纷纷结合本地区现状制定相应的政策措施，以促进本地数字经济向更高水平发展。

一　北京市数字经济发展现状

（一）主要发展指标居第一梯队

从绝对规模来看，在总量上，北京市数字经济总量呈现历年递增的趋势，2018 年北京市数字经济总量约为 16000 亿元，在全国所有省份中排名第六；在占 GDP 比重上，北京市数字经济占 GDP 的比重居全国首位。2017～2018 年，北京数字经济占 GDP 的比重从 49.7% 升至 55%，连续两年全国排名第一；在增速上，2018 年北京市数字经济增速约为 15%，超过 GDP 的增速。

从发展指数来看，根据新华三集团数字经济研究院、腾讯研究院、中国电子信息产业发展研究院、国家工业信息安全发展研究中心等发布的各类数字经济指数，北京市在全国的排名均处于领先地位（见表 1）。

表 1　不同机构对数字经济指数的评价

数字经济发展指数	发布机构	评价维度	排名
中国城市数字经济指数白皮书(2019)	新华三集团数字经济研究院	数据及信息基础设施、城市服务、城市治理和产业融合	2
数字中国指数报告(2019)	腾讯研究院	数字产业、数字文化、数字生活以及数字政务	3
2019 中国数字经济发展指数白皮书	中国电子信息产业发展研究院	基础指标、产业指标、融合指标、环境指标	2
2019 京津冀数字经济发展报告	国家工业信息安全发展研究中心	数字基础设施、数字产业、产业数字化转型、公共服务数字化变革、数字经济生态环境	1

（二）数字经济基础设施不断完善

数字经济时代，“云—网—端”取代“铁—公—机”成为新一代数字经济基础设施，成为数字经济发展的重要基石，也成为各国、地方发展数字经济的重要抓手。

1. 传统基础产业蓬勃发展

（1）基础电信业务持续快速增长

2017 年北京电信业务总量仅为 871.74 亿元，同比增长 55%；2018 年北京市电信业务总量为 1753.47 亿元，同比增长 100.3%（见表 2）；2019 年 1 ~ 10 月北京市电信业务总量已达到 2196.88 亿元，同比增长 62.2%，超越 2018 年全年电信业务总量。移动电话交换机容量均稳步增长。在互联网普及率方面，根据《中国互联网发展报告 2019》，北京市互联网发展指数综合排名居全国第一位。2013 ~ 2018 年，北京市的互联网普及率均在 75% 以上，其中，2018 年北京移动互联网宽带接入用户数为 634.7 万户，IPv4 地址数量占到全国的 25% 以上。

表 2　北京市电信业务发展情况

指标	2017 年	2018 年	2019 年
电信业务总量(亿元)	871.74	1753.47	3141.67
电信业务总量同比增长(%)	55.00	100.30	44.80
固定电话普及率(部/百人)	29.90	13.10	(13.70)
移动电话普及率(部/百人)	172.85	186.11	(114.70)
城市宽带接入用户(万户)	25477	28996	(31672)
农村宽带接入用户(公里)	9377	11742	(13512)

注：括号内的数据为 2019 年 1 ~ 11 月统计结果。

资料来源：中华人民共和国工业和信息化部通信业统计数据。

（2）软件和信息服务业快速增长，企业规模效应突出

从总体来看，北京市软件和信息服务业的总收入规模持续高速增长。

2017 年，北京软件和信息服务业总收入达到 8752 亿元，而 2018 年总收入已突破万亿元，达到 10913.3 亿元，同比增长约 24.7%。从增加值来看，2017 年软件和信息服务业增加值达到 3165 亿元，增加值占 GDP 比重达 11.3%；2018 年增加值为 3859 亿元，同比增长 22%，占 GDP 的比重达 12.7%（见图 1）。从细分行业来看，主导产业为大数据、云计算、人工智能等产业，其中 2018 年大数据产业规模达 1602.1 亿元，同比增长 39.6%；云计算营业收入为 1179.5 亿元，同比增长 13.7%；人工智能相关软件企业收入规模约为 1122 亿元，同比增长 46.1%。

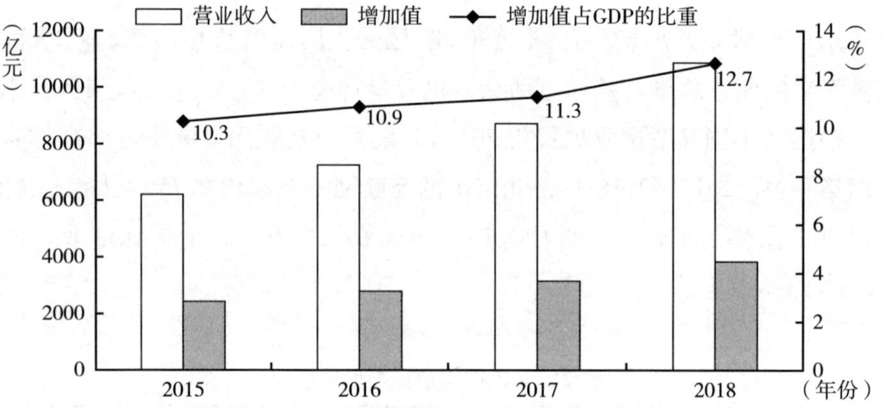

图 1　软件和信息服务业营业收入与增加值

资料来源：2016～2019 年北京市经济和信息化局发布的《北京软件和信息服务业发展报告》。

从企业数量来看，北京市软件企业、互联网企业数量均居全国首位。根据中国互联网协会与工信部网络安全产业发展中心联合发布的互联网百强企业名单，北京市拥有的互联网百强企业数量最多。同时，在互联网百强企业前十名中，2017～2019 年均有半数或以上企业是北京企业。在独角兽企业方面，北京市独角兽企业数量也较为可观，2017～2019 年独角兽企业数量分别有 70 家、87 家、87 家，占全国独角兽企业的比重分别为 42.68%、42.86%、40%（见图 3）。

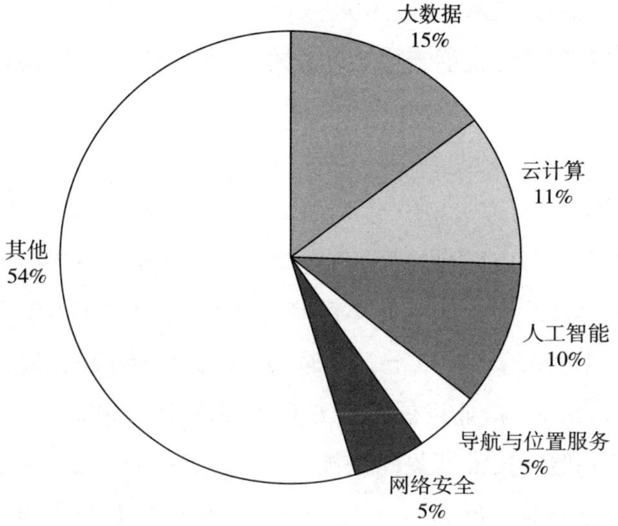

图 2　软件与信息服务业细分领域占比

资料来源：北京市经济和信息化局发布的《2019 北京软件和信息服务业发展报告》。

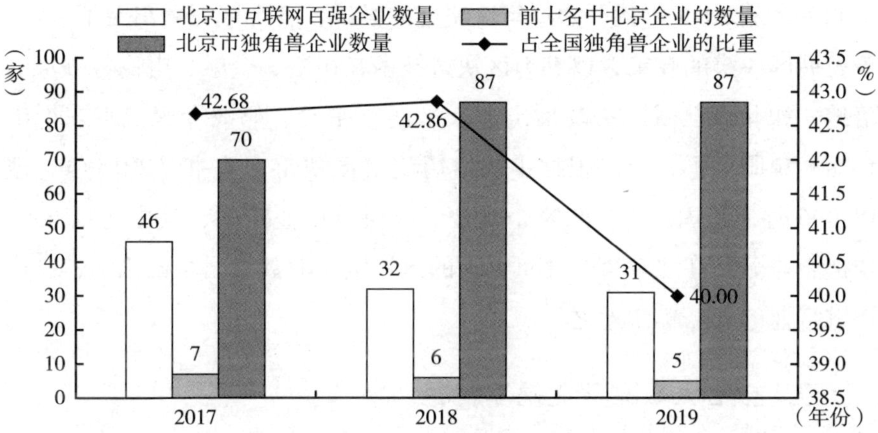

图 3　北京市互联网百强企业及独角兽企业

资料来源：互联网百强企业数据来源于 2017 ~2019 年中国互联网协会、工业和信息化部联合发布的《中国互联网企业 100 强榜单》。独角兽企业数据来源于科技部发布的《2017 年中国独角兽企业榜单》，http：//www. 199it. com/archives/702604. html；长城战略资源发布的《2018 年中国独角兽企业研究报告》，http：//www. qianjia. com/html/2019 -03/11_ 328294. html；中国恒大研究院发布的《中国独角兽报告 2019》，https：//baijiahao. baidu. com/s？ id = 1648451039292865285&wfr = spider&for = pc。

2. 新一代信息技术基础建设加快

北京市作为我国科技创新中心，正在着力发展5G、区块链等新一代信息技术。

（1）5G产业建设领跑全国

北京市政府办公厅于2019年5月发布了《关于加快推进5G基础设施建设的工作方案》，从顶层设计的角度对5G的建设和发展给予了政策支持与保障。2019年11月，北京市交通管理局宣布北京市共计建设5G基站13499个，占到全国的1/8以上，开通5G基站11356个，提前超额完成年初计划。《北京市5G产业发展行动方案（2019年~2022年）》提出将围绕突破中高频核心器件技术等关键环节，“一”即一个突破，突破中高频核心器件技术等关键环节，推进“五”大场景，实施“五”大典型应用，培育“一”批5G产业新业态的“一五五一”工程。

（2）积极发展区块链技术

北京市从2016年就开始进行区块链的尝试，各个区先后出台了10余项关于发展区块链的政策，以助力区块链技术在司法、金融、电商等领域的应用落地，如北京互联网法院推出“天平链”平台、蚂蚁金服及京东推出生鲜食品溯源服务平台等。根据中国信通院《区块链白皮书（2018）》，截至2018年6月，我国已有298家企业处于区块链产业链中，其中将近60%的区块链企业分布在北京市，北京拥有的区块链企业数量居全国第一，已成为区块链行业的创新集中地之一。

（三）核心大数据产业稳步发展

2018年北京市大数据产业规模1602.1亿元，同比增长39.6%。[①] 截至2018年，在京的超大规模数据中心已达5个，大型和中型数据中心分别为11个和42个，小型数据中心107个，总数达到了165个。根据中国电子信息学会发布的《中国大数据发展指数报告（2018）》，北京市大数据的发展

① 数据来源于北京市经信局《2019北京软件和信息服务业发展报告》。

实践指数、发展环境指数、产业发展指数和技术研发指数在中国排名分别为第 2 位、第 4 位、第 1 位和第 3 位。

在促进大数据发展的政策方面，2016～2018 年，北京市共发布了 9 项与大数据相关的政策，其中《北京市大数据和云计算发展行动计划（2016～2020 年）》指出，截至 2020 年底，要建成北京市大数据汇聚中心，实现公共数据开放单位覆盖率超过 90%，数据开放率超过 60%。加强监督管理机构的建设，北京市经济和信息化局于 2018 年 10 月加挂大数据管理局牌子。随之，包括东城、朝阳等在内的多个区政府也均以加挂牌子的方式设立大数据管理局。

（四）各领域数字化转型成效显著

1. 工业互联网

北京市于 2018 年 12 月发布《北京市工业互联网发展三年行动计划（2018～2020 年）》，面向航空、钢铁、能源管理等市重点行业和项目，北京市致力于打造实力强、服务广的工业互联网平台，大力支撑企业加快数字化、网络化、智能化发展。2019 年 3 月 17 日，成立北京工业互联网技术创新与产业发展联盟，意在加快推进北京的制造业与互联网深度融合，构建高精尖产业结构。目前，已建设完成了一批基于 5G 技术的先进工业智能化发展的新业态和应用模式，如东方国信、中国联通和江河集团共同合作打造的“5G 与工业互联网在建材行业的示范应用”，京东物流建立的首个 5G 智能物流示范园区等。

2. 数字政府

在保障企业及个人隐私数据安全的前提下，依托北京市政务数据资源网（bjdata. gov. cn），进行公共数据无条件开放，开放的数据集涉及 1100 多个类别、8000 万余条数据记录；依托北京公共数据开放创新基地，进行特殊领域公共数据的有条件开放，双管齐下加速政务数据社会化开发利用，进一步优化北京营商环境。根据中国社会科学院信息化研究中心、国脉研究院发布的《首届（2019）中国数字政府建设指数报告》的研究结果，北京市数字政府发展指数在全国排名第四位，仅次于浙江、上海、广东。北京市在数据体系和数字管制方面的指数都位居全国前三，拥有较强的数据基础能力和出众的数据治理能力。

3. 智慧城市建设

为推进城市管理现代化、公众服务便捷化，试点大数据创新应用，有效治理“交通拥堵”“看病困难”等“大城市病”问题，加速推进智慧城市建设。一是拓展“北京通”市民卡、“法人一证通”在社保、民政、金融等领域的应用，建立个人、法人主体的精准化服务体系，完善各领域便民服务及创新应用体系；二是建立各行业市场主体的“黑名单”制度，在事中、事后建立监管、失信惩戒制度，对各类违反行政许可和进行行政处罚的信息在网上公开公示；三是聚焦大数据在智慧交通、智慧医疗、智慧环保、城市公共安全等方面的应用。

（五）区域协同带动作用不断加强

北京是京津冀数字经济发展的引领者和主导者，根据《2019京津冀数字经济发展报告》，北京市数字基础设施在京津冀三地中排名第一，特别是在移动宽带连接方面具有显著的优势。北京市凭借自身在移动宽带连接、数字产业、电子政务和创新环境、工业互联网等方面的显著优势，通过资本辐射、创新驱动、产业引领促进京津冀地区形成数字经济增长极，通过孵化、应用、研发、溢出等方式，实现数字技术在区内乃至全国的渗透和转移，带动和引领中国数字经济发展。

近年来，京津冀地区推出了多项政策[①]促进区域协调发展，京津冀区域的协调发展也加速推进了区域数字经济的集群发展。2016年，京津冀大数据综合试验区开始建设，京津冀三地政府分别发布了促进云计算、大数据产业发展的指导意见，共同签署了信息化协同发展协议，致力于在数字基础设

① 《京津冀协同发展规划纲要》《京津冀协同发展交通一体化规划》《关于加强京津冀产业转移承接重点平台建设的意见》《北京市推进京津冀协同发展2018～2020年行动计划》等。

施建设、数据互通共享等多个领域加强合作。2018 年京津冀地区数字经济规模为 3.46 万亿元，占该区生产总值的比重为 40.7%，并且该地区产业数字化占数字经济的比重达到 79.9%，产业数字化成为京津冀地区数字经济发展的主要动力。

二 北京市数字经济发展中存在的问题

（一）政策支持力度仍需提升

虽然北京市出台了一系列相关的政策，如 5G 产业发展行动计划、大数据行动计划、工业互联网发展行动计划以及关于通过公共数据开放促进人工智能产业发展的工作方案等，但从监管机构成立时间和大数据产业政策总量来看，相较于其他省份，并不处于领先地位。

从监管机构成立时间来看，北京市经济和信息化局于 2018 年 10 月加挂大数据管理局牌子，以完善大数据政府管理职责，发挥大数据在各类管理事项中的优势，相对于广东、浙江、贵州、内蒙古等地区成立的关于大数据的专门管理部门的时间相对较晚。[①]

从政策总量来看，根据《2019 中国大数据产业发展白皮书》统计，2016～2018 年全国 31 个省（自治区、直辖市）累计发布大数据相关政策 347 项，其中贵州以 67 项居首位，占全部政策总量的 19.31%；福建和广东均发布了 23 项政策，并列第 2，占比达到 6.63%；而北京仅发布了 9 项，占比仅为 2.59%，排第 15 名，属于中等水平。总体来看，北京市支持大数据产业发展的扶持政策跟北京市大数据产业第一梯队的现状不相匹配。

（二）数字人才外流且结构不均衡

北京市高等院校林立、科研院所众多，创新人才众多、科研实力雄厚，

① 《完善各级大数据管理机构，加快数字中国建设》，http：//www.szzg.gov.cn/2019/szzg/gzdt/201908/t20190816_ 4966094.htm，2019 年 8 月 16 日。

充足的人才资源是数字经济发展的重要保障。近年来，北京市数字人才规模增长较快，但是仍然存在以下问题。

1. 存在数字人才外流现象

根据清华大学经济管理学院互联网发展与治理研究中心（CIDG）与 LinkedIn（领英）中国于 2019 年 11 月联合发布的《数字经济时代的创新城市和城市群发展研究报告》，与世界主要城市群的核心城市相比（见图 4），北京和天津都属于数字人才净流出区域，数字人才流出要大于数字人才流入，相反，上海、杭州、苏州等城市对于数字人才的吸引力更强。

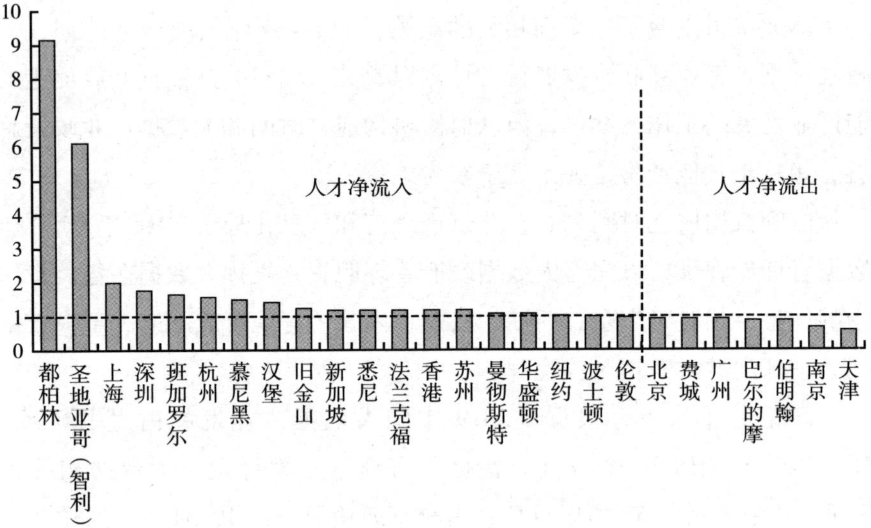

图 4　核心城市的数字人才吸引力

资料来源：《数字经济时代的创新城市和城市群发展研究报告》。

2. 北京市数字人才结构不均衡

随着数字经济红利从需求端向上游供给端发展，传统 ICT 基础产业向 ICT 融合产业渗透，数字人才出现了结构性短缺。《数字经济时代的创新城市和城市群发展研究报告》显示，北京市数字人才中，52.7% 的集中于 ICT 基础行业，仅有 47.3% 的在 ICT 的融合行业。陈煜波、马晔风同样分析了数字人才行业分布的比例，认为 62% 的数字人才集中于 ICT 基础行业，仅有 38% 的数字人才集中于ICT融合产业。[①] 总的来看，北京市数字人才在ICT基础行业分布较多，ICT融合行业分布不足。

（三）开放数据利用率过低

根据2014年开放知识基金会的调查，虽然北京设有开放数据门户，但被调查者中50%的都根本不知道北京的开放数据门户，并且真正访问、使用过数据门户的人数仅占被调查者的8%。2015年，复旦大学数字与移动治理实验的“中国开放数据探显镜”（Opendatalens. cn）的研究显示，以北京为代表的地方政府开放数据项目中，数据授权相关条款都不能满足国际通行的开放授权的准则要求。总的来看，北京市数据开放仍存在以下问题：一是开放数据的可利用性不高，在数据格式标准、时效性、完整性和准确性等方面存在不足，导致许多数据价值难以体现。二是大量数据仍待深度挖掘，缺少优秀应用。三是社会公众参与程度低，对数据开放和数据价值应用意识不强。

（四）数字治理能力有待加强

数字经济下运行更加复杂，跨地域特点突出、线下和线上问题交错且隐蔽，新型经营不规范问题时有出现，部分业务领域存在制度、立法空白，传统监管体制、治理模式已不能适应数字经济融合发展需要。如2019年12月19日，工信部发布了《关于侵害用户权益行为的App（第一批）通报》，共有41款App存在侵害用户权益的行为，这还不包括已经在自查自纠阶段和监督检查阶段完成整改的多款App。在这41款App中，有14款App属于北京企业的App，这些App存在私自收集个人信息、私自共享给第三方、过度索取权限、账号注销困难等违规问题。[②]

---

① 陈煜波、马晔风：《数字人才——中国经济数字化转型的核心驱动力》，《清华管理评论》2018年第Z1期。

② 工业和信息化部信息通信管理局：《关于侵害用户权益行为的App（第一批）通报》，http：//www. miit. gov. cn/n1146290/n1146402/n1146440/c7575066/content. html，2019年12月19日。

三　加强北京市数字经济发展的对策

数字经济代表着未来的发展方向，北京市应强化顶层设计，贯彻深度融合理念，坚持审慎包容发展原则，壮大电子商务、云计算、网络安全等数字产业化规模，利用大数据、区块链、人工智能等新一代信息技术促进传统产业数字化的进程，并加强数字化治理，在数字经济时代占领数字化高地。

（一）加强对数字经济的政策扶持力度

数字经济是新经济形态，发展轨迹没有前例可鉴，发展过程中难免会碰到弯路和岔路。应当坚持包容发展、鼓励创新的原则，加强数字经济基本理论体系研究，不断出台完善数字经济发展的政策措施，进一步发挥数字经济的引领性、示范性和支柱性作用，促进数字经济相关基础设施完善，鼓励数字经济核心技术创新稳步开展。一是举旗定向、谋篇布局，强化数字经济顶层设计。出台促进数字经济发展的 5 年或 10 年计划，从全局着手，确立数字经济战略地位。二是破除阻碍数字经济发展的体制机制障碍。进一步实施“放管服”改革，充分实现“信息共享、数据跑路”，有效提升行政效率；建立包容审慎监管机制、容错机制，鼓励科研机构和企业大胆试错、不断创新。三是对数字经济主体加大财政税收优惠力度。如拨付财政专款设立数字经济发展基金，并在数字经济企业的用地、用电、税收等方面给予优惠；以财政补贴鼓励创新，以税收减免促进发展，在数字经济核心技术研发、自主品牌建设方面予以支持。四是通过举办高标准的数字经济会议活动，提升数字影响力。利用北京市政治中心、文化中心和科技创新中心等区位优势，形成数字经济发展高地，打造数字产业集群，充分发挥其在京津冀乃至全国的示范、引领作用。

（二）进一步完善数字经济基础设施

当前阶段，大数据基础设施在大数据行业整体市场中仍占据主导地位，数字基础设施对数字经济生态提供了技术保障。数字基础设施的数量、质量和价格，决定了数字经济发展的速度和高度，是支撑数字经济平稳运行的重要平台。目前，“云—网—端”替代“铁—公—机”，成为数字经济全新的基础设施，创造了全新的商业环境。应充分发挥北京市在移动宽带连接等传统信息基础设施方面的优势，加快建设大数据、云计算、人工智能、5G、区块链等新一代基础设施。一是加快云计算服务在大中小企业、政府等各行业的应用。云计算凭借着成本和效率优势，是大规模数据的存储、处理和分析等创新应用的关键后端技术基石。二是加快促进互联网、物联网等基础网络设施的应用。利用5G技术提升网络体验，同时实现万物互联的应用，满足人们对超高清视频、智能家居等更高生活品质的需求。三是加快物联网、工业设备等智能终端的普及。利用传感器技术、嵌入式系统、RFID标签技术等标准的统一，促进不同物联网设备之间的互联互通，进而利用边缘计算赋能进一步提高终端设备智能化水平。

（三）培育数字人才，提高数字素养

数字经济下，数字素养成为大众都应具备的重要能力，是数字时代的数字化社会公民的核心要素，是21世纪劳动者和消费者的首要技能。一是强化人才队伍建设。积极引进外部人才，加大对北京市数字人才政策的宣传力度，鼓励企业与高校建立直接的人才对接合作关系。积极推进企业内部人才转型，加强数字技能培训，提升人才数字素养。二是大力发展数字教育，加快提高公民数字素养。制定公民数字素养教育、中小学及大学生数字素养教育的指导规范，全市规划、部署和推进数字素养教育。结合数字社会公众生活、数字经济产业发展等需要，探索建立数字素养和数字能力体系。

（四）推动数据共享，提升利用效率

目前我国信息数据资源80%以上掌握在各级政府部门手里，北京市是我国的经济、政治、文化中心，数据资源丰富，企业数据量、政府数据量均居全国前列，其中九次方相关数据显示，北京市政府的数据容量约相当于

10个阿里巴巴。政府数据是现阶段范围最广、数量最大、价值密度最高的数据资源。一方面要整合政府数据，提升公共服务能力。提升政府数字化服务能力，推动数据互联共享，整合各类政府信息平台，提升数据应用、分析和管理能力。推动政务大数据在智慧城市、政务、公共服务、医疗、教育、交通等领域的应用，释放数据商用、民用、政用价值，夯实数字经济新基础。另一方面要推动各领域数据整合，建立“数据财政”。政府作为推动数字经济发展的主导力量，不仅掌握着丰富的数据，也能最大限度调动社会资源。鼓励和支持社会力量参与非涉密数据资源的开发和利用，促进数据资源开发利用市场化、产业化。

（五）注重数据安全，加强数字治理

数字经济下，数据安全问题愈加突出。数据共享与隐私保护之间的矛盾，数据权属与流转困境、企业利益与社会福利之间的权衡等成为数字经济的重要课题。从技术层面，探索利用区块链等技术对数据收集、存储、获取、流通等环节建立数据安全管理制度，使数据本身不受第三方的破坏与窃取，保障数据使用和交换的安全；从市场层面，明确影响数据交易的关键制度要素，在数据产权、隐私保护等方面制定相应标准，以保障数据在市场交易中的正常流转，并实现社会福利最大化；从法律层面，明确对数据各环节、各主体的权责义务范围的界定，为数据经济的发展提供法律支撑，增强社会公众数据安全意识，依法严厉打击数据安全类违法犯罪行为。

参考文献

中国信通院：《中国数字经济发展与就业白皮书（2019年）》，2019。

新华三集团数字经济研究院：《中国城市数字经济指数白皮书（2019）》，2019。

腾讯研究院：《数字中国指数报告（2019）》，2019。

中国电子信息产业发展研究院：《2019中国数字经济发展指数白皮书》，2019。

中国互联网络信息中心（CNNIC）：《第44次中国互联网络发展状况统计报告》，

2019。

国家工业信息安全发展研究中心：《2019京津冀数字经济发展报告》，2019。

由雷、李修全：《“数字经济”背景下的地区创新驱动发展模式研究——以北京市为例》，《中国经贸导刊》（理论版）2018年第8期。

陈煜波、马晔风：《数字人才——中国经济数字化转型的核心驱动力》，《清华管理评论》2018年第Z1期。

李阳、吕欣、鲍旭华：《发展数字经济亟待加强关键信息基础设施保护》，《信息安全研究》2018年第5期。

产业发展篇

Industrial Development

B.13 迈向高质量发展的北京文化创意产业

——《北京市“十三五”时期文化创意产业发展规划》评估

梅松　廖旻　奚大龙*

摘　要： “十三五”时期是实现全面建成小康社会宏伟目标的关键阶段。为全面梳理“十三五”时期北京文创产业发展情况，做好“十四五”时期文化产业规划编制工作，本文对《北京市“十三五”时期文化创意产业发展规划》的主要目标和重点任务进行了全面分析评估。

关键词： 北京　文化创意产业　文化金融

* 梅松，经济学博士，北京市文化创意产业促进中心主任；廖旻，硕士，北京市文化创意产业促进中心产业发展部副部长；奚大龙，京文创研究院院长。

“十三五”时期是实现全面建成小康社会宏伟目标的关键阶段。北京市深入学习贯彻习近平总书记对北京重要讲话精神，紧紧围绕落实“四个中心”战略定位、新版城市总体规划和京津冀协同发展战略，坚持新发展理念，坚持以供给侧结构性改革为主线，加速推进全国文化中心建设，着力打造文化产业发展引领区。2020年是“十三五”最后一年，也是承接“十四五”的一年，本文对《北京市“十三五”时期文化创意产业发展规划》（以下简称《规划》）完成情况进行全面分析评估。

一 《规划》主要目标完成情况

（一）总体成效

“十三五”期间，北京文化创意产业支柱地位更加巩固，产业体系更加完善，空间布局更趋合理，市场竞争力、创新驱动力、文化影响力显著增强，成为推动首都经济高质量发展的重要支撑。

产业规模稳步增长。按照北京市文化创意产业统计标准，2017年，北京规模以上文创产业收入合计16196.3亿元，比“十二五”末的2015年（13451.3亿元）高出2745亿元；文化创意产业实现增加值3908.8亿元，比“十二五”末的2015年（3253.8亿元）高出655亿元（见图1）；占地区生产总值的比重达到14.0%。如按原统计标准，应该能完成《规划》确定的增加值目标。按照国家统计局文化产业统计标准，2018年，全市规模以上文化产业实现收入超过1万亿元，产业增加值占地区生产总值的比重在10%左右，始终居于全国首位。2019年1～10月，全市规模以上文化产业实现收入9912.3亿元，继续保持良好稳定增长态势。

市场主体日益壮大。2017年，北京文化创意企业超过25.4万家，资产总计4.239万亿元。根据全国第四次经济普查数据统计，2018年，北京市共有文化产业法人单位15万家，资产总计2.7万亿元，营业收入1.3万亿元，分别占全国的7.1%、11.9%、10%。目前，北京市规模以上文化产业

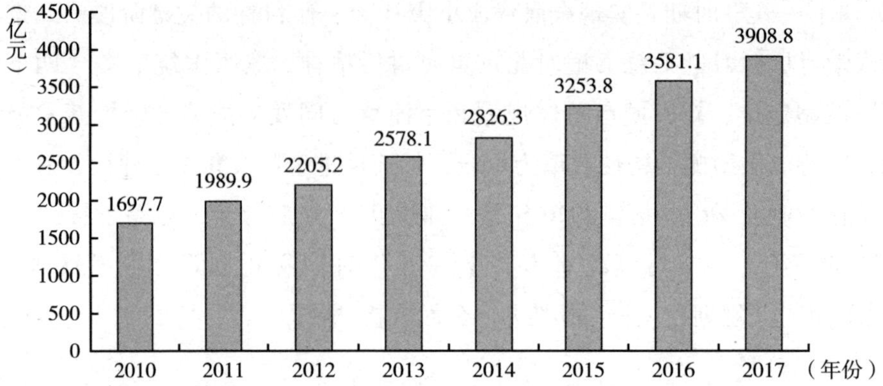

图1　北京文化创意产业增加值情况

资料来源：北京市统计局。

法人单位4000余家，上市文化类企业达到99家，占全国的比重约为1/3，全国领先。

发展质量不断提升。新华网2019年发布的“文化产业高质量发展指数”显示，北京在全国排名第一；中国人民大学发布的2019年中国文化产业发展指数和文化消费指数排名中，北京均位列第一。2018年，全市文化产业劳均产出（从业人员人均实现收入）181.5万元/人，同比提高22万元/人。其中，企业法人单位劳均产出194万元/人，同比提高24.1万元/人。

（二）指标完成情况

从《规划》确定的发展目标看，目前各项指标均表现出良好的发展势头，有望完成《规划》确定的目标。

1. 目标1：产业结构不断优化

“十三五”以来，北京文化创意产业与“数字技术”“互联网+”等紧密相关的新领域、新业态、新模式蓬勃发展，推动产业结构优化升级步伐加快。

北京已经成为全国网络视听文化中心。据市广电局统计，2018年，北京市上线备案各类网络原创视听节目2300余部（档），辐射全国8亿多网民。目前，全市影视制作机构已接近1万家，占全国的1/3；信息网络传播视听节目持证机构125家，占全国的1/5；全市有线电视注册用户数597.48万户，高清交互数字电视用户539.7万户，数量居全国城市之首。北京还有近百家影响力广泛的短视频、直播、社交、资讯聚合平台，其中短视频行业市场主体数量、平台活跃用户数量和企业营收能力居全国首位。北京有今日头条、一下科技、新浪微博、快手、抖音、西瓜视频、美拍等短视频内容平台，其中的快手、抖音、西瓜视频、火山小视频居全国短视频活跃用户数前五位。2018年，快手和抖音的营收合计将达到500亿元左右。据统计，2019年1～5月，“文化+互联网”领域实现收入占全市文化产业收入的42.8%，北京已成为动漫游戏、自媒体、知识付费等新业态创业公司的聚集地。

2. 目标2：产业布局更趋合理

“十三五”以来，北京市加快优化文化创意业空间布局，聚焦老旧厂房等腾退空间利用，引导文化要素资源有序流动，着力构建文化产业功能区、市级文化产业园区、示范园区、文创街区、文创空间等多层次、立体化的文化产业空间体系。

从产业园区看，组织开展北京市文化产业园区及市级文化产业示范园区认定评审，首批共认定33家市级园区和4家示范园区；对两类园区进行动态监测和定期考核评估，构建进退有序的管理机制，确保市级园区能上能下。制定了两类市级园区“服务包”工作方案，明确市区两级三类的服务管家工作机制，提出17条市级“普惠式”服务举措和27条区级“定制式”服务举措。在市文改领导小组统筹下，建立了由领导小组办公室牵头、市区两级多部门共同推动的文化产业园区工作机制，多部门通力合作支持园区发展。比如，市级层面，市发展改革委2008年以来共支持50个文化产业园区项目，累计金额达11.74亿元。市文促中心在751D·Park、天鼎218文创园等多个园区举办北京文创集市，营造了园区文化消费的良好氛围。区级层面，各区也制定了各具特色的园区支持政策，形成了大量支持园区发展的生动实践。

从腾退空间利用看，2018 年出台保护利用保护老旧厂房拓展文化空间政策，2019 年发布实施方案和项目管理办法，确定 31 个试点项目。积极推动各类文化产业园区打造书房、剧场、展示等各类文化空间，开展文创集市、文化沙龙、读书会等多种文化活动，越来越多记录着新中国发展历程的工业遗产、商业街区成功转型为文化空间，成为城市有机更新的重要力量。

从京津冀协同发展看，三地文化产业合作顶层设计不断完善，《京津冀新闻出版广播影视协同创新战略框架协议》《京津冀三地文化领域协同发展战略框架协议》先后签署，京津冀文化产业园区（企业）联盟成立，机制建设、园区共建、人才交流等工作深入推进。在省市级合作不断加强的同时，北京市各区依托自身优势，与津冀两地开展了形式多样的文化合作。例如，朝阳区牵头举办的首届京津冀地区民间花会展演、海淀区举办的京津冀非遗进校园交流会、通州区举办的“文化一脉协同发展”京津冀运河沿线城市文化交流季等活动，均取得良好效果。

3. 目标3：扩大和引导文化消费成效显著

“十三五”以来，北京市深入推进文化领域供给侧结构性改革，加强文化有效供给，着力引导文化消费，人民群众文化获得感、幸福感显著增强。

在内容原创方面，北京市坚持以人民为中心的思想，以精品奉献人民、用明德引领风尚，提出了精品生产“北京模式”，涌现出一大批优秀作品。例如在影视领域，北京 2016 年发起设立了公益性、政策性的北京影视出版创作基金，用于剧本创作扶持、生产设置、宣传、推广和奖励，涵盖了影视创作的全过程，这也是全国首次设立影视出版内容创作基金。2016 ~ 2017 年度，基金共扶持了 202 个影视项目，累计扶持影视资金高达 2.6 亿元。在 2017 年第十四届精神文明建设“五个一工程”奖评选中，北京市共有 8 部作品获奖，列全国之首；在 2019 年第十五届精神文明建设“五个一工程”奖评选中，北京共有 10 部作品入选，再次列全国之首。此次北京在电影、电视剧、歌曲、图书等领域都收获颇丰，均有 2 部或 2 部以上作品入选，充分证明，北京“十三五”期间实施的文化精品工程取得了明显的效果。此外，在电视综艺方面，北京注重创新创优，《档案》《上新了·故宫》《创意中国》等原创文化综艺节目取得了社会效益、经济效益“双丰收”。

在引导文化消费方面，北京坚持从供需两端发力推动文化消费，提升居民的文化获得感、幸福感。先后出台《北京市惠民低价票演出补贴项目管理办法》《关于推动北京市文化文物单位文化创意产品开发试点工作的实施意见》《北京市关于进一步繁荣夜间经济促进消费增长的措施》等政策，加大支持力度，2018 年，北京文化和娱乐类消费总规模 1628. 2 亿元，同比增长 10. 8%。在“供给”端，打造了惠民文化消费季、惠民文化消费电子券、文化消费品牌榜、文化消费空间体系、北京国际电影节、北京电视节目交易会、北京国际设计周、中国戏曲文化周、北京图书节等系列品牌或活动，吸引众多品牌文化企业和项目参与，拓展文化消费渠道，营造良好的文化消费氛围。其中，北京惠民文化消费电子券至 2018 年底累计提供消费补贴 1. 1 亿元，直接撬动文化消费 7. 8 亿元以上，券额抵扣与合作单位专属折扣、优惠活动等叠加，总计为北京地区消费者提供各项优惠约 3. 33 亿元。在“需求”端，涌现出故宫文创等一批“互联网 +”和“文化 +”的产品和服务创新模式，在西单、王府井等商圈以及文创园区、文创街区等积极引入特色文化资源，举办文创市集，形成了一批商业服务与休闲文化高度融合的综合消费场所，更好地满足了人民群众文化消费升级需求。

4. 目标4：文化市场主体活力不断增强

“十三五”以来，北京着力深化国有文化企业改革，营造良好创新创业环境，不断激发文化创新创造活力。出台《关于深化市属国有文化企业改革的意见》，进一步优化国有文化资本的布局，完善国有文化资产监管体制，市文投集团、歌华集团等市属骨干文化企业竞争力有所增强。在 2019 年第十一届“全国文化企业 30 强”及提名名单中，北京市共 6 家企业入选，入围企业数量在全国名列前茅。其中，保利文化、完美世界、文投集团 3 家企业获“全国文化企业 30 强”称号，这也是保利文化第 9 次、完美世界第 7 次、文投集团第 2 次入选。另有掌阅科技、北京演艺集团、北京文化 3 家企业获得“全国文化企业 30 强”提名。在 2019 ~ 2020 年度国家文化出口重点企业和重点项目名录中，北京共有39家企业和17个项目入选，在全国占比分别为11.64%和13.18%，均居全国首位。2018年，北京文化娱乐行业“独角兽”企业18家，估值规模达到1315亿美元，居全国第一。其中，今日头条估值达到750亿美元，快手估值约200亿美元。为落实服务业扩大开放综合试点任务，北京进一步放宽文化领域外商投资准入限制，龙之传奇、爱贝克思等一批外资文化企业落户北京，推动文化创意产业主体更加多元和更具活力。

5. 目标5：文化创新能力进一步提高

“十三五”期间，北京城市创新氛围日益浓郁，创新活力不断迸发，为推进全国科技创新中心建设注入文化因子、厚植文化沃土。创意设计、动漫游戏、网络视听、电子竞技等新业态不断涌现，文化与科技等相关产业日益融合发展。

2018年，北京出台了《关于推进文化创意产业创新发展的意见》，将数字创意、内容版权作为“两大主攻方向”，聚焦创意设计、媒体融合、广播影视等“九大重点领域”。2018年，北京规模以上创意设计服务业收入达到2771.1亿元，同比增长17.8%，占全国的25%。文化文物单位积极利用推动优秀传统文化创造性转化、创新性发展，故宫、颐和园、天坛、长城等世界文化遗产均相继推出文创产品，让文化文物资源“活”起来，打造文创新品牌。2018年，北京动漫游戏产业总产值达710亿元，同比增长约13%；原创研发动漫游戏企业出口额大幅增长，达到182.47亿元，较2017年增长约57%；在中国出海游戏收入排行榜上，来自北京的趣加科技、智明星通占据了前五名中的两个席位，北京企业自主研发的网络游戏产品覆盖了100多个国家和地区，在全球游戏市场占据了重要位置。2018年，北京网络剧备案343部，网络电影备案3073部，网络动画片备案24部，网络综艺备案155档，网络纪录片备案3部，网络视听服务收入达到183.55亿元；以网络文学为基础的产业链生态不断发展壮大，带动文艺演出、影视等领域蓬勃发展。2019年，海淀区发布电竞产业支持政策，并与ESL电子竞技联盟合作，引进了全球英特尔极限大师赛（IEM），积极打造北方的游戏电竞中心。

6. 目标6：现代文化市场体系建设不断加强

“十三五”期间，北京积极推动人才、资本、版权等各类文化要素高效配置，现代文化市场体系不断完善。

人才方面，一是发布《北京市引进人才管理办法（试行）》，加大文化创意人才引进力度；二是发挥政府、企业、高校、中介组织等多元主体作用，加强文创人才的培养；三是举办北京文化创意大赛等活动，挖掘发现一批创意创新人才；四是各区出台相应的人才政策和人才计划，如东城区的文菁计划、经济技术开发区的创新工程、朝阳区的凤凰计划、海淀区的海英计划、昌平区的昌聚工程、通州区的灯塔计划和运河计划等。

金融市场方面，北京作为各大金融机构总部的聚集地，文化金融市场充满活力，私募股权融资额占全国近六成，文化产业并购规模占全国三成以上，并购活跃度在全国是最高的。2018 年，北京市中资银行文化产业人民币贷款余额 1679. 8 亿元，同比增长 19. 3% 。建立文化创意产业“投贷奖”联动机制，推动华夏银行、北京银行、北京农商银行等成立文化创意产业专营机构，加快建设文创板和文化企业上市培育基地。截至 2018 年底，“投贷奖”累计支持项目 1354 个，支持金额 7. 95 亿元，拉动投资 700. 82 亿元。

交易市场方面，着力提升北京文化产权交易中心、北京东方雍和国际版权交易中心、中国设计交易市场等文化产权交易平台功能，大力推动潘家园、琉璃厂等传统艺术品交易市场向品牌化、集聚化、跨区域发展，促进文化要素合理、有序流动。

7. 目标7：文化“走出去”取得积极进展

“十三五”期间，北京积极对接国家“一带一路”倡议，出政策、搭平台、拓渠道，大力开拓国际市场，文化产品和服务出口进一步扩大。

一是加强文化“走出去”政策支持，出台《关于加快发展对外文化贸易的实施意见》《深化服务业开放改革促进北京天竺综合保税区文化贸易发展的支持措施》等；二是搭建文化贸易公共服务平台，国家对外文化贸易基地（北京）、中国（北京）影视译制基地等载体建设加快推进；三是拓展文化产业国际营销网络，推动北京文博会、北京国际电影节、北京国际设计周等向高端化、国际化发展，打造“欢乐春节”等国际文化交流品牌。2018 年，北京文化贸易实现进出口额 60.2 亿美元，同比增长 17.5%；文化服务出口居全国第三位。北京市文化产品与服务出口已遍及世界 140 多个国家和地区，其中大洋洲、拉丁美洲、中东和亚太经合组织国家等为主要出口市场，占出口额的 50% 以上。

二 《规划》主要任务进展情况

（一）文化产业发展布局调整有序推进

1. 各区文化产业差异化、特色化发展格局初步形成

首都核心功能区围绕文物腾退与保护工作，制定了具有针对性的措施、行动计划和保护目标，通过疏解、腾退和环境整治等措施，恢复古都传统风貌、中轴线申遗前期工作取得了显著成效。东城区获批创建国家文化与金融合作示范区。2018 年，东城区规模以上文化产业实现收入 1447.6 亿元，同比增长 13.0%，占全市的比重为 13.5%；西城区规模以上文化产业实现收入 1009.2 亿元，同比增长 2.8%，占全市的比重为 9.4%。

朝阳、海淀、丰台及石景山等城市功能拓展区着力优环境、强服务、促创新，推动文化与科技、旅游、体育等产业融合发展。2018 年，海淀区规模以上文化产业实现总收入 4469.7 亿元，同比增长 22.0%，占全市的 41.8%，稳居第一；朝阳区规模以上文化产业实现总收入 2267.3 亿元，与上年持平，占全市的比重为 21.2%，排名第二。

近年来，通州城市副中心加快推进宋庄艺术创意小镇、台湖演艺小镇、张家湾设计小镇、环球影城等重点项目建设，重点发展艺术、演艺、设计、文化旅游等行业；怀柔区依托影视基地项目、雁栖湖国际会都等项目建设，形成了传媒影视、文化旅游为特色的产业结构；大兴区着力优化营商环境、加大招商力度，引进龙头企业，设计服务、新媒体等产业加快发展；顺义区依托新国展、国家对外文化贸易基地，把握服务业扩大开放机遇，进一步巩

固广告会展、文化贸易等特色优势产业；北京经济技术开发区依托科技创新优势，借助承办中国“网络文学+”大会等契机，积极打造以文化装备、电子竞技为特色的文化科技融合产业格局；密云区重点打造以古北水镇为龙头的文化旅游区；延庆区通过举办北京世园会和筹办2022年冬奥会，提升文旅产业和冰雪产业品牌影响力。

2. 文创产业示范园区示范效应显著提升

2018年，出台《关于加快市级文化创意产业示范园区建设发展的意见》，4家市级示范园区保持良好发展势头，示范效应日益突出。中国北京出版创意产业园集聚了磨铁图书、天闻数媒等53家优质出版企业，文化企业占比100%，已发展为以内容原创为核心的综合性出版创意产业园区；清华科技园引进和孵化了中文在线、搜狗等215家文化科技企业，拥有高新技术文化企业80余家；星光影视园共有文化企业309家，依托影视节目制作优势，构建了以传媒节目制作为核心的完整产业链；莱锦文化创意产业园吸引唯品会、宣亚国际、昌荣传播、央视创造等83家文化企业入驻，形成以传媒产业为主，广告设计、动漫游戏为辅的产业结构。

3. 京津冀区域协同发展取得突破

“十三五”期间，京津冀三地签署《京津冀文化产业协同发展行动计划》等一系列合作文件，建立京津冀文化产业联席会议制度；推进部分文化创意产业环节有序疏解，引导永外城文化用品市场、天娇文化城、京古文化用品市场厂等一批区域文化商品市场，以及约100家中小印刷企业退出或迁往河北、天津等地；北京文化创意大赛设置河北、天津分赛区，搭建三地文化创新创业平台；举办第五届京津冀文化创意产业合作暨项目推介会，加强三地文创项目推介；组织北京企业参加第七届天津滨海国际文化创意展交会及第六届河北省特色文化产品博览交易会活动；在第十二届北京文博会上，举办京津冀文化协同发展区展览；拓宽三地园区、企业、项目合作渠道，稳步推进北京·石家庄融合媒体产业园、北京·承德影视产业基地、北京·廊坊印装产业集聚区、京津冀文化创意产业（海淀—西青）示范基地等一批京津冀合作园区建设；京津冀144小时过境免签与离境退税政策落地实施，开通对口帮扶地区旅游专线，京张体育旅游休闲带、京东休闲旅游示范区、京西南生态旅游带、京北生态（冰雪）旅游圈建设取得积极进展。

（二）“高精尖”产业体系初步形成

1. 传统行业活力持续提升

文艺演出方面，2018 年，全市 139 家营业性演出场所全年演出达到 24684 场，平均每天上演近 70 场，吸引观众 1120 万人次，演出收入 17.76 亿元。2016～2018 年，市属文艺院团共新创剧目 56 部。研究制定了《关于支持戏曲传承发展的实施意见》，评剧《母亲》荣获文华大奖和精神文明建设“五个一工程”奖，话剧《北京法源寺》和《玩家》、京剧《大宅门》等一批代表北京文艺创作水平的重点剧目入选国家舞台艺术精品创作扶持工程。设立北京文化艺术基金，2016～2018 年，累计资助项目 329 个，资金超过 3 亿元。北京剧目排练中心大力扶持中小演艺机构，2015 年至 2018 年底，共接待 406 家文艺团体、591 个排练剧目，排练厅累计使用 11640 次。北京市剧院运营服务平台 2015 年 11 月至 2018 年底，累计演出 376 台 680 场剧目。品牌展演影响力增强，形成了北京国际音乐节、北京新年音乐会、“北京故事”优秀小剧场剧目展演、“春苗行动”优秀少儿题材剧目展演、“北京金秋优秀剧目展演”等品牌。

广播影视方面，大力实施精品创作提升工程。设立北京影视出版创作基金，制定了北京影视出版创作基金相关配套制度，出台《关于推动北京影视业繁荣发展的实施意见》《北京市提升广播影视业国际传播力奖励扶持专项资金管理办法》《北京市多厅影院建设补贴管理办法》《北京市国家电影事业发展专项资金征收使用管理办法》等政策，初步形成了具有北京特色的影视政策体系。2018 年，21 部京产电视剧在央视及北京卫视等一线卫视频道播出，2019 年上半年达到了 18 部，《启航》《破冰行动》等掀起了收视热潮，实现了“大戏看北京”。在近两届“五个一工程”获奖的影视作品中，共有《平凡的世界》《最美的青春》等京产影视剧 9 部。北京网络视听产业从无到有，并保持高速发展态势，网络视听从精神文化生活的“甜点”

变为“主菜”。爱奇艺、优酷网、字节跳动、快手、新浪微博等影响广泛的头部企业锐意创新，不断增加网络视听文艺内容供给。首都全国影视创意策划、制作生产、宣推发行、国际传播中心的地位日益凸显，在全国文化中心建设中发挥了积极作用。

新闻出版方面，积极扶持实体书店，完善扶持实体书店考评体系。制定实施《北京市关于支持实体书店发展的实施意见》，修订《北京市实体书店扶持资金管理办法》，重点对符合功能定位和产业布局的特色实体书店和服务社区的书店进行扶持，2018 年扶持实体书店 126 家，其中中心城区和核心区新建实体书店 93 家。一批符合首都文化定位的品牌店、特色店开设了新店或进行了升级改造。三联韬奋书店三里屯店、Page One、雁翅楼中国书店等实体书店生机焕发，成为城市文明新地标。2018 年，全市综合阅读率达 92.7%，人均纸书阅读量约 11 本，同时积极推广原创精品图书，国内首家获得对外专项出版权的混合所有制企业北京华语联合出版有限责任公司落地北京，铁血网、豆瓣网进行特殊管理股试点改革取得阶段性成效。加快新闻信息转型升级，坚决淘汰传统印刷行业的高耗能、高污染环节，大力发展绿色印刷、按需印刷、数字出版等新业态，深入实施绿色印刷工程，绿色印刷企业达到 177 家，居全国首位。

2. 优势行业稳步发展

艺术品交易方面，2016 ~ 2018 年三届中国艺术品产业博览会在宋庄成功举办，共计实现总人流量近百万人次，总交易额近百亿元。嘉德艺术中心建成运营，打通展览、拍卖、教育、仓储、艺术出版等艺术产业各个环节，建立了“一站式”艺术品交流平台。以“疏整促”为契机，潘家园、琉璃厂、美术馆、隆福寺、报国寺等艺术品交易集聚区实现业态升级，一级市场发展水平迈上新台阶。京东商城开设艺术品零售和拍卖板块，雅昌艺术网、嘉德在线、大咖拍卖等“互联网 + 艺术品”专业平台不断涌现，成为行业中不可忽视的一支重要力量。

设计服务方面，落实首都设计提升计划，对龙头设计企业的扶持力度不断加强，形成了一批“北京创意”“北京设计”的品牌和示范性项目，成长起一批具有较强辐射力和带动力的品牌设计企业。2016～2018 年三届北京国际设计周，围绕历史文化街区保护与更新、文化创意产业升级发展、文化活动品牌打造等，集中举办展览、论坛、讲座、工作坊、互动体验、市集等创意设计活动，吸引数千万人次参与，带动文化旅游、设计消费 50 多亿元。中国设计红星奖获得国内外设计界的广泛认同，累计吸引美、英、法、意、德等 34 个国家和地区的近万家企业、6 万余件产品参评，已成为中国设计界最具影响力的奖项。

3. 产业融合发展深入推进

文化科技融合方面，出台《北京市人民政府关于积极推进“互联网＋”行动的实施意见》《北京市促进文化科技融合发展的若干意见》，从工作机制创新、政策体系完善、资金人才保障等多个层面，全面推动文化与科技深度融合。除中关村国家自主创新示范区和朝阳区外，北京四达时代软件技术股份有限公司、利亚德光电股份有限公司、掌阅科技股份有限公司、北京蓝色光标数据科技股份有限公司、中国华录集团有限公司被认定为国家文化和科技融合示范基地，数量居全国之首。在促进文化科技融合相关政策支持下，文化企业的科技投入明显增加，推动了文化企业创新发展。2018 年规模以上文化企业中，中关村高新技术企业 900 余家，实现收入 4859.3 亿元，同比增长 19.9%，高于文化产业收入增速 8 个百分点。企业内部科技活动经费支出占总收入的比重为 7.9%（1～11 月数据），比中关村企业平均水平高出 4.2 个百分点。

文化金融融合方面，出台《北京市实施文化创意产业“投贷奖”联动推动文化金融融合发展管理办法》《关于促进首都文化金融融合发展的意见》等政策，为文化企业发展搭建多渠道、多路径金融服务平台。东城区成功获批创建国家文化与金融合作示范区，华夏银行、北京银行、北京农商银行先后成立文创产业中心、文创金融事业总部、文创金融服务中心和文创支行，打造文化金融专营机构，推出影片完片担保、无形资产抵押等一批文化特色的金融产品。截至 2018 年 6 月底，全市 A 股上市文化企业达 99 家，文创产业人民币贷款余额 1487.7 亿元。据第三方机构新元文智统计，2018

年上半年，北京新三板挂牌文化企业融资 7.2 亿元，约占全国的 1/3；文化企业私募股权融资 83.9 亿元，约占全国的 1/4。

文化旅游融合方面，出台《关于推进北京市文化和旅游融合发展的意见》26 条举措，从资源支撑体系建设、文化旅游空间布局等方面推进北京文化和旅游深度融合发展。研究制定文化文物单位文创产品开发相关支持政策。文化体育融合方面，紧抓 2022 年北京冬奥会机遇，大力发展冰雪文化产业；推动冬奥会 8K 超高清赛事转播试点落地，开拓体育赛事转播市场；北京奥林匹克中心区探索奥运场馆赛后运营，打造体育、文化、商业三位一体的业态综合体，形成以承办顶级国际活动为支撑的区域发展核心品牌。

（三）市属国有文化企业改革不断深化

一是出台市属国有文化企业分类监管实施意见，对全市国有文化企业开展分类认定。二是编制《市文资办出资人监管事项权力清单和责任清单》，科学界定监管边界。三是健全重大事项管理、绩效考核、薪酬管理、资产评估、产权登记等监管工作机制，完善有文化特色的考核评价体系。四是启动国有文化企业压缩管理层级、减少法人户数等工作，确定 3 年压减 15% 的工作目标。五是加快推进全民所有制企业公司制改革，确保年底前完成改革任务。六是在市级文化馆、图书馆、博物馆等公共文化机构，启动以理事会为主要形式的法人治理结构改革试点。

（四）非公有制和中小文化企业不断发展壮大

优化文化企业营商环境，支持企业创新经营模式，加大研发力度，涌现出一批行业领军企业。2018 年，全市收入排名前 100 的文化产业法人单位实现收入 5958.9 亿元，占全市文化产业收入的比重过半（55.7%）；同比增长 21.5%，比全市文化产业平均收入水平高 9.6 个百分点。腾讯文化、百度时代、爱奇艺科技、字节跳动等 15 家收入超过 100 亿元的文化产业法人单位实现收入 3083 亿元，占全市文化产业收入的比重达 28.8%，同比增长 28.4%。已连续举办四届北京文化创意大赛，累计征集文创项目近 1 万个，吸引了全国乃至全球的文创企业和团队踊跃报名，前三届百强项目累计实现融资 90 余亿元，因大赛落户北京的优质文创项目超过 100 个。

（五）重大文化产业项目扎实推进

自 2014 年成立以来，国家文化产业创新实验区在政策创新、知识产权、人才服务、服务平台等方面持续发力，不断优化营商环境。截至目前，实验区内文化企业注册数达到 3.48 万家，较成立之初新增文化企业约 2 万家，上市企业（含新三板）已达 85 家。2019 年 1～9 月，实验区 753 家规模以上文化产业单位实现收入 832.3 亿元，占全区文化产业收入的 51.5%，占全市文化产业收入的 9.4%。预计全年规模以上文化企业收入将突破 1100 亿元，占全市文化产业收入的比重将超 10%。国家对外文化贸易基地（北京）一期开园，设立专业化运营管理主体，启动二期国际文化产品展览展示及仓储物流中心建设工作，企业招商取得阶段性成果，中央财经出版集团等入驻，与 APAX、中国广播电影电视交易中心、方正集团等 20 余家企业达成合作意向。国家数字出版基地产业腾退拆迁于 2017 年底完成，为引进数字产业提供空间，已建成并投入使用的先导区总面积为 1 万平方米，实现全部租赁，入驻及注册企业超过 180 家。环球主题公园项目施工进展顺利，一期项目计划于 2021 年开园。北京基金小镇被列入国家首批特色小镇名单，截至 2019 年 9 月，入驻基金机构 1227 家，较 2017 年 12 月增长 128.07%，累计管理资产规模超 17906 亿元，较 2017 年 12 月增长 59.48%。截至目前，北京基金小镇已与各大银行、证券公司、会计师事务所、律师事务所、交易所、行业协会等 68 家机构签订战略合作协议，通过“1＋N”合作模式，为入驻机构提供覆盖基金行业全业务流程的专业服务，助力入驻机构高效展业。目前，台湖演艺小镇总体规划编制取得阶段性成果，控规编制进展顺利；国家大剧院舞美艺术中心、北京国际图书城、通州书画院先后落地，2018 年 9 月举办的“国家大剧院 2018 台湖音乐周”是台湖舞美艺术中心首次面向公众推出的公益性演出品牌，也是台湖演艺小镇面向社会的第一次亮相。宋庄小堡艺术区正在进行城市设计和实施方案的国际征集工作。

2018 年 12 月，宋庄艺术创意小镇的重点项目中国艺术品交易中心举行开工奠基仪式。该项目规划建设用地面积 65973 平方米，建筑控制规模（地上）164683 平方米，计划建设集原创艺术品及衍生品交易、展示、艺术品拍卖及版权交易等功能于一体的中国最大的国家级艺术品交易中心。张家湾设计小镇累计疏解低端产业 22 家，腾退土地 345 亩，启动区 70 公顷作为小镇核心区，将进行整体转型、集中连片升级改造，现在已经基本完成前期准备工作。

三　结语

“十三五”时期，北京文化产业迈向高质量发展，高端化、融合化、集约化、国际化特征日益突出，成为全国文化中心建设的重要支撑和首都经济发展的重要引擎。

伴随全面建成小康社会千年梦圆和“十四五”的到来，北京文化产业要以实现人民对美好生活的向往和增进人民群众文化获得感、幸福感为目标，坚持新发展理念，坚持以人民为中心的工作导向，不断推进文化治理现代化，完善现代文化产业体系和现代文化市场体系，增强文化产业发展活力，丰富人民群众文化生活，把首都文化优势转化为发展优势，打造文化产业发展引领区，为全国文化中心建设作出更大贡献。

参考文献

《2017 年规模以上文化创意产业情况》，北京市统计局网站，2018 年 11 月 8 日。

马瑾倩：《北京去年推网络原创节目 2300 余部，辐射全国 8 亿网民》，《新京报》2020 年 4 月 6 日。

盛丽：《北京文化产业：精彩纷呈　精品迭出》，《劳动午报》2019 年 9 月 27 日。

马瑾倩：《北京文化产业增加值占 GDP 比重居全国首位》，《新京报》2019 年 9 月 27 日。

前瞻产业研究院：《2018 年中国 203 家独角兽所在行业分析报告》，2019 年 2 月 1 日。

尹力：《2018 年北京动漫游戏产业总产值达 710 亿元》，中国新闻网，2019 年 1 月 10 日。

《去年北京各项贷款保持较高增速，钱都去了这些产业》，《北京日报》2019 年 1 月 25 日。

卢扬、郑蕊：《2018 年北京文化贸易进出口额达 60.2 亿美元》，《北京商报》2019 年 5 月 29 日。

《2018 年 1 ~ 12 月东城区规模以上文化产业情况数据》，北京市东城区人民政府数字东城网站，2019 年 2 月 3 日。

《国家文创实验区全力推进文化产业高质量发展》，中国经济新闻网，2020 年 1 月 6 日。

B.14

2019年北京市文化产业运行特征及2020年展望

刘岚芳　胡慧璟*

摘　要： 2019年，北京市文化产业营收增速放缓，文化核心领域引领作用增强，产业结构更趋合理，“文化+”多业态融合发展势头强劲，龙头企业强力打造文化品牌，产业发展保持全国领先优势。尽管我市文化产业发展走在全国前列，但仍存在高质量文化产品和服务供给不足、文化创意园区规模效应有待提升、文化企业国际影响力和竞争力不足、直接融资渠道不畅通等问题。2020年是文化产业“三年行动计划”的开局之年，在多重利好政策和消费需求不断释放带动下，全年文化产业仍将平稳增长。初步判断，全年文化产业营业收入增长8%左右。

关键词： 文化产业　产业结构　“文化+”

立足“一核一城三带两区”总体框架的全国文化中心建设，北京市文化产业发展保持全国领先优势，已成为助推北京高质量发展的重要引擎。2019年，受整体经济形势放缓影响，北京市文化产业营业收入增速较上年

* 刘岚芳，北京市经济信息中心信息服务部主任、高级经济师，博士，主要研究方向为宏观经济、区域经济；胡慧璟，北京市经济信息中心经济师，北京师范大学博士研究生，主要研究方向为产业经济、区域经济。

略有回落，全年实现收入12850亿元，增长8.2%。展望2020年，文化产业核心领域的发展加快，文化与多领域融合发展成为主流，文化投资运营有望回暖升温。初步判断，2020年北京市文化产业营业收入有望保持平稳增长，预计全年增速在8%左右。

一 2019年北京市文化产业运行特征分析

（一）产业营收增速放缓，但仍保持全国领先优势地位

2019年，北京市规模以上文化产业营业收入实现12849.7亿元，同比增长8.2%，低于上年3.7个百分点，增速呈现放缓势头（见图1）。文化产业发展继续保持全国领先地位，在新华网发布的“2019中国文化产业高质量发展指数”和中国人民大学发布的“2019中国文化产业系列指数”排名中，北京均位列全国第一。

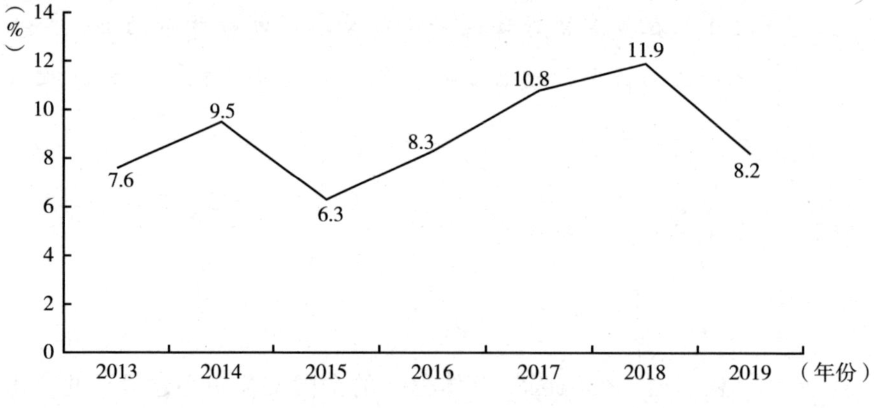

图1 北京市规模以上文化产业营业收入增速走势

资料来源：北京市统计局。

（二）文化核心领域引领作用增强，产业结构更趋合理

2019年，北京市文化核心领域营业收入同比增长9.9%，核心领域营业

收入占文化产业总收入的比重达89.1%，较上年同期占比提高2.3个百分点，引领作用明显增强。非核心领域营收持续下跌，增速下降3.7%，功能地位进一步弱化（见表1）。分领域看，新闻信息服务业是增长最快的领域，全年收入增长25.8%，较上年提高5.1个百分点，占总体的比重提高近5个百分点；文化传播渠道营收涨幅略有回升，占总体的比重提高5个百分点以上，达到22.4%；创意设计服务营收增速则由上年的17.8%大幅回落到2019年的零增长，内容创作生产增速则由上年的8.7%回落到2019年的2.5%，二者占比均回落4个百分点左右；文化投资运营营业收入增速降幅较上年有所收窄。受人力成本居高不下等因素影响，相关领域的文化装备生产下滑幅度最大，达26.9%。

表1　2018～2019年北京市规模以上文化及相关产业营业收入情况

单位：亿元，%

分领域	2019年			2018年		
	金额	增速	占比	金额	增速	占比
合计	12849.7	8.2	100.0	10703.0	11.9	100.0
文化核心领域	11448.2	9.9	89.1	9292.0	14.1	86.8
新闻信息服务	3692.7	25.8	28.7	2558.3	20.7	23.9
内容创作生产	1899.4	2.5	14.8	2005.2	8.7	18.7
创意设计服务	2852.8	0.0	22.2	2771.1	17.8	25.9
文化传播渠道	2876.8	8.3	22.4	1826.9	7.2	17.1
文化投资运营	19.8	-4.8	0.2	30.5	-7.7	0.3
文化娱乐休闲服务	106.7	2.7	0.8	99.8	9.2	0.9
文化相关领域	1401.5	-3.7	10.9	1411.0	-0.6	13.2
文化辅助生产和中介服务	737.9	2.4	5.7	654.8	6.6	6.1
文化装备生产	121.9	-26.9	0.9	168.3	-3.0	1.6
文化消费终端生产	541.8	-4.6	4.2	587.8	-7.0	5.5

资料来源：北京市统计局。

（三）“文化+”多业态融合发展势头强劲

文化与旅游、科技等跨界叠加的新业态融合发展势头强劲。在2019年北京文博会上，68 家企业、35 个文化融合重点项目签约总额超过 80 亿元，创历史新高。文化旅游融合加速。北京在全国率先推出“文旅融合 26 条”，紧扣古都文化、红色文化、京味文化、创新文化，打造文旅融合新产品新业态。展期 162 天的世园会吸引了 934 万人次中外游客，延庆的国际知晓度提升度超过 98%。文化科技互相借力。市政府设立专项经费支持猫眼、四达时代、中科院等 15 个机构和公司开展文化科技融合研发活动，在朝阳的国家文化产业创新实验区，文化科技融合企业收入占比达 52.1%；在海淀，网游、电竞、时尚等文化科技融合的高端环节优势突出。

（四）龙头企业强力打造文化品牌

龙头企业已成为我市文化产业的标杆，带领文化品牌走向世界。在 2019 年“全国文化企业 30 强”榜单中，我市共 6 家企业入榜，数量居全国前列。其中，保利文化、完美世界、文投集团再度上榜获“全国文化企业 30 强”称号，另有掌阅科技、北京演艺集团、北京文化 3 家企业获“全国文化企业 30 强”提名。在“北京品牌计划·文化品牌新势力”发布会上，筛选出了我市 30 家文化品牌。其中既有如国家大剧院的文化地标，也有如北京人艺的国有企业，还有如央华戏剧的民营品牌；既有如 798 文创园的文创代表品牌，也有如完美世界的动漫游戏公司。

二　需要关注的主要问题

（一）高质量文化产品和服务供给不足

作为全国领先的文化枢纽集散地，北京市优质产品和服务依旧缺乏，产品单一、跟风盛行等问题依然存在，面临从增量到提质的考验。尤其突出的问题是原创 IP 产品太少，丰富的历史文化资源优势没有充分转化为 IP。在为数不多的影视出版、文化艺术等 IP 作品中，IP 转化率不高，产业链延伸价值有待提升。文化产品和服务供给跟不上市场爆款文化消费需求的节奏，常常滞后或错过最佳供应时机。这在很大程度上是由于缺乏既懂相关专业技术又懂 IP 运营的复合型高端化人才。

（二）文化创意园区规模效应仍待提升

目前北京市共有 33 家市级文化创意产业园区，但不少园区由集聚而形成的技术外溢、产业氛围、组织结构便利、成本控制等优势尚未有效发挥出来，远未形成上下游协同发展的产业链，未能发挥出规模经济效应。相比而言，在伦敦西区形成了以伦敦戏剧产业核心集聚区为内圈层、周边类似百老汇剧院为中圈层、市郊地方剧院为外圈层的高密度三级圈层剧院布局。规模效应使得 2018 年伦敦西区剧院观众超过 1550 万人次、票房收入达 7.6 亿英镑，贡献了全英剧院的“半壁江山”。

（三）文化企业国际影响力和竞争力存在不足

一是缺乏领军文化企业。在《财富》2019 年世界 500 强榜单中，涉足文化领域的北京上榜企业只有保利集团一家；在全球游戏公司营收前 25 名榜单中，北京的文化企业无一入选。二是品牌影响力有限。在 2019 年全球媒体企业品牌价值前 25 名榜单中，北京只有爱奇艺公司一家入榜。三是特色优势还远未形成。很多国家在某领域文化市场上占据重要的一席之地，如美国的电影出口占据了世界电影市场的 80%；日本是世界上第一大动漫作品出口国，占据国际市场的六成，在欧美市场的占有率更是超过 80%。

（四）直接融资渠道不畅通

依托“投贷奖”联动政策平台，截至 2019 年底，平台累计支持项目 2009 个，支持金额 12.1 亿元，拉动投资 1071.8 亿元，放大倍数达 88.4 倍，文化企业的融资问题得到一定程度的缓解。然而，目前解决文化企业的融资难问题主要从间接融资渠道着手，基于市场的直接融资渠道还未完全畅通，文化企业的无形资产评估体系也需尽快完善，文化资产定价难、文化企业信用评级基础薄弱、市场信息不对称等问题依然存在。

三 2020年北京市文化产业发展环境

（一）多重政策和规划利好可期

2019年，北京密集出台了十余项文化产业发展政策，支持在影视、文旅、老旧厂房改造、音乐、游戏等领域的发展，鼓励优势领域加速发展，解决政策短板中的难点痛点问题（见表2）。2020年初，《文化产业高质量发展三年行动计划（2020～2022年）》发布，随着大运河文化带、长城文化带、西山永定河文化带三个文化带规划的落实推进，多重利好可期，积极促进文化产业高质量发展。

表2 2019年北京市出台的文化产业相关政策

出台时间	出台机构	政策
12月26日	市文化和旅游局等八部门	《关于促进乡村民宿发展的指导意见》
12月25日	市文化和旅游局	《京郊精品酒店建设试点工作推进方案》
12月24日	市推进全国文化中心建设领导小组	《关于推动北京游戏产业健康发展的若干意见》
12月24日	市推进全国文化中心建设领导小组	《关于推动北京音乐产业繁荣发展的实施意见》
12月11日	市文化改革和发展领导小组	《关于推进北京市文化和旅游融合发展的意见》
12月9日	市知识产权局	《北京市知识产权资助金管理办法（试行）》
8月27日	市文化和旅游局	《北京市服务业扩大开放综合试点文化旅游领域开放改革三年行动计划》
7月22日	市文化改革和发展领导小组	《北京市实施文化创意产业"投贷奖"联动 推动文化金融融合发展管理办法（试行）》
7月12日	市商务局	《北京市关于进一步繁荣夜间经济促进消费增长的措施》
6月13日	市文化改革和发展领导小组	《关于进一步建立健全市属国有文化企业法人治理结构的实施意见》
4月23日	市文化改革和发展领导小组	《北京市国有文化企业境外投资及境外资产监督管理暂行办法》
4月12日	市文化和旅游局	《北京市老年人文化旅游奖励资金管理办法（试行）》
2月1日	市委办公厅、市政府办公厅	《关于推动北京影视业繁荣发展的实施意见》

资料来源：首都之窗。

（二）文化消费需求和消费潜力加大

2019年前三季度，全市文化和娱乐类服务消费规模同比增长7.4%，文化消费潜力得到一定的释发。随着消费结构的不断升级，市民对文化相关产业提质增效的需求增加，对文化产品和服务的个性化消费需求也日益增多。以传统消费升级、数字消费兴起为主要内容的新消费，将带动文化领域技术创新、设施建设等方面的投入，成为未来我市文化产业发展的重要着力点。

（三）相关项目和活动筹备促文化产业升温

随着冬奥会的临近，京张高铁开通运营，“冰丝带”“冰立方”等冬奥会场馆将集中完工。冰雪节、旅游节等活动日益增加，带动了文化市场升温；大兴新机场成为新晋网红景点，“国宝之窗”、音乐会等系列文化活动的推出让这个新地标既“中用”也“中看”；环球影城主题公园将完成一期游乐设施，预计每年游客可达1000万人次，并带动文创、演艺、动漫等文化领域加速发展。

四　2020年全市文化产业形势展望

展望2020年，在多重利好政策和消费需求不断增加的背景下，全年文化产业核心领域的发展加快，文化与多领域融合发展成为主流，文化投资运营有望回暖，共同带动全市文化产业保持平稳增长，预计全年文化产业营业收入增长8%左右。

（一）核心领域发展将更加强化

2020年，文化产业核心领域的发展加快，聚焦内容创作生产、创意设计服务、文化融合发展等前沿领域和关键环节，影视传媒、音乐戏剧、动漫网游等行业将迎来新的发展风口期。传统的文化装备生产、辅助生产与终端生产等非核心领域的发展将进一步弱化，技术附加值偏低的文化产业产值将会进一步减少，为构建文化产业高精尖内容体系发挥重要作用。

（二）文化与多领域融合发展成为主流

在数字技术和各级政策推动下，文化产业赋能各行各业，“文化+科技”“文化+旅游”“文化+创意”“文化+服务”“文化+金融”等呈现全新的发展格局。结合互联网、5G、区块链、AI、8K、3D等关键数字技术，北京将加快推动文化与相关领域融合发展，重点发展“文化+”新业态、新产品、新模式，加大情感感知、人机交互、智慧广电、全息成像、虚拟现实等技术创新力度，着力促进新旧动能转换。

（三）文化投资运营有望回暖升温

从十年前的文化产业投资热到泡沫退去进入低潮，再到文化市场治理整顿，经过优胜劣汰，目前的文化产业市场逐步走向成熟，产业投融资趋于理性。《文化产业促进法》即将出台，文化产业投融资有望回暖升温。随着“投贷奖”拉动投资、“文创四板”投入运营、文化领域PPP发展模式有效推广，以及以信用体系为纽带的文化金融服务模式日趋完善，文化领域甚至可能掀起一波投资小热潮。

五 政策建议

（一）以内容和创意为本提升高质量供给

一是聚焦内容创新突破和精品创作生产，推动文化IP的融合发展。结合台湖特色小镇、环球影城、冬奥会等重大文旅项目和活动，为新型IP赋能，带动以IP为核心的周边文化产业联动发展。二是利用好数字经济畅通文化传播渠道。充分利用“互联网+”、5G网络、XR及AI设备、8K视频等新技术，创新产品体现形式和供给手段。三是研发丰富“北京礼物”及冰雪游、民俗游、时尚游、红色旅游等特色品类，鼓励推出多样化、特色化、精品化的文化产品和服务。

（二）提升产业集聚发展的规模效应

一是立足资源禀赋和功能定位，引导文化产业集聚发展。尽早谋划好北京环球影城及周边布局，对接旅游、文创、演艺等上下游配套产业，为相关文化产业发展提供有力承载空间。二是探索“产城融合”发展新模式，加快园区产业服务和功能区一体化建设。对沿街建筑、单体园区进行整体景观规划再创，促进文创产业带状连片集聚发展。三是加快文化产业园区创意孵化，推动“文化创意集市”建设，提升园区服务企业的综合能力。

（三）做优做强文化企业和文化品牌

一是进一步落实和完善市级文化产业园区和重点文化企业“服务包”新政，确保各项举措可以精准实施。二是打造一批有国际影响力的文化品牌。继续办好文博会、设计周、电影节、音乐节、旅游节等品牌文化活动，积极争取文化类的国际顶级赛事落户北京。三是支持优秀文化企业参与丝路书香、丝绸之路影视桥等重点工程建设，鼓励企业通过合资、并购等活动进入海外市场，提升海外市场占有率。

（四）深化推进便利的文化投融资环境

一是加强制度创新，稳妥推进设立北京市文化发展基金、筹建“文创板”和文创银行。推动更多符合条件的优质文化企业在上交所、深交所、新三板等平台上进行直接融资。二是依托“投贷奖”打造线上“文化金融超市”，完善“投贷奖”政策体系，建立风险补偿金和信用评价机制，尽可能降低金融机构风险。三是探索建立健全无形资产评估体系，为更多轻资产企业融资创造条件。重点关注数字文化产业投融资领域的标准化评估。

参考文献

李建盛主编《北京蓝皮书：北京文化发展报告（2018～2019）》，社会科学文献出版社，2019。

徐李璐邑：《北京文化产业的现状分析与发展建议》，《城市学刊》2019 年第 5 期。

赵毅、刘利文：《找准当前促进北京文化企业发展的几个着力点》，《北京文化创意产业发展研究》2019 年第 6 期。

北京市统计局，http：//tjj. beijing. gov. cn/tjsj/yjdsj/whcy/。

首都之窗，http：//www. beijing. gov. cn/。

国研网文化产业数据库，http：//culture. drcnet. com. cn/www/culture/。

B.15

2019年北京市信息产业发展回顾与2020年展望

洪　旭*

摘　要： 2019年，北京市努力构建高精尖经济结构，推动高质量发展。在此背景下，北京市信息产业仍保持增长态势，对全市经济增长继续发挥主要支撑作用。但受国内外经济增速放缓、需求弱化、贸易摩擦等因素影响，信息产业增速有所放缓。2020年，随着5G商业化进程的加快，信息消费持续扩大和升级，北京市信息产业将迎来发展新机遇，预计产业增长将逐步企稳。

关键词： 信息产业　5G　信息消费

一　2019年北京市信息产业增速放缓

一是产业规模继续保持增长态势，但增速明显放缓。2019年，全球经济增速放缓，国内经济下行压力较大，电子信息制造业市场需求趋于弱化，产业增速明显放缓。2019年全年，北京市计算机、通信和其他电子设备制造业增加值同比增长9.9%，增速较上年回落5.3个百分点。

随着数字经济的快速发展，新一代信息技术的加速创新，信息传输、软

* 洪旭，北京市经济信息中心经济师，经济学硕士，主要研究方向为产业经济、宏观经济。

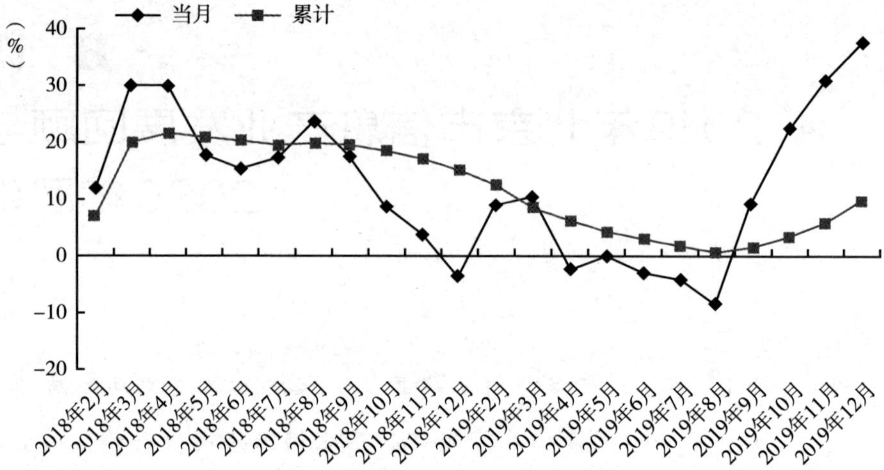

图1　北京市电子信息制造业增加值增速

资料来源：北京市统计局。

件和信息技术服务业仍保持较好增长态势，对全市经济增长继续发挥带动作用。2019 年前三季度，北京市信息传输、软件和信息技术服务业实现增加值2964 亿元，同比增长 13. 4%，较上年同期下降 4. 8 个百分点，增速仍居第三产业之首，增加值占第三产业的比重为 15. 47%，占全市 GDP 的比重达12. 81%。

二是收入增速明显回落，制造业、服务业的利润增速分化。电子信息制造业受需求不足、部分行业周期性调整等因素影响，营收增速明显放缓，但行业调整显现积极变化，存货不断下降，利润增幅明显回升。2019 年全年计算机、通信和其他电子设备制造业营业收入同比增长 7. 5%，较上年下降8. 1 个百分点，而利润总额同比增长 80. 9%。信息传输、软件和信息技术服务业受总需求不足以及研发支出增加、人员工资增加等因素影响，企业在IT 上的投入下降，营收和利润增速均有所下滑。2019 年全年信息传输、软件和信息技术服务业营业收入同比增长 14. 4%，较上年下降 1. 6 个百分点，利润总额同比下降 32. 8%。

三是骨干企业和高成长企业引领产业发展。在“2019 年中国互联网企

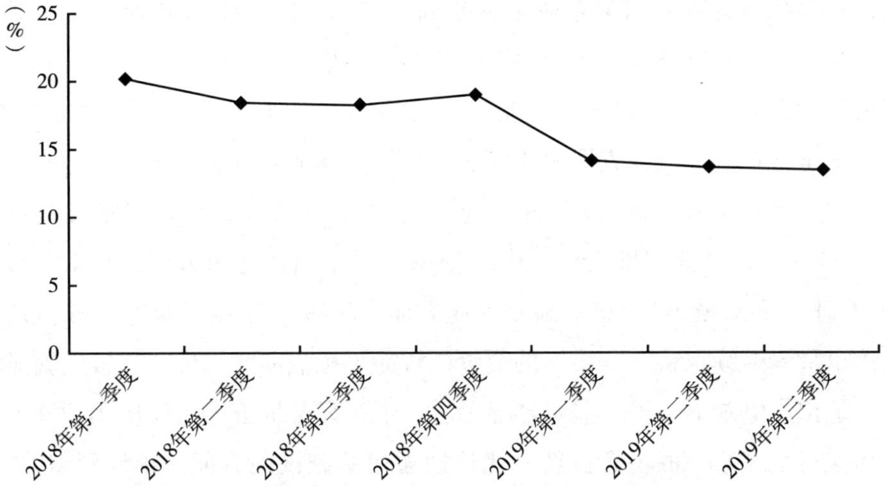

图 2　北京市信息传输、软件和信息技术服务业增加值增速

资料来源：北京市统计局。

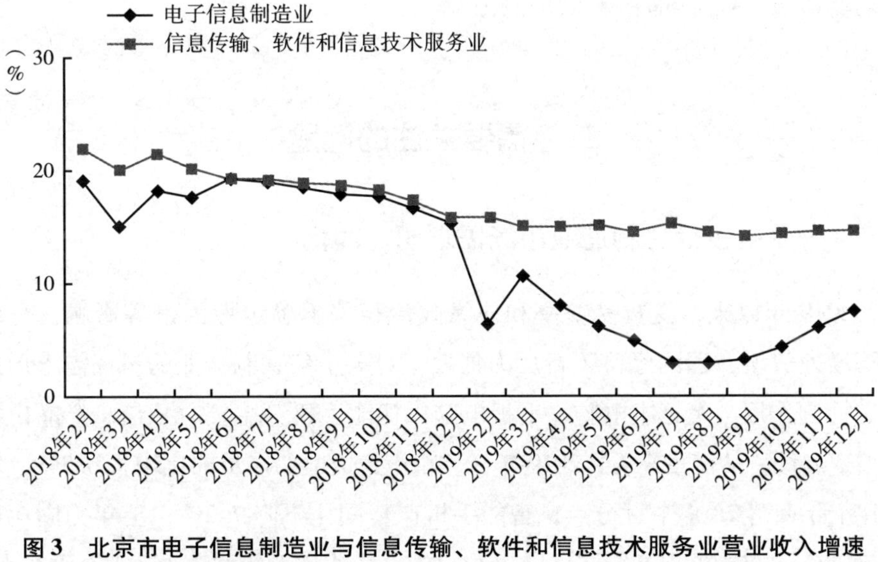

图 3　北京市电子信息制造业与信息传输、软件和信息技术服务业营业收入增速

资料来源：北京市统计局。

业百强榜单”中，北京市 31 家企业入选，数量居全国首位。CB Insights 发布的世界独角兽公司数据显示，北京 48 家企业入选，占比超过全国一半以上，软件和信息服务相关企业更是达到44家。北京45家企业入选“2019软件与信息技术服务综合竞争力百强企业”，数量居全国首位。在“2019中国大数据企业50强”榜单中，北京市22家软件企业入选，占全国的44%，数量居全国首位。航天宏图等3家北京软件企业成功挂牌科创板。

四是重点领域技术创新持续突破。高端芯片方面，紫光展锐发布首块5G基带芯片，寒武纪推出新一代云端AI芯片。智能手机方面，小米发布首款5G手机和双模5G手机。显示产业方面，2019年上半年京东方显示器件整体出货量继续保持全球第一的位置，智能手机液晶显示屏、平板电脑显示屏、笔记本电脑显示屏、显示器显示屏、电视显示屏五大主流应用领域出货量均保持全球第一的位置。新一代移动通信基础设施方面，预计到2019年底全市可完成1.4万个5G基站建设，并将实现五环内的连续覆盖。北京市在智慧交通、智慧医疗、工业互联网、智慧城市、超高清视频等领域建设了一批典型的应用示范区，在5G产业核心技术与器件、生态构建等方面取得了显著成效，5G产业生态逐步形成。

二　需要关注的问题

（一）电子信息制造业市场需求明显弱化

2019年以来，受贸易壁垒和地缘政治相关不确定性因素等影响，全球经济增速放缓，国内经济下行压力加大，对电子信息制造业的市场需求形成一定抑制作用，笔记本电脑、平板电脑、智能手机等主要电子信息产品出货量增速放缓。从产量来看，2019年，北京市集成电路产量同比增长6.5%，增速比上年回落28.9个百分点；智能手机产量同比下降7.2%，上年为同比增长20.9%；智能电视产量同比增长13.3%，增速比上年回落167.1个百分点。从出口量来看，2019年，全市集成电路出口量同比增长4.3%，增速比上年回落3.4个百分点；液晶显示板出口量同比下降18.8%，上年为同比增长64.5%。

（二）贸易摩擦使部分领域核心技术缺失问题凸显

与发达国家相比，我国信息产业基础领域能力较弱，对美国核心技术、关键材料、核心元器件、基础软件等的依赖度较高。中美经贸摩擦使北京市信息产业发展面临关键技术引进和关键部件进口受限、海外高层次人才招募困难等问题，产业链安全问题日益凸显。比如，在集成电路领域，我国集成电路产品大部分依赖进口，尤其是通用 CPU、存储器等关键核心产品基本完全依赖进口。而受中美经贸摩擦影响，2019 年初英特尔终止了其与紫光展锐在分享最新 5G 调制解调器芯片成果方面的合作伙伴关系。人工智能领域，2019 年 10 月美国商务部将 8 家中国企业列入美国贸易管制黑名单，其中就包括北京市的两家人工智能领军企业旷视和商汤。特朗普政府还针对中国等国家于 2020 年 1 月 6 日采取措施限制人工智能软件的出口。北京市在人工智能基础理论、核心算法以及高端芯片、基础材料等方面与美国等发达国家的差距较大，美国的打压政策可能会影响北京市人工智能前沿领域的研究进程。

（三）电子信息制造业工业生产者出厂价格指数（PPI）持续下降

受总需求不振等因素影响，2018 年以来北京市电子信息制造业工业生产者出厂价格指数持续下跌，2019 年以来降幅进一步扩大。2019 年 12 月，全市电子信息制造业工业生产者出厂价格指数同比下降 5%，全年累计下降 4.5%。其中，显示产业受到需求不振以及面板产能过剩的冲击，电视面板价格已经连续下跌近 10 个季度。以 55 寸面板为例，2017 年二季度最高价格为 215 美元/片，2019 年 11 月降至 98 美元/片，面板价格已经跌破部分厂商的成本价，面板厂面临着“多生产多亏损”的困局。在行业周期下行、产品价格下跌的情况下，有的企业陷入亏损境地，有的企业增收不增利，头部企业也未能幸免。京东方 2019 年前三季度实现收入 857.22 亿元，同比增长 23.40%，但归母净利润同比下滑 45.18%。

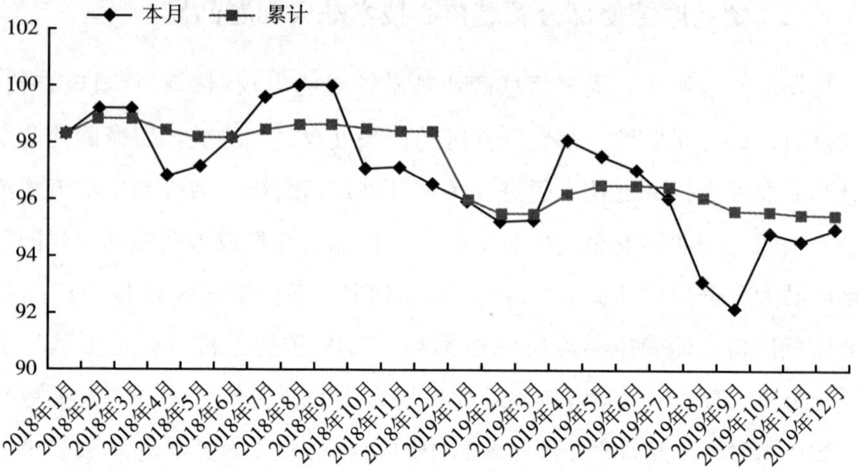

图4　北京市电子信息制造业 PPI 增速

资料来源：北京市统计局。

（四）新兴技术商业化落地仍面临诸多难题

5G 虽已实现商业化落地，但市场仍处在起步阶段，实现大规模场景应用仍需较长时间，主要原因包括：一是通信行业对各行业需求的挖掘深度不足，而行业客户对 5G 技术理解有限；二是运营商和相关产业的市场回报与成本投入不确定，尚未形成可盈利的商业模式；三是政策环境供给和 5G 创新需求有待协同，5G 会带来崭新的服务内容和商业模式，在知识产权政策、资金政策、监管政策、资源配置、法律法规、定价机制等方面都需要政府予以相应调整。人工智能产业也仍处于培育阶段，尚缺乏真正促进经济社会发展的大型综合场景。人工智能领军企业百度在自动驾驶领域投入巨大，但距离商业化仍任重道远，百度最成功的人工智能产品仍是百度智能音箱。许多人工智能企业高研发投入带来的经济效益并不明显，旷视科技 2016 ~2018 年分别亏损 3.4 亿元、7.6 亿元、33.5 亿元，2019 年上半年亏损 52 亿元。

三 2020年北京市信息产业发展环境

（一）国内外经济增速放缓使市场需求弱化趋势短期内难以根本性提振，但新经济将为产业发展提供新动能

2020 年，全球经济面临的贸易摩擦、地缘政治等不确定性短期内难以消散，抑制投资和消费增长，财政货币政策刺激空间有限，使全球经济仍面临下行压力。在外部环境复杂多变的背景下，我国实体经济发展面临的困难较多，稳增长压力有所加大。在此形势下，信息产业的市场需求弱化趋势短期内难以扭转。但 2019 年中央经济工作会议明确提出，要大力发展数字经济，这将为信息产业创造良好的发展环境。北京先后发布并实施了 5G 产业发展行动计划、大数据行动计划以及工业互联网发展行动计划等重要战略，随着数字经济走上持续快速发展的“快车道”，将为全市信息产业发展提供新动能。北京市积极推进传统产业转型升级和新动能培育，预计高技术制造业、战略性新兴产业仍将保持稳步增长态势，也将为电子信息制造业关联性领域增长提供支撑。

（二）5G 等新一代信息技术加速创新将推动信息产业升级

当前，云计算、大数据、物联网、人工智能、5G 等新一代信息技术快速演进，正在引发电子信息产业新一轮变革。5G 是信息技术领域自主创新的战略支点，一方面，将极大促进上游电子元器件、中游网络设备以及终端应用设备的全产业链升级，另一方面，网速的提升和终端应用设备的不断增加，也将推动互联网、软件企业开发出更多更好的应用，带动整个信息服务水平提升。我国 5G 进展领先全球，北京 5G 产业领跑全国，有望抢占 5G 发展先机，刺激整个电子信息产业链的迭代需求，推动信息产业全面发展。《北京市 5G 产业发展行动方案（2019 年～2022 年）》提出，到 2022 年 5G 产业实现收入约 2000 亿元，拉动信息服务业及新业态产业规模超过 1 万亿元。

（三）关键领域国产替代加速将给信息产业发展提供新机遇

当前，我国正加快建立具有全球竞争优势、安全可控的信息产业生态体系。随着国际贸易约束趋紧，信息产业成为我国推动自主创新、实现加速赶超的关键领域。信息产业将从中低端向高端延伸，基础软件、集成电路等关键领域的国产替代趋势加强。比如在集成电路领域，中美贸易摩擦以及日本对韩国的半导体材料封锁事件，将集成电路国产替代热情推向高潮，北京市集成电路进口数量增速出现大幅回落。预计 2020 年集成电路国产替代趋势将进一步加强，北京市国产芯片设计、制造及设备厂商将迎来加速成长机遇。

（四）信息消费扩大和升级将带动信息产业形成新优势

在消费升级背景下，信息消费作为创新最活跃、发展最迅猛、辐射最广泛的新兴消费领域，正处于快速发展的关键时期。北京市 2019 年底印发《北京市进一步扩大和升级信息消费持续释放内需潜力的行动计划（2019～2022 年）》，提出到 2022 年北京信息消费相关产业规模将达 1.4 万亿元，年均增长 18% 以上。在一系列政策措施引导下，随着云计算、大数据、人工智能、5G 等技术的加速创新，新一代信息技术与经济社会各领域将深度融合，信息消费应用场景日益增多，新兴产品不断丰富，有望拉动信息消费需求持续升级。信息消费的扩大和升级，将提升信息技术服务能力，促进实体经济向数字化、网络化、智能化演进，带动形成信息产业发展的新优势。

（五）城市副中心建设、北京冬奥会、京津冀协同发展等将为信息产业发展开辟广阔前景

推进通州城市副中心建设，将为物联网、云计算、大数据、空间地理信息集成、5G 等新一代信息技术的广泛应用提供丰富场景和巨大需求。北京冬奥会筹备工作将对云计算、大数据、物联网等新技术的广泛应用创造巨大需求。京津冀协同发展战略的实施，将推进三地的信息化战略合作，加快信

息化设施规划布局，引领各类创新要素和资源汇集，探索协作共赢的技术应用和商业模式。

四　2020年北京市信息产业增速将逐步企稳

2020年，北京市将继续以科技创新引领5G等新一代信息技术发展，信息产业将在5G创新周期中迎来发展新机遇。但考虑到国内外经济下行压力加大、市场需求疲软等因素的影响，预计信息产业增长将逐步企稳。

（一）电子信息制造业增速企稳回升

2020年，在5G商用推进、消费电子终端革新、国产替代加速、周期性行业回暖等因素影响下，电子信息制造业增长将企稳回升。但整体市场需求仍趋弱化，新技术领域还无法及时填补传统产业衰退留出的产业空间，电子信息制造业尚不存在增速大幅回升的条件。

分行业看，显示产业供需关系有望好转。韩系面板厂加速退出以及台厂和大陆厂商降低产能利用率，显示行业筑底趋势明显。在此形势下，面板价格有望企稳回升，供需结构有望好转。经过这一轮行业产能洗牌，全球面板龙头京东方2020年将成为全球出货面积最大的显示面板厂商。同时，京东方持续推进大尺寸和超高清显示产业发展，随着第6代柔性AMOLED、10.5代液晶显示屏等生产线的量产，产能和良率将快速提升，预计大尺寸显示屏尤其是电视液晶屏仍将居全球前列。

集成电路产业在消费电子终端升级以及国产替代加速推进下将迎来新一轮发展机遇。一方面，5G、人工智能、智能网联车、超高清视频等新应用及物联网、大数据的蓬勃发展，将为集成电路催生出巨大市场。另一方面，国产替代将继续成为集成电路产业发展的主线。我国出台“两免三减半”措施为企业减税减负，成立国家集成电路产业基金二期提供资金扶持，启动科创板为企业向高端迈进提供新动力，这都将为集成电路产业发展提供机遇。中芯国际受益于国内客户订单增长，将带来产能利用率和利润的提升。

北方华创作为国内半导体设备龙头，也是大基金重点扶持的企业，将在新一轮晶圆厂产能扩张热潮中迎来机遇。

智能手机市场将在5G产业链逐步成熟的拉动下出现回暖。在5G带动下，智能手机创新步伐加快，5G手机实现快速渗透，将推动智能手机迎来换机热潮。据IDC预测，2020年智能手机销量将快速增长，5G智能手机出货量将占智能手机出货总量的8.9%，达到1.235亿部，到2023年这一比例将增长至28.1%。小米将推出20款5G手机，实现高中端全覆盖，价格下探度超预期，这有望助推5G手机渗透率的提升。小米还将继续加快海外扩张步伐，小米智能手机在印度已经连续9个季度出货量保持第一，2019年底宣布进入日本市场，目前已进入全球80多个国家和地区的市场。

（二）信息传输、软件和信息技术服务业有望继续保持快速增长

北京市在人工智能、大数据、云计算、5G等前沿技术领域率先布局，随着技术研发和成果转化力度的加大，技术优势将进一步转化为产业优势，推动形成以5G为基础，以云计算、大数据、人工智能、区块链为核心的新软件和信息技术服务业体系。软件与工业、金融、医疗、交通、智慧城市等领域将加速融合，不断催生新模式、新业态，北京市信息传输、软件和信息技术服务业有望保持快速增长态势，继续领跑高精尖产业体系建设。数字经济将引领云计算产业快速发展。随着5G、边缘计算、人工智能等新技术和新应用的推动，企业上云、设备上云进程将进一步加速，云计算在教育、健康、交通、政务、文化等领域的重大应用将进一步深化。大数据产业将继续蓬勃发展，融合应用不断深化。北京大数据产业引领全国，产业规模已经超过2000亿元，大数据产业与实体经济融合应用示范较为活跃，企业投资主导的大数据应用试点示范项目占比较大。随着物联网、云计算产业的深入发展，北京市大数据产业对经济社会的创新驱动、融合带动作用将继续增强。人工智能产业将加速与实体经济融合。北京市在人工智能领域应用技术领先、产业链条完善、落地场景丰富、产业集群优势明显、资本聚集助力创新活跃，将以北京国家新一代人工智能创新发展试验区为引领促进人工智能与

经济社会发展深度融合。北斗导航产业仍有巨大应用潜力。北京市作为国家北斗战略实施的发源地，已形成了完整的产业链和创新链，北斗导航与位置服务产业规模超过500亿元，在全国卫星导航相关产业城市经济规模中始终排首位，北斗在服务国防信息化、公共安全应急、智慧城市建设等方面仍具有巨大应用潜力。

五 政策建议

（一）着力推进信息产业“卡脖子”关键核心技术攻关

一是瞄准重大战略需求和未来产业发展制高点，加快推进5G、集成电路、人工智能等关键领域核心技术攻关，着力在基础软件、5G核心器件、高端芯片、核心算法等技术短板领域集中优势资源开展原始创新和集成创新。二是构建以国家实验室为引领的多层次、协同型科研体系。推动国家实验室与大学、企业及其他科研机构紧密结合，形成功能上的补充机制、成果上的共享机制以及人才上的流动机制，提升科研体系整体效能，缩短科技决策时间周期。三是通过发展新型研发机构积极探索科研体制机制创新，在战略性核心领域推动一批新型研发机构及基础研究平台建设，在基础条件建设、科研设备购置、人才住房配套、税收优惠等方面给予支持。四是支持优势企业建立高水平技术创新中心，联合上下游企业开展技术攻关、开放研发平台。鼓励企业建立海外研发中心、基础技术实验室，聚集全球技术要素及创新资源。

（二）紧抓5G应用创新，推动与信息产业融合发展

依托北京市5G技术领先、产业先发和市场庞大等优势，充分利用5G技术的平台型特征，推动信息产业硬件、软件、应用三方融合发展，加强5G技术与虚拟现实、物联网、车联网、超高清视频、边缘计算等信息产业的深度融合，以及对5G应用创新的支撑作用。一是依托北京市电子元器件、智能终端、软件等优势产业，快速布局5G器件产业、5G软件服务业，

大力研发适用于可穿戴设备、智能家居、智慧城市等应用的5G智能终端产品。二是根据重大工程、重大活动场所需要，积极构建5G应用生态。积极推动5G在自动驾驶、健康医疗、工业互联网、智慧城市、超高清视频应用等典型场景的示范应用。鼓励企业聚焦5G应用场景需求，研发定制化软件产品，为企业发展提供所需的软硬件环境。

（三）持续推进信息消费，深入挖掘内需潜力

紧抓建设综合型信息消费示范城市契机，一是推进智能可穿戴设备、虚拟/增强现实、超高清终端设备等产品的研发及产业化。增加智慧家庭产品供给，重点加大智能电视、智能音响、家庭服务机器人等新型消费电子产品供给力度。二是加快推进企业互联网化提升，促进云计算、物联网、大数据在工业企业的深度应用和创新应用。三是在智能家居、智慧医疗、智慧养老、智慧社区、智慧旅游等领域加强人工智能、地理信息服务、虚拟增强现实等技术的集成应用，为城乡居民提供方便、实用的新型服务。

参考文献

《2019年中国电子信息制造业发展形势展望》，赛迪智库，2020年3月31日。

中国信通院：《中国信息消费发展态势及展望报告（2019年）》，2019年3月27日。

乌贺铨等：《5G时代下加快江西信息产业融合发展的政策建议》，《江西科学》2020年第1期。

北京市统计局网站，http：//tjj. beijing. gov. cn/。

北京海关网站，http：//www. customs. gov. cn/beijing_ customs/index/index. html。

B.16

新形势下北京市传统制造业高质量发展的对策建议

李柏峰*

摘　要： 2018年，北京市第二产业中工业实现增加值4464.6亿元，其中现代制造业实现增加值2149.7亿元，占比仅为48.1%；规模以上工业总产值19212.9亿元，其中规模以上高技术制造业实现总产值4228.2亿元，占比仅为22%。从统计数据来看，北京仍有相当大比重的传统制造业，这些传统制造业对北京经济发展起着重要支撑作用，未来仍需要继续保留在京发展，按照当前首都城市功能定位要求，亟须对这些传统制造业进行全方位升级，推动产业整体实现高质量发展，支持全市现代化经济体系构建。

关键词： 北京　传统制造业　高质量发展

当前，我国经济已由高速增长阶段转向高质量发展阶段，正处在转变发展方式、优化经济结构、转换增长动力的攻坚期，推动实体经济高质量发展的关键在于推动质量变革、效率变革、动力变革，实现新旧动能转换。转换经济增长动力，不仅仅是培育新经济、发展新产业，还要推动传统产业尤其是传统制造业转型升级、提质增效。目前，北京正紧紧围绕首都城市战略定

* 李柏峰，北京方迪经济发展研究院部门经理，高级咨询师，主要研究方向为区域经济、产业经济、科技创新政策等。

位，加快推动非首都功能疏解。北京经济结构调整要同时把握好“存量”和“增量”，新增产业一定要符合全市高精尖产业发展方向；对于符合首都功能定位要求的存量传统产业，要通过技术改造实现转型升级，继续保留在京发展，支撑全市经济增长或者服务城市正常运转。

一 宏观环境分析

（一）全球经济秩序与产业发展正面临大调整大变革

当今世界正面临百年未有之大变局，经历着新一轮大变革大调整，大国战略博弈全面加剧，国际体系和国际秩序深度调整，不确定性因素明显增多。中国经济正进入更高层次发展阶段，科技创新与高端高新产业快速发展，产业转型正迈进产业链中高端领域。近年来，中美贸易摩擦表面上看是美国指责中国巨大贸易逆差，实质上是美国要延缓中国的经济发展，尤其是遏制中国科技创新和高科技产业的发展。美国通过加征关税、实施技术封锁等各种手段，对中国经济增长、高技术产业发展进行遏制，这势必会对我国经济发展产生一定负面影响。我们也要看到，西方发达国家对我国科技领域的遏制，既是机遇也是挑战，倒逼着我们必须加快自主创新，尽快掌握核心技术，进而推动产业升级。

（二）我国进入高质量发展建设现代化强国的新阶段

推动经济、社会、文化、生态等全方位高质量发展，是我国当前和今后一个时期确定发展思路、制定经济政策、实施宏观调控的根本要求，也是建成社会主义现代化强国的必由之路。伴随我国进入工业化中后期，我国经济由高速增长转向高质量发展阶段，正处在转变发展方式、优化经济结构、转换增长动力的攻关期。随着土地、劳动力等要素成本持续快速上升，资源环保约束趋紧，我国产业发展面临着中高端产业向发达国家回流、中低端制造业向成本更低的发展中国家分流、产业资本和社会资本向虚拟经济倒流，实体经济发展逐渐陷入成本高企、转型困难等困境，亟须通过科技创新推动实体经济高质量发展，加快构建实体经济、科技创新、现代金融、人力资源协同发展的现代化产业体系，推动经济转型升级对于跨越“中等收入陷阱”至关重要。在传统产业尤其是传统制造业领域，更需要加快科技创新，通过“互联网+”“智能+”等新技术手段改造提升传统产业，推进制造业高质量发展。

（三）北京市正全面落实新版总规推进城市深刻转型

为深入贯彻落实习近平总书记视察北京重要讲话精神，紧紧扣住迈向“两个一百年”奋斗目标和中华民族伟大复兴的时代使命，围绕“建设一个什么样的首都，怎样建设首都”这一重大问题，谋划首都未来可持续发展的新蓝图，北京市编制了新一版城市总体规划。北京进入城市更新、高质量发展的关键阶段，减量发展、绿色发展、创新发展、以人民为中心的发展是北京高质量发展的鲜明特征。当前，北京正紧紧围绕首都城市战略定位，全面推进减量发展、绿色发展、创新发展。推进减量发展，不是不发展，而是要在功能疏解、人口调控、建设用地减量的同时，为“四个中心”功能腾出更多的空间，做好“四个服务”，实现城市内部功能、人口、产业等在空间上的优化调整，实现更高质量、更可持续的发展。北京减量发展对全市产业结构调整、新旧动能转换提出了更为迫切的要求。

二　传统制造业发展现状分析

（一）全市传统制造业整体发展情况

2018 年，北京市传统制造业①规模以上企业工业总产值为 9661.3 亿元，占全市制造业规模以上企业工业总产值的 72.3%，传统制造业年平均用工人

① 本文传统制造业是指不含计算机、通信和其他电子设备制造业，以及医药制造业的其他制造业行业。

数合计60.0万人，占全市制造业的77.4%；传统制造业规模以上企业营收、利润和应缴税金分别为11304.8亿元、822.6亿元、791.4亿元，分别占全市制造业规模以上企业的71.5%、73.6%、79.8%（见表1）。2013~2018年，全市传统制造业工业总产值年均增速为0.56%，受非首都功能疏解影响，近几年传统制造业增长趋缓，2018年下降幅度较大，同比下降7.2%（见图1）。但是，传统制造业发展效益明显提升，2013~2018年全市传统制造业企业人均产值和营业利润率整体上均呈现上升态势（见图2、图3）。从细分行业来看，全市传统制造业细分行业总产值占比排名前三位的分别是汽车制造业，石油、煤炭及其他燃料加工业，电气机械和器材制造业，其中汽车制造业是前三位中唯一比重上升的产业，从2013年的34.8%提高到了2018年的41.9%（见图4），占比排名前五位的行业还有通用设备制造业和非金属矿物制品业。

表1　2018年北京市传统制造业经济指标

主要经济指标	传统制造业	全市制造业	占比(%)
规上企业数量(家)	2570	3055	84.1
规上企业工业总产值(亿元)	9661.3	13360.8	72.3
平均用工人数(万人)	60	77.6	77.3
规上企业营业收入(亿元)	11304.8	15803.9	71.5
规上企业利润总额(亿元)	822.6	1118.3	73.6
规上企业应缴税金(亿元)	791.4	992.2	79.8

资料来源：《北京统计年鉴2019》。

（二）重点传统制造业领域发展情况

2018年，北京市汽车制造、装备制造、都市工业以及建材产业四大传统制造业1767家规模以上企业实现工业总产值7267.3亿元，占全市规模以上工业企业总产值的37.8%；四大传统制造业规模以上企业年均用工人数合计44.8万人，占全市规模以上工业企业的49.9%；四大传统制造业规模

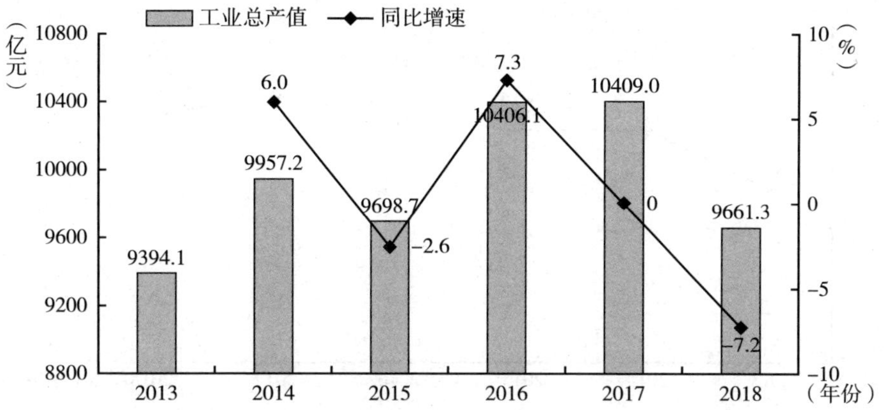

图 1　2013～2018 年北京传统制造业工业总产值及同比增速情况

资料来源：《北京统计年鉴 2019》。

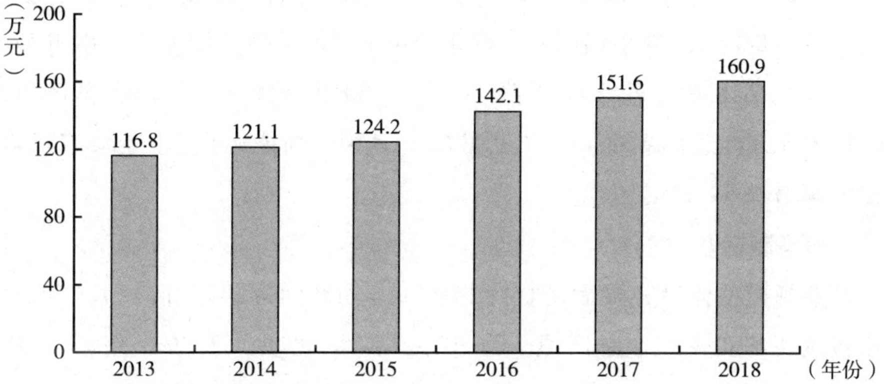

图 2　2013～2018 年北京规模以上传统制造业人均产值

资料来源：《北京统计年鉴 2019》。

以上企业资产、营收、利润和应缴税金合计分别为 12146.2 亿元、8498.4 亿元、644.5 亿元和 562.9 亿元，分别占全市规模以上工业企业的 25.3%、38.7%、42.1% 和 45.7%。

1. 汽车制造

整体产值与产销量下滑趋势较为明显，新能源汽车产量实现大幅增长。2018 年，全市规模以上汽车制造业企业实现工业总产值 4046.0 亿元，同比

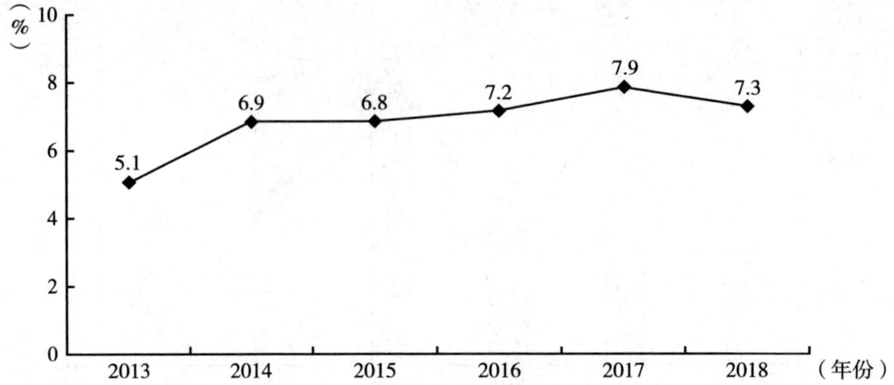

图3　2013～2018年北京规模以上传统制造业营业利润率

资料来源：《北京统计年鉴2019》。

下降9.9%（见图5）；2019年1～9月，汽车制造业营业收入3317.7亿元，同比增长2.8%，实现小幅回升。汽车产量下降幅度较为明显，2018年汽车产量为179.7万辆，较上年下降20.1%；2019年1～9月，汽车产量为119.1万辆，同比下降33.7%（见图6）。其中，新能源汽车产量12755辆，同比大幅增长53.7%。

2. 装备制造

产业规模整体呈先降后增再降趋势，人均产值逐年增高。2018年，北京市传统装备实现工业总产值1356.0亿元，同比减少2.7%，2013～2018年年均增速下降1.4%（见图7）。2014年以来，随着北京非首都功能疏解，部分装备制造领域企业数量减少，共减少了152家传统装备规模以上企业，占全市工业总产值的比重也呈先降后增再降的趋势，整体占比从2013年的8.2%下降至2018年的7.1%。从人均产出水平来看，2018年全市规模以上传统装备企业人均产值129.9万元，较2013年增长了55.1%，年均增长11.6%，行业用工人数减少，带动整个行业人均产值上升（见图8）。

3. 都市工业

产业规模呈现先降后升的发展态势，食品饮料是都市工业支柱行业。2018年，全市都市工业的总产值为1400.6亿元，同比增长2.0%，2013～

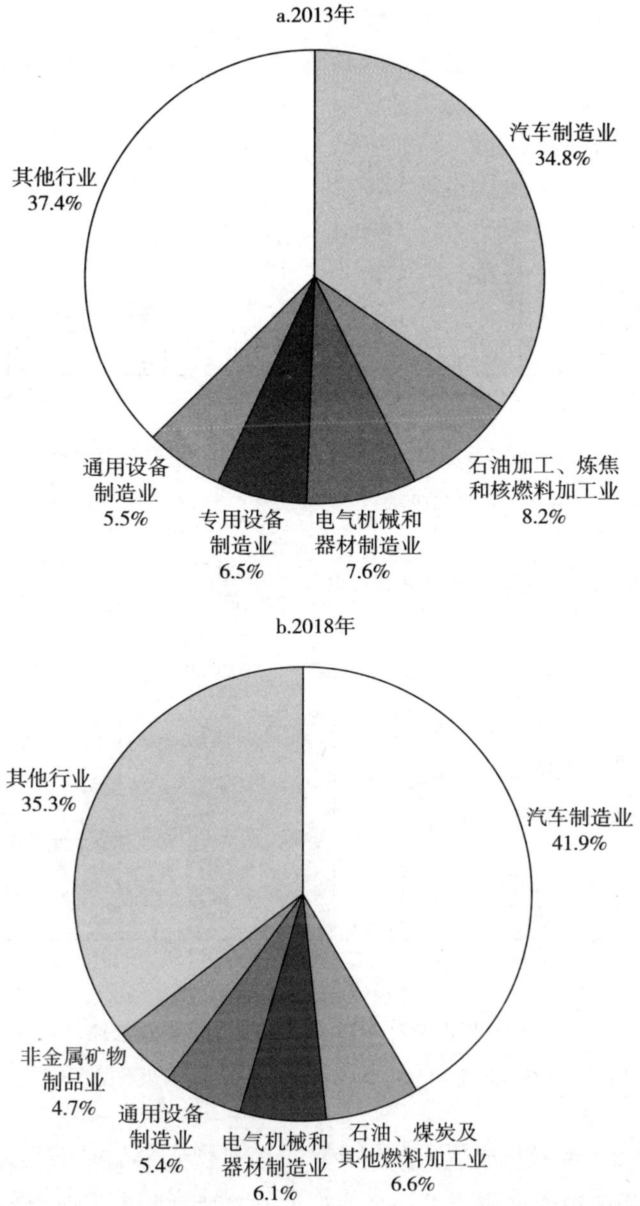

图 4　2013 年、2018 年北京传统制造业分行业占比情况

资料来源：《北京统计年鉴 2014》《北京统计年鉴 2019》。

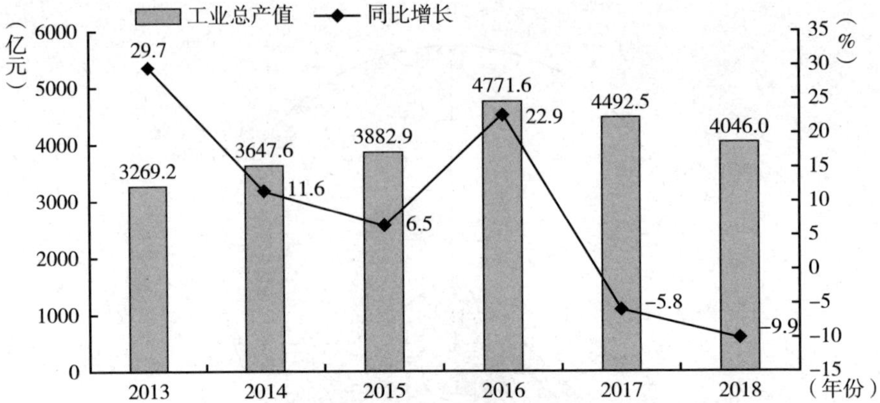

图 5　2013～2018 年汽车制造企业工业总产值及增速

资料来源：《北京统计年鉴 2019》。

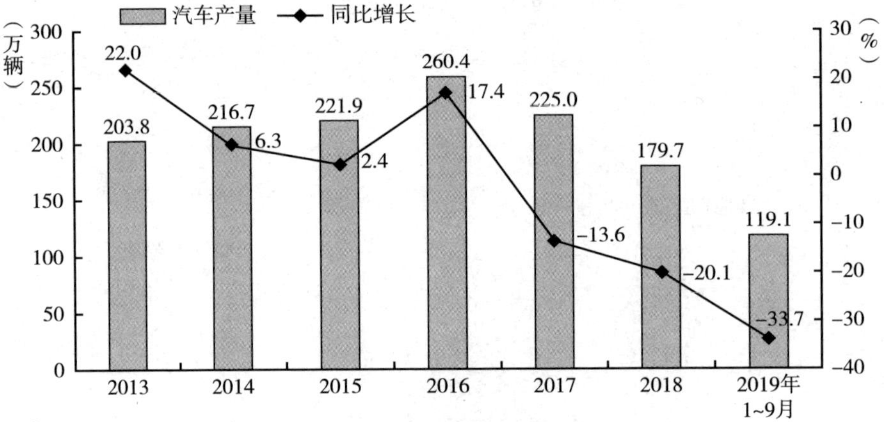

图 6　2013 年至 2019 年 9 月汽车产量及增速

资料来源：《北京统计年鉴 2019》、北京统计局官方网站月度数据。

2018 年总产值年均增长率仅为 0.04%，整体呈现先降后升的趋势（见图 9），一批不符合首都功能定位要求的企业被关停并转，都市工业规模以上工业企业数量比 2013 年减少 124 家；占全市工业总产值的比重在大幅下降后趋于稳定，占比从 2013 年的 8% 下降至 2018 年的 7.3%；其中，食品饮料行业实现产值 868 亿元，是支撑都市工业发展的支柱行业（见图 10）。

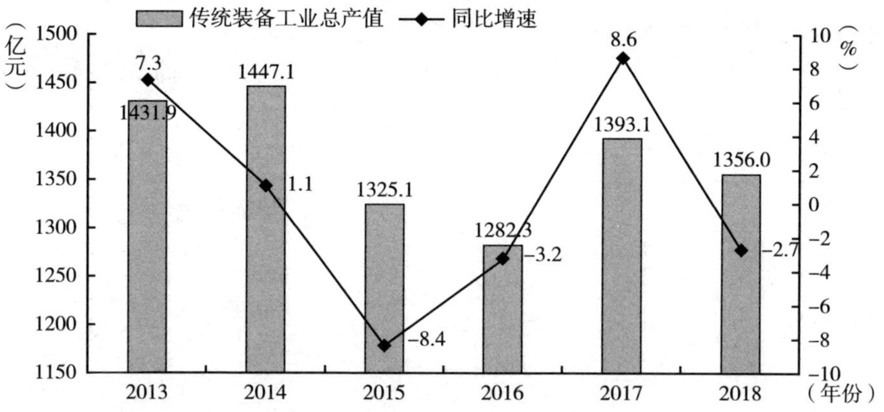

图 7　2013～2018 年全市传统装备工业总产值及增速

资料来源：《北京统计年鉴 2019》。

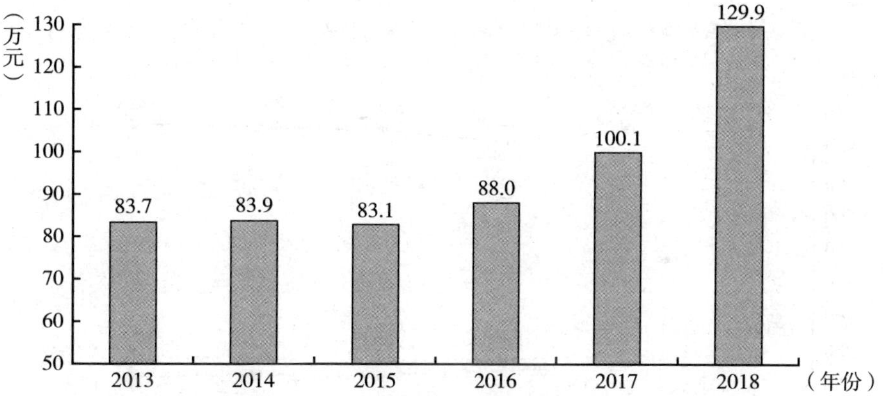

图 8　2013～2018 年规模以上传统装备企业人均产值

资料来源：《北京统计年鉴 2019》。

4. 建材产业

产业规模整体呈下降趋势，污染排放较大的细分产业领域的下降趋势更为明显。受房地产宏观调控和非首都功能疏解等因素影响，全市全社会固定资产投资增速放缓，相应的建材产品需求增速也随之放缓。2019 年 1～9 月，全市建材产业营业收入实现 369.1 亿元，同比下降 5%。2018 年全市建材产业的总产值为 464.3 亿元（见图 11），2013～2018 年产业总产值的年均

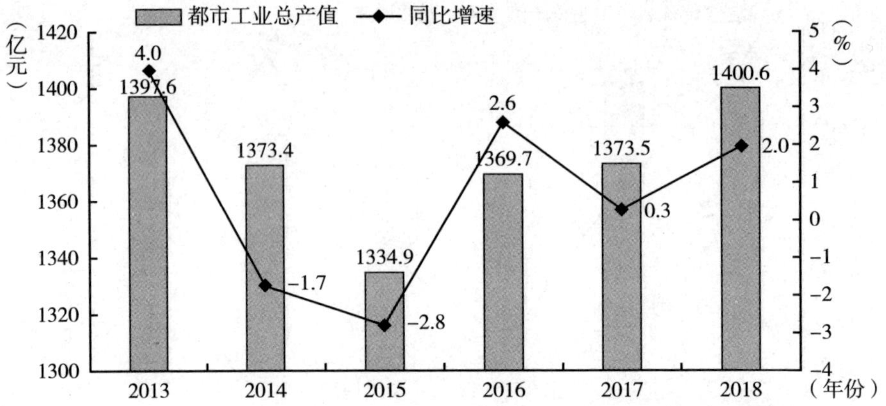

图 9　2013～2018 年都市工业总产值及同比增速

资料来源：《北京统计年鉴 2019》。

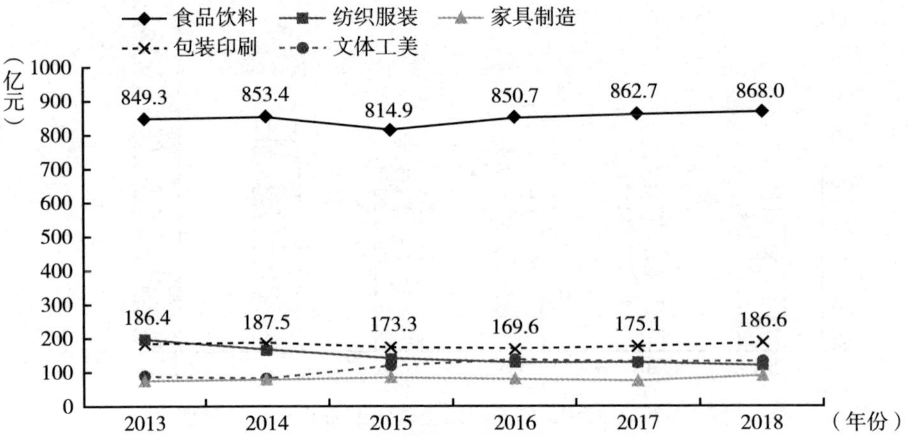

图 10　2013～2018 年都市工业分行业产值

资料来源：《北京统计年鉴 2019》。

增速为 -1.64%，总体呈下降趋势。2018 年，全市规模以上建材企业共 223 家，比 2013 年减少了 49 家；建材产业占全市工业总产值的比重从 2013 年的 3% 左右降至 2018 年的 2.4% 左右。从钢材、水泥、耐火材料制品等主要建材产品产量来看，总体呈现减少趋势，特别是污染排放较大的沥青和改性沥青防水卷材产量降幅最大，与 2013 年相比，2018 年产量降幅达 90.6%

（见图 12）。建材产业正在转型升级的过渡期，留京的建材企业将不断调整产品结构与生产布局，以适应更高标准的环境监管要求和消费升级趋势。

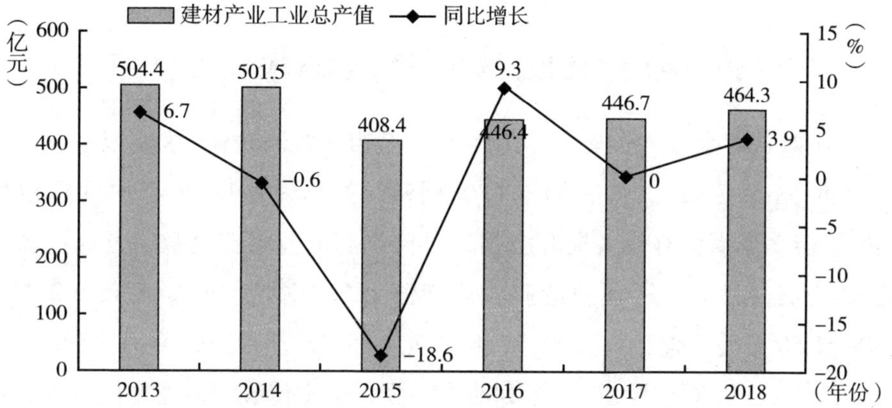

图 11　2013～2018 年北京建材产业总产值及同比增速

资料来源：《北京统计年鉴 2019》。

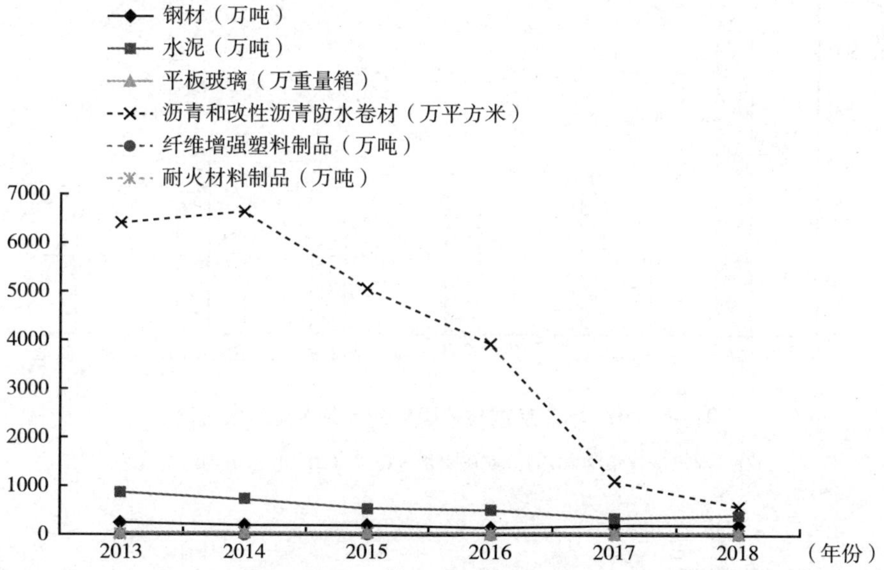

图 12　2013～2018 年北京主要建材产品产量变化

资料来源：《北京统计年鉴 2019》。

三　传统制造业发展面临的突出问题

（一）传统产业增长缓慢，发展质量效益有待提高

传统制造业企业增长乏力，2018 年，全市传统制造业[①]规模以上企业工业总产值同比下降 7.2%，增速持续回落，2013～2018 年年均增速仅为 0.6%。劳动效率仍有较大提升空间，以传统制造业中劳动效率最高的汽车制造业为例，北京市汽车制造业人均产值为 322 万元，比上海市（272 万元[②]）高 50 万元，但比广州市（340 万元）低 18 万元、比美国（522.9 万元）低 201 万元（见图 13）。盈利能力不强，全市传统制造业规模以上企业营业利润率为 7.5%，比上海市（9.8%）低 2.3 个百分点。

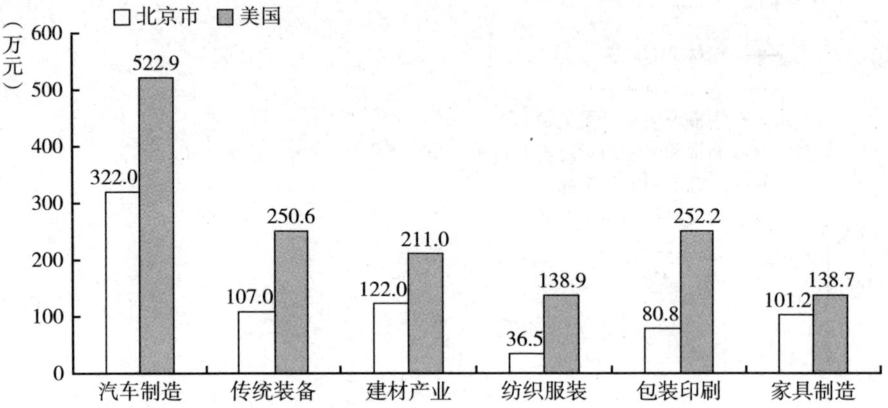

图 13　2018 年北京市与美国部分行业人均产值对比

资料来源：《北京统计年鉴 2019》，美国经济分析局（BEA）官方网站。

① 出于数据可获得性与可比性的考虑，本文的传统制造业均采用国民经济行业分类（GB/T 4754－2017）制造业行业门类中除医药制造业、计算机、通信和其他电子设备制造业以外的制造业行业数据。

② 数据来源于《上海统计年鉴 2018》。

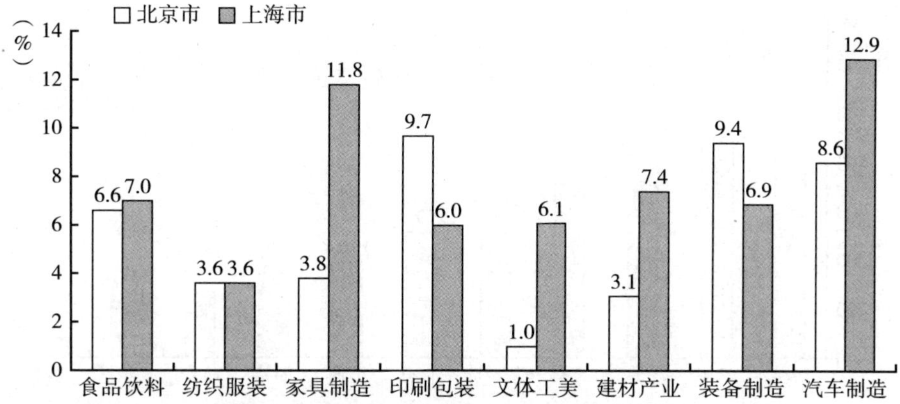

图14 2018年京沪两地传统产业分行业营业利润率对比

资料来源：《北京统计年鉴2019》，上海市统计局官方网站。

（二）本土行业龙头企业较少，品牌和竞争力有待提升

隐形冠军企业较少，入围全国前四批单项冠军示范企业、培育企业和单项冠军产品名单的企业共514家，其中，浙江、山东、江苏位居全国前三，分别有102家、99家、76家，而北京仅18家。龙头企业中本土企业较少，入围“2019中国制造业企业500强”TOP100[①]的在京企业共26家。其中，本土企业仅北汽、联想、首钢、小米等9家，其余均为在京央企。品牌竞争力较弱，比如，2018年奔驰汽车以603.6亿美元的品牌价值稳居全球首位（见图15），而北汽的品牌价值仅156.6亿元人民币[②]。

（三）创新能力不强，对经济转型升级带动力有待增强

创新投入力度不足，2017年，全市规模以上工业企业R&D人员折合全时当量[③] 52719人年，不足深圳市的1/3（164381人年），也低于上海市

① 在2019中国500强企业高峰论坛上，中国企业联合会、中国企业家协会联合发布了“2019中国制造业企业500强榜单”。

② 数据来源于中国经济网发布的2018年中国品牌价值百强榜。

③ R&D人员折合全时当量是指全时R&D人员数加非全时R&D人员按工作量折算为全时人员数的总和。例如，有两个全时人员和三个非全时人员（工作时间分别为20%、30%和70%），则全时当量为2+0.2+0.3+0.7=3.2人年。

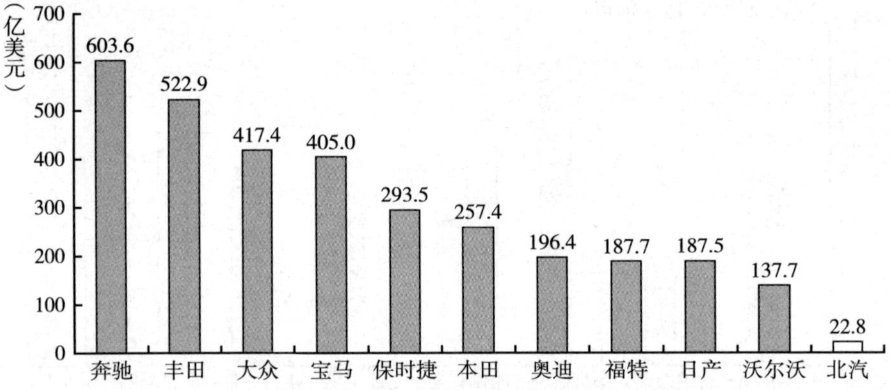

图 15　2018 年全球汽车品牌价值排行榜 TOP10

资料来源：中国企业联合会、中国企业家协会联合发布的“2018 中国制造业企业 500 强榜单”。

(88967 人年)；传统制造业规模以上企业 R&D 经费内部支出 144. 3 亿元，还不及上海市汽车制造业一个行业的 R&D 经费内部支出（165. 7 亿元）。创新对工业企业转型升级的支撑作用不强，北京市规模以上工业企业新产品销售收入占主营业务收入的比重为 19. 9%，比上海市（26. 6%）低 6. 7 个百分点。“卡脖子”技术与核心零部件研发制造能力有待增强，比如，装备制造业中用于集成电路生产制造的关键设备光刻机，全球市场基本被荷兰的阿斯麦、日本的尼康和佳能三家企业垄断。

（四）北京资源成本高企，制造业发展面临竞争压力

工业企业成本较高，2018 年全市规模以上工业企业每百元主营业务收入中成本为 94. 7 元，比全国平均水平高 10. 9 元，比上海市高 14. 5 元。其中，土地成本持续大幅上涨，比如，2009 年顺义区工业用地平均成本约 50 万元/亩，2019 年已增至 220 万元/亩，是上海浦东新区 2019 年工业用地平均出让价格的 2. 2 倍；① 劳动力成本领跑全国，2018 年北京市城镇非私营

① 数据来源于上海市规划和自然资源局，截至 2019 年 10 月 22 日，上海市浦东新区挂牌出让 4 块工业用地，平均出让价格为 101. 6 万元/亩。

单位年均工资为145766元，比上海市高5496元，比深圳市高35462元。首都环境高标准下企业环保技改成本较高，比如，北京黎明文仪家具公司进行的水性漆技改项目，仅设备和厂房改造就花费4000万元。

表2　全国经营成本最高的30个城市排名

排名	城市	省份	劳动成本指数	办公成本指数	能源成本指数	税收成本指数
1	北京	北京	2	1	2	1
2	深圳	广东	1	5	64	3
3	上海	上海	3	2	1	2
4	杭州	浙江	4	8	45	6
5	厦门	福建	5	36	6	8
6	珠海	广东	6	10	3	17
7	广州	广东	7	3	26	39
8	南京	江苏	10	9	13	14
9	天津	天津	12	4	51	23
10	苏州	江苏	9	24	39	9
11	昆山	江苏	22	42	42	4
12	义乌	浙江	8	44	7	35
13	余姚	浙江	28	80	11	5
14	宁波	浙江	13	44	81	7
15	大连	辽宁	33	6	47	15
16	济南	山东	32	7	25	37
17	福州	福建	19	34	27	27
18	温州	浙江	11	23	68	55
19	长沙	湖南	42	15	4	32
20	青岛	山东	24	13	43	30
21	武汉	湖北	30	22	29	26
22	东莞	广东	16	37	38	70
23	常熟	江苏	23	68	9	28
24	廊坊	河北	17	58	85	12

续表

排名	城市	省份	劳动成本指数	办公成本指数	能源成本指数	税收成本指数
25	石家庄	河北	35	35	5	87
26	成都	四川	43	11	28	54
27	慈溪	浙江	15	100	55	21
28	海宁	浙江	40	116	18	11
29	无锡	江苏	21	49	93	19
30	温岭	浙江	26	89	12	31

资料来源：《福布斯中国发布经营成本最高的 30 个城市榜单》，https：//baijiahao. baidu. com/s? id = 1618820061383241148&wfr = spider&for = pc，2018 年 12 月 3 日。

（五）周边产业配套不完善，产业集群竞争力有待提升

津冀地区短时间内很难形成较完善的产业配套和集群支撑，传统制造业供应链已在全国形成相对较完善的固有配套体系，2019 年北京市政协对全市 207 个主导产品关键零部件配套情况调查的结果显示，接近三成的主导产品在京津冀地区"零配套"，而长三角和珠三角地区的制造业配套已相对完善，比如，上海市仅上海电气一家企业在江苏省就拥有超过 500 家配套企业。另外，京津冀产业对接与协同创新还面临资源分散、土地环保指标约束以及利益共享机制不完善等问题。

四 推动传统制造业高质量发展的思路与对策建议

推动全市传统制造业转型升级与高质量发展，要深入落实新时期首都城市战略定位要求，重点明确五个方面的工作思路：一是疏提并举，推动传统产业结构升级，就地淘汰一批"三高一低"制造企业与生产环节，引导继续保留在京发展的传统制造业企业进行技术改造升级；二是创新突破，迈向传统产业价值链高端，强化工业"四基"建设，打造传统制造业核心竞争力，加强关键核心技术研发和先进工艺高端化改造；三是两化融合，形成传

统产业竞争新优势，加快传统制造业专业化、服务化发展，推动向服务型制造转变，强化“互联网+”思维，促进传统产业与新业态的融合；四是全程管控，实现传统产业绿色发展，严格排放标准，加强总量管控、全过程监管；五是联动津冀，完善传统产业供应链体系，合理布局京津冀产业分工，理顺产业发展链条，以创新引领产业协作，全面提升城市群产业承载能力。

（一）分领域推进传统制造业高端化升级

1. 汽车制造

重点支持传统汽车制造智能化升级改造，继续强化新能源汽车和智能网联汽车发展布局，支持汽车关键零部件以及智能网联技术研发，引导车企向电动化、智能化、网联化方向转型升级。做好京内汽车产业布局，重点以顺义区、亦庄开发区为龙头发展高端汽车、新能源汽车整车制造与核心零部件研发制造，以昌平区、大兴区及房山区等为关键支撑区域完善汽车关键零部件、配套环节。加强与沧州工厂、北汽黄骅基地、保定汽车产业基地的联动发展。

2. 装备制造

突破精密零部件、智能控制系统、技术集成系统、精细加工工艺等核心零部件与基础制造技术。加大力度支持行业头部企业用足用好高档数控机床与基础制造装备专项、智能制造专项、首台（套）重大技术装备专项政策。打造装备制造特色产业园区，支持企业建立装备制造产业云服务创新平台。

3. 都市工业

构建“北京总部+外地生产制造”的总部经济格局。瞄准国际市场研发新品和销售策略，提高产品海外市场占有率。探索利用腾退后楼宇空间、老旧厂房，建设都市工业产业创意设计中心。

4. 建材产业

重点发展绿色建材产品、智能建筑、装配式建筑规划设计、检验检测等产业环节。充分发挥城市副中心、大兴国际机场等重大建设工程项目的示范带动作用，积极推广环保、安全、绿色建材产品。

（二）精准支持“卡脖子”和核心技术创新突破

编制“卡脖子”技术和核心零部件清单，设立专项基金予以重点支持，建立“立军令状”式组织模式推动关键核心技术与产品创新突破。聚焦新能源智能汽车、装备制造等重点领域，引导龙头企业牵头组建一批多元化投资、多样化模式和市场化运作的新型制造业创新中心。设立传统制造业引导基金，吸引更多社会资本参与，重点支持传统产业技术升级改造、节能减排、两化融合以及新技术应用等项目。

（三）推动企业智能化服务化绿色化升级

实施智能制造技术改造，推进“智造100”工程，积极申报国家级示范项目，支持基于5G技术的工业互联网项目建设，探索云制造服务模式；引导并支持工业企业智能化改造诊断服务。培育一批服务型制造示范企业，积极协调申请国家级服务型制造示范企业、示范项目。加快构建传统产业绿色制造体系，支持市属国企率先开展绿色制造试点应用，对考核优秀的企业给予政府采购、专项资金、改扩建指标调整等方面的支持。

（四）专注提升企业产品品质和品牌价值

支持企业开展标准化提升行动，对照行业国际标准对现有生产线、生产工艺流程、生产管理方式等进行升级改造。支持企业实施品牌价值提升行动，对获得国家级质量奖、入选各行业全球榜单50强的企业，在行政审批、专项资金申请、重大项目申请等方面给予优先支持。聚焦关键领域培育“隐形冠军”企业，在研发投入、员工培训、国际贸易、品牌培育、融资、市场拓展等方面予以优先支持。提高企业国际合作能力和水平，围绕传统产业引进国际知名的中小企业和科研机构，支持企业参加国际性展览活动，鼓励传统制造领域企业参与央企“一带一路”重大建设项目。

（五）加快京津冀传统产业一体化发展

针对传统制造业领域的关键核心技术成立京津冀区域专业技术联盟，联合龙头企业、高校、科研院所等共同参与，根据联盟实际成效给予多元化支持。牵头组建跨行业跨区域工业互联网平台，降低企业上平台、用平台的费用，积极争取国家在网络安全方面的政策和资金支持。支持龙头企业建立京津冀区域产业供应链体系，积极搭建交流平台，协调津冀两地政府部门做好产业供应链企业在京周边布局。加快京津冀区域统一市场体系建设，进一步完善京津冀跨区域高新企业认定制度、税收分享机制、特色产业异地监管制度等创新举措。

（六）营造良好的国际一流营商环境

创新人才引进与培养机制，制定全球顶尖创新人才引进专项行动计划，推广“企校双制、联合培养”的新型学徒制培育模式，支持校企联合培养人才，策划举办市级传统产业工匠技能大赛，完善住房保障、教育、医疗等方面的人才服务保障机制。加强正向激励保护企业家精神，充分激发民营经济活力，营造尊重和激励企业家干事创业的社会环境。统筹使用低端低效产业用地支持传统制造业发展，建立市级土地资源台账，集中乡镇集体用地布局特色产业基地。营造更加便利的政务环境，压缩投资项目前期审批事项和环节，推行企业项目承诺制。有效降低企业各项运营成本，做好小微企业普惠性减税政策措施，降低企业用电、用气、物流运输、用网、用地等各项成本。

B.17
北京冰雪运动产业发展路径研究

孙 莉*

摘 要： 目前，北京冰雪运动产业利好政策密集出台，市场潜力巨大，但是产业规模相对较小，抵御风险能力较弱，人才成为发展中的瓶颈。冬奥会从供给侧和需求侧给冰雪运动产业发展来了良好的契机，同时区域竞争激烈也是北京冰雪运动产业发展面临的挑战。基于北京冰雪运动产业的定位，本文提出完善政策引导体系、精准发力重点板块、加强危机管理、提高场馆服务质量、强化人才培养、区域产业合作等政策意见。

关键词： 冬奥会 冰雪运动 产业

一 北京冰雪运动产业发展现状特征及问题

（一）利好冰雪运动产业的发展政策密集出台

2015年北京冬奥会成功申办以来，国家和各级政府对冰雪运动产业尤为重视，密集出台了相关政策，支持冰雪产业的发展。2016～2019年，国家先后出台了《关于以2022年北京冬奥会为契机大力发展冰雪运动的意见》等政策，各级政府陆续出台了相关文件。北京作为冬奥会的主办城市之一，市级层面出台了《北京市人民政府关于加快冰雪运动发展的意见

* 孙莉，博士，北京社会科学院经济研究所助理研究员，研究方向为区域经济。

(2016~2022年)》及七项配套规划(以下简称"1+7"文件)、《北京市支持校园冰雪运动发展项目管理办法(试行)》等。其中北京市"1+7"文件是全国首次以地方政府名义出台的冰雪运动发展规划，明确了冰雪工作的七项核心任务——群众冰雪、竞技冰雪、青少年冰雪、冰雪体育产业、冰雪赛事、冰雪场地设施和冰雪运动人才。在区级政府层面，昌平区出台了冰雪产业发展引导资金政策，延庆区印发《北京2022年冬奥会和冬残奥会带动延庆冰雪产业发展战略规划》的通知，海淀区制定了《海淀区发展冰雪运动行动计划(2016~2022年)》，各区积极出台政策支持冰雪产业发展。从国家、北京到区县，北京市形成了冰雪产业良性发展的政策环境。

(二)北京冰雪运动产业蕴含巨大市场潜力，处于发展的黄金期

就体育运动而言，冰雪运动属于高消费运动，受众需要有较强的经济实力。2019年北京人均GDP约2.4万美元，人均可支配收入达到6.7万元。从人均地区生产总值和可支配收入看，北京处于冰雪运动产业发展的黄金期。2016年北京市冰雪产业规模已经达到100亿元。以2018年为例，北京人均滑雪费用在400~500元，滑雪人数为176万，滑雪产业的收入在7亿~8亿元。根据《北京市人民政府关于加快冰雪运动发展的意见(2016~2022年)》，到2022年全市冰雪产业规模达到400亿元，实现增加值80亿元左右。

青少年群体具有较大的发展空间。截至2019年12月，北京市中小学生上冰上雪人数达到84万，较2018年的统计数据翻一番。北京市青少年滑雪队注册人数已经达到百人，较2017年翻了4倍。全市注册青少年冰雪运动员已经达到3500人，区级冰雪运动队达到110支。在目前已经接受过冰雪运动培训的人群中，18岁及以下的青少年群体只有38%，市场份额较小。随着鼓励青少年参与冰雪运动，预计青少年群体将成为冰雪运动市场的潜在强劲增长群体。

(三)冰雪运动产业基础相对薄弱，抵御风险能力低

相较于东北地区和张家口，北京的冰雪运动产业发展历史较短，且规模

较小。2018～2019年雪季，吉林省冰雪旅游收入达到1698.08亿元。仅北大壶度假区接待滑雪人数46.7万人次，增长55.7%，增速居全国第一；万科松花湖度假区接待滑雪人数55.2万人次，增长45%，接待人数在全国滑雪场排名第一。张家口崇礼区在2017～2018年雪季接待游客284.2万人次，实现旅游收入20.8亿元。张家口冰雪旅游收入高达288.2亿元。吉林和张家口冰雪旅游收入得益于优越的自然资源条件、知名的冰雪旅游品牌。相较于吉林、张家口，北京在2017～2018年雪季滑雪场总营业收入约为2.23亿元。根据《2018年中国冰雪产业白皮书》，冰雪产业体系由冰雪旅游（健身休闲）、冰雪赛事表演、冰雪运动培训、冰雪装备制造、冰雪运动营销五大板块组成。目前，北京以冰雪旅游为主，其他四个板块处于起步期，发展规模相对较小。

冰雪运动产业的特点就是季节性，淡旺季明显，尤其体现在滑雪产业。滑雪运动受到气候和自然条件的影响，尤其是自然雪场，存在“一季养三季”的特点。也就是说，雪季营业收入占全年营业收入的80%以上，其余的三个季节属于维护保养。2020年的新冠肺炎疫情使得冰雪运动的客流锐减60%～70%，原本处于旺季的冰雪运动场馆均处于关闭状态。人员场地闲置，成本却不减，雪场营业期缩短，遭受重创。这给北京乃至全国的冰雪运动产业带来了沉重的打击。北京冰雪产业规模小，资金积累较少，抵御外来风险的能力较弱。

（四）冰雪运动场馆规模不断增大，空间呈现分布不均

在“冰球热”“冰雪旅游”等热潮的带动下，北京的冰雪设施场馆不断增加，规模逐渐扩大。2018年北京市共有市内冰场40座，室外冰场53座，数量居全国首位。北京市冰场呈现出中心城区多、郊区少的空间分布。朝阳、海淀拥有冰场数量较多，而昌平、房山拥有冰场数量少。从雪场数量来看，目前运营的雪场一共有20座，其中80%是自然山体的雪场，主要分布在延庆、密云、平谷等山区。从雪场的类型来看，北京的雪场属于城郊学习型雪场，主要服务于本地居民。

（五）人才成为制约冰雪运动产业发展的瓶颈

随着冬奥会的成功申办，冰雪运动从“冷”冰雪变成“热”市场。从需求方面来看，随着冰雪运动逐步大众化、场馆规模数量不断增加，各类冰雪场馆运营管理人才、运动培训机构和院校师资人才的需求缺口不断增大。根据预测，2022 年冬奥会大约需要冰雪专业人才 8 万人。与之形成鲜明对比的是，北京体育高校、职业学校乃至全国体育高校培养的冰雪运动专业人才的数量远远不能满足需求。冰雪人才不仅在数量上奇缺，而且在质量和结构上不合理。以滑雪产业为例，不少滑雪教练缺乏资质认证。

二　北京冰雪产业发展的机遇与挑战

（一）冬奥会给北京冰雪产业带来的机遇

冬奥会的成功申办给北京冰雪运动产业发展带来一系列的利好。从产业发展环境来说，筹办阶段密集出台的各项政策带来了基础设施的完善、冰雪运动的普及等，形成了良好的政策环境。从供给侧来说，有利于产业发展的资金、人才、技术要素快速集聚。从需求侧来说，冬奥文化不断深入，培育了强大的潜力市场。在冬奥会的赛前、赛中、赛后不同阶段，对产业的集聚、扩散以及裂变产生影响，对冰雪运动的核心产业、衍生产业和相关产业均产生不同的影响。从细分产业来看，冬奥会对冰雪运动细分产业的产业结构、价值链、关联度、产品品质、产业布局等产生影响。北京的冰雪产业基础薄弱，产业链条尚未形成，冬奥会带来全国资源的重新配置。北京如果能把握这一机遇，对于建设“四个中心”的战略定位将会形成有益的补充。

（二）北京冰雪运动产业面临的挑战

区域竞争激烈是北京冰雪运动产业面临的直接挑战。随着冬奥会的成功申办，国家及各地区制定了相应的鼓励冰雪运动产业发展的政策。由于独特的气候条件和资源，黑龙江、吉林、辽宁等拥有完备的冰雪运动场地，冰雪运动产业链相对完整，冰雪运动产业发展较快。近年来大部分的冰雪运动赛事均由这些省份承担。在政策的影响下，其他地区借助冬奥会来开展冰雪运动，发展冰雪装备制造等相关产业，竞争十分激烈。原有的冰雪运动产业的市场格局和新生的竞争对手，使北京冰雪运动产业发展面临严峻的挑战。

三　北京冰雪运动产业的定位

在京津冀协同发展与冬奥会成功申办的背景下，北京立足于冰雪资源禀赋、密集的政策优势与巨大的客源市场优势，充分考虑冰雪产业对高精尖经济结构的重要影响，遵循冰雪产业发展规律，将建设为冰雪旅游体验目的地、冰雪运动赛事与培训中枢、冰雪运动营销平台和冰雪运动科技研发创新中心。

冰雪旅游体验目的地是建立在冰雪运动产业与旅游业产业融合发展的基础上，将北京丰富的旅游客源引导至冰雪运动及其周边地域形成的冰雪旅游综合体，形成冰雪＋旅游融合产业。

冰雪运动赛事与培训中枢是依托首都举办国际运动赛事的优势，以及发达的第三产业，形成赛事与培训的中枢。

冰雪运动营销平台是借助首都丰富的网络资源以及媒体平台资源，发挥北京城市品牌效应，促使北京成为中国冰雪运动营销的总部。

冰雪运动科技研发创新中心是北京高精尖经济结构的重要组成部分。北京运动科技研发创新中心依托于丰富的创新资源，进行研发、设计、创新，将科技成果输出到周边冰雪装备制造产业，形成良好的产学研体系。

四　北京冰雪运动产业发展的路径与对策

（一）根据产业全生命周期，完善政策引导体系

遵循冰雪产业的发展规律，在不同产业发展阶段精准施策。北京冰雪产

业的生命周期与冬奥会的举办有密切的关系。在冬奥会筹备和举办阶段，也就是冰雪产业起步和成长的阶段，应促进产业发展各类要素快速集聚，培育良好的市场环境是政策的重点。在这一阶段，应积极制定鼓励冰雪产业发展的资金、技术、场馆、人才等方面的政策，促进要素快速集聚，夯实产业基础，培育市场环境。在后奥运时期，政策利好逐步减少，投资增长减速，市场的力量逐步成为产业发展中的主导力量。这一阶段应充分基于冬奥品牌影响力，以赛事营销、人才培育为重点。冰雪产业中的某些细分产业健康持续发展，而一些产业出现“奥运低谷现象”。后奥运时代政策应更多地聚焦奥运遗产的利用，以及产业退出机制的建立。因此，建立完善的产业全生命周期政策，对产业的健康发展具有重要的意义。

（二）精准发力重点产业板块，推动高质量发展

从冰雪产业的五大板块来说，冰雪旅游、冰雪运动培训、冰雪赛事表演、冰雪运动营销是重点发力的板块。充分发挥首都旅游资源丰厚的优势，基于冰雪运动的场馆及周边环境，建设冰雪旅游度假综合体，形成冰雪运动、康养健身、文化休闲、度假养生等一系列冰雪旅游产品，彰显北京冰雪旅游的独特优势。积极利用北京强大的教育资源和人才优势，针对冰雪运动受众人群画像，开展线上与线下相结合的多种形式的冰雪运动培训，为冬奥会培养各类所需人才。基于北京奥运会的场馆资源，以及举办大型赛事的成功经验，积极引进世界知名的冰雪运动赛事表演，预热冬奥会，举办竞技体育赛事、群众体育赛事等不同类型的赛事，通过赛事表演发展相关的衍生产业。充分使奥运周期与营销逻辑相结合，在场馆和消费驱动时期，冰雪营销应以政府为主导；在冰雪热点时期，依靠媒体推动冰雪热点营销；在品牌赞助等方面以奥组委为主导，以拥有优质用户、版权资源、社交生态的媒体来引领冰雪营销。冰雪装备制造并不是北京的强项，要充分发挥科技中心的优势，提升冰雪装备的研发水平，将研发的成果用于冰雪装备制造业，提升冰雪装备制造业的科技含量。

（三）加强企业危机管理，增强产业发展韧性

危机是每个企业、每个行业在发展过程中都不可避免要遇到的问题。如何转危为机、化险为夷需要企业在常态的发展中具有危机管理意识，建立危机管理制度。基于冰雪运动产业的季节性特点，若没有危机管理经验，产业的发展必然遭受重创，一蹶不振。政府部门应制定扶持冰雪产业发展的政策，同时居安思危，积极制定危机管理的产业政策。例如，在疫情期间，政府对滑雪场的水、电费用进行适当的补贴，对租金、税收进行相应的减免，并拨付一定的资金帮助企业“补血”，开展非雪季经营，帮助企业更好地实现“造血”。对于冰雪场馆的银行贷款在疫情期间银行应给予适当的利息减免，或者利息延期还款等。对于企业来说，要建立一套相对完善的危机管理体系，尤其是要考虑极端情况的出现。滑雪场等企业适当采取“四季经营”，熨平淡旺季之间的起伏。在冰雪运动的淡季，利用闲置资源，可以与其他体育运动和行业结合，基于自身条件举办山地运动、露营、音乐节等项目。此外，与教育机构合作，利用场地开展青少年体育运动研学、营地教育等活动，从非雪季经营中找到新的“钱途”。

（四）均衡布局场馆设施，提升服务质量标准

扩大冰雪场地的供给，采取“外雪内冰”的布局策略，科学规划布局冰场场地。滑雪场应积极提升现有场地的规格与服务标准。均衡布局冰场，北京每个区至少建设一个具有规模的固定冰场，社区建设多个临时性可拆装冰场。鼓励大型商业设施建设市内人工滑雪场地与冰场，促进冰雪设施布局均衡化。结合北京城市总体规划，加快冰雪场馆标准体系的完善，建立北京冰雪场地的规划建设标准、安全准入标准与风险管理标准。推动冰雪俱乐部星级管理，提高冰雪产业的管理运营水平，提升冰雪场地的服务质量。

（五）强化冰雪人才培养，增强产业发展持久力

从北京冰雪产业人才的培养、储备、发展等方面着手，短期满足冬奥会

对冰雪产业的人才需求，长期符合产业健康持续发展的需求。北京体育院校和职业学校，根据资源特色设置专业的冰雪课程，全方位培养冰雪管理、竞技、服务、工程、开发和教育等各类人才。加强体育专业院校与冰雪俱乐部的合作，实施冰雪人才“破冰”计划。在中小学普及冰雪知识，加快冰雪体育教师队伍建设，鼓励青少年研学基地加入体育运动营，推动青少年冰雪教育的发展。建立北京与东北三省、河北等具有冰雪体育专业优势的高校合作机制，联合培养场馆运营、赛事组织、运动竞技、场地服务等冰雪专业人才。利用北京的政策优势，从全国乃至全球积极引入高层次的冰雪专业人才。培育一批专业的适合各层次的冬季项目教练与管理人才，加强国际交流与合作，推动北京冰雪人才的培养、储备和发展。建议采用政府购买服务的形式，借鉴石景山冰雪运动志愿者培育项目经验，培养专业能力强、服务素质高的冰雪运动职业服务生力军。

（六）协调区域产业合作，形成互补共赢格局

加强北京与河北张家口等地区在冰雪产业方面的合作。两地要做强冬奥会的冰雪核心产业、做大衍生优势产业、做强新兴关联产业。北京重点发展冰雪旅游、冰雪运动培训、冰雪营销等产业，河北重点发展冰雪装备制造业、冰雪赛事等。强化京冀两地在冰雪制造业的分工与合作，北京以研发为主，河北则以中试和大规模生产为主。此外，北京人才、资金、技术优势与河北的场馆优势相结合，借助京张高铁带来的巨大客流资源，建设京张冰雪产业发展带，形成区域共赢的局面。

参考文献

康露：《北京市滑雪场发展现状及对策》，《中国会议》2019 年第 11 期。

林显鹏：《2025 年中国冰雪产业发展趋势与对策研究》，《中国会议》2019 年第 11 期。

赛迪顾问：《2019 年北京市冰雪产业发展研究白皮书》，2019。

易观:《2018 年中国冰雪产业白皮书》, 2018。

年炜:《北京冰雪体育产业发展研究》,《经营管理者》2017 年第 19 期。

杨维凤:《2022 年冬奥会背景下京张冰雪产业发展策略》,《消费导刊》2017 年第 1 期。

《北京市出台"1 +7"冰雪运动发展规划》, 央广网, 2016 年 3 月 7 日。

B.18

对北京德青源产业扶贫项目的思考和展望

王朝华*

摘 要： 产业扶贫是当前我国治理贫困的有效方略，北京德青源金鸡产业扶贫工程是国务院扶贫办向全国重点推广的产业扶贫工程。本文分析了北京德青源金鸡产业扶贫工程存在的贫困群众招工用工问题、污染问题和产业园与关联产业的关联问题，提出建立长效扶贫机制，保障对贫困人口的用工需求；延伸扶贫产业链，加强德青源企业与关联产业的关联度；协调蛋鸡养殖产业发展与环境保护的关系；赋予贫困县一定的运营公司自主权，增强扶贫效果；未来应积极创新扶贫模式，对接新时期国家扶贫战略的需要。

关键词： 北京 德青源 产业扶贫 国家战略

产业扶贫是以市场为导向的重要扶贫手段，是当前我国治理贫困的有效方略。为贯彻落实习近平总书记关于扶贫攻坚的重大战略决策，实现国家到2020年全面脱贫战略目标，在北京市委、市政府、国务院扶贫办的大力支持下，以蛋鸡产业为抓手，依托财政资金和政策性金融，通过市场化运作，于2015年发起实施了金鸡产业扶贫工程。

* 王朝华，北京市社会科学院经济研究所副研究员，博士，研究方向为农业经济、农村发展和区域经济。

一 北京德青源金鸡产业扶贫项目的现状分析

北京德青源公司是中关村自主创新示范区的国家高新技术企业，是农业产业化国家重点龙头企业，是全球最大的蛋鸡养殖和蛋品生产企业。公司2000年成立以来，在北京市委、市政府的支持下，先后承担了奥运会、APEC会议、九三阅兵式、十九大等一系列国家重大活动的蛋品供应工作，打造出一套全球首创的“有机种植—生态养殖—食品加工—清洁能源—有机肥料”一体化、一二三产业融合发展的循环农业模式，2009年被联合国环境署评为全球环境示范工程。北京德青源公司拥有国家蛋品工程技术研究中心，建立了一套完善的蛋鸡标准化运营管理体系，创建了“鸡蛋身份证制度”，确保每个农场生产的鸡蛋都可全程追溯。

北京德青源金鸡产业扶贫工程是国务院扶贫办向全国重点推广的产业扶贫工程。北京德青源公司以蛋鸡养殖产业为抓手，于2015年发起实施金鸡产业扶贫工程（以下简称“金鸡工程”）。北京德青源公司已在全国14个省（自治区、直辖市）的28个贫困县合作实施金鸡工程，其中15个县已经投产，其余13个县正在进入全面建设阶段。据德青源公司负责人介绍，截至2019年1月已累计带动58032名建档立卡贫困群众脱贫减贫，金鸡产业扶贫工程初见成效。

表1 德青源金鸡产业扶贫工程的地区项目分布

单位：个

省份	市	县	项目数量
河北	邢台市	威县	3
	邯郸市	广平县	
	保定市	涞源县	
河南	洛阳市	洛宁县	2
	三门峡市	卢氏县	

续表

省份	市	县	项目数量
内蒙古	赤峰市	林西县	3
	锡林郭勒盟	太仆寺旗	
	乌兰察布市	卓资县	
山西	吕梁市	石楼县	1
陕西	商洛市	山阳县	1
甘肃	陇南市	宕昌县	8
	陇南市	礼县	
	武威市	古浪县	
	武威市	凉州区	
	武威市	天祝县	
	定西市	渭源县	
	兰州市	榆中县	
	陇南市	西和县	
安徽	亳州市	利辛县	3
	宿州市	灵璧县	
	安庆市	岳西县	
贵州	毕节市	威宁县	2
	贵阳市	修文县	
重庆	重庆市	丰都县	1
四川	成都市	简阳县	1
湖北	黄冈市	红安县	1
广西	崇左市	天等县	1
西藏	拉萨市	尼木县	1

（一）北京德青源金鸡产业扶贫模式总结

目前，德青源金鸡产业扶贫工程是国务院扶贫办推行的12种扶贫模式之一，是继财政专项扶贫、教育文化扶贫、基础设施扶贫之后，龙头企业在产业扶贫领域的创新探索。在这种模式下，贫困县政府设立农业资产公司，农业资产公司作为平台公司，整合涉农资金，加上贷款，按照德青源公司设立的标准建设蛋鸡养殖产业园，享有固定资产所有权。德青源公司将贫困县设立的运营公司作为龙头企业，投入流动资金，输入技术、品牌，配备人员进行经营和管理，享有经营权。贫困群众组成经济合作社，投入土地和劳动力，享有收益权。贫困县蛋鸡养殖产业园项目建成后，由德青源公司租赁经营，每年按照固定资产投资总额的10%支付租金，租期15年。租赁期满后，德青源公司可续租也可按固定资产折旧后的残值收购固定资产。

（二）北京德青源金鸡产业扶贫项目的扶贫带贫机制

扶贫带贫机制主要表现为：贫困县在金鸡产业项目覆盖的重点贫困村设立公益岗，通过蛋鸡产业园和关联产业提供稳定的采购订单，带动贫困群众通过劳动实现脱贫。

就业带动脱贫主要有两种途径：一种途径是德青源公司每年向贫困县农业资产公司支付租金，农业资产公司还本付息之后的剩余，按照入资比例分配给各合作社，合作社每年设立标准日工作量，从事村级环卫、安保和护工等公益岗位劳动，以补差原则核定工时，按劳取酬。另一种途径是在金鸡产业园设立工作岗位，面向社会招聘，坚持建档立卡贫困群众优先录用的原则，贫困群众通过劳动获取薪资收入，让有劳动能力的贫困群众通过力所能及的劳动获得收入。

关联产业带动脱贫：金鸡产业园可通过上下游关联产业为贫困县提供稳定的采购订单，主要包括种植合作社、蛋鸡养殖合作社、物流运输公司、劳务服务公司、有机肥厂、蛋品包材厂、扶贫蛋直通车等，通过带动当地集体经济发展，进一步帮助贫困群众实现脱贫。

以上扶贫带贫机制可以归纳为“379扶贫带贫机制”，即在德青源金鸡产业扶贫项目建设和运营过程中，建档立卡贫困群众保持达到总用工数量的30%；德青源运营公司提供的产业链上下游订单数量中，70%的给由建档立卡贫困群众组织的专业合作社；租金的90%用于为建档立卡贫困群众创造力所能及的扶贫公益岗位（见表2）。

表 2 德青源“379 扶贫带贫机制”

项目	占比	具体说明
3	30%	建档立卡贫困群众保持达到德青源运营公司总用工数量的 30%
7	70%	德青源公司提供产业链上下游订单的 70% 给建档立卡贫困群众组织的专业合作社
9	90%	德青源公司租赁经营贫困县蛋鸡养殖产业园，每年支付租金的 90% 用于为建档立卡贫困群众创造力所能及的扶贫公益岗位

二 北京德青源金鸡扶贫项目运转过程中存在的主要问题

（一）贫困群众的招工和用工问题

虽然德青源公司与当地农村专业合作社签订了劳务服务协议，为蛋鸡养殖产业园周边贫困户提供鸡蛋挑拣、装箱、鸡蛋装卸、包材装卸及淘汰鸡转群等部分临时性工作岗位，既节约了企业运营成本，又稳定解决了当地部分贫困户的就业，但用工数量有限，对现实中存在的贫困户招工难、用工难问题需要做长期性考虑。

目前，衡量贫困的标准已经越来越超出劳动收入这样的货币标准。单一的收入贫困统计已经无法客观反映农村真实的贫困状态。很多地方在精准识别贫困户中已广泛使用非收入指标，从多个维度定义和识别贫困。根据贫困户认定条件，贫困人员致贫原因也是多维度的。贫困户中年纪较大、身体孱弱、文化水平低、不具备各类专业技能的人员，或者是因病缠身、身体残疾等不具备基本劳动能力的人员，基本无法胜任蛋鸡养殖产业园一线养殖、防疫、电工等技术岗位，只能从事低端、简单易操作的部分临时性工作岗位，招用具有以上状况的临时工，还会相应增加企业劳动用工的生产安全风险和用工成本。现实中还存在部分具有劳动能力的贫困户，主观思想上不愿脱贫，认为脱贫摘帽后将不能继续享受国家政策补贴等。

（二）种植与养殖环节的脱节导致畜禽养殖的污染问题

由于目前种植与养殖环节的脱节，无法实现农村土地耕种与养殖场的结合，加剧了蛋鸡养殖产业园的畜禽粪便对环境的污染。种植业和养殖业之间是互补的关系，两者之间的依赖性很强。但是，随着农村经济发展和产业结构调整，从事种植业的人员逐渐越少。养殖者不种田，种田者不养殖，造成畜禽粪便无法就地消纳，只好就地排放，导致畜禽养殖污染物排放量急剧增加，畜禽养殖业的污染治理已迫在眉睫。

（三）蛋鸡养殖产业园与关联产业的关联问题

与蛋鸡养殖产业园相关联的七大领域，主要包括种植合作社、蛋鸡养殖合作社、物流运输公司、劳务服务公司、有机肥厂、蛋品包材厂、扶贫蛋直通车。七大关联领域与蛋鸡养殖产业园的关联程度有深有浅，下一阶段应该在提升与七大关联领域的关联度上下功夫，争取制定能够落在实处的具体措施，在德青源运营公司提供的产业链上下游订单数量中，应该确保70%给由建档立卡贫困群众组成的专业合作社。

三　进一步推进北京德青源金鸡产业扶贫项目的主要对策建议

根据习近平总书记重要讲话精神，认真贯彻落实国家扶贫战略“四个切实”和“六个精准”的具体要求，确保农村贫困人口到2020年如期脱贫。

（一）建立长效扶贫机制，保障对贫困人口的用工需求

北京德青源公司在同等情况下优先录用贫困群众并保证建档立卡贫困户在企业用工比例中不低于30%，稳定并保证“379”中的30%的贫困户用工需求，因为用工的稳定性和可持续性能够保障贫困户获得长期稳定的就业

收入，建议德青源公司与当地农业投资公司建立长效用工机制，保障30%的用工比例能够一直坚持下去。

在保障30%的用工比例前提下，应该注重向贫困户传授技能及专业技术，助力培养贫困户“造血”能力，提升其劳动技能。对于有劳动能力的贫困人口，用工优先，通过劳动脱贫；对劳动能力不强的贫困人口，进行技术培训，提高其劳动能力。因客观因素导致没有劳动能力的部分贫困人口无法胜任企业用工要求的，应该通过相应政策兜底。对于思想不积极的贫困人口，要积极教育引导，首先使其在精神上脱贫。也需要政府相关部门定期对贫困户进行思想教育，形成良好的扶贫导向，让贫困户积极主动通过劳动脱贫。为了保障精准扶贫工作落实到位，德青源公司应该建立机制，主动与相关部门对接，分层次、多角度开展用工扶贫工作。

（二）延伸扶贫产业链，加强德青源企业与关联产业的关联度

企业内部要处理好获取利润与参与扶贫的关系，在现有条件下，需要增加扶贫方式，延伸扶贫产业链，把扶贫措施建立在当地需求的基础上，与当地的产业紧密结合。蛋鸡养殖产业园与贫困地区的产业相结合，发展种植合作社、蛋鸡养殖合作社、物流运输公司、劳务服务公司、有机肥厂、蛋品包材厂、扶贫蛋直通车等，要让贫困群众充分参与到关联领域的生产经营过程中，让贫困群众通过劳动获得收入。保持贫困人口参与比例达到70%以上，实现“379”中的70%的既定目标，激发贫困人口的内生动力，使其通过辛勤劳动实现脱贫。

在七大关联领域的生产经营过程中，需要进一步加强与蛋鸡养殖产业园的关联度。目前，蛋鸡养殖过程中60%的饲料为玉米，建议德青源公司优先采购七大关联领域中种植合作社生产的玉米。尽管部分种植合作社生产的玉米干湿度暂时不符合要求，但是只要按照市场价给出一定量的玉米采购需求，当地即可建立玉米烘干厂，经过烘干处理玉米的干湿度就能达到要求，相应地带动了相关产业的发展，进一步延伸了扶贫产业链，这也符合国家采购大宗农产品向贫困县倾斜的政策导向。

（三）协调蛋鸡养殖产业发展与环境保护的关系，力争实现双赢

目前，需要强化种养结合的理念，抓紧建设无害化处理设施，及时对蛋鸡养殖产生的粪便、污水、污物等进行处理。在生产环节严格控制药物尤其是违禁药物在饲料中的残留和使用，逐步加强生产体系的清洁和无害化建设，控制生产过程的污染，保障蛋鸡养殖的内外环境。随着消费理念的转变，德青源公司需要根据市场定位，建立符合消费者需求的物流运输体系，全方位开发多种物流配送渠道，不仅进一步扩大市场，更要有力地促进蛋鸡养殖的清洁发展。作为我国蛋鸡养殖领域独具特色的可持续发展的现代生态农业企业和我国鸡蛋供应商中的佼佼者，德青派公司理应成为由种养结合的、传统化养殖向现代化养殖转变的实践者，通过发展循环农业经济，把有机肥产业做好并进行推广，种养结合，让更多农民群众受益。

（四）赋予贫困县的德青源运营公司一定自主权，提高扶贫效果

农村区域特证明显，扶贫模式的可行与否受地方经济、文化及所处发展阶段的影响，不能盲目复制，应该结合地方特点进行调整。德青源公司总部在制定主要目标、规章制度和规范标准的前提下，允许 28 个贫困县的德青源运营公司有一定的自主权，可以根据本地的实际情况，保持具体扶贫措施的灵活性。在建立长效扶贫机制的基础上，有效促使产业扶贫带贫措施落到当地的德青源企业，因为只有当地的德青源运营公司才能实现与贫困县和贫困人口更好的对接。德青源总公司将各地的德青源运营公司作为管理和服务的对象，在当地德青源企业建立扶贫责任制，当地德青源运营公司向德青源总公司履行扶贫带贫责任，并将完成扶贫带贫目标纳入年终业绩考核的指标范围。

今后，当地的德青源运营公司需要继续保持 30% 贫困人口的用工比例，加深与七大关联领域的关联度，把实际举措落到实处，尤其在玉米和包材的收购中体现出来。当地德青源运营公司需要大量的包装材料，七大关联领域

之一的包装材料厂可以有力地吸引当地贫困户就业，德青源公司可以给当地的包装材料厂一定的包材采购量，这样的举措一方面增强了德青源与当地企业的关联度，另一方面也发挥了带贫作用。除此以外，德青源公司每年将一定数量的下架淘汰鸡（可以继续产蛋，但产蛋率有所下降，过了产蛋高峰期）给贫困户养殖，拓展扶贫的深度和广度，实现淘汰鸡养殖与德青源公司的关联，既延伸了扶贫产业链，增强了扶贫效果，又通过淘汰鸡养殖增加了贫困户的获得感。

四　对北京德青源产业扶贫项目的未来展望

2019 年，贫困地区农村居民人均可支配收入 11567 元，比上年名义增长 11.5%，扣除价格因素，实际增长 8.0%；名义增速和实际增速分别比全国农村高 1.9 个和 1.8 个百分点。工资、转移、财产三项收入增速均快于全国农村居民收入增速。2019 年贫困地区农村居民人均工资性收入 4082 元，增长 12.5%，增速比全国农村高 2.7 个百分点；人均转移净收入 3163 元，增长 16.3%，增速比全国农村高 3.4 个百分点；人均财产净收入 159 元，增长 16.5%，增速比全国农村高 6.2 个百分点。经营净收入较上年增长加快。2019 年贫困地区农村居民人均经营净收入 4163 元，增长 7.1%，增速比上年加快 2.7 个百分点。

表 3　2019 年贫困地区农村居民收入状况

单位：元，%

收入类别	收入水平	实际增长	比全国农村高
人均可支配收入	11567	8.0	1.8
人均转移净收入	3163	16.3	3.4
人均财产净收入	159	16.5	6.2
人均经营净收入	4163	7.1	2.7

表4　贫困地区农村居民人均可支配收入变化

单位：%

项目	2013年	2014年	2015年	2016年	2017年	2018年	2019年
可支配收入增速	16.6	12.7	11.7	10.4	10.5	10.6	11.5
年均名义增长	12.0	12.0	12.0	12.0	12.0	12.0	12.0
年均实际增长	9.7	9.7	9.7	9.7	9.7	9.7	9.7
高于全国平均增速	2.2	2.2	2.2	2.2	2.2	2.2	2.2

2020年以后，国家扶贫战略将会做出调整。也就是说，2020年之前国家重点解决绝对贫困问题，可以预期，2020年之后国家将会重点解决相对贫困问题。德青源公司与当地签订的15年租赁协议开始于2015年，最早将在2030年到期。在2020年以后，德青源公司也需要客观面对28个县的扶贫状况，根据国家扶贫战略的调整，在保持原有租赁协议的基础上，积极制订并调整生产经营计划，创新扶贫模式，对接新时期国家扶贫战略的需要。

2020年，德青源产业扶贫的28个县将逐步摘帽。针对摘帽后的贫困县，德青源公司需要将扶贫的目标由解决贫困县的绝对贫困转向缩小贫困县的相对贫困。由于贫困县农村人口的极大脆弱性和兜底保障的有限覆盖，通过市场化经营手段实现产业脱贫，并不能完全解决贫困问题。因此，德青源公司对28个贫困县的产业扶贫效果需要有合理的预期，坚决避免扶贫致贫现象的发生。

根据导致贫困的原因不同，德青源公司需要将28个贫困县的贫困人口进行分类，对不同类型的贫困人口采取不同的产业扶贫模式，优化扶贫效果。在脱贫的同时，实现农村基本公共服务水平的提升，为乡村振兴从产业、制度上打下基础。因此，治理2020年后的农村相对贫困问题，需要制定城乡一体化的扶贫政策，这是德青源下一阶段扶贫工作中需要引起重视的。

参考文献

方晓丹：《2019 年全国农村贫困人口减少 1109 万人》，国家统计局网站，2020 年 1 月 23 日。

方晓丹：《2019 年贫困地区农村居民收入情况》，国家统计局网站，2020 年 1 月 23 日。

李小云、许汉泽：《2020 年后扶贫工作的若干思考》，《国家行政学院学报》2018 年第 1 期。

B.19

北京市农业水价改革成效、问题及对策研究

魏 巍*

摘 要： 本文概述了国家和北京市农业水价改革政策要点，建立健全农业水价形成机制，建立农业水价精准补贴和奖励机制。简述了北京市农业水价改革的主要做法、成效。农业水价改革的突出问题是水价形成机制中政府补贴负担过重、超限额水价的收取有名无实、农作物限额用水标准过于单一等。解决的对策是：发展北京市农业水权交易市场，建立科学合理的农业水价体系并考虑完全成本因素，完善农作物年用水限额标准。

关键词： 农业水价 水权交易市场 北京

按照《北京市“十三五”时期水务发展规划》（京政发〔2016〕26号）、《中共北京市委 北京市人民政府关于调结构转方式发展高效节水农业的意见》（京发〔2014〕16号，以下简称《调结构意见》）、《北京市人民政府办公厅关于印发〈北京市推进“两田一园”高效节水工作方案〉的通知》（京政办发〔2017〕32号，以下简称《“两田一园”节水工作》）和国务院要求，在2020年底前，北京市要全面完成农业水价改革任务。农业节水灌溉难以为继的难点就在于用水无

---

* 魏巍，北京市社会科学院经济研究所副研究员，主要研究方向为农业经济等。

偿、投资无以回报，用水主体的农民群众对节水没有动力。促进节水效益持续保持下去最根本的措施就是要实施农业水价改革，本文就这一问题做深入探讨。

一　北京市农业水价改革政策要点

2017 年，北京市发改委等五部门印发《关于印发〈北京市农业水价综合改革实施方案〉的通知》（京水务郊〔2017〕76 号），提出“以健全农业水价形成机制为核心，以创新体制机制为动力，建立健全农业用水总量控制和限额管理制度”的指导思想；到 2020 年，全面完成农业水价综合改革。

健全完善农业计划用水（水权）制度。以供定需、总量控制。严格“用水限额管理，每年将用水指标落实到区、乡镇、村、用水户。设施菜田每年用水量不超过 500 立方米/亩灌溉粮田、露地菜田每年用水量不超过 200 立方米/亩，鲜果果园每年用水量不超过 100 立方米/亩”①。

农业水价形成机制的主要内容。②“综合考虑供水成本、水资源稀缺程度以及用户承受能力等，合理制定农业水价，探索实行分类水价，实行超限额用水加价制度并适时调整。农业水价原则上应达到或逐步提高到运行维护成本水平。农业生产超限额用水按照有关规定征收水资源费（税）。”

健全完善节水奖励、精准补贴机制。根据节水量对节水效果显著的各类用水户给予适当奖励。“在完善水价形成机制的基础上，建立与节水成效、调价幅度、财力状况相匹配的农业用水精准补贴机制。”

2017 年市发改委、市水务局印发《关于农业水价制定有关工作的通知》（京发改〔2017〕1816 号），提出农业水价实行政府指导价，由各区

① 《关于印发〈北京市农业水价综合改革实施方案〉的通知》（京水务郊〔2017〕76 号）。
② 《关于印发〈北京市农业水价综合改革实施方案〉的通知》（京水务郊〔2017〕76 号）。

政府制定。各村在政府指导价范围内，通过村民会议“一事一议”确定具体执行价格。农业水价按照补偿成本、优质优价、公平负担的原则，根据供水成本、水资源稀缺程度、用户承受能力、市场供求的变化适时调整制定。区别粮食作物、经济作物、养殖业等实行分类水价。农业水价逐步达到水利工程运行维护成本水平，有条件的地区可达到完全成本水平。农业用水定价包括供水生产成本和期间费用。供水生产成本包括直接工资、直接材料、其他直接支出以及固定资产折旧和修理费。期间费用是因管理供水生产经营活动而发生的营业费用、管理费用和财务费用。政府补助形成的固定资产，折旧不计入定价成本。2020 年底前实行农业用水超限额累进加价制度。

二　北京市农业水价改革工作进展状况

北京市农业水价改革工作分两步走。第一步按照国家部署，2015 年率先在房山区试点进行，第二步 2017 年在全市开展。2017 年市水务局印发《关于加快推进“两田一园”高效节水有关工作的请示》（京水务郊〔2017〕81 号），全面部署实施农业水价改革工作。

（一）各区的限额用水标准一致执行北京市用水限额管理办法

一是“两田一园”限额用水标准。① “设施作物每年用水量不超过 500 立方米/亩，粮田、露地菜田每年用水量不超过 200 立方米/亩，鲜果果园每年用水量不超过 100 立方米/亩。”二是各区将全市用水限额指标下达到乡镇、村，严格控制农业灌溉用水总量；利用农业用水村级管理平台，根据用户种植作物及面积，将用水指标分配到户。三是各区全部实行农业灌溉机井取水许可证发放制度。目前，还无法查实各区各自提出的农业用水限额总量

① 《北京市人民政府办公厅关于印发〈北京市推进“两田一园”高效节水工作方案〉的通知》（京政办发〔2017〕32 号）。

信息，只有通州区提出了0.96亿立方米、密云区提出了0.33亿立方米的用水总量限额指标。

（二）各区提出各自的农业水价形成机制

农业水价由政府指导价（限额价，两田一园“521”限额内用水价）+超限额价+水资源费三个部分组成。各区出台农业水价的政府指导价，包括动力费（机井用电费）+维修费。超限额价（用水加价）由村民代表大会讨论表决（“一事一议”）确定本村农业水价，海淀区还制定了超限额累进加价制度，并加收水资源费（各区执行2007年北京市《水资源费管理办法》收费标准）。超限额价和加收的水资源费，也是用于节水设施的运营和维护。

目前，农业水价中暂时不包括人工费、折旧费、大修费和管理费，这部分费用由市区两级通过基本建设投资、农民用水者协会和管水员改革、田间精准补贴、大修补助资金等方面的资金筹措安排。另外，有的区的超限额价只加收水资源费部分，如顺义区、延庆区。

从表1看出，各区政府指导价（限额价）在0.25～1.0元/米^{3}浮动。举通州区例子说明，农业灌溉用水价收费标准：限额内，最低水价0.36元/米^3。其中，电费0.26元/米^3，维护费0.1元/米^3，超限额部分最低水价为0.43元/米^3，并加收水资源费。

表1　北京市各区农业水价相关部分

单位：元/米^3

各区	政府指导价（限额价）	超限额价
海淀区	0.55	0.61*
通州区	0.36	0.43
大兴区	0.25	0.50
顺义区	0.65～1.0	水资源费
延庆区	0.5～1.0	水资源费

续表

各区	政府指导价(限额价)	超限额价
门头沟区	0.25~0.5	1.0
昌平区	0.5~1.0	1.0~1.5
房山区	0.56~1.0	1.5
怀柔区	0.4~0.6	1.5
密云区	0.5~1.0	1.5
平谷区	0.25~1.0	1.25

注："*"超限额用水30%，超出部分按照0.61元/米^{3}收取；超限额用水30%~60%，超出部分按照0.82元/米^{3}收取；超限额用水60%以上，超出部分按1.23元/米^{3}收取。

资料来源：裴永刚、田海涛：《北京市农业水价综合改革分析》，《北京水务》2018年第4期。

（三）夯实农业水价形成保障机制基础[①]

一是完成"计量设施安装工程。紧紧围绕高效节水灌溉工程（包括骨干基础设施、田间节水设施）建设"，各区建立健全计量设施，包括安装农业灌溉智能计量设施，实现了以水计量收取水费，"建设更新机井、井房、水泵、过滤施肥设备、输水管道等骨干基础设施，同时配套安装滴灌管、微喷带、输水支管等田间节水设施"。截至2019年底，在全市12个涉农区"两田一园"范围内，"近2000个村安装了机井计量设施，累计安装农业灌溉智能计量设施1.7万套，基本实现了以水计量收取水费"，为建立农业水价收费保障机制打下了基础。二是完成村级水价改革登记表填报工作。深入推动落实《关于做好"两田一园"农业水价综合改革完成情况登记工作的通知》要求，对已完成农业水价改革的村，逐村进行登记填报。

（四）实施精准补贴政策

一是大型骨干水利设施建设。生态涵养发展区的大型骨干基础水利设施

① 《北京市农业水价综合改革情况汇报》，中国节水灌溉网，2019年5月7日。

建设，由市政府全额投资支持；城市发展新区市由政府投资支持 70%，30% 由各区自筹。二是田间节水设施建设，由市政府投资支持 50%。三是智能计量设施确定材料设备费，市级财政最高补助 12000 元/套。四是“两田一园”灌溉工程运行维护费，市政府每年补贴 25 元/亩。五是全市农村管水员，市财政补贴全年每人 500 元/月，7300 人上岗在职在责，开展计量收费、巡查监管。据不完全统计，仅 2018 年市级财政对每名管水员每月补贴，对“两田一园”内微灌、喷灌高效节水灌溉工程运行维护费市级每亩每年补贴 25 元，总计补助各区 7000 多万元。

（五）实施节水奖励政策

奖励内容包括考核调整种植结构（高效节水灌溉面积）、建设农业节水工程（年度建设任务执行及灌溉设施使用）、灌溉水有效利用系数、农业用水总量控制、工程设施良性运行管护机制作、计量收费和用水月统月报等指标，与中央财政投资、市财政对区专项转移支付资金挂钩。一是市级每年安排 3.2 亿元的节水型社会建设奖励资金，将提高用水效率作为奖励的重要指标。二是市级每年安排 3 亿元菜田补贴资金，其中将节水工作成效作为资金发放的一项重要考核指标。目前，各区基本一致的政策是在不超过用水额度的前提下，每节约 1 立方米用水奖励 1 元。

三　北京市农业水价改革工作取得的成效

（一）北京市农业水价改革成效显著

农业生产新用水量提前完成规划目标。在节水新模式的带动下，自农业水价综合改革的 2017 年始至 2019 年，农业生产新用水量连续三年实现下降，提前完成规划目标（见表 2）。

表 2 显示，2017 年、2018 年和 2019 年全市全年新用水总量分别为 25.2

亿立方米、24.3亿立方米、25.6亿立方米，变化不是很大。2017～2019年，生产用水（包括农业、工业和建筑业）逐年递减的恰恰是农业新用水；2017～2019年，农业生产新用水分别占全市新用水的20%、17%、14%。农业生产新用水量提前完成规划目标。参照《北京市"十三五"时期水务发展规划》提出的农业生产新用水在2020年控制在5.0亿立方米内的要求，《"两田一园"节水工作》提出2020年时，每年的农业生产新用水量要降至4.5亿立方米左右，2019年全市农业新用水量达到了历史最低点3.7亿立方米，提前完成规划指标。

表2　2017～2019年新水用水量统计

单位：亿立方米

年份	新用水量	生产	农业	工业	建筑	生活	生态
2017	25.2	8.2	5.1	2.8	0.3	14.5	2.5
2018	24.3	6.9	4.2	2.4	0.3	14.8	2.6
2019	25.6	6.4	3.7	2.1	0.6	15.2	4.0

资料来源：2017年、2018年数据来自北京市水务局《北京市水务统计年鉴》，2019年数据由市水务局提供。

农业节水灌溉工程面积控制比例完成规划目标。2018年全市农业节水灌溉工程面积为317万亩，较2017年的301万亩增加了16万亩；2018年农业节水灌溉工程面积控制比例（节水灌溉工程面积占总灌溉面积的比例）为99.7%，较2017的95%增加了4.7个百分点。"十三五"水资源保护与利用规划提出，农业节水灌溉工程面积控制比例要达到98%，2018年达到了99.7%，完成规划任务。

农田灌溉水有效利用系数接近完成规划目标。《北京市"十三五"时期水务发展规划》要求，2020年农田灌溉水有效利用系数要达到0.75%的约束性指标；《"两田一园"节水工作》提出，2020年时，农田灌溉水有效利用系数要达到0.75%以上，实际2018年达到0.742%，2019年达到了0.747%，距离"十三五"时期规划的约束性指标0.75%仅差0.003个百分点，2019年的指标值非常接近规划目标。

水价形成机制完成数量及比例。截至2019年底，全市“两田一园”2194个村有2102个村安装了机井计量设施，其中的2136个村通过“一事一议”确定了水价，开始实行用水收费。按村计算，96%的村的灌溉机井已经安装机井计量设施，实现了精准计量，并确定了水价，水价形成机制初步完成。

（二）北京市农业水价改革绩效评价

北京市“以水定产、以水定业”，创造了“细定地、严管井、上设施、增农艺、统收费、节有奖”的节水新模式与现代化的农业高效节水建设、管理、运营的“建管一体化”管理体系，这是“北京市总结自‘十五’规划以来的节水农业建设诸多问题以来的一种新的节水灌溉新机制。这种管理模式将农艺节水、工程节水、管理节水等节水方式，通过灌溉工程建设和节水计量结合起来；节水农业各项技术由独当一面向相互融合发展、由应用单项技术向节水技术体系整合发展”。市政府建立由10个职能部门组成的联席会议制度，统筹规划全市农业高效节水政策和具体措施，各区按照实施细则贯彻执行；全市成立了农民用水者协会，建立了一支由7300多人组成的村管水员队伍，强化了农户末端生产用水的管理，形成了市、区、协会、镇村四级节水农业管理体系。三年来，在市、区两级政府的大力推动下，在农民群众的配合支持下，农业水价迈开了深层次、大范围、高水平和新跨越的综合改革步伐，彻底结束了大水漫灌的历史，为建设节水农业做出了有益的探索与尝试。简言之，北京市节水农业的新模式推进了体制机制创新，初步建立并完善了农业水价形成机制、精准补贴和节水奖励机制、工程建设和管护机制。

四　北京市农业水价改革中的主要问题

北京市农业水价改革，需要继续创新体制机制，激发节水内生动力。这需要进一步培育水务市场环境，让水价反映市场供求和资源稀缺程度，发挥水价在节水中的杠杆作用，激发农民的节水动力。但是，政府的主导作用也不可或缺。改革中一些宝贵的做法需要坚持下去，比如明晰农业水权、严格农业用水总量控制和定额管理等，再有就是需要解决改革中一些没有解决好的突出问题。

（一）农业水价形成机制中政府补贴负担过重

农业水价形成机制是农业水价改革的核心。从经济核算角度出发，农业水价由供水生产成本和期间费用构成。供水生产成本由直接工资、直接材料、其他直接支出以及固定资产折旧和修理费组成。期间费用由营业费用、管理费用和财务费用构成。这也是国家改革水价的最理想目标——按照完全成本价定价收取水费。

目前，在实际工作中，农业水价被分解为政府指导价（限额价）+超限额价+水资源费三个部分。政府指导价由动力费（机井用电费）+维修费构成，这仅仅是供水成本（或者说是农业水利工程供水成本）的一部分。北京市各区的农业水价普遍是参照政府指导价，很少或者基本上没有收取超额限价。至于维修费，市财政以灌溉工程运行维护费形式每亩补贴25元，以2019年北京市40万亩高效节水灌溉工程面积计算，这块费用市财政补贴1000万元，加上区财政补贴就是2000万元；人工费方面，向管水员每月以补贴形式发放500元，以7300人计算仅2019年补贴就达4380万元。仅维护费和人工费就需要6800万元，还不算固定资产折旧等其他费用。这种比较高的财政补贴使水价的基本成本和完全成本都没有收回来，这是一大隐患。

农业水价改革的核心是定价。若完全按照市场化的进程发展，以资源稀缺程度确定市场化的农业水价，农民肯定负担不起，价格改革势必走进误区。但是，不按照市场机制配置水资源，仅仅依靠政府的财政补贴推动水价改革，政府断供就会使水价改革停顿下来。如何发挥农业水价格的杠杆作用，让农业水价体系既能反映水资源价值又可以反映水资源的供求关系，使其日趋完善、合理，还有很长的路要走。

政府补贴的方式，促使水利工程建设管护经费有了保障，初步解决了重建轻管、大水漫灌用水浪费的问题。但是，水价改革也面临着向纵深推进的问题，水价改革成本投入居高不下、精准补贴下一旦政府断供就会缺少资金、难以为继，这些问题该如何解决？还有就是遇上丰水年，农民节水较多的话，政府就需要多付出奖励资金，这一负担的增加也将是一个问题。

（二）农业水价形成机制中超限额水价的收取有名无实

目前，全市农业水费主要还是按照政府指导价收取，还没有收取超限额价水费或者还只是在计划中收取，有名无实。这实际上是还没有完全形成阶梯水价，利用市场手段促进农业节水的倒逼机制还只是停留在计划阶段。形成这种局面的原因比较复杂，最主要的是水价改革刚全面铺开，有些新的情况和问题还没有出现，在完全放开水价与政府补贴之间是一个两难的选择。农业水价上涨后农民的承受力究竟如何？文献研究与实证调查还没有继续进行，如何把节水灌溉与有效减轻农民负担结合起来还需要深入研究。

（三）农作物限额用水标准过于单一

目前，全市的农作物的限额标准都采用“521”一个尺度，没有充分考虑各个区的环境、土壤、水资源状况、灌溉条件及方式、农作物种植情况和丰枯年因素等，这使得用一个尺度的灌溉限额标准要求不同区域、不同条件的地块和农户，不能体现用水稀缺性的使用标准和公平、公正性。总之，因地制宜原则还没有充分体现出来。

五　对策建议

北京市提高农业灌溉水价的系列改革措施，促进了节水灌溉技术的采用；但是，政府实行财政补贴减轻农民负担的经济政策，也会产生若干从长远来看不利于调动农民节水积极性的问题。未来需要制定更加合理的农业水价，缓解水资源的供需矛盾，建立农业灌溉水价激励机制，促使农民养成节水习惯，推动节水农业健康持久发展。

（一）发展北京市农业水权交易市场

水资源是国家所有，国家是唯一的所有权人。水权交易是指水的使用权在不同使用主体之间通过销售转让的形式来重新获得水的使用权。水权交易市场是用水户之间水权交易的场所。建立水权市场的关键是要具备水权交易主体、权利边界，确定政府职责，建立公平公正的交易规则，保障交易方的用水权益，保障水权市场有序运行（本文不探讨这个专题）。建立水权交易市场为农业生产者建立内在的节水激励机制。

赵明华将水权市场分为三级。① 三级市场是区域内用水户之间的交易，二级市场是区域政府之间的区域水权交易，一级市场是区域水权的初始分配。2016 年，水利部印发的《水权交易管理暂行办法》将水权交易分为区域水权、取水权和灌溉用水水权三种形式。

本文提出建立北京市农业水权交易市场有三个重点：一是区域内用水户之间的交易（三级交易市场内完成产业之间的交易行为）。二是灌溉用水的水权交易，即农业生产用水的水权交易（农业内部用水户的交易行为）。三是政府在水权交易市场中的地位与作用。简要叙述如下。

1. 区域内用水户之间的交易

区域内用水户之间的交易是产业之间的交易行为，是农业用水的水权向其他产业转移，比如向工业产业转移，工业要向农业水权支付转移费用。张晓军、侯汉坡提出的定价原则是出售水权的农业用水户必须收回不少于获取该部分取水量成本的水资源费和其他相关费用，可以协议定价和拍卖方式来实现。② 他们进一步指出，可根据转移水资源的来源情况分别定价：①对于多余数量的转让，定价 = 农业用水户获得该部分取水量的成本 + 受让者机会成本 − 出让者机会成本，当受让者机会成本低于出让者时，设定机会成本为

---

① 赵明华：《水资源约束下的山东半岛经济与环境协调状态定量评价研究》，《中国人口·资源与环境》2006 年第 3 期。

② 张晓军、侯汉坡：《基于跨行业水权交易的北京市水资源优化配置研究》，《首都经济贸易大学学报》2010 年第 3 期。

零，因为同在一个行政区域内，水资源费定价原则是一致的，所不同的就是机会成本。②对于用水户削减自身用水量的转让，即用水户定价原则为第一情况的价格加上因削减水量而产生的损失补偿。

建立农业水权交易市场，在产业之间交易，可以避免走进无限压制、压缩农业用水的误区。节水农业有三个功能，即生产功能、生态功能和生活功能，任何一个功能都需要用水。特别是北京市节水农业的生产功能需要不断强化。北京市的农业已经处在萎缩中，以耕地面积为例，按照2016年耕地、人口数据计算，已经下降到人均0.15亩，只相当全国人均耕地面积的1/6。再也不能以压缩耕地面积的办法节约农业用水。要保障农业三个功能的基本用水。

北京的节水农业是在避免高耗水、高浪费的情况下发展农业。产业交易行为的积极意义在于建设节水农业可以加强生产功能，保障农业的基本用水需求，让社会资本获得微利进而愿意投入农田水利工程建设和管理，让农业生产企业和农户自觉增强节水意识，把节约下来的水交易出去而获得价值。

2. 灌溉用水的水权交易

灌溉用水的水权交易既是农业生产用水水权交易，也是农业生产用水在农业用水户之间的内部交易。农业生产用水包括耕地灌溉用水和非耕地用水。耕地灌溉用水包括水田、水浇地、露地菜地、设施农业生产用水；非耕地用水包括非耕地灌溉用水（林果、草地、鱼塘用水）和畜禽用水（养殖业用水）。

农业用水户包括拥有农业水权的农户、专业大户、家庭农场、农民专业合作组织等农业经营主体。交易形式可采用供需方自主交易、水权流转交易中心平台交易和政府回购等多种形式。土地承包经营权流转时农业水权一并流转使用。胡晓寒等[①]指出，“在农业用水户中，根据各种作物的经济灌溉定额和种植面积，可以计算出各种作物的最佳分配水量。如果初始分配水权

① 胡晓寒等：《基于优化和博弈理论的农业用户间水权交易分析》，《水利学报》2010年第5期。

与上述的最佳分配水量不一致，其差额理论上就应该是可通过市场交换的水量”。农业用水户间的水权交易，纠正了初始分配的低效率，促进了水资源向优化配置的方向转移。

3. 政府在水权交易市场中的地位与作用

发展北京市农业水权交易市场，不仅是让市场配置水资源，更是政府管理水资源的重要途径与办法。水资源是国家所有，政府掌握着水资源分配权力，处在“守门人”地位。

一是水资源最初分配权。水资源的整体规划调度，按照“以水定城、以水定地、以水定人、以水定产”的方针，保证辖区内水资源在生活生产中最初始的分配符合水资源保护、水生态修复、水环境改善原则。

二是建立水权交易市场，执行监督管理职责。监管的主要内容包括建立交易规则制度、公示制度、审批制度和水权纠纷调解制度。这些制度的主要内容是限定转让水权主体、水体价格、水体类别、转改时间，以及调解水权主体之间的纠纷。

三是政府建立农业水权市场的主要作用是利用市场杠杆机制全面提升农业节水、农业现代化和生态建设水平；合理配置水资源、提高农业灌溉用水效率，促进农业水价机制持续有效发挥作用。

（二）建立科学合理的农业水价体系

到2020年底，北京市农业水价改革工作全面完成，将初步建立农业水价形成机制、补贴机制和奖励机制。但是，科学合理的、使水资源持续利用的价格体系还没有完全理顺，上面已经论述了这一价格机制还不顺畅的主要原因，还只是依靠控制供水总量“521”调控系列农产品的供水价格，需要寻求更加有效的调控机制来解决新的问题，提出新对策。

1. 农业水价形成机制需要考虑完全成本因素

按照国家水价改革总体部署要求，“地下水超采地区的农业水价要率先调整到位，条件具备的地区可提高到完全成本水平”，北京市的农业水价形成机制还需要继续理顺。目前，北京市的农业水价还是按照部分成本定价，改革后还需要进一步向完全成本定价目标努力。为做好这一工作，按照国家“成本监审具体工作由各级人民政府价格主管部门的成本调查机构组织实施”的规定，建议“两田一园”高效节水联席会议制度办公室会同北京市统计局农业成本调查队承担农业水价形成机制的农业供水成本的审核调整工作，农民水协管水员协助成本调查工作，为进一步理顺农业水价提供更加完整的数据资料。考虑完全成本的意义，可以使财政补贴和奖励更加精准、有的放矢，促使农田水利设施的管理工作更加精细，统一设施的产权、管理权和使用权，保障设施健康有序持续运营。

2. 完善农作物年用水限额标准

目前，全市农业水价改革的重要依据是按照“两田一园”“521”的限额标准制定的限额内来用政府指导价收费和超额来用“超限额价”+水资源费。这个限额是制定收费价格的重要依据，由“两田一园”节水专家组制定，在全市农业水价改革中有着重要指导作用。

但是，单军等指出，“‘521’限额标准是依据高效节水农业条件下的作物用水情况来制定的，对于尚未建设高效节水设施的地区，农户年用水指标可能远低于灌溉实际用水量。‘521’限额标准是全市统一执行标准，未充分考虑不同地区土壤条件、丰枯水年等差异”。[①]这一分析客观、充分地指出了“521”的问题与不足。

为弥补“521”标准的不足，2018 年 6 月 15 日，北京市质量技术监督局印发了《农业灌溉用水定额》（DB 11/T 1528—2018）地方标准，按照平原区与山丘区划分农业灌溉用水定额[②]，进一步按照水文年型（平水年、枯水年）[③]，以喷灌、滴管、微喷灌和小管出流、管道输水地面灌的节水灌溉

---

① 单军、于占成、王健：《推进北京农业水价综合改革难点及对策建议》，《中国水利》2017 年第 4 期。

② 农业灌溉用水定额：作物在播种前及全生育期内单位面积的总灌水量（多年生作物以一年为周期），包括净灌溉用水量及其在斗渠（或井口）及以下渠系输配过程中的损失水量和田间损失水量。

③ 水文年型：根据历年降雨量资料，以频率方法进行统计确定不同干旱程度的典型年份，50%降水频率所对应的年份作为平水年，75%降水频率所对应的年份作为枯水年。

类型，测量出了冬小麦、玉米、蔬菜（陆地、设施）、主要水果（梨、桃、苹果、樱桃）的灌溉用水定额。这一标准的出台有利于各区的用水定额进一步细化。这个标准的缺点是比较烦琐，给各地的具体执行带来了一定困难，需要在“521”与地方标准之间再寻找简洁的标准。但是，地方标准是一个非常好的指南，为量化用水定额提供了依据。各地按照这个标准制定用水额度，可以为农业水价形成提供科学的依据。

参考文献

《北京市农业水价综合改革情况汇报》，中国节水灌溉网，2019 年 1 月 23 日。

《北京市“两田一园”范围内已安装机井计量设施村全部实现用水计量收取水费》，http：//www. chinawater. com. cn/dfpd/bjzq/2/201901/t20190109_ 727597. html，2019 年 1 月 9 日。

裴永刚、田海涛：《北京市农业水价综合改革分析》，《北京水务》2018 年第 4 期。

赵明华：《水资源约束下的山东半岛经济与环境协调状态定量评价研究》，《中国人口·资源与环境》2006 年第 3 期。

张晓军、侯汉坡：《基于跨行业水权交易的北京市水资源优化配置研究》，《首都经济贸易大学学报》2010 年第 3 期。

胡晓寒等：《基于优化和博弈理论的农业用户间水权交易分析》，《水利学报》2010 年第 5 期。

单军等：《推进北京农业水价综合改革难点及对策建议》，《中国水利》2017 年第 4 期。

财政金融篇

Fiscal & Financial Market

B.20

2019～2020年北京市财政形势分析

庞世辉*

摘　要： 2019年，在经济下行和大规模减税降费政策的多重因素影响下，北京市财政收入实现微增长，顺利完成调整后的年度预期目标。在财政支出方面，积极采取各种措施，大力压减、控制一般性支出，保障重点项目及民生支出，确保全市一般公共预算收支平衡，实现财政运行总体平稳。2020年，北京市预算收支规模与上年基本持平，受宏观经济形势影响，财政收支平衡面临较大挑战。

关键词： 财政运行　减税降费　收支平衡　绩效管理　财税改革

* 庞世辉，北京市社会科学院管理所副研究员，研究方向为公共管理、公共财政。

一 2019年北京市财政收支情况

2020年1月12日北京市十五届人大三次会议开幕，北京市2019年预算执行情况和2020年预算（草案）的报告提交大会审议。根据报告，2019年全市一般公共预算收支平衡，实现年中调整后的预算目标。2019年，在经济下行和大规模减税降费政策的多重因素影响下，全市财政收入实现平稳增长，重点项目及民生支出得到有力保障，预算调整目标的达成实属不易。

（一）2019年北京市财政收入实现微增速

2019年，全国范围实施了更大规模减税降费，全年新增减税降费超2万亿元。北京市在地方权限范围内，实施“六税两费”减免政策，最大限度推出系列减税降费措施，实现北京市自行设立的涉企项目零收费，2019年预计新增减税降费约1800亿元，占全国总规模的近10%。较多地让利于企业和社会，客观上导致北京市财政收入增速大幅度放缓，全市一般公共预算收入5817.1亿元，增长0.5%，完成调整预算的100%；加上中央返还及补助等收入2075.5亿元，收入合计7892.6亿元。市级主要收入科目执行情况，增值税1023.3亿元，增长2.5%，完成调整预算的100.1%，主要是信息服务业、金融业增值税增长较好。企业所得税671.4亿元，下降5.5%，完成调整预算的104.2%，主要是受提高研发费用加计扣除比例、小微企业普惠性税收减免以及企业利润下降等因素影响。个人所得税544.2亿元，下降25.3%，完成调整预算的101.3%，主要是受个人所得税减税政策影响。①

减税降费对我市经济增长的影响，从促进消费方面看，受个人所得税改革影响，我市个人税负降低明显，可支配收入稳定增长，进一步提振消费。

① 《关于北京市2019年预算执行情况和2020年预算的报告》，首都之窗，2020年2月4日。

长期看政策的持续性将更加有力撬动消费需求、释放消费潜力、加速消费升级。从扩大投资方面看，减税降费有利于长远稳定企业发展预期和投资信心，长期看减税降费将以乘数效应引导社会投资和扩大再生产。较之上一年，2019年北京的减税降费规模扩大了1400亿元，差不多占了全国减税降费规模的1/10，而其GDP仅占全国的3.3%左右。就此而言，北京的减税降费力度远超全国平均水平。

（二）财政支出完成情况

2019年北京市一般公共预算支出7031.0亿元，增长0.3%，完成调整预算的100%；加上解中央等支出861.6亿元，支出合计7892.6亿元，全市一般公共预算收支平衡。2019年北京财政支出有超过八成以上用于民生领域的保障。① 市级主要支出科目执行情况见表1。

表1　2019年北京市财政主要支出科目执行情况

单位：亿元，%

支出科目	支出规模	完成调整预算比例	主要支出内容
教育保障支出	381.4	102.8	实施第三期学前教育行动计划，大力发展普惠性幼儿园，全年新增学位3万余个；支持各区加大教育综合改革力度，优化教育资源布局，引导优质教育资源向中心城区以外地区布局；改善各类学校办学条件；推进高校“双一流”建设等
科学技术支出	314.1	101.3	全国科技创新中心建设；加快推进“三城一区”主平台建设；支持智能制造与机器人培育等基础前沿类及核心技术研发类项目；积极推动脑科学与类脑研究中心等新型研发机构建设和运行；促进中关村“一区十六园”高精尖产业发展，聚焦关键技术研究及创新资源；支持培养首都科技领军、科技新星等人才；加快科学技术普及，提高全民科学素质

① 《关于北京市2019年预算执行情况和2020年预算的报告》，首都之窗，2020年2月4日。

续表

支出科目	支出规模	完成调整预算比例	主要支出内容
文化体育与传媒支出	117.5	97.0	推动全国文化中心建设;加快推进中轴线申遗保护;实施历史文化名城、长城文化带、大运河文化带和西山永定河文化带建设;支持颐和园、天安门城楼等重点文物保护;推动公共文化服务体系建设,对特色书店、最美书店、24 小时书店等 239 家实体书店给予房租补贴或资金扶持;实施惠民低票价演出补贴政策;推动市属文艺院团发展;支持举办全民阅读季、国际电影节等重大品牌文化活动;继续实施“投贷奖”政策,促进文化创意产业发展;支持冰雪运动发展,推动冬奥会和冬残奥会场馆建设;举办各类全民健身赛事活动
社会保障和就业支出	198.9	104.1	落实城乡居民养老金等各项社保待遇,新建街道乡镇养老服务照料中心 20 家和社区养老服务驿站 160 家;加大对就业创业的支持力度,促进残疾人就业;稳步提高社会救助、社会保险待遇、抚恤优待标准;落实部队退役人员的各项安置政策
卫生健康支出	176.5	107.2	进一步完善首都公共卫生服务体系;落实城乡居民医疗保险基金补助政策;支持公立医院建设;加快医疗联合体建设;提升医院信息化及设备水平;支持人才培养和学科建设;落实分级诊疗制度;加强重大疾病防控;落实院前急救条例,支持中医药振兴发展
节能环保支出	136.9	78.9	支持淘汰国三标准柴油货车;加快新能源车推广;实施燃煤锅炉清洁能源改造;落实农村地区“煤改电”低谷电价补贴政策;治理餐饮油烟等;支持节能技改、节能超市、绿色照明推广等项目;对清洁能源电力进行补贴;保障城市能源供应;支持土壤污染防治;加强空气质量检测;提升水环境质量
城乡社区支出	205.4	100.1	实施交通疏堵改造工程;开展 894 公里自行车道整治等交通综合治理工作;实施城市道路桥梁养护工程等;核心区背街小巷环境整治提升三年行动顺利收官,1255 条通过市级达标验收;深入推进疏解整治促提升专项行动,疏解提升市场和物流中心 66 个,拆除违法建设腾退土地 5706 公顷;开展城市副中心、冬奥赛场周边、长安街延长线、S1 线沿线等重点地区环境建设,全力保障“一带一路”建设及世园会等重大活动地区周边环境整治;推进核心区架空线入地;实施垃圾分类、生活垃圾填埋场升级改造等

续表

支出科目	支出规模	完成调整预算比例	主要支出内容
农林水支出	197.3	99.4	实施乡村振兴战略，全面提升美丽乡村建设水平；支持发展都市现代绿色农业、农业产业化经营、农产品质量提升，着力促进农业提质增效；实施农业综合补贴政策，推进农业产业提升和山区农民搬迁工程；重点帮扶低收入农户，促进农民持续增收；实施新一轮百万亩造林绿化工程；支持南水北调配套工程及运行维护；2019 年北京世园会各项工作保障场馆及配套设施建设和运行维护
交通运输支出	316.9	104.0	保障地面公交、轨道交通正常运营；推动 141 条公交线路优化调整；实施公路日常养护及大修等工程；重点支持延崇高速辅路、团河路、通怀路、G104 国道等道路新改建工程；保障城市副中心等重点地区交通建设需求
公共安全支出	258.4	111.9	支持公安部门执法办案、社会治安管理、公安信息化升级改造；支持深入开展"扫黑除恶"等专项行动；加强道路交通管理信息化水平建设；保障区级法院诉调对接场所建设；支持首都智慧警务、互联网法院等建设
援助其他地区支出	57.3	104.4	落实本市帮扶任务，聚焦精准扶贫、精准脱贫；对口支援新疆和田、西藏拉萨、青海玉树、湖北巴东等地区；对口帮扶河北、内蒙古等地区培育和发展产业、增加就业、提升医疗和教育水平等，助力帮扶受援地区精准脱贫
商业服务业等支出	18.1	84.3	落实鼓励连锁经营等 19 项促消费政策；促进生活性服务业品质提升，补建基本便民商业网点 1190 个；支持"一带一路"等对外投资合作，组织"老字号"及"双自主"企业参加境内外展会，带动企业走出国门

资料来源：《关于北京市 2019 年预算执行情况和 2020 年预算的报告》，首都之窗，2020 年 2 月 4 日。

二　2019年北京市财政运行特点

2019 年，北京市财政资金继续聚焦重点领域和重点项目，较好地保障了国庆 70 年、城市副中心建设、新机场建设、冬奥会筹备和世园会、疏解整治促提升、美丽乡村建设、对口援建、为民办实事等重点项目的资金需求。通过精准施策、合理分配财政资金，北京市经济社会发展得到有力保障，疏解整治促提升行动有序推进，北京冬奥会筹备顺利，北京城市副中心勃发生机，北京大兴国际机场成功通航，对口援建任务圆满完成，财政资金使用成效显著。

（一）政府带头过“紧日子”，继续压减一般性支出

2019 年在北京市财政收入微增长的大环境下，北京市继续大力压减一般性支出，会议费、培训费等一般性支出压减 10%，将节约下来的资金主要用于支持重点领域改革及民生支出。

（二）关注民生，切实提高百姓获得感和满足感

2019 年，北京市一般公共预算支出中有近八成用于民生领域，围绕教育、医疗、养老、大气污染防治、交通拥堵治理、老旧小区综合整治等一系列群众最关心、最直接、最现实的需要，合理制定资金使用方案。继续加强财政对民生的兜底保障，提高和调整多项保障性支出标准，包括就业补助资金、失业保险基金、城乡低保标准等，对贫困人口等 13 类困难人员参加城乡居民医保个人缴费部分实施全额补助，城乡居民医保制度更加完善；加大学前教育投入，促使家门口的普惠性幼儿园越来越多，学前教育学位和普惠性资源稳步增长；扶持养老服务产业发展；加大基本公共文化投入等，在重点民生领域切实提高老百姓的获得感、满足感。

（三）促进减负增效，微增同时不降低发展质量

2019 年，北京财政收入实现微增，但并未因此忽视发展质量。对个人而言，个税负担明显减轻；对企业而言，一方面是企业所得税减免，另一方面是社会保险费降低，北京市在地方权限范围内实施小规模纳税人房产税、资源税等“六税两费”的减免，最大限度地推出系列减税降费措施，北京市将免征小规模纳税人增值税月销售额标准，由 3 万元提高到 10 万元；扩大享受企业所得税优惠的小型微利企业范围，将企业所得税减半征收限额由

100万元提高到300万元；按50%最高幅度顶格减征小规模纳税人城市维护建设税、房产税等“六税两费”，为企业和社会实打实地减轻了税费负担，惠及北京100余万户纳税人。从长远来看，降负增效，为企业尤其是小微企业带来实实在在的优惠，有利于北京正在进行的城市功能转换和产业升级。在这种转型的关口，最大限度减轻实体经济的发展压力，营造更优营商环境，为财政的可持续增长奠定坚实基础，可以促进财政收入质量的大大提升。

（四）加强绩效管理，全面提高财政资金使用效益

2019年，北京进一步加强预算绩效管理，突出绩效导向，启动实施29项全成本预算绩效管理项目，通过全成本分析，进一步压降项目成本达8.6%；调整完善支出标准86项；进一步拓展财政绩效评价范围，2019年财政评价范围已拓展到部门整体支出、财政支出政策、市对区专项转移支付项目、政府债务项目、政府投资基金等9类支出，实现了财政资金类型的全覆盖；强化绩效结果应用，将事前评价结果与资金拨付挂钩，将全成本预算绩效试点的结果，直接用于部门预算编制；建立健全绩效目标随预算公开、评价结果随决算公开的“双公开”机制，接受社会监督，全面提升财政资金使用绩效。

（五）加快推进财政管理各项改革，提升财政管理效能

一是预算执行动态监控工作稳步拓围扩面，建立了涵盖市级1164家基层预算单位、区级2572家预算单位以及319个街道乡镇的550家预算单位的全市动态监控系统，监控资金逾2307.3亿元。动态监控力度逐步加大，监控违规问题逐年减少，效果明显。二是发挥财政政策引导作用，充分调动社会各方面参与首都建设的积极性。继续通过规范推广和应用PPP模式撬动社会资本，2019年全市PPP项目落地率为92.5%，远高于全国同期项目落地水平。三是加强和规范政府债务管理，出台防范化解政府债务风险实施方案，建立债务风险动态监测机制，指导各区制定化解债务风险实施方案，有效控制债务规模。

三 2020年北京市财政形势分析及政策建议

（一）2020年北京市财政形势

尽管近年北京市财政收入增幅持续收窄，但总体来看，全市经济基本面长期向好，营商环境的改善和服务业扩大开放综合试点的持续推进，为首都经济带来新动能；金融业、信息服务业等重点行业一直稳定发展，为财政收入增长奠定了较好基础。但受一系列减收增支因素叠加影响，2020 年财政收支矛盾依旧十分突出，主要面临的困难和问题：一是财政收入增长空间有限，增速继续放缓，优质高效的财源建设将是长期任务；二是支持首都经济社会发展的各项支出需求依然较旺，预算支出效益有待继续提升；三是转移支付制度有待完善，转移支付结构有待优化，转移支付政策项目亟待整合、清理。

综合考虑 2020 年全市经济发展和物价变动预期情况以及 2019 年减税降费政策延续性减收影响，按照北京市一贯的积极稳妥原则，2020 年全市一般公共预算收支预算拟按与上年持平安排。政府过“紧日子”将成为常态。

（二）政策建议

1. 协同运用产业政策，进一步加快扶持新兴的支柱型税源产业

近几年，北京市通过非首都功能疏解、区域综合整治等各项工作，为北京市经济转型、结构升级储备了较大的发展空间，应抓住发展的契机，瞄准构建首都“高精尖”经济结构的发展目标，充分发挥财政激励引导作用，协同运用产业政策，尽快形成新的经济增长点，培育新兴的支柱型税源产业，为实现北京财政收入稳定增长夯实基础。

2. 加强全过程的预算管理，提高预算编制的科学性和资金使用的规范性

一是从源头积极推行规范化的“零基预算”，提高预算编制的准确性。严格按照当年工作计划和任务的实际需要合理分配资金。指导各预算单位细

化预算内容，制订详尽的项目实施计划和资金支出使用计划，提高财政资金整体使用效益。二是加强预算执行和项目实施过程中的监督检查，规范预算资金合理使用。三是硬化预算约束，规范预算调整，年度执行中如需要调整预算，应做好相关预案，并按照法定程序申请批准。

3. 进一步清理规范过度保障的支出政策，提高财政运行质量和效果

充分发挥市场配置资源的基础性作用，合理界定财政职能边界，明确财政支出范围，根据当前财力，制定可行的保障性政策，避免大包大揽、过度保障。加强保障性支出政策的前期论证和财力可承受能力的论证，要求政策制定部门提供相关规划、计划、任务分解和实施方案，以及过程监督检查和退出机制，及时开展动态跟踪评估，确保政策实施效果。

4. 全面实施预算绩效管理，提升财政资金使用效益

尽管北京市预算绩效管理起步较早，成效显著，但绩效意识仍有提高的空间。“花钱必问效，无效必问责”“谁花钱，谁负责”的理念并未真正深入人心。一些单位和责任人工作重心依然停留在完成工作计划和任务上，忽视效益和效果。部分预算单位对事权和支出责任应匹配的意识尚未形成，存在预算安排超出部门的职责范围，同时存在资金转拨和分配，部分资金下拨基层或其他单位后未做进一步的监督和跟踪，资金使用与规定用途不符；各部门由财务部门牵头绩效管理工作，效力较弱；绩效评价结果的公开及应用尚有局限性。针对上述问题，全面实施预算绩效管理，需进一步细化实施办法，完善工作方案，加强绩效评价结果的公开和应用，建立预算单位结果应用通报制度，列入财政监督的常规工作，并作为全面实施预算绩效管理的长效机制，推进预算绩效管理不断深入、完善。

参考文献

《关于北京市 2019 年预算执行情况和 2020 年预算的报告》，首都之窗，2020 年 2 月 4 日。

《2020年财政支出继续聚焦保重点、保民生——2019年预算执行情况及2020年预算安排情况》，北京市财政局网站，2020年1月13日。

《北京市不折不扣落实减税降费政策，全力优化营商环境》，北京市财政局网站，2019年12月17日。

《全成本预算绩效探索逐步推开，预算绩效管理迈向高质量发展》，新浪科技，2019年12月9日。

《北京织密预算执行动态监控“一张网”》，《中国财经报》2019年11月21日。

杨松主编《北京蓝皮书：北京经济发展报告（2018～2019）》，社会科学文献出版社，2019。

B.21

2019～2020年北京市金融运行形势分析与预测

高　菲*

摘　要： 本文分析了2019年北京市金融运行特点，分析发现，金融宏观调控和信贷政策导向评估效果良好，存贷款增速总体平稳，其中人民币存款和人民币贷款均保持较高增速，外币存款和外币贷款余额略有下降，金融对重点领域和薄弱环节的支持力度加大，融资结构不断优化，贷款利率、债券融资成本持续下行。需要关注企业贷款需求疲弱、信贷总量保持较快增速压力较大，债券市场违约风险进一步上升；房企融资紧张、资金缺口较大，金融市场关联性风险上升等问题。预计2020年，北京市金融业将以新发展理念更好地发挥对疫情防控工作和实体经济的支持作用，社会融资规模适度增长，融资结构进一步优化。

关键词： 金融　存款　贷款　民营企业　房地产

一　北京市金融运行特点

2019年，面对国内外复杂形势，北京市坚持稳中求进工作总基调，牢

* 高菲，经济学博士，中国人民银行营业管理部金融研究处干部，主要研究方向为宏观经济、国际金融等。

固树立新发展理念，积极落实稳健的货币政策，持续深化金融供给侧结构性改革，不断提升金融服务和管理水平，全市经济运行总体平稳、稳中有进。辖内货币信贷较快增长，银行体系流动性合理充裕，金融运行态势良好、信贷结构优化，有力支撑了首都经济保持平稳增长。

（一）各项存款保持较高增速，住户存款保持近五年同期最高增速，非金融企业存款较上年同期大幅提升

2019 年 12 月末，全市本外币存款余额 171062.3 亿元①，同比增长 8.9%，占全国本外币存款余额的 8.6%，比年初增加 13922.4 亿元，同比多增 546.4 亿元。按币种来看，人民币存款增速与上年同期持平，外币存款规模略有缩减；按期限来看，活期存款和定期存款余额增速均高于上年同期；按部门来看，住户存款高速增长，非金融企业存款增速有所回升，金融机构存款减少。

1. 人民币存款保持较快增长，外币存款持续小幅降低

2019 年 12 月末，全市金融机构人民币存款余额 164349.5 亿元，同比增长 9.3%，与上年同期持平，比全国高 0.6 个百分点；占全国金融机构存款余额的 8.5%，与上年同期持平；比年初增加 13874.7 亿元（见图 1），同比多增 1077.6 亿元；占全国金融机构新增存款的 9.0%。2019 年全年，人民币存款增速总体呈波动态势。一季度北京市人民币存款余额同比增长 10.1%，较上年同期高 5.4 个百分点；比年初增加 2434.1 亿元，同比多增 1207.7 亿元。二季度同比增长 8.9%，较上年同期低 0.4 个百分点，比上一季度增加 7206.6 亿元。三季度同比增长 8.0%，较上年同期低 3.3 个百分点，比上一季度增加 4601.1 亿元。四季度增速回升。

2019 年 12 月末，北京市金融机构外币存款余额 962.2 亿美元，比年初减少 8.9 亿美元，较上年同期增长 39.7 亿美元；余额同比降低 0.9%，较上

---

① 如无特别注明，本文北京市数据全部来自中国人民银行营业管理部，全国数据全部来自 Wind。

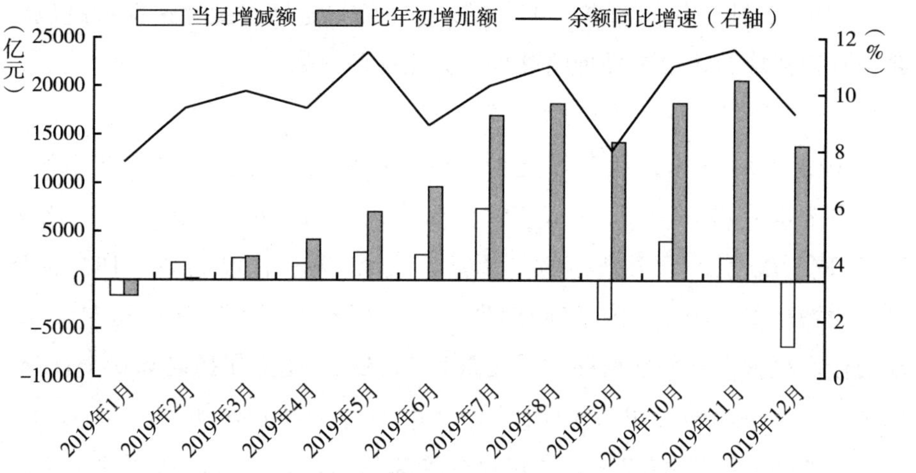

图1　2019年北京市金融机构人民币存款变化情况

资料来源：中国人民银行营业管理部官网。

年同期增长4.3%。其中，境内外币存款余额747.1亿美元，同比降低1.8%，比上年同期多降1.4个百分点；比年初减少13.8亿美元，同比多减10.4亿美元。境外外币存款余额215.2亿美元，同比增长2.4%，比上年同期低23.4个百分点；比年初增加4.9亿美元，同比少增38.2亿美元。

2. 活期存款和定期及其他存款增速都有所提高

2019年12月末，北京市金融机构人民币活期存款余额33319.3亿元，比年初增加1991.3亿元，同比多增809.5亿元；增速达到6.4%，比上年同期高2.7个百分点。其中，住户活期存款余额同比增长9.2%，比上年同期高0.8个百分点；非金融企业活期存款余额同比增长4.5%，比上年同期高3.9个百分点。活期存款余额增速提高主要是因为非金融企业活期存款余额增速提升，说明2019年企业流动性边际改善。

2019年12月末，北京市金融机构人民币定期及其他存款余额61814.0亿元，比年初增加6486.4亿元，同比多增3283.7亿元；增速达到11.7%，比上年同期高5.8个百分点。其中，住户定期及其他存款余额同比增长18.5%，比上年同期高3.5个百分点；非金融企业定期及其他存款余额同比增长8.0%，比上年同期高6.4个百分点。住户定期存款增速保持高位，主要受资管新规影响，表外理财减少，大额存单增加。

3. 住户存款保持近五年同期最高增速

2019年12月末，北京市金融机构人民币住户存款余额为37309.7亿元，占全部存款的比重为22.7%；比年初增加4762.8亿元，同比多增1222.2亿元。住户存款增速大幅提高，截至2019年12月末，住户存款余额同比增长14.8%，比上年同期高2.6个百分点，为近五年同期最高值；新增住户存款占全部新增存款的比重为34.3%，比上年提高6.6个百分点。12月末，个人大额存单余额同比增长59.0%，比年初增加2107.6亿元，占住户存款增加额的44.3%。住户存款增速的提高，一方面说明北京市住户收入呈现稳定增长的态势，另一方面也反映出受房产限购、表外理财回表等因素的影响，住户理财方式发生了结构性变化，更加偏爱大额存单等收益较好、风险偏低的银行存款类产品。

4. 非金融企业存款增速较上年同期大幅提升

2019年12月末，北京市金融机构人民币非金融企业存款余额为57823.6亿元，占全部存款的比重为35.2%；比年初增加3714.9亿元，同比多增2870.9亿元。非金融企业存款增速出现较大幅度提升，截至2019年12月末，非金融企业存款余额同比增长6.8%，比上年同期高5.5个百分点；新增非金融企业存款占全部新增存款的比重为26.8%，比上年同期高20.2个百分点。非金融企业存款增速大幅提升，主要是由于实体经济融资环境改善，信贷投放力度加大，企业融资渠道拓宽。

5. 非银行业金融机构存款保持较高增速

2019年12月末，北京市金融机构人民币非银行业金融机构存款余额占全部存款的比重为16.4%；比年初增加3404.3亿元，比上年同期少增160.2亿元；同比增长14.4%，增速比上年同期低4.3个百分点。一季度北京市人民币非银行业金融机构存款余额同比增长13.9%，较上年同期高24.2个百分点；比年初减少571.7亿元，较上年同期增加176.8亿元。二季度余额与上年同期持平，增速较上年同期低13.0个百分点，比上一季度增加 1473. 9 亿元。三季度同比增长 1. 4%，较上年同期低 20 个百分点，比上一季度增加 1034. 3 亿元。四季度增速大幅上升。非银行业金融机构存款变动对全年存款增速的扰动较大。

（二）各项贷款增长较快，企业贷款继续保持较高增速，有力支持北京市实体经济发展

2019 年 12 月末，北京市金融机构本外币各项贷款余额折合人民币为 76875. 6 亿元，同比增长 9. 1%，比上年同期下降 2. 6 个百分点；占全国本外币各项贷款余额的 4. 9%；比年初增加 6232. 9 亿元，同比少增 958. 5 亿元。贷款投向结构持续优化、重点更加突出，支持北京经济高质量发展的力度不断增强。按币种来看，人民币贷款保持稳定增长，增速在上年高基数下有所回落，外币贷款规模总体下滑；按部门来看，住户部门贷款增速降至近五年来最低，非金融企业及机关团体贷款仍保持高增长态势。按行业来看，符合北京首都功能定位的高新文创等行业贷款增速上升。

1. 人民币贷款增速保持平稳，外币贷款规模总体下滑

2019 年 12 月末，北京市金融机构人民币贷款余额 73575. 9 亿元，同比增长 10. 2%，比上年同期低 2. 3 个百分点；占全国金融机构贷款余额的 4. 8%；比年初增加 6653. 5 亿元（见图 2），同比少增 701. 7 亿元，占全国金融机构新增贷款的 4. 0%。2019 年全年，人民币贷款增速总体呈波动态势。一季度北京市人民币贷款余额同比增长 12. 3%，较上年同期低 1. 5 个百分点；比年初增加 2774. 5 亿元，同比多增 133. 9 亿元。二季度同比增长 10. 2%，较上年同期低 2. 6 个百分点；比年初增加 3718. 5 亿元，同比少增 957. 3 亿元。三季度同比增长 8. 3%，较上年同期低 5. 2 个百分点；比年初增加 4873. 9 亿元，同比少增 2025. 9 亿元。四季度增速回升。

2019 年 12 月末，全市金融机构外币贷款余额为 473. 0 亿美元，比年初减少 69. 1 亿美元，同比多减 16. 8 亿美元；同比下降 12. 7%，增速比上年同期低 7. 1 个百分点。其中，境内贷款增加 17. 5 亿美元，同比多增 66. 6 亿美元；境外贷款减少 86. 5 亿美元，同比多减 83. 2 亿美元。外币贷款降幅持续

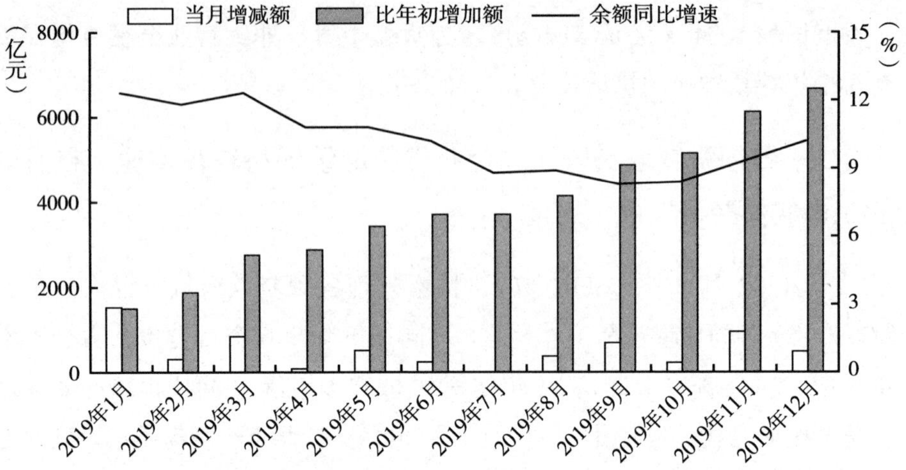

图2　2019 年北京市金融机构人民币贷款变化情况

资料来源：中国人民银行营业管理部官网。

扩大，一方面是由于2019 年北京地区银行体系流动性保持合理充裕，人民币贷款利率呈现回落态势，外币贷款成本优势不明显；另一方面，人民币汇率处于下行通道，外币融资还款成本增加，企业外汇融资意愿降低。

2. 各期限贷款增速均有所回落

2019 年 12 月末，境内人民币短期贷款余额为 22729. 8 亿元，比年初增加 1433. 8 亿元，同比少增 160. 7 亿元；同比增长 6. 7%，增速比上年同期低 1. 7 个百分点。中长期贷款余额为 46069. 9 亿元，比年初增加 3719. 8 亿元，同比少增 1337. 7 亿元；同比增长 8. 8%，增速比上年同期低 4. 8 个百分点。分部门看，2019 年，住户短期贷款同比增长 18. 9%，比上年同期低 6. 6 个百分点；中长期贷款同比增长 5. 2%，处于 2015 年来最低水平。非金融企业及机关团体贷款增速回落，其中，短期贷款同比增长 6. 0%，比上年同期低 0. 7 个百分点；中长期贷款同比增长 11. 0%，比上年同期低 7. 3 个百分点。

3. 住户贷款增速低位平稳，非金融企业及机关团体贷款增速保持高位

2019 年，全市住户部门贷款余额 19109. 7 亿元，比年初增加 1115. 7 亿

元，同比少增285.1亿元；同比增长7%，增速为近五年来最低值，比上年同期低1.5个百分点。非金融企业及机关团体人民币贷款余额53759.2亿元，比年初增加5372.1亿元，同比增长11.2%，仍然保持在10.0%以上的高位。非金融企业及机关团体人民币贷款增速放缓主要原因在于企业融资需求不足。中国人民银行营业管理部调查显示，2019年第四季度，宏观经济热度感受指数为37.14%，较上年同期下降0.36个百分点；银行家贷款需求指数为52.7%，较上年同期下降8.1个百分点。

4. 房地产贷款保持平稳增长

2019年12月末，全市金融机构人民币房地产贷款余额18087.4亿元，同比增长4.5%；比年初增加785.3亿元，同比少增200.5亿元。其中，房地产开发贷款余额为6218.9亿元，同比增长7.3%；比年初增加424.4亿元，同比少增253.8亿元。购房贷款余额11714.9亿元，同比增长2.8%；比年初增加322.9亿元，同比少增7.0亿元。

房地产开发贷款中，地产开发贷款增速基本平稳，房产开发贷款增速回落明显。2019年全年，地产开发贷款比年初增加95.2亿元，同比多增16.6亿元，余额增速为4.6%，比上年同期高0.7个百分点；房产开发贷款比年初增加329.1亿元，同比少增270.5亿元，余额增速为8.9%，比上年同期低10.5个百分点。地产开发贷款中，政府土地储备机构贷款进一步下行，12月末贷款余额为8.4亿元，同比下降28.5%，比年初减少3.3亿元。房产开发贷款中，住房开发贷款余额增速达到15.7%，比年初增加358.7亿元，同比少增188.4亿元，其中保障性住房开发贷款余额增速为10.1%，比年初增加101.1亿元，同比少增262.4亿元。近年来，北京市持续加强保障性住房建设，提升基本居住需求保障水平，从供需两侧发力给予全方位、分层次的信贷支持，鼓励金融机构向符合要求的住房租赁企业发放开发建设贷款、经营性贷款，支持金融机构发行住房租赁专项金融债券，支持企业发行住房租赁专项债券。2019年保障性住房开发贷款余额增速高位回落，但仍有超过百亿元增量，为超额完成建设任务提供了保证。

购房贷款中，个人购房贷款增速保持在低位。2019年末，北京市个人购房贷款余额同比增长3.2%，比年初增加342.0亿元，同比多增173.6亿元。其中，个人住房贷款同比增长4.9%，个人商业用房贷款大幅降低，同比下降19.4%。个人购房贷款余额变化情况反映出全市成交价格保持平稳、楼市刚需逐步释放的市场特征，为房地产市场健康发展提供了有力保障。

5. 金融对重点领域、特色产业的支持力度加大

北京市金融机构对重点发展领域和特色产业给予差别化信贷支持。2019年，北京市普惠型小微企业贷款“增量扩面”力度进一步加大，小微企业金融服务水平显著提升，年末全市金融机构普惠领域小微企业人民币贷款余额3935.3亿元，同比增长32.4%，为2015年以来最高增速；比年初增加851.6亿元，同比多增186.2亿元，说明小微企业融资状况持续改善。

高新文创等行业贷款增长较快。2019年12月末，北京市中资银行高新技术产业人民币贷款余额（不含票据融资）4600.8亿元，同比增长19.2%。其中，国家重点支持的高新技术领域中增长较快的为生物与新医药技术、电子信息技术和新材料技术，贷款余额同比增速分别为92.5%、26.1%和25.3%。文化创意产业人民币贷款余额（不含票据融资）1830.1亿元，同比增长8.9%。其中，增速较快的为艺术品交易、广播电视电影和文化艺术，贷款余额同比增速分别为62.7%、47.9%和37.8%。

（三）直接融资比例有所提高

2019年，北京地区社会融资规模为14629.7亿元。从融资结构看，人民币贷款增加6489.4亿元，企业债券融资额增加6974.7亿元，非金融企业境内股票融资额增加485.5亿元，直接融资比例有所提高，融资结构不断优化。金融机构表外融资在金融去杠杆的作用下大幅减少，北京地区实体经济通过委托贷款、信托贷款和未贴现的银行承兑汇票等金融机构表外合计净融资减少4314.6亿元，同比减少1693.2亿元。

（四）LPR形成机制改革顺利，贷款利率、债券利率持续下行

2019年，LPR改革有序推进，企业贷款利率打破隐性下限。LPR改革

以来，辖内金融机构应用 LPR 定价的贷款占比大幅上升，12 月，北京地区金融机构一般贷款执行 LPR 减点的贷款占比为 60.0%，同比上升 13.9 个百分点。2019 年 1～12 月，北京辖区内金融机构一般贷款加权平均利率保持在 4.5%～5.2% 的低利率水平区间内平稳运行。小微企业贷款利率震荡下行，降幅明显。12 月，普惠小微企业贷款加权平均利率环比下降 27 个基点，同比下降 80 个基点。企业贷款加权平均利率为 4.31%，较改革前 7 个月均值下降 33 个基点，低于 LPR 50 个基点的贷款占比为 9.8%，较 2018 年 12 月（低于基准利率 0.9 倍的贷款占比）提高 4.5 个百分点，有效打破贷款利率隐性下限。

2019 年，北京地区同业拆借利率维持低位运行，整体略低于全国均值。6 月，受包商银行事件影响，市场流动性分层加剧，资金更倾向于在银行间内部流转，北京地区同业拆入和拆出利率跌破 2%，达到 2016 年以来的历史低点；12 月同业拆入和拆出利率分别为 2.0654% 和 2.0497%，同比下降 43 个基点和 49 个基点。与此同时，银行间市场质押式回购利率平稳震荡。8 月正、逆回购利率分别同比上升 37 个基点、41 个基点，达到本年高点；9～12 月，分别同比下降 60 个基点、62 个基点。

2019 年，货币市场利率下行走势带动票据市场利率持续回落。票据市场对货币政策调控的敏感程度高，随着 1 月的全面降准，5 月、6 月、7 月定向降准，以及 9 月的全面降准和定向降准的实施，票据市场利率屡创 2017 年以来新低。8 月跌破 3%，随后在 2.9%～3.1% 低位震荡，12 月为 2.9551%，同比下降 80 个基点。

二　关于当前金融运行几个问题的思考

（一）实体经济经营受“供需”两头挤压，企业贷款需求疲弱，信贷总量保持较快增长压力较大

2019 年，北京市工业产品出厂价格指数同比下降 0.4%，CPI 上涨和

PPI 下降并存，北京市经济下行压力较大。从生产端看，工业增速放缓，新动能增长动力不足。规模以上工业增加值增速 3.1%，为近三年较低值；高技术制造业和战略性新兴产业增加值分别增长 9.3% 和 5.5%，较上年同期下降 0.1 个和 3.7 个百分点。从需求端看，工业投资下降 9%；社会消费品零售总额增速 4.4%；进出口增幅收窄 18.5 个百分点。一方面，进口原材料、劳动力成本持续上升，环境治理成本增加，2019 年，规模以上工业企业营业成本同比增长 4.7%，2020 年仍可能进一步上升；另一方面，重点行业中汽车、智能手机市场趋于饱和，产品库销比居高不下，实体经济经营发展困难重重。目前企业对扩大投资规模普遍持谨慎观望态度，投资活动以盘活存量为主，多家企业明确要求严控债务规模，抑制投资冲动。受企业贷款需求疲弱影响，2019 年北京地区社会融资增量为 1.46 万亿元，同比减少 3915.9 亿元，年末，中长期贷款余额增速 8.8%，较上年同期低 5 个百分点。

（二）债券市场违约风险进一步上升

一方面，民企债券违约问题突出。2019 年北京地区 7 家实质违约债券主体中 5 家为民企，民企盈利回落、筹资收缩，3 家上市公司质押比例超过 50% 监管红线。另一方面，高信用评级债券违约占比上升。截至 11 月末，2019 年发行时主体评级为 AAA 级的债券违约规模占比 16.1%，较上年末（13.6%）上升 2.5 个百分点。即使获得外部高评级，信用债仍有较大违约风险，将在一定程度上动摇投资者信心。

（三）房企融资紧张，弥补资金缺口需求明显增加

Wind 数据显示，2019 年全年各季度境内房地产债券净融资规模分别为 358.97 亿元、296.44 亿元、33.77 亿元和 –169.02 亿元。从资金来源看，2019 年，北京市房地产开发企业到位资金同比下降 0.9%，其中国内贷款和自筹资金分别大幅下降 18.8% 和 21.5%，扩大销售成为企业补充现金流的方式。但 2020 年第一季度受新冠肺炎疫情冲击，居民购房需求受到抑制，房企推盘数量显著下滑，短期内商品房销售增速放缓，资金回流放慢，加之

2020年下半年开始房地产行业迎来偿债高峰，部分中小房企将面临现金流断裂的险境。

（四）金融市场关联性风险上升

在经济下行压力下，金融市场波动明显，股市、债市的波动将影响银行和保险机构的投资收益，股市波动加剧加大上市公司股票质押融资风险处置难度，加之受到疫情冲击，部分企业信用风险将有可能向金融体系传导，金融机构面临盈利能力下降、流动性风险增大等问题，个别金融机构已出现流动性困难，个别财务公司出现流动性风险，部分中小银行资本充足率、优质流动性资产充足率低于监管要求。

三　预测与展望

2020年是全面建成小康社会和“十三五”规划收官之年，既是决胜期，也是攻坚期。虽然面临的国内外形势复杂严峻，经济下行压力持续加大，但我国发展仍处于并将长期处于重要战略机遇期。新冠肺炎疫情对中国经济造成一定影响，但持续时间和规模有限，经济稳中向好、长期向好的基本趋势没有改变，增长保持韧性。在稳中求进工作总基调下，三大攻坚战取得关键进展，供给侧结构性改革不断深化，经济实现量的合理增长和质的稳步提升；金融服务实体经济效率不断提升，货币政策更加灵活适度，全社会流动性保持合理充裕。

2020年，北京市将继续以习近平新时代中国特色社会主义思想为指导，全面贯彻党的十九届四中全会和中央经济工作会议精神，紧扣全面建成小康社会目标任务和“十三五”规划，坚持新发展理念和稳中求进工作总基调，以供给侧结构性改革为主线，全面落实高质量发展要求，加大逆周期调节力度，加强信贷政策结构性引导，提高金融服务民营小微企业能力，推动新三板改革措施加快落地，强化国家金融管理中心功能，积极推进金融科技应用试点和金融科技创新监管试点建设，坚决防范和打击非法集资，继续做好互联网金融风险专项整治工作，牢牢守住不发生系统性金融风险的底线。预计 2020 年，北京市金融业将以新发展理念更好地发挥对疫情防控工作和实体经济的支持作用，社会融资规模适度增长，融资结构进一步优化。

参考文献

杨松主编《北京蓝皮书：北京经济发展报告（2018 ~ 2019）》，社会科学文献出版社，2019。

中国人民银行营业管理部调查统计处：《北京市金融机构信贷收支统计月报》（2019 年 1 ~ 12 月）。

B.22

企业成长阶段视角下北京市培育独角兽企业金融支持体系研究*

何　砚**

摘　要： 本文以独角兽企业的成长周期规律为理论基础，将独角兽企业的发展阶段划分为萌芽期、发展期、爆发期和成熟期，并剖析每个阶段独角兽企业的发展特征及其金融需求，随之，梳理、凝练了北京市培育、促进独角兽企业成长的政策经验。最后，基于上述分析，结合目前北京市独角兽企业的融资环境，提出北京市培育独角兽企业金融支持体系的优化政策建议。本文的研究，能够为优化独角兽企业成长及融资环境提供较具借鉴意义的政策经验参考。

关键词： 独角兽　金融支持体系　北京

首都北京定位为全国科技创新中心，这里集聚着众多国内知名高校、科研院所、高端人才以及尖端科研成果，汇聚着“创新基因”——独角兽企业的必要条件。独角兽是指在新经济领域创立时间较短，但市场公允估值超过10亿美元的科创型企业。首都北京具备满足独角兽诞生的科技创新资源，

* 本文系基金资助项目——北京市社会科学院2020年青年课题“北京市涉非互联网金融活动风险防控与创新治理研究”阶段性研究成果，课题编号2019B5745。

** 何砚，金融学博士，应用经济学博士后，北京市社会科学院经济研究所助理研究员，主要研究方向为金融科技。

并且拥有推动独角兽加速成长的另一大优势——风险投资机构集聚。但是，目前资本市场特别是股票市场与新经济企业成长阶段存在错配，新经济公司的生命周期与传统企业存在差异。目前的企业上市流程及标准，适应于工业化和城市化快速发展阶段，基本上是面向工业制造业的标准。

金融是现代市场经济的核心要素，本文基于独角兽企业的成长阶段，借鉴独角兽企业培育经验，探究如何有效发挥金融机构对培育、壮大独角兽企业的支撑作用，构建配套金融产业链条，打造与独角兽企业各个成长阶段相适宜的金融生态圈，以便充分利用北京市金融、科创资源等优势，优化培育独角兽企业的金融支持体系。

一 独角兽企业成长规律解析

相较于传统企业，独角兽企业的成长阶段大致可划分为萌芽期、发展期、爆发期和成熟期，处于不同成长阶段的独角兽企业，其企业经营和融资的特殊性表现如下。

（一）独角兽企业的萌芽期发轫于科技型小微企业，集群和集聚效应显著

独角兽的萌芽期是指企业创新理念诞生的初创阶段。未来社会分工的逐渐深化且细化，小而精、优又特的企业具有巨大的发展空间。伴随着我国创新环境的不断优化、创业者的进一步成熟以及用户的不断更新和迭代，大量科创型小微企业如雨后春笋般破土而出，在这些小而精的科技小巨人中，很多是行业未来的“隐形冠军”，蕴含着未来独角兽企业的萌芽。中关村国家自主创新示范区拥有良好的创新创业生态和充足的创新创业资源，对于独角兽企业的健康有序发展有着巨大的促进作用，成为北京市独角兽企业萌芽的优渥土壤。

（二）独角兽企业发展期风险较高，依赖外部资本助推其快速成长

独角兽企业发展期是指在尊重市场经济运行规律的基础上，那些抓住用

户内在需求、强调用户深度体验、市场目标定位精准、目标选择明确的科创型小微企业逐步积蓄创新能量，开始扩大规模，进入市场竞争的第二阶段。独角兽企业的发展期是其成长过程中最为艰难的一个时期，大量企业在该阶段遭遇挫折甚至夭折。相对于萌芽期，发展期的独角兽企业依然保持着小微企业的主要特质，但要面对瞬息万变的市场信息和日趋激烈的市场竞争，此时企业所面临的风险极大。同时，科创型企业前期投入较大，且利润回报低，融资难度大，随着企业规模的进一步扩大，企业资金约束极为明显。在独角兽企业发展期，以 VC、PE 和股权基金为主的外部资本，成为独角兽企业可以继续稳定发展的主要助推力。外部资本的注入，缓解了企业融资难、融资贵问题，解决了科创型小微企业跃迁为独角兽企业的关键问题，确保科技小巨人走得更快、更好，进而有可能成长为“瞪羚企业”即成长性好、具有跳跃式发展潜能的高新技术企业。

（三）独角兽企业爆发期呈指数型井喷式增长，“风口效应”明显

独角兽企业爆发期是指经历过发展期的科技“小巨人”已经具备了进一步发展的资源优势和内生增长动力，企业开始步入稳定的发展轨道。随着人工智能、大数据、新零售和大健康等行业风口期的到来，以技术创新驱动为主的部分“瞪羚企业”凭借在发展期集聚的市场竞争优势，实现自身规模和市场占有率的同步迅速增长，最终成长为独角兽企业。爆发期是独角兽企业的快速增长阶段，一些企业年均增长率超过 300% 甚至更高，但也要充分意识到独角兽企业的爆发期具有明显的行业周期“风口效应”。

（四）独角兽企业成熟期立稳市场，带动产业创新链良性上升循环

独角兽企业的成熟期是指企业市场估值超过 10 亿美元，并在某一细分市场站稳脚跟并获得领先优势，进一步形成稳定的利润来源，谋求或完成资本市场 IPO，企业进入高平台的平稳发展阶段。独角兽企业的成熟期是分享创新创业丰厚成果的阶段，在经历了爆发期的快速增长之后，独角兽企业赢得相应市场份额，盈利水平大幅度上升，发展期进入的 VC、PE 和股权基金

等资本开始从企业退出，期待通过企业上市，获取长期稳定的经济收益。独角兽企业的区域和行业影响力逐渐扩大，成长为区域或行业代表甚至是平台型企业。平台型企业能够整合多主体资源介入甚至深度参与未来独角兽企业的孵化，构建自身产业生态系统，形成良性上升循环，带动区域经济或行业整体发展，提升区域经济或行业整体创新能力。

二 北京市培育独角兽企业的经验总结及升华

随着供给侧结构性改革深入推进，独角兽企业可以带来真正的新经济增长点，带动经济高质量增长，成为度量一个地区经济发展和创新生态的新坐标。独角兽企业可以将企业成长的项目、资本、环境、政策等要素凝聚，在三五年内迅速壮大，成为新经济发展的新形式。在独角兽企业的培育方面，首都北京的经验主要有以下几点。

（一）营造开放包容的创新创业生态系统

从独角兽企业的成长进程来看，其萌芽发轫于科技小巨人之中，核心是其所提出的“创新理念”具有商业推广价值，依据商业推广价值能够构建出一个开放包容的创新创业生态系统至关重要。“创新创业”政策推出后，各地区因地制宜，纷纷出台政策扶持帮助创新创业者，具体来看，中关村国家自主创新示范区以海纳百川的胸怀欢迎“新种子”的到来，并且给“新种子”创业以试错和纠错的机会，倡导创新文化，出台独角兽企业扶持政策，为企业提供精准、高效和个性化孵化服务，不断优化孵化条件，动态调整孵化方向，着力整合各方资源，促进独角兽企业孵化步入良性循环。

（二）大力度实施引才政策，集聚海内外高端人才

在独角兽企业的培育、发展和壮大中，创新是第一动力，人才是最关键的资源，金融是血液。近年来，北京各区、高新技术园区积极实施引才政

策，统筹安排、同步规划、协调推进，集聚海内外高端人才，包括：优化营商环境和相关服务配套设施，提高对海内外高端人才的吸引力；营造良好的区域创新创业环境，助力人才实现自身价值等。除人才引进之外，依托首都北京丰富的高校和科研机构资源，构建产学研结合模式培养人才，也是提升首都科技创新力的重要措施。海内外高端人才的集聚与培养，成为培育独角兽企业的重要人才源泉。

（三）发挥协同效应，激发独角兽企业的“集聚”效应

独角兽企业在成长过程中具有明显的“集群、集聚”效应。北京市在独角兽企业培育过程中，通过发挥中关村国家自主创新示范区、科研机构、高校、金融机构和政府部门间的协同效应，优化创新资源配置，明确政策扶持发力点，有效提高了独角兽企业培育效率。目前在中关村国家自主创新示范区，独角兽企业培育的联动协同形成了集聚效应，促使独角兽企业爆发式增长。

（四）搭建平台型企业内部孵化、裂变的良性机制

平台经济是以互联网为基础，整合多主体创新资源和业务关系，创造新价值，使多主体利益最大化的一种新型商业经济模式，有助于深度推动大众创业、万众创新。平台型企业是连接着核心价值的创造者和用户群体两端的企业，具有强大的平台数据汇总、挖掘技术和资源整合能力。独角兽企业步入成熟期后，市场占有份额与企业规模都可以达到较高水平，较大型企业则具备发展成为平台型企业的潜力，通过自孵化独角兽、战略投资独角兽等多种方式不断孕育出新的独角兽企业。例如，阿里巴巴、京东、百度、小米等都是从独角兽企业成长为典型的平台型赋能企业。以阿里巴巴为例，蚂蚁金服、阿里云、菜鸟网络、口碑、阿里音乐等多家独角兽企业，不仅经由阿里孵化，同时也提升、优化了阿里自身产业生态系统。平台型企业内部孵化、裂变的培育机制，带动了区域产业链创新能力的提升，实现了独角兽企业成长的良性循环，是培育独角兽企业机制的关键环节之一。

三　培育独角兽企业的金融支持体系建构及优化

金融支持体系的政策发力点在于解决独角兽企业各个发展过程中的融资约束问题，进行风险分担，利益共享，立足产业链打通创新链，围绕创新链部署资金链，延展产业链，提升价值链，实现产业链、创新链、资金链和价值链的良性互动。

（一）厘清行政边界，坚持政府引导和市场运作有机结合的原则

构建培育独角兽企业的金融支持体系，离不开政府有关部门的有效扶持，但要坚持政府引导和市场运作有机结合的原则，杜绝政府行为“拔苗助长”。政府精准引导是培育独角兽企业的必要条件，通过政府有关部门的精准引导与协调，激励金融机构将资源高效配置到科技型“小巨人”，设立科技型小微企业贷款分担、补偿基金，营造独角兽企业萌芽发轫的“金融沃土”。但政府的引导必须在政策允许的合理范围内，绝不能为突出政绩而透支政府公信力，更不能让独立、有序、健康发展的企业自乱阵脚。应充分尊重市场发展规律，政府引导在法律和法规的框架之内，进一步将知识产权保护政策落到实处，优化营商环境，打造公平、有序的市场竞争环境，以保证行业有序发展，决不能为创造“独角兽”而堆砌“独角兽”。

（二）优化创新创业投融资生态系统，打造“独角兽”全周期金融支持链

独角兽企业成长过程中，融资约束必须予以有效解决，构建与独角兽企业成长阶段相匹配的投融资体系，从企业成长阶段视角出发打造全周期金融支持链，是培育独角兽企业的核心要素。

1. 以银行中介为主导，强化金融和科技支持

我国目前的金融体系以银行中介为主导，商业银行居主导地位。构建以银行为主的创业投融资体系，更符合北京金融市场发展的实际态势，同时也

更有利于商业银行实现自身增值。科技小巨人具有重创意、追技术、轻资产和快发展等特点，其融资条件与一般企业有着显著的不同。具体来看，相较于综合性银行，专业性科技银行在产品设计、风险控制、人才队伍等方面具有一定的优势，主要表现为：资金来源方面，科技银行以政府引导和社会资本为主体，围绕市场参与主体来设计利益分配机制，规范、引导和鼓励社会资金参股；业务运营模式方面，与独角兽企业的成长周期相联系，充分发挥金融市场的基础性作用，联合风险投资公司共同建立跨平台投融资合作体系；风险管理体系方面，基于科技型中小微企业特点，建立适合的风险评价方法、风险评价标准、风险控制制度和风险控制流程等，健全多层次的科技银行贷款风险分担机制。同时，鼓励商业银行建立科技支行，加大对科技型小微企业信贷支持力度，这有助于缓解独角兽企业发展前期的融资约束。

2. 扶持风险投资，创建独角兽企业多元化的投融资机制

建立以多元风险投资、创业投资机构等投融资为主体，以适当的政策扶植、完善的中介服务体系、通畅的退出渠道为条件和健全的经济法律制度为保障的独角兽企业风险投融资机制。可以借鉴国外风险投资基金的风险投资主体发展经验，探索发展以创业投资资本、天使投资基金和私募股权投资基金为主体的风险投资体系，实现风险资本经营的“规模化 + 专业化 + 网格化”，在独角兽企业创建早期提供资本支持的同时，风险投资主体也应注重提高投资项目的管理水平，为独角兽萌芽企业提供创业创新的经验以及上市辅导等增值型服务。

3. 发展股权投资，顺畅全周期投资链

以北京深入推进金融业供给侧结构性改革、VC 与 PE 行业进入调整期为契机，建立涵盖整个企业各发展阶段的全周期股权投资链。具体来说，萌芽期，以政策性金融为主，以专业技能和管理经验、管理能力帮助科技型中小微企业提高经营水平，辅以产业链金融和天使投资，部分缓解科技型中小微企业资金问题，使其成功度过创业阶段，尽快平稳进入发展期。在发展期，VC 进入，产业链上核心企业通过与科技型中小微企业的商业、技术合作，获得科技型中小微企业的产品、财务和销售有关信息，通过商业或技术

合作为科技型中小微企业提供融资信用支持。在成熟期，基于资本市场对独角兽企业的信用预期，同时以资本市场授信为依托打通银行间接融资渠道，为独角兽企业提供多元化金融支持。

（三）补齐信贷体系短板，建立多元化信贷风险分担和补偿机制

独角兽企业诞生于科技小巨人之中，在经营初期风险较大，银行、风投等金融机构需要担保、保险的配合才有赋予其金融支撑的可能性。因此，构造较为完备的信用担保体系，创新分担科技风险的金融新品种，是构建独角兽企业金融支持体系的重要一环。鉴于此，北京应积极探索新型担保体系、模式和产品，加快科技型企业信用担保体系建设，指引科技担保机构的设立和运作模式，探索由政府设立科技担保基金乃至再担保基金，为市场担保机构增信分险。探索将保险作为独角兽企业融资过程中的“稳定器”，扩大科技保险运用范畴，稳步推进科技保险试点，分担科技企业经营风险，培育多层级科技保险市场。实现担保与保险相互融合，形成政府、银行、保险公司、企业以及中介机构多主体参与的信贷风险分担、补偿机制，消除金融机构支持科技型“小巨人”的后顾之忧。

（四）优化多层次资本市场，拓展融资来源

1. 充分发挥资本市场作用，拓展科技型企业融资来源

资本市场是企业融资的首选渠道，通过标准化企业证券定价、发行、并购和重组等流程，适当放宽新三板及中小企业板市场对科技型“小巨人”企业的财务门槛标准，加快企业上市融资步伐，对于计划上市的科技型“小巨人”企业要尽快启动再融资，充分发挥私募、新三板、中小板等资本市场的作用，进一步拓展融资来源，争取实现对科技型“小巨人”企业发行上市、重组和再融资的全方位直接融资安排。

2. 完善风投资金循环渠道发行和退出机制

独角兽企业进入成熟期，风投资金则开始寻求资本退出渠道，开始新一轮次的风险投资过程。风投投资的主要退出渠道为投资企业 IPO 和股权转

让，在我国现有A股主板市场上市采取审核制，针对企业上市的财务、经营门槛较高。因此，这在一定程度上迫使部分独角兽企业赴海外资本市场IPO，估值相对不高，融资金额较低。与此同时，我国资本市场丧失了优质上市企业资源。应探索独角兽企业境内资本市场发行新途径，降低独角兽科创板上市财务指标门槛。对于已在海外资本市场上市的独角兽企业，通过金融工具创新，例如，采取发行CDR（中国存托凭证），推动其有序回归国内资本市场，在提升独角兽企业市场估值空间的同时，推动中国资本市场蓬勃发展。

3. 推动设立新型债务融资支持工具，满足成熟期独角兽企业融资需求

科技型企业由于资产规模、发行成本限制，很难以独立主题项目发行企业债券，但是可以探索采取将若干经营状况良好、成长前景较好的一批科技型小微企业打包申请集合发债，统一发行，费用分摊。据此，为了满足成熟期独角兽的融资需求，应加大金融产品的创新力度，以在京的中国银行间市场交易商协会为依托，推动设立新型债务融资支持工具，可探索发行“独角兽专项债”，以帮助商业模式较为成熟、发展比较稳健的独角兽企业进入银行间市场融资，满足成熟期独角兽企业业务扩张的资金需求。

4. 设立北京专项发展基金，为独角兽企业融资提供风险缓释

2019年12月22日国务院正式印发的《关于营造更好发展环境支持民营企业改革发展的意见》中指出，“积极探索建立为优质民营企业增信的新机制，鼓励有条件的地方设立中小民营企业风险补偿基金，研究推出民营企业增信示范项目”。鉴于北京市财政实力相对较强，为了更好地落实国务院精神，可设立中小民营企业风险补偿基金，为民营企业发行债券提供担保，提高北京市民营企业债券在市场上的认可度，降低民营企业融资难度。

（五）完善配套服务体系，深化金融支撑作用

1. 加强与相关方沟通，推动独角兽企业债券融资支持工具加速落地

鉴于当前北京市尚未充分利用国务院关于支持民营企业融资的相关支持政策，应加强与中国银行间市场交易商协会以及在京独角兽企业的沟

通，尽快推动独角兽企业更大规模地使用这一融资工具，降低独角兽企业在银行间债券市场融资的难度和发行成本，缓解发展期独角兽企业融资难、融资贵问题。

2. 金融支持独角兽企业培育还应注重对金融配套服务体系的挖掘

发挥金融对市场资源的配置作用，紧密结合政府引导政策，建设金融与科技融合的综合功能区；配套建设公共服务基础设施，改善功能区环境，提高功能区竞争力，增加对“双创”企业与高端人才的凝聚力和吸引力；大力推进金融服务创新支持项目，提高科研支出的投入比例，增加科研创新奖励力度，融合“金融 + 科技 + 人才”，配套“企业 + 高校 + 创新创业平台”的产学研合作模式，搭建以人才培养为核心的金融创业创新支撑平台，增强金融支撑的价值功能。

参考文献

张凌波：《平台型独角兽企业融资和盈利模式对现金流的影响》，河南工业大学硕士论文，2019。

诸国华：《独角兽企业研究综述与展望》，《经营与管理》2020 年第 2 期。

师毅：《2 亿美元融资，脉脉成为职场社交首家独角兽》，《中关村》2018 年第 9 期。

郝智伟：《巨型独角兽创“史上最大融资”》，《上海信息化》2018 年第 8 期。

周晓波、姜增明、陈佳炜：《“独角兽”企业的融资之路》，《金融市场研究》2018 年第 6 期。

刘远举：《全球最大独角兽融资彰显“中国方案”磁力》，《经济参考报》2018 年 6 月 14 日。

区域发展篇

Regional Development

B.23
北京世园会对延庆区经济影响研究

年　炜*

摘　要： 北京世园会的举办对延庆区的经济发展产生了显著的影响。本文分析认为，世园会的举办为延庆区带来了大量的投资，完善了当地的基础设施，并带动了当地相关产业特别是建筑业与旅游业的显著发展。基于世园会的相关实践，本文认为延庆区应进一步完善基础设施与旅游配套设施，不断提高服务质量，继续做强旅游业，促进地区经济发展。

关键词： 世园会　经济　延庆

* 年炜，北京市社会科学院经济研究所副研究员，主要研究方向为体育产业、会展经济。

中国北京世界园艺博览会（简称“北京世园会”）于2019年4月29日至10月9日在北京市延庆区举办。在为期162天的世园会上，法国、德国、英国、上海合作组织等110个国家和国际组织，国内省区市、港澳台及企业、高校、科研院所等120多个非官方参展者参展，创下历届世园会参展数量之最。作为2019年重大主场外交活动和国庆70周年活动重要组成部分，北京世园会对延庆区经济发展产生了重要影响，向全国和全世界人民展现了绿色生态发展成就，生动实践了“绿水青山就是金山银山”理论。

一 延庆区经济发展概况

2018年延庆区地区生产总值达到151.9亿元，其中，第一产业增加值7.7亿元，占比5.1%；第二产业增加值52.5亿元，占比34.9%；第三产业增加值91.7亿元，占比60.4%。

为反映延庆区各产业在北京市的比较优势，本研究使用区位熵指标进行测算。区位熵表示k地区i行业在本地总产出中的份额与整体行业占全市经济总产出的份额之比，计算公式为：

$$Q_i^k = \frac{X_i^k / \sum_i^n X_i^k}{\sum_k^N X_i^k / \sum_k^N \sum_i^n X_i^k}$$

式中，Q_i^k为k地区i部门的区位熵，X_i^k为k地区i部门的产出指标。$Q_i^k>1$意味着k地区i部门具有比较优势，$Q_i^k<1$意味着k地区i部门不具有比较优势。

本研究选用2017年各产业及行业数据，其中北京市的产业及行业数据来自《北京统计年鉴》，延庆区的产业及行业数据来自《北京市延庆区统计年鉴》。

表1　2017 年延庆区各产业与行业区位熵

产业/行业	区位熵	产业/行业	区位熵	产业/行业	区位熵
第一产业	11. 67003	交通运输	2. 557994	水利环境	6. 787555
第二产业	1. 654754	住宿餐饮	1. 126243	居民服务	1. 292322
第三产业	0. 788525	信息	0. 001293	教育	2. 229247
农业	7. 712548	金融	0. 250303	卫生	1. 740147
工业	1. 409065	房地产	1. 139041	文化体育娱乐	0. 837953
建筑业	2. 650328	租赁与商业服务	0. 143576	公共管理	3. 393163
批发零售	0. 365073	科学研究	0. 123247		

通过计算获得如表1 所示的区位熵值。

从产业层面看，延庆区的第一产业在北京市具有非常明显的比较优势，区位熵超过11。与此相对应的农业行业区位熵也超过7，进一步证明了延庆区在第一产业方面的优势。延庆区的第二产业具有比较强的优势，区位熵超过1. 6。与此相对应的工业行业区位熵也超过1. 4，进一步证明了延庆区在第二产业方面具有比较优势。第二产业中的建筑业在2017 年受到世园会投资的影响，增长强劲，区位熵超过2. 6，其优势的形成具有一定特殊性。延庆区的第三产业在北京市不具有比较优势，区位熵小于1。

虽然第三产业整体不具备比较优势，但第三产业内各行业的区位熵差异很大。在第三产业中，与农业相关的水利环境区位熵超过6，具有明显优势；与居民生活有关的居民服务、教育、卫生和公共管理等行业区位熵均超过1，具有一定比较优势；与旅游相关的交通运输、住宿餐饮、房地产等行业区位熵也超过1，同样具有一定比较优势；相比之下，批发零售、信息、金融、租赁与商业服务、科学研究、文化体育娱乐等行业区位熵均小于1，表明这些行业不具有比较优势，同时也反映出延庆区在商业、金融、科研及文体娱乐等配套设施建设方面存在不足。

二　世园会对延庆区经济发展的影响

（一）对投资与基础设施的影响

数据显示，延庆区的固定资产投资在2015年之前的年均增速大多在20%以下，但在2016年之后出现了快速增长。2016～2018年，固定资产投资分别达到107.2亿元、154.1亿元和283.6亿元（见图1），增速分别涨至50.6%、43.8%和84.0%。2016～2018年三年固定资产投资共计544.9亿元，接近此前2005～2015年固定资产投资的总和562.1亿元。数据表明，世园会为延庆区带来了巨大的投资，投资规模远超之前在延庆举办的任何活动。

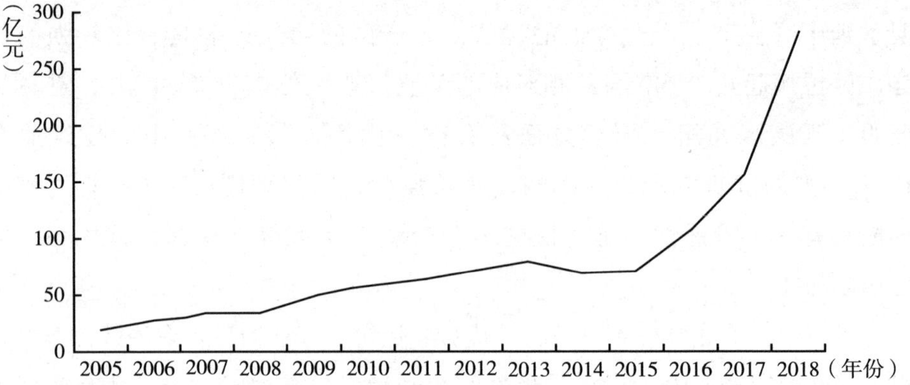

图1　2005～2018年延庆区固定资产投资情况

资料来源：历年《北京市延庆区统计年鉴》。

受世园会投资的带动，延庆区基础设施投资实现了跨越式增长。2017～2019年延庆区完成基础设施投资约285.1亿元、超过了前25年之和。京藏高速、京新高速、京礼高速（延庆段）先后建成通车，京张高铁全线铺轨，形成了3条高速、1条高铁、1条市郊铁路（S2线）的对外交通网络。电力供应能力水平实现“质的飞跃”，总投资92亿元，新建变电站8座、改建2座，投入使用后可以满足延庆未来50年的用电需求。“西气东输”干线向“陕京四线”进延，终结了延庆无管道天然气的历史。

（二）对三次产业的影响

从年度数据看，2016～2018年，延庆区三次产业的增加值均有所增长，但增长幅度差异较大。其中，第一产业从74247万元增长到76801万元，增长3.4%；第二产业从364400万元增长到525275万元，增长44.1%；第三产业从787952万元增长到916899万元，增长16.4%（见图2）。数据显示，截至世园会举办前一年，第二产业增长幅度最大，第一产业增长幅度最小。这说明在世园会举办前，世园会对第二产业的影响最大，对第三产业的影响次之，而对第一产业的影响最小。

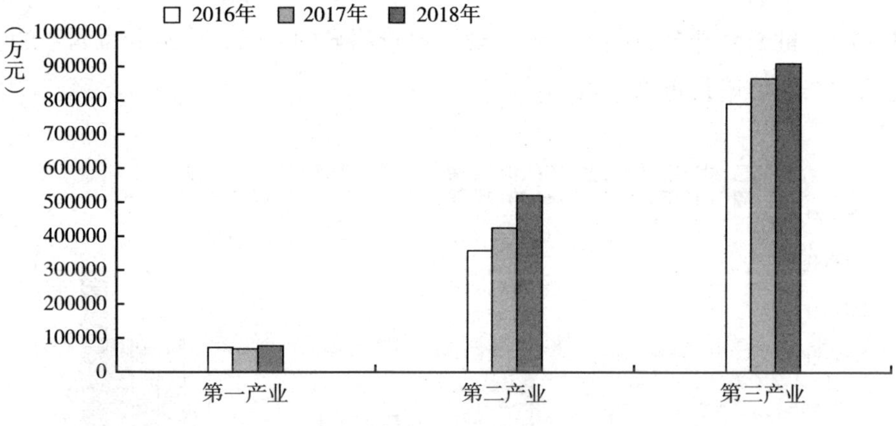

图2　2016～2018年延庆区三次产业增加值

资料来源：历年《北京市延庆区统计年鉴》。

从产业结构看，2016～2018年，第一产业占比从6.1%下降到5.1%，第二产业占比从29.7%增长到34.6%，第三产业占比从64.2%下降到60.4%。数据显示，在三次产业中，只有第二产业占比出现了增长，而第一、第三产业占比均出现下降，表明在世园会举办前，世园会对第二产业的影响最显著。同时，该数据还表明，尽管世园会对产业结构有一定影响，但三次产业结构仍然维持“三二一”的格局，各产业占比的增减并没有使整体的产业结构出现根本性变化。

从季度数据看，从2018年第一季度至2019年第三季度各产业均出现了一些波动。首先，第一产业增加值在2019年第一季度同比下降13.3%，在第二季度同比增长42.3%，在第三季度同比下降17.0%。该波动表明世园会在开幕后的一段时间内（即2019年第二季度）可能对第一产业产生了比较显著的正面影响，但这种影响在随后的第三季度即迅速减弱。其次，第二产业增加值在2019年第一季度同比增长41.5%，在第二季度同比下降0.7%，在第三季度同比增加10.8%。该波动表明在世园会开幕前第二产业一直保持着较高的增长率，但在世园会开幕后，第二产业增长率开始出现回调，迅速降低。最后，第三产业增加值在2019年第一季度同比增长12.8%，在第二季度同比增长19.5%，在第三季度同比下降14.6%。该波动表明在世园会开幕后第三产业出现了比较明显的增长，但随着世园会的收尾第三产业的增长也迅速减小。

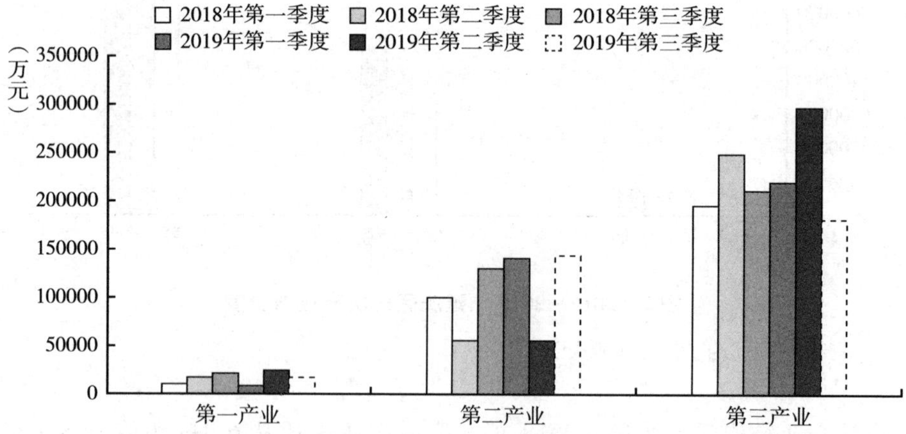

图3 延庆区三次产业增加值

资料来源：历年《北京市延庆区统计年鉴》。

当然，实际的季度数据除了受到世园会的影响外，还会受到其他诸多因素的影响。例如，第二产业在2019年第三季度的增长就有可能是受到冬奥会投资的影响。再如，第三产业在2019年第三季度的迅速回落也有可能是受到70周年国庆活动的影响。虽然影响因素很多，但综合以往年份的数据来看，世园会的影响还是比较明显的。

此外，截至2019年前三季度，第一产业占比4.6%，第二产业占比31.2%，第三产业占比64.1%。与2018年数据相比，第三产业占比出现小幅增长，第二产业占比出现小幅下降。数据的变化表明在世园会开幕后，世园会对第三产业的推动作用增强，而对第二产业的推动作用减弱。但从整体看，在世园会开幕后，当地“三二一”的产业结构仍然没有出现根本性改变。

（三）对各行业的影响

从年度数据看，在2016~2018年，延庆区各行业增加值均出现增长，但增长幅度差异较大（见图4）。其中，建筑业的增长幅度最大，为106.4%，远高于其他行业。这表明在世园会开幕前，建筑业是受到世园会正面影响最大的一个行业。这一现象也是与以往世园会及其他国际大型活动一致的。为筹办世园会而进行的相关建设活动显著地推动了建筑业的发展。在建筑业之后，工业、信息、金融、房地产、租赁与商业服务、科学研究、水利环境、卫生、文化体育娱乐等行业的增加值均出现了10%以上的增幅。此外，农业、批发零售、交通运输、住宿餐饮、公共管理等行业的增加值增幅不到10%，表明这些行业在世园会开幕前受到的影响较小。

从2018~2019年第三季度累计数据看，在世园会开幕后，各行业受世园会的影响程度也存在很大差异（见图5）。其中，租赁与商业服务的增加值增幅最大，达到57.4%。此外，工业、建筑业、房地产、水利环境、卫生等行业均出现了超过10%的增幅，住宿餐饮增长9.6%，也接近10%。数据表明这些行业在世园会开幕后受到的正面影响较大。同时，农业、批发零售、交通运输、信息、金融、科学研究、居民服务、教育、文化体育娱

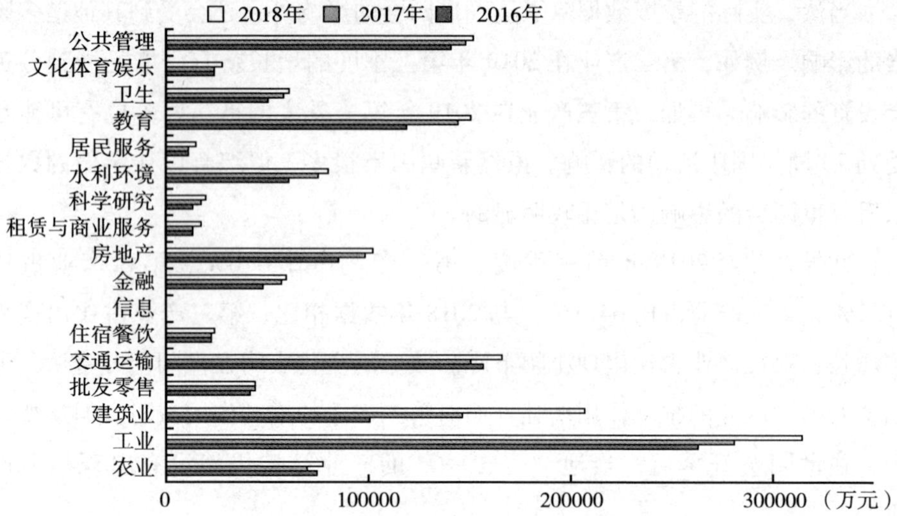

图4　2016～2018年延庆区各行业增加值

资料来源：历年《北京市延庆区统计年鉴》。

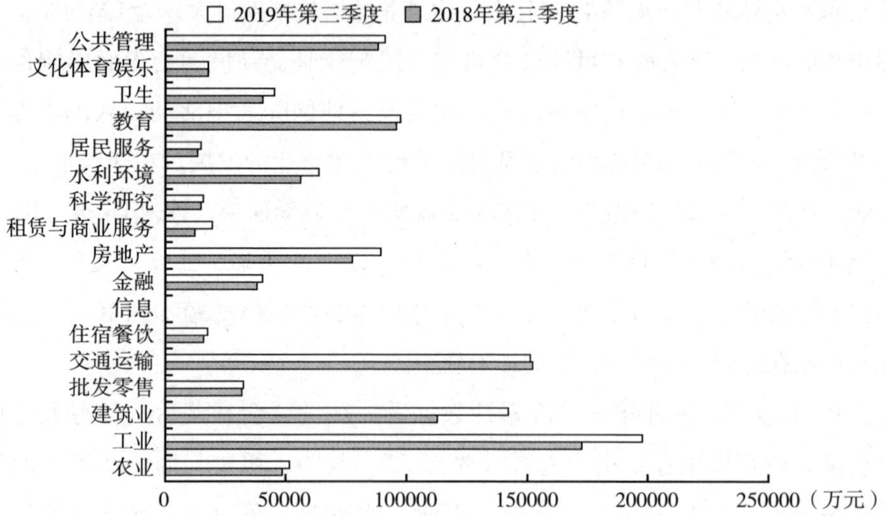

图5　2018年和2019年第三季度延庆区各行业增加值

资料来源：历年《北京市延庆区统计年鉴》。

乐、公共管理等行业增加值的增幅均不足9%，表明这些行业受世园会的影响较小。

综合来看，世园会在开幕前后对建筑业及租赁与商业服务的影响最大。

世园会对建筑业的影响有明显的时段特点。建筑业增加值在2019年第一季度同比增长71.9%，而在世园会开幕的第二季度迅速回落，当期累计增加值同比增长43.6%，之后在第三季度进一步回落，当期累计增加值同比增长25.8%。在世园会开幕前后，建筑业增加值出现剧烈波动，反映了建筑业在世园会开幕前高增长、在开幕后迅速回落的特点。如果没有冬奥会建设需求的支撑，建筑业在世园会后很有可能会出现更大幅度的下滑。

与建筑业相比，租赁与商业服务增加值的波动更具有瞬时性特点。该行业增加值在2019年第一季度同比下降8.5%，但在世园会开幕的第二季度出现井喷式增长，当期累计增加值同比增长773.4%，增幅远远超过其他行业。之后随着世园会的收尾，该行业增加值在第三季度又出现迅速回落，当期累计增加值同比仅增长57.4%。可见，租赁与商业服务增加值随着世园会的进程出现非常剧烈的波动，具有非常强的瞬时性特点。之所以出现如此剧烈的波动，可能与当地的租赁与商业服务发展程度有关。当世园会或类似活动对租赁与商业服务的需求远超过当地本身的需求时，租赁与商业服务供给就会在短期内出现严重短缺，造成需求的瞬时膨胀。从租赁与商业服务的数据看，2017年北京市租赁与商业服务增加值占地区生产总值的比重为6.9%，而延庆区租赁与商业服务增加值占地区生产总值的比重只有不到1%。这表明与北京市相比，延庆区的租赁与商业服务发展确实存在很大差距，而这也就进一步加剧了世园会期间租赁与商业服务增加值的波动幅度。

尽管世园会的举办对一些行业产生了显著影响，但从各行业的区位熵来看，延庆区各行业的优势与劣势并没有发生根本性变化。与2017年相比，2019年前三季度的农业、建筑业、交通运输、水利环境、公共管理等行业依然具有较大发展优势（见图6）。这意味着，举办世园会虽然可能对某些行业产生重要影响，但并不能根本性改变当地的行业发展格局。

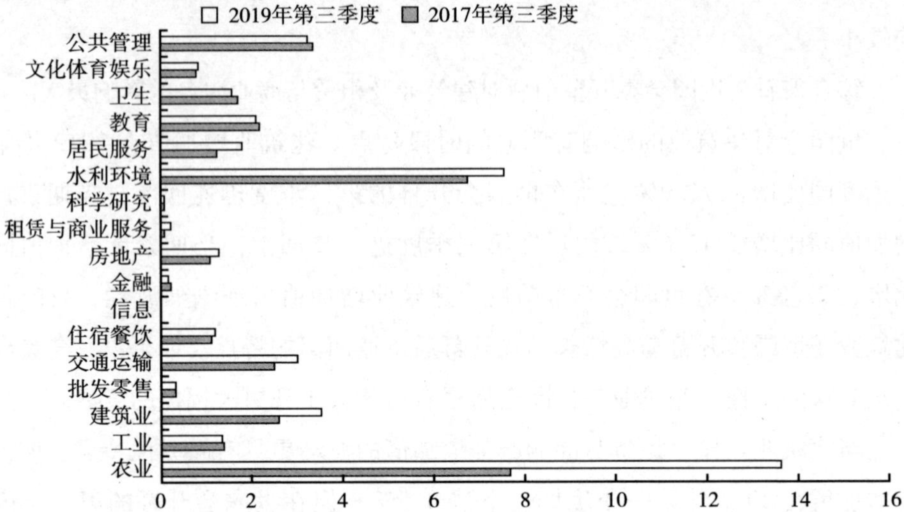

图6 延庆区各行业区位熵比较

资料来源：历年《北京市延庆区统计年鉴》。

（四）对旅游业的影响

旅游业在延庆区经济与产业发展中占有重要地位。2018 年全区旅游综合收入 78.8 亿元，同比增长 19.7%，接待游客 1997.7 万人次，同比增长 20%，是当地的重要支柱产业。

延庆区拥有比较丰富的旅游资源。目前延庆区共有八达岭长城等 A 级旅游景区 14 家，长城文化、夏季避暑和冬季滑雪等都是延庆旅游的知名品牌。

世园会的举办对延庆区的旅游业产生了积极的推动作用。从延庆区 A 级及以上和重点旅游景区接待人数来看，2019 年 4～8 月，接待人数明显超过往年同期水平。其中，7 月和 8 月的接待人数同比增长都达到 17% 以上，显示了世园会的显著带动作用。境外游客数量增长更为明显，6～9 月境外游客数量均同比增长 160% 以上，6 月和 7 月境外游客数量同比增长均超过 200%。9 月的总接待人数出现迅速下滑，同比降低 14%，低于往年水平。

但注意到9月同期北京市的景区接待人数也出现了明显下滑，同比降低13%，可以认为这种下滑是全市性的，可能与国庆活动有关。

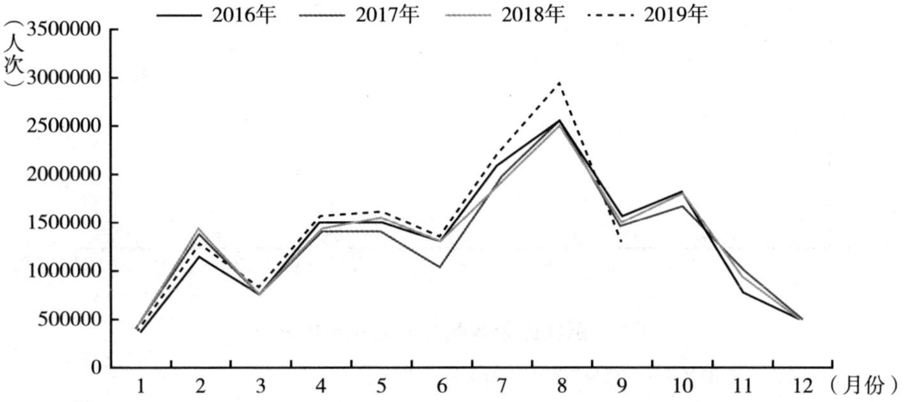

图7　延庆区旅游景区游客数量

资料来源：历年《北京市延庆区统计年鉴》。

世园会对延庆旅游业的促进作用还可以通过延庆区与北京市的游客数量对比体现出来（见图8）。2019年1～3月，延庆区游客数量在北京市的占比均低于2018年同期水平。但自2019年4月开始，延庆区游客数量在北京市的占比均高于2018年同期水平。其中，8月这一比例达到7.5%，非常明显地高于2018年同期水平。这些同样反映了世园会对延庆旅游业的拉动作用。

根据相关数据计算，2019年4～9月延庆区A级及以上和重点旅游景区接待人数合计超过1100万人次，同比增长7.6%，其中境外游客合计超过22万人次，同比增长58.7%。同期A级及以上和重点旅游景区旅游收入合计超过7.1亿元，同比增长5.8%，其中门票收入超过5.5亿元，同比增长12%。世园会对当地旅游业的拉动作用非常显著，且这种拉动作用非常明显地体现在境外游客数量增长及门票收入增长方面，这也是大型国际活动对旅游业影响的特点。

此外，与北京市其他区相比，延庆区旅游业的增长也非常显著。2019年前三季度延庆区游客数量达到1521.8万人次（见图9），同比增长

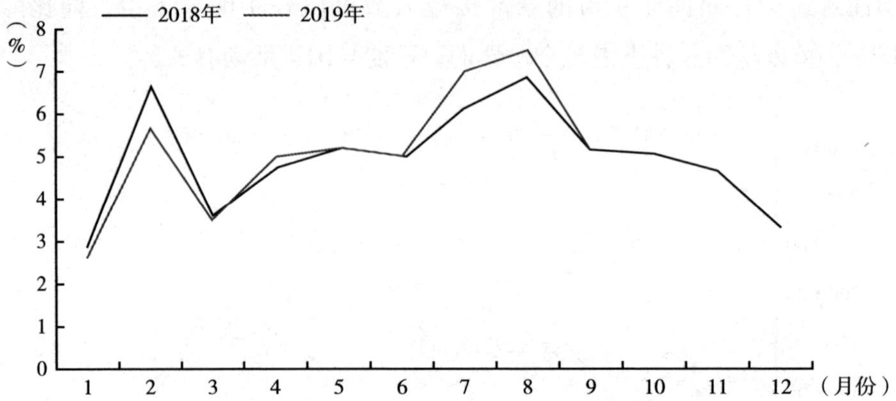

图8　延庆区游客数量在北京市的占比

资料来源：历年《北京市延庆区统计年鉴》。

11.9%，增速在北京市仅次于丰台、石景山和海淀。延庆区游客数量远超过北京市城市发展新区与生态涵养发展区的平均水平。

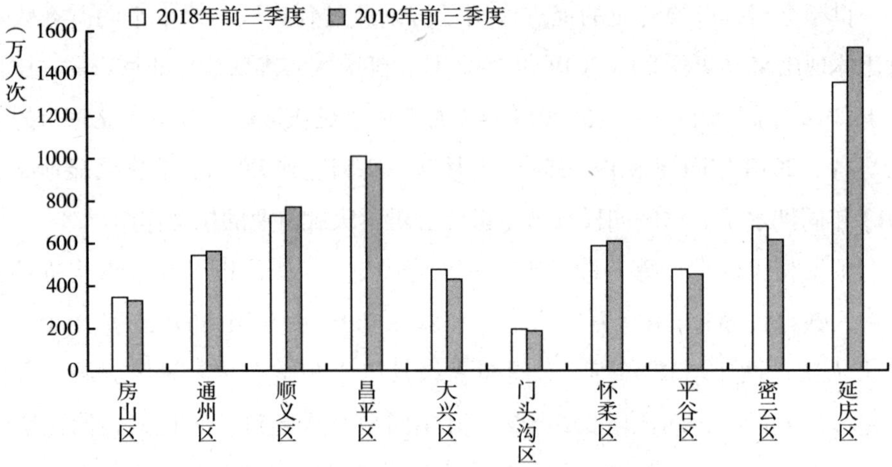

图9　城市发展新区与生态涵养发展区游客数量

资料来源：《北京区域统计年鉴》。

从旅游收入看，2019 年前三季度延庆区旅游收入达到 67.7 亿元，同比增长 22.5%，增速位居北京市各区之首。旅游收入的规模位居北京市生态涵养发展区之首，同时还超过了房山、通州、大兴等城市发展新区的平均水平（见图 10）。

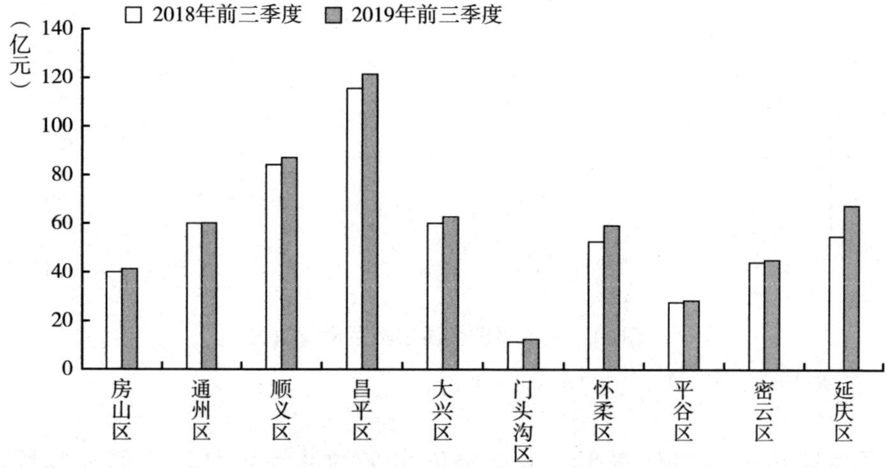

图 10　城市发展新区与生态涵养发展区旅游收入

资料来源：《北京区域统计年鉴》。

作为一项大型国际活动，北京世园会对旅游业的影响呈现出以下特点。

一是境外游客数量显著提升。数据显示，自 2019 年 6 月起，延庆区 A 级及以上和重点旅游景区境外游客数量即出现非常明显的增长（见图 11）。6～9 月境外游客数量分别同比增长 221%、209%、165% 和 189%，同期的游客总量分别同比增长 1%、17%、18% 和 -14%，各月的境外游客数量增幅均超过游客总量增幅。同时，6～9 月境外游客数量的增幅一直保持在高位，其波动性也远小于游客总量。

二是瞬时效应比较明显。世园会在 4～10 月举办，在短期内聚集了大量游客，所以出现了比较明显的瞬时效应。一方面，各项数据表明游客数量在 4 月之后出现显著增长，在 9 月之后随着世园会接近尾声又迅速回落，游客数量的波动呈现出明显瞬时效应。另一方面，短期内游客数量大增，需求瞬时加大，相应供给出现不足，因此就会出现物价水平上涨的现象。在相关的北京世园会游客体验调查中，有 75.3% 的受访游客表示世园会提

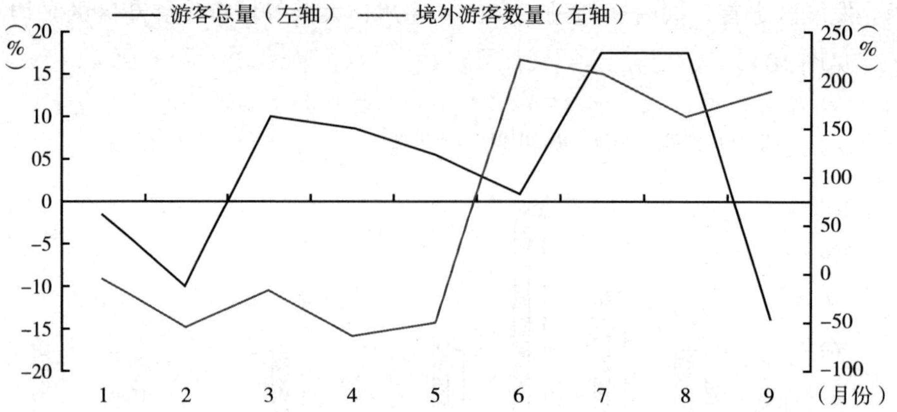

图 11　北京世园会游客数量增长情况

资料来源：历年《北京市延庆区统计年鉴》。

升了当地物价与房租水平。可见物价水平的波动也呈现出明显的瞬时效应。

三是存在挤出效应。由于世园会的举办，瞬时效应会使当地的交通、食宿等旅游接待能力接近饱和，旅游舒适程度有所下降。由此，一些原来计划到延庆旅游的游客就可能因世园会的举办而放弃旅游计划，随即出现世园会的挤出效应。从数据上看，2018 年 4 ~9 月延庆区 A 级及以上和重点旅游景区接待人数合计超过 1023 万人次，2019 年同期接待人数合计超过 1100 万人次，同比增长 7.6%。同期世园会的普通游客数量为 553.4 万人次，但 A 级及以上和重点旅游景区接待人数仅增长了不到 100 万人次。这就表明世园会很可能存在挤出效应，需要进一步通过完善当地旅游设施来尽量减少挤出效应对旅游业产生的负面影响。

四是交通成为主要问题。为举办世园会，延庆在基础设施方面加大投入，完善交通设施，但调查显示，有 67% 的游客认为交通依然是目前延庆旅游业面临的主要问题（见图 12）。除此之外，关注住宿和餐饮问题的游客比例都在 30% 左右。关注景点吸引力与价格问题的游客均超过 20%。相比而言，游客对娱乐、停车、服务和卫生条件等问题关注较少。

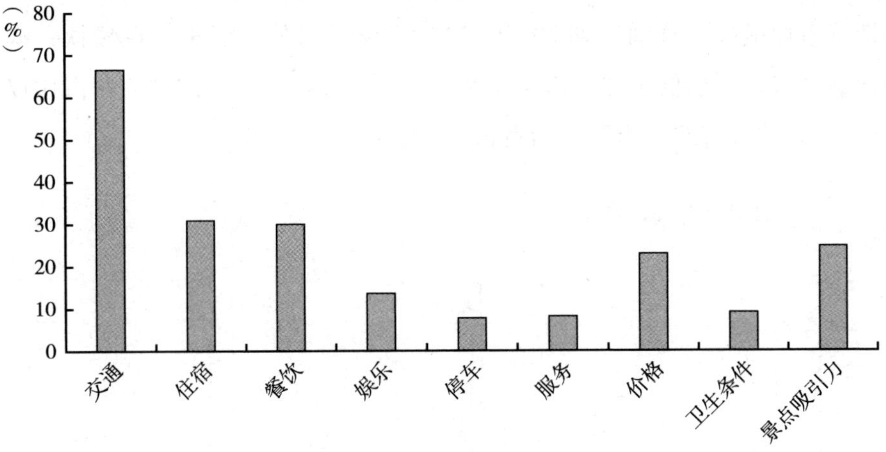

图 12　游客认为延庆旅游业面临的主要问题

资料来源：延庆区统计局。

（五）对消费的影响

2019 年 1～10 月延庆区社会消费品零售总额达到 880298 万元，同比增长 8.4%，增速超过 2018 年同期（5.4%）。2019 年 1～10 月北京市社会消费品零售总额达到 99448208 万元，同比增长 5%。显然，2019 年 1～10 月延庆区社会消费品零售总额的增速也超过了北京市平均水平。此外，2019 年1～10 月延庆区社会消费品零售总额在北京市的占比为 0.89%，较 2018 年同期占比增加了 0.3 个百分点。这些数据意味着世园会的举行对延庆区的消费有一定促进作用，但并不显著。此外，数据显示，世园会对消费的促进作用主要体现为游客消费，而当地居民消费受到的影响较小。

在世园会期间，游客数量与游客消费均出现增长，2019 年前三季度延庆区游客消费达到 67.7 亿元，同比增长 22.5%，增速位居北京市之首。

从 2019 年前三季度延庆区旅游消费的构成来看，延庆区在住宿、交通、游览、娱乐及其他等方面的消费占比超过了北京市平均水平。其中交通与游览消费占比最高，分别达到29.4%和23.0%。另外，延庆区在餐饮、购物方面的消费占比远低于北京市平均水平（见图13）。其中购物消费占比仅为8.3%，大约只有北京市购物消费占比的1/4。

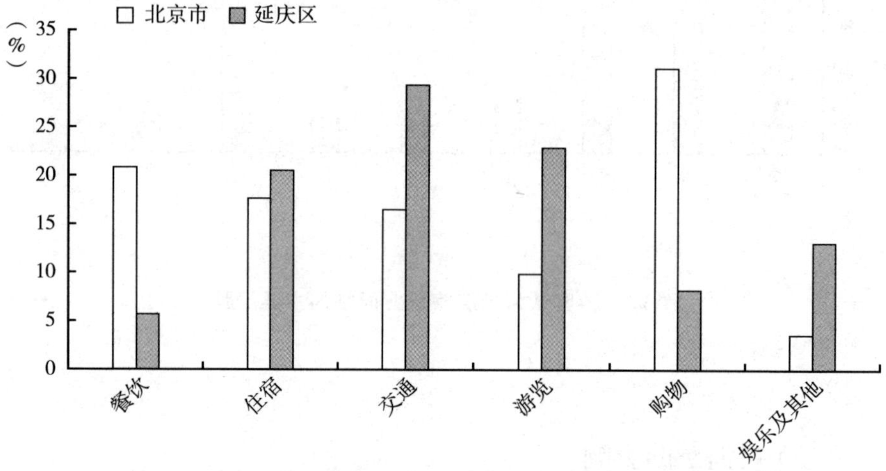

图13　2019年前三季度延庆区与北京市旅游消费构成比较

资料来源：历年《北京市延庆区统计年鉴》。

这些数据表明，第一，延庆区旅游消费仍然以传统的游览消费为主，景区对门票收入的依赖性过大；第二，从消费数据上也能反映出交通仍然是延庆区旅游业面临的最主要问题，延庆区的交通成本过高，在北京市各区中劣势明显；第三，延庆区在餐饮和购物等配套设施建设与服务方面也存在明显短板，这些短板在某种程度上抑制了游客的消费需求，导致延庆区游客人均消费水平偏低。根据2019年前三季度数据测算，延庆区游客人均消费仅为445元，居北京市各区末位，与北京市平均水平（1889元）存在明显差距。尽管由于世园会的带动作用，延庆区2019年的游客数量出现明显增长，超过城市发展新区与生态涵养发展区平均水平，但由于游客人均消费水平过低，旅游收入增长相对滞后，收入规模仍不及顺义与昌平。

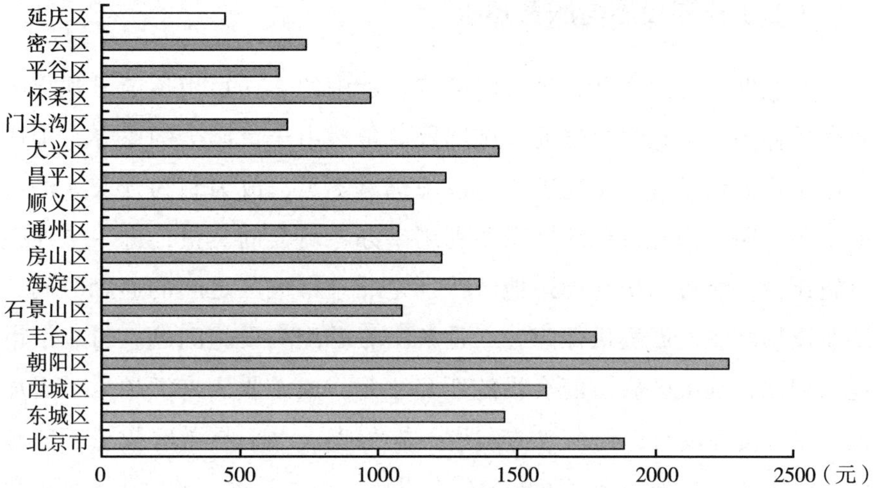

图 14　2019 年前三季度北京市及各区游客人均消费

资料来源：《北京统计年鉴》。

三　对策与建议

（一）进一步做大旅游业

北京世园会的举办对延庆区进一步发展旅游业具有重大意义。除了世园会期间游客数量增加，世园会对延庆区旅游业的长期影响更为深刻。第一，世园会的举办显著提升了延庆区的知名度，打响了延庆旅游品牌，有利于吸引更多的游客。第二，世园会的举办促使当地基础设施完善。延庆与周边地区的交通更加便利，延庆当地的餐饮、住宿等配套设施得以完善，旅游服务质量不断提高。第三，作为世园会遗产，世园会景观在世园会后将成为当地一个新的旅游景点，以园林景观为特色继续吸引更多游客。第四，作为北京的生态涵养发展区，旅游业契合延庆区产业发展方向，具备强大发展潜力。

（二）补齐设施与服务短板

通过世园会的举办，延庆区经济发展中的一些短板逐渐显现出来，需要尽早补齐。一是解决交通设施问题。虽然由于世园会的举办，延庆区的交通设施得到了进一步完善，但设施仍然不足，成为制约延庆区经济发展的主要问题。为此，延庆区需要利用举办冬奥会的契机，进一步加强交通设施建设，缩短延庆与周边地区特别是北京市城区之间的通勤时间，为旅游业及物流业发展提供保障。二是解决旅游配套设施问题。与北京市其他地区相比，延庆区旅游配套设施明显不足，旅游收入来源单一，附加值偏低，旅游资源没有得到高效的利用，旅游收入水平与游客数量不匹配。为此，延庆区需要进一步完善旅游配套设施，提高餐饮、购物等方面的服务质量，推进供给侧改革，促进旅游消费更趋合理，满足游客的多元化需求，提高游客消费水平。

B.24

关于加快推进中关村科学城新经济发展的思考

胡 婷*

摘 要： 伴随着新经济的蓬勃发展，中关村科学城正在逐步成为支撑全国科技创新中心发展的重要引擎和孕育新经济的主源头。通过对当前中关村科学城新经济发展的阶段特征、重点关注领域和面临问题挑战进行研究分析，围绕创新主体培育、新兴产业发展、“高精尖”产业空间布局优化、创新模式探索以及体制机制改革创新等方面，探索提出推进中关村科学城新经济发展的建议和对策。

关键词： 中关村科学城 新经济 创新效能

近年来，我国加快发展新经济，培育壮大新动能，新经济逐步成为支撑我国经济迈向高质量发展的重要力量。中关村科学城是北京建设全国科技创新中心的主平台，也是首都新经济发展的主阵地。深刻把握和审视现阶段新经济发展特征、趋势和问题，加强新经济发展研究，对加快构筑中关村科学城发展新动能，引领带动首都高质量发展，意义重大。

* 胡婷，北京方迪经济发展研究院产业研究部项目经理，经济学硕士，主要研究方向为产业经济、区域经济、科技创新等。

一　中关村科学城新经济发展总体分析

落实首都城市战略定位，海淀区深入实施创新驱动战略，以新产业、新业态、新商业模式为代表的新经济正在加速成长，成为推动区域经济结构优化升级和高质量发展的重要力量。

（一）“高精尖”特征凸显，产业加快向高端化、集群化、融合化升级

1. 新产业引领服务业和制造业高端化升级

从近几年发展来看，海淀区已经进入以服务业为主导的产业结构相对稳定的发展阶段，2018 年三次产业结构比例为 0. 03∶10. 12∶89. 86。在产业结构方面，不再过于强调三次产业结构比例调整和服务业占比提升，而是呈现出新技术、新产业带动产业内部结构优化、提质增效的特点。

大信息优势产业引领高端服务业发展。当前，人工智能、集成电路、大数据、云计算等新产业规模壮大，以信息传输、软件和信息技术服务业以及科学研究和技术服务业为核心的高技术服务业发展较快，既是海淀区服务业的优势领域，也是首都相应产业领域的主导支撑，2018 年合计实现增加值 3174. 9 亿元，占第三产业的比重由 2016 年的 50. 6% 提升至 2018 年的 54. 5%，对第三产业增长贡献率达到 82. 3%（见图 1）。

“高精尖”带动工业结构优化升级。随着海淀全区产业结构调整以及非首都功能疏解的有序推进，传统工业逐步退出或改造升级，高技术制造业发展较快，工业高端化趋势凸显。2018 年海淀区规模以上工业企业中高技术制造业累计实现产值 1645. 7 亿元，占全区规模以上工业产值的 71. 2%，同比增长 20. 6%，高于规模以上工业增速 8. 7 个百分点，拉动全区工业总产值增长 13. 6 个百分点。从主要工业产品销售和库存来看，海淀主要工业产品集中为手机、电子计算机整机、集成电路等，这类工业产品生产技术不断向“高精尖”方向发展，加快了海淀工业高端化进程。

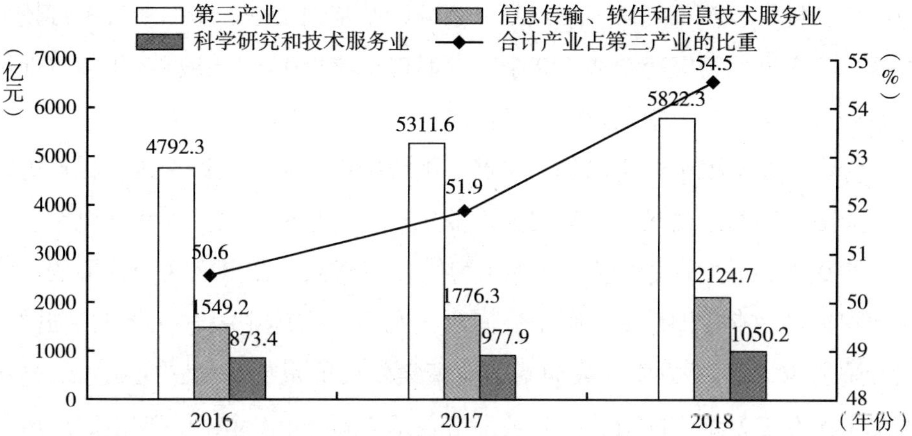

图 1　海淀区信息传输、软件和信息技术服务业以及科学研究和技术服务业增长情况

资料来源：2017～2019 年《北京海淀统计年鉴》。

2. 新兴产业集群效应逐步显现

产业集聚是现阶段产业竞争力的重要来源和集中体现，更是北京市加快科技创新推动高精尖产业发展的政策要求。从现阶段发展形势来看，新兴产业集群建设既是海淀区面向全球参与竞争的重要抓手，也是落实减量提质、集约发展的现实选择。

新产业创新集群加快培育壮大。依托区域创新资源优势，海淀区加快推进新兴产业集群建设，形成了云计算、集成电路、生物医药等一批新兴产业集群。集成电路产业方面，海淀区集聚了北京市 80% 左右的集成电路设计企业，销售收入占北京市的 80% 以上，占全国的 20%，在移动智能终端、半导体存储器、图像传感器等芯片领域的技术与世界先进水平基本接轨。① 云计算产业方面，海淀区聚集了我国近 1/3 的云计算基础设施资源，约 100 家企业，拥有联想、百度、华胜天成、用友、曙光、金山、神州绿盟等一大批云计算领域的龙头企业。② 生物工程与新医药产业方面，海淀区聚焦生物

① 数据来自海淀园管委会。

② 数据来自海淀园管委会。

药、植入材料、新型疫苗等重点细分领域以及基因工程、蛋白质等关键技术领域，培育出生物医药企业450余家，涌现出科兴生物、诺诚健华等一批技术原创型企业，产业集聚效应不断凸显。

特色产业集聚平台空间加快拓展。围绕新产业发展，海淀区积极推进特色产业园区和基地建设，不断提升产业集中度。目前，中关村集成电路设计园（集成电路）、中关村壹号（人工智能）等新兴产业集聚区加快形成。同时，积极推动存量旧厂房、低效空间改造利用，实施中关村大街改造升级，累计腾退46.3万平方米，成为新产业聚集发展的重要空间；完成大地科技大厦1.5万平方米空间改造，打造前沿技术创新中心；积极创新老旧厂房等空间利用模式，将西三旗天坛家具厂打造成金隅·智造工场，重点发展人工智能、3D打印等智能制造高端产业，一期出租率超过75%，入驻企业22家，正逐步成为硬科创新发展的新空间。

3. 融合创新形成推动高质量发展“加速度”

随着信息技术快速发展和经济服务化，产业交叉渗透、融合共生现象不断涌现，产业融合成为新经济发展的重要特征。海淀区独辟产业融合发展道路，紧紧围绕首都全国文化中心和科技创新中心的城市战略定位，落实“两新两高”战略要求，深入推进军民融合产业发展以及文化与科技深度融合，加快培育创新发展新动能。

文化科技融合产业活力迸发。落实“两新两高”战略，充分发挥文化资源丰富、科创资源聚集的优势，海淀区深入推动文化与科技融合发展，文化产业增长动力强劲，2019年1~10月海淀区规模以上文化企业实现收入4817.7亿元，同比增长20.1%，占北京市的48.6%，其中新闻信息服务和创意设计服务分别占北京市的86.0%和41.4%（见图2）。在移动新媒体、网络游戏、数字出版、互联网信息服务、艺术品网络交易等基于互联网的新型文化领域，涌现出去哪儿网、好未来、优酷、知乎等一批文化与科技融合领军企业和独角兽企业，成为全区文化产业发展的新动能和新增长点。

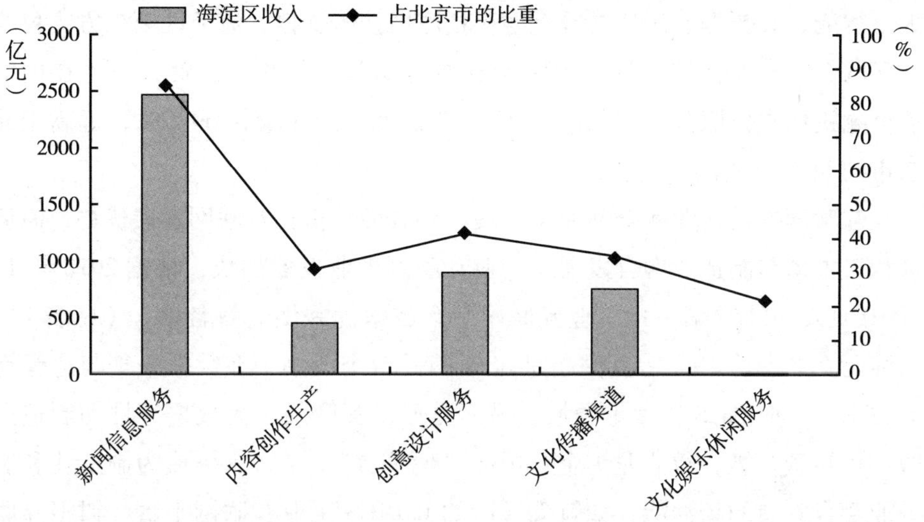

图 2　2019 年 1 ~ 10 月海淀区文化产业重点领域收入及占全市的比重

资料来源：海淀区文促中心。

（二）“互联网 + ”和“智能 + ”双向驱动，不断孕育新业态和新市场

1. 互联网消费和工业互联网凝聚新业态成长的新动力

顺应消费升级和制造业转型升级需求，基于互联网的信息消费不断扩大和升级，“互联网 + ” 向更多传统消费领域持续渗透融合。同时，“互联网 + ”由消费领域向生产领域、由虚拟经济向实体经济快速延伸，工业经济由数字化向网络化、智能化深度拓展，催生许多具有区域特色和行业特点的融合发展新业态。

互联网消费潜力加快释放。一方面，互联网推动商业模式加快转型升级，新零售消费市场活跃，阿里盒马鲜生、京东 7fresh、超级物种等新零售项目相继落地。2018 年 1 ~9 月，海淀区网上零售快速增长，全区限额以上企业实现网上零售额 574. 9 亿元，同比增长 17. 6% ，高出全区社会消费品零售总额增速13.6个百分点。另一方面，随着金融科技时代的到来，依托人工智能、大数据、区块链等金融科技底层技术支撑，海淀区第三方支付等互联网金融业态快速发展。2018年包括拉卡拉、钱袋宝、资合信等在内的非金融机构支付服务实现总收入234.27亿元，同比增长69.5%，远高于北京市同期55.1%的增速。

互联网推动两业融合新业态发展。一方面，依托互联网发展优势，海淀区积极推动与制造业融合发展，工业互联网产业发展加快，根据2018年12月10日发布的“第一批工业互联网平台技术优秀供应商名单”（见表1），海淀园企业占比19%，其中超过60%的平台企业集中在数据采集与边缘计算技术、工业SaaS技术等领域。另一方面，互联网、大数据等推动制造业数字化转型升级，行业龙头企业积极“建平台”，平台服务成为制造业和服务业融合发展的新动能，如航天云网的INDICS工业互联网平台、树根互联打造的根云平台、数码大方的智能制造及协同制造云平台等。

表1　第一批工业互联网平台技术优秀供应商名单

重点领域	重点企业
数据采集与边缘计算技术供应商	北京兰光创新科技有限公司
	北京天泽智云科技有限公司
	北京寄云鼎城科技有限公司
	北京天拓四方科技有限公司
工业PaaS技术供应商	航天云网科技发展有限责任公司
	北京寄云鼎城科技有限公司
	北京工业大数据创新中心有限公司
	北京天泽智云科技有限公司
工业SaaS技术供应商	航天云网科技发展有限责任公司
	树根互联技术有限公司
安全技术供应商	北京力控元通科技有限公司
	北京立思辰计算机技术有限公司

资料来源：根据工业互联网产业联盟评选结果梳理形成。

2. 智能交通和智慧医疗成为“智能+”新业态布局重点

海淀区是全国的人工智能发展源头和战略高地，围绕交通出行、医疗健康等城市发展主要功能领域需求，人工智能企业率先布局，许多应用场景加快落地，人工智能细分市场业态加快培育成长。

智能网联汽车领域新主体加快聚集。依托新一代信息产业和汽车制造业发展优势，北京智能网联汽车产业领跑全国，北京全市开放测试道路共计64条，总里程255公里，智能网联汽车产业及关联产业年产值已经突破千亿元。海淀区作为北京智能网联汽车的重要布局区域，前沿细分领域加快创新布局，已经成长出一批代表性企业，如汽车感知领域的知觉科技、必创科技、北醒光子、速感科技，汽车通信领域的百度地图、四维图新、北斗星通，汽车芯片领域的深鉴科技、寒武纪科技、地平线，汽车智能领域的百度、商汤科技、旷视科技、初速度等。

智慧医疗全产业链创新创业活跃。海淀区发展智慧医疗具有资源、人才、技术、数据等方面的优势，其产业链重点围绕电子病历、医学影像、疾病风险预测、医疗管理平台等集中布局，并涌现出以云知声、医渡云、春雨医生、Airdoc、天智航、金准基因、赛福基因、思派网络、零氪科技等为代表的一批领先企业。在“2018年医疗健康行业独角兽企业名单”中，海淀区的春雨医生、零氪科技均榜上有名，估值均超过10亿美元。

（三）新商业模式：模式创新推动生态升级，深度激发新经济发展效能

1. “创新合伙人”促进新型研发

海淀区近两年实施“创新合伙人”计划，着力打造政府与企业在原始创新过程中的新型伙伴关系，让科技创新主体成为中关村科学城的主人。首批“创新合伙人”共有40家企业和机构代表入选，包括今日头条、清华大学、时代集团、北航机器人研究所等产学研各类创新主体，推进落地了一批创新合伙实体项目，比如由北航、雅瑞资本、海淀园创业服务中心等联合发起的中关村智友天使学院，依托北大、清华、百度、小米、旷视科技等人工智能领域优势单位共建的新型研发机构——北京智源人工智能研究院。

2.“技术+场景”赋能硬科技创新

“场景”是“硬科技”应用的需求、环境和载体。当前，以人工智能、5G等技术带动的硬科技创新不断提速，应用场景加快落地。海淀区立足打造新型城市形态，首批推出共计17个重点典型科技应用场景，包括智慧医疗、科技公园、智慧社区、智慧交通、无人便利店、5G技术推广等，诞生了旷视科技、商汤科技、寒武纪等一批硬科技独角兽企业，培育了中关村集成电路设计园、鹍鹏科创军民融合创新创业服务平台等硬科技平台，硬科技创新进入快速成长期。

3.“垂直孵化”重塑产业创新空间

2018年，全区已初步形成涵盖93家国家级众创空间（占北京市的55%）、105家市级众创空间（占北京市的49%）、67家创新型孵化器（占北京市的70%）、21家大学科技园、150家集中办公区的创业服务体系，总孵化面积达260万平方米。经历一轮市场“大洗牌”后，孵化器逐步朝着专业化、垂直化方向发展。目前，中关村虚拟现实空间（Strong VR）、国际第三代半导体众联空间等一批垂直型、专业化孵化平台成为引领带动新兴产业发展的重要力量。

二　中关村科学城新经济发展需关注的重点领域

顺应新经济发展趋势，中关村科学城围绕“2+4+2”产业体系，结合区域资源优势，未来应重点聚焦人工智能、集成电路、信息安全、生命健康等领域，尽快带头突破一批关键领域核心技术，加快创新驱动发展，努力构筑新一轮科技革命中的全球竞争力。

（一）人工智能

依托科研、人才集聚优势和信息产业的快速发展，中关村科学城已初步形成了全球领先、从源头创新到应用技术创新再到行业应用、产业跨界融合发展的人工智能全产业链布局。一是涌现了一批具有影响力的创新主体。中关村科学城集聚了全国近20%、北京市60%的人工智能企业。在CB Insights发布的2019年度人工智能企业100强榜单中，6家国内上榜企业（商汤科技、依图、第四范式、旷视、Momenta、地平线）均来自海淀。在全球32家AI独角兽名单中，中国入选10家，其中北京有7家全部为海淀企业。二是技术层领先布局优势明显。以计算机视觉、语音和自然语音处理、生物识别、深度学习为核心的技术层表现突出，取得一批全球领先的原创技术成果，如商汤科技在2016年的ImageNet中一举揽下物体探测、视频物体探测和场景分析测试三项冠军；中科讯飞的识别错误率已降至3.7%，在家居、会议等真实场景中取得突破，其中英同声传译准确率可达80%。

中关村科学城在人工智能领域最有可能打造下一个千亿级产业集群。然而，海淀区人工智能产业创新仍存明显短板，特别是原始创新技术、芯片等底层技术方面和美国仍存在较大差距。未来中关村科学城应围绕人工智能关键技术源头创新、人工智能开源开放创新平台建设进行重点布局。一是支持关键技术源头创新，聚焦发展自主可控的人工智能芯片、核心算法、框架、基础软件和智能传感器等基础和核心关键领域，重点关注核心技术创新突破；二是支持开源开放创新平台建设，重点关注对产业生态的核心带动作用，鼓励和引导人工智能企业协同产业链创新主体积极布局协同创新平台、共性技术平台和公共算力平台等一批开源开放平台。

（二）集成电路

集成电路作为国家战略性新兴产业，是国民经济和社会信息化的重要基础。随着5G技术与大数据、物联网、云计算深度融合，以及国家、北京市和海淀区多项相关政策加持，海淀区集成电路产业迎来了前所未有的发展机遇。一是产业集中度加速提升。全市范围来看，“北（海淀）设计、南（亦庄）制造”的产业格局初步形成。海淀区集成电路企业数量最多，占全市的比重达到58%，以海淀北部中关村集成电路设计园为主的产业园区聚集模式初步形成。二是产品覆盖范围广泛。海淀园集成电路企业自主研发的产品涉及5G基带芯片、人工智能芯片、半导体存储器、图像传感器、光刻录系统等领域，并且部分领域引领全球，如紫光展锐发布了5G通信技术平台“马卡鲁”及其首款5G基带芯片“春藤510”，迈入全球5G第一梯队。三是设计引领态势明显。中关村科学城集成电路产业已形成包括设计、制造、封测、装备、零部件及材料企业在内的完备产业链。从细分环节来看，以研发创新为主的集成电路设计业优势明显，芯片IC设计水平国内领先，集聚了智芯微电子、兆易创新等龙头企业以及灵汐科技、清微智能等一批明星企业。

海淀区在集成电路领域优势突出，但产业培育成长仍面临许多挑战，一是产业发展仍处于创新突破阶段，行业盈利能力持续减弱。二是集成电路领域高端人才供需矛盾仍然比较突出，与集成电路产业的快速发展势头不相匹配。三是全产业链创新服务体系尚需完善，围绕研发设计、IP开发、测试验证、先进封装设计服务等专业服务，以及技术成果转化、产学研协同研发等公共服务方面尚未深入展开。未来中关村科学城应以中关村集成电路设计园为依托，围绕物联网、人工智能、云计算、移动通信、汽车电子等领域核心芯片设计需求，着力开展集成电路设计技术创新，在高端通用核心产品、工业控制、前沿新兴领域实现关键技术突破。

（三）信息安全

大数据、云计算、物联网等新一代技术的广泛应用，驱动着网络信息安全的创新变革。数字经济快速发展，催生了安全产业的新需求。产业政策不断健全，激发了产业发展的新动能。网络信息安全产业在政策、需求、资本的驱动下迎来更加快速稳定的发展。一是信息安全市场加快扩张。海淀区在网络空间安全防护核心技术、计算和信息通信技术及网络安全芯片技术等方面优势明显。2018年，海淀区规模以上互联网安全服务同比增长22.4%。二是网络安全领域集聚态势显现。海淀区重点围绕网络安全产业生态体系的构建，努力发挥区内的产业基础和创新资源优势，聚焦网络安全核心技术研发，加大创新力度。随着国家网络安全产业园区落户海淀区四季青镇，围绕产业链上下游相关创新资源的整合将进一步增强，网络信息产业聚集态势初步形成。

海淀区网络信息安全的总体产业规模还较小，以中小企业为主体。顺应未来创新发展趋势，中关村科学城一方面要依托国家网络安全产业园区加强数据安全保护和网络安全防护体系研究，支持研发安全整体解决方案和专用产品，提升网络安全防护整体解决能力、技术服务能力和协同创新能力。另一方面要重点围绕工业控制系统信息安全、大数据及人工智能安全、移动互联网安全等应用领域，推动主动防护技术开发，加快信息安全从被动防御到主动智能的转变。

（四）医药健康

生命科学与生物技术具有突破性、颠覆性、引领性等全球科技创新发展态势的显著特征，已成为世界各国竞相布局抢占发展战略制高点的重要领域。作为海淀区重点发展的“高精尖”产业之一，医药健康产业承担着为海淀创新发展释放新动能、新活力的重要角色。一是生物医药领域创新支撑引领作用显著增强。聚集了双鹭药业、科兴生物等“高精尖”企业十多家，贡献了医药健康产业50%以上的收入和80%以上的利润。聚焦生物药、植入材料、新型疫苗等重点细分领域以及基因工程、蛋白质等关键技术领域，生物医药研发创新力度不断加大，新产品研发创新能力突出。二是信息科技与医疗服务融合创新推动新兴业态不断涌现。海淀区积极推动新型高端医疗设备和核心部件的研制，在智能手术机器人、介入/植入材料技术等方面已达到国际先进水平。AI + 医疗、精准医疗等新业态不断涌现，成为引领行业发展的先行者。三是专业化服务载体成为企业创新孵化的重要支撑。围绕生物医药、植/介入医疗器械、基因检测与诊断技术等领域，中关村科学城加快建设专业化医药健康服务载体，初步形成以创新高端人才、高精尖技术成果转化、公共服务平台孵化为支撑，产融结合的多业态集聚孵化模式，如中关村生命科学园、中关村生物医药园、中关村医学工程转化中心等。

海淀区医药健康产业链条相对完整，创新能力强、成长性好，但在核心技术培育、成果孵化转化能力、对产业发展的“耐心资本”打造等方面还有提升空间。未来中关村科学城应重点发展创新药物研发、高端医疗器械和精准医学等，聚焦生命健康研发创新环节，提升研发、临床医学等关键环节创新能力，建设一批研究中心、研究型医院、临床医院、创新药物成果转化平台，加强重大疾病攻关和关键技术突破，打造全球领先的生命健康研发策源地。

三　推动中关村科学城新经济发展的建议

总体来看，中关村科学城新经济蓬勃发展的同时，也面临着问题和挑战：一是核心领域的技术创新能力较弱，全球科技创新话语权有待增强；二是产业提质增效任务艰巨，新经济的支撑力和竞争力亟待提升；三是相关制度创新不足，适应新经济发展的体制机制有待完善。担负着支撑全国科技创新中心发展和孕育新经济主源头的重大使命，中关村科学城亟须加快推动新经济发展，为区域高质量发展提供坚实的基础和保障。

（一）加大创新主体培育力度，增强前沿科技创新能力

探索完善新型研发机构组织运作模式。一是进一步明确机构功能定位及其在创新生态领域的角色，引导新型研发机构紧扣区域产业发展方向，聚焦需求导向的科学研究、技术创新和研发服务，力争取得变革性、颠覆性突破。二是探索创新新型研发机构组建方式和运营模式，建立科学化的研发组织体系和内控制度，支持新型研发机构加快引进职业经理人。三是完善多元资金配给方式，加强与产业联盟、校友企业以及各类投融资机构的对接，吸引、借力、用好社会资本，让社会资本成为新型研发机构发展的助推器。

深化创新合伙人合作机制。一是拓展创新合伙人朋友圈，聚焦科学家、企业家、投资家、科技经纪人、科技战略专家、法律财务管理专家等重点群体，积极发挥与创新紧密相关的金融服务、科技服务、人力资源等各类主体及行业协会、中介组织和产业联盟等机构的作用，通过合伙人方式引入全球

高端创新资源。二是探索建立合理化的利益联结机制，深入推进各方资源对接合作，鼓励创新主体以资本股权、人才交流等多种方式开展合作，支持创新合伙人围绕关键领域前沿核心技术开展合作攻关、联合组建重点实验室、承接国家科技重大专项和国家重点研发计划。三是搭建创新合伙人服务平台，加快功能空间和网络平台建设，研究制定推进创新合伙项目在海淀落地生根和持续发展的集成化支持政策，完善财政、税收、金融、土地等政策配套。

加大重点创新型群体培育力度。一方面，深入实施“3×100”计划[①]，聚焦领军企业和潜力型企业培育，引导各类创新要素向企业集聚，加大对各类创新主体开展核心技术攻关、开发自主可控产品的政策、知识产权保护、资金等方面的支持力度。另一方面，进一步完善创新型企业服务常态化、制度化工作机制，主动跟踪和精准服务重点创新型企业，支持行业领军企业、独角兽企业和隐形冠军企业发展壮大，助力一批核心技术能力突出、集成带动能力强的创新型领军企业做大做强。

（二）大力扶持新兴产业发展，构筑经济发展新动能

深入推动硬科技孵化创新。一是加快硬科技孵化平台建设，完善硬科技创新孵化体系，建立市场化专业运作模式，进一步提升硬科技孵化器对产业资源的整合能力和专业孵化能力。二是按照“引进一批硬科技创新团队，聚集专业创新领域，推进一批研发项目”的思路，明确主攻方向，加大研发支持力度，着力攻克一批关键核心技术。三是借鉴西安全球硬科技创新大会经验，围绕集成电路、人工智能、生物科技等领域，持续打造一批论坛、展会等具有影响力的活动品牌，提升中关村科学城硬科技创新的国际影响力。

积极培育融合创新新业态。一方面，发挥海淀区文化资源和科技创新的“叠加优势”，深入推进文化科技融合发展，围绕网络视听、虚拟现实、创

① “领军企业100”计划、“隐形冠军100”计划、“种子企业100”计划。

意设计等新兴领域，建立区文化科技企业信息库，支持文化科技骨干企业做大做强，促进形成具有海淀特色的文化科技融合创新集群。另一方面，以光电装备、网络和信息安全、人工智能、新材料、航空技术等领域为重点，培育壮大军民融合产业，推动一批军民融合重大项目落地。

鼓励发展平台经济新业态。一是支持社会资本进入基于互联网的医疗健康、教育培训、养老家政、文化、旅游、体育等新兴服务领域，改造提升教育、医疗等网络基础设施水平，扩大优质服务供给，满足群众多层次多样化需求。二是适应产业升级需求，加快跨行业、跨领域和企业级工业互联网平台建设，促进物联网、大数据等技术在实体经济中推广应用，促进数字经济和数字产业发展。三是优化“互联网＋创业创新”平台服务，依托互联网平台完善全方位创业创新服务体系，实现线上线下良性互动、创业创新资源有机结合，进一步提升创业创新效能。

（三）优化“高精尖”产业空间，打造具有竞争力的创新集群

推动产业园区特色化、高端化升级。一是加强产业空间布局引导，坚持“特色化、高端化”升级方向，明确产业定位，强化产业准入和业态优化调整，提升空间资源集约节约利用效率，进一步提高产业发展集中度和显示度。二是支持中关村集成电路设计园、中关村壹号、中关村生物医药园等特色园区发展，按照“政府引导、市场化运作”方式，着力提升园区专业化运营服务能力。三是研究制定引导特色产业资源集聚的园区政策，探索建立园区产业服务标准体系，以完善的园区服务生态吸引高端产业资源集聚发展。

着力搭建一批新兴产业垂直孵化平台。一是顺应孵化器专业化、垂直化趋势，支持中关村虚拟现实空间（Strong VR）、国际第三代半导体众联空间等一批垂直型、专业化孵化平台发展。二是聚焦人工智能、前沿材料、集成电路、生物医药等新兴产业，依托新建楼宇和腾退改造空间，重点打造以定制化、精细化、高价值服务为主的创新孵化空间，推动垂直领域创新，打造新兴领域创新高地。

打造内外联动的协同创新集群。一方面，加强区内众创空间、孵化器、

产业园区等创新载体的联动发展，着力提升“创业苗圃 + 孵化器 + 加速器 + 产业园”的协同创新效能。另一方面，加强中关村科学城与怀柔科学城、未来科学城、北京经济技术开发区之间的创新协同，建立跨区域产业协作机制，构筑研发孵化—科技成果产业化跨区域创新链，满足企业空间成长需求。

（四）积极探索创新促进新模式，提升科学城聚合创新效能

深入实施概念验证支持计划，解决新兴产业发展“最初一公里”难题。一是依托海淀区丰富的教育和人才资源优势，通过论坛、会议等形式，邀请新兴产业领域的院士、专家学者、创业者、企业家、风险投资家等共同探讨、评估创新和创业的概念或想法，对前沿领域的颠覆性创新技术、新兴产业的未来发展趋势进行科学预测研判。二是支持海淀有实力的高校院所设立概念验证中心、建立专业化前孵化器，为处于研究早期甚至创意构想阶段的高层次人才创业项目提供研发测试、技术验证、设备仪器共享、资金支持等全链条服务，协助新兴企业打造完整的技术路线和初步产品，催生高科技企业。

打造开放创新平台，赋能新兴产业发展。一方面，围绕人工智能、3D打印、脑科学、石墨烯、5G等新经济前沿领域重大共性需求和重点行业需要，深化产学研用协同机制，搭建一批对新兴产业发展有重大带动作用的市场化协同创新平台，推进重大前沿原创技术的成果转化和产业化。另一方面，支持平台型企业通过开放平台功能与数据、提供开发环境与工具等方式，广泛汇聚第三方应用开发者，为新兴产业的迅速发展提供开放共享的平台资源服务，构建开发与应用良性互动的产业生态。

促进应用场景创新，构建新型城市形态。一是着力打造一批智慧网联车、5G、智慧零售、虚拟现实、智慧医疗、人工智能等前沿技术应用场景，为科研创新成果落地应用提供便利条件。二是编制“城市大脑”顶层设计方案，组建“城市大脑”产业联盟，秉持“共建共治共享”的发展理念，吸引多元主体共商共建共享“城市大脑”项目，不断推进海淀“城市大脑”建设。三是积极利用大数据、物联网、5G、区块链等先进技术，围绕交通、

医疗、零售、农业等领域展开有益探索，打造一批应用示范项目，加快构建海淀新型城市生态，助力海淀智慧发展。

（五）加强体制机制改革创新，逐步完善新经济促进体系

进一步建立完善新经济统计监测体系。一是结合全国新一轮经济普查，立足海淀区域特点，进一步改进统计分类体系，更加重视对创新力很强的新产业、新企业等的监测分析，完善新经济统计体系。二是结合新经济发展行业和企业的特点，加强对数据获取方式、技术和平台的升级改造，注重发挥大数据、云计算、互联网等技术在统计数据获取中的作用，更加及时和全面地反映新经济发展变化特点。三是健全科技服务业统计体系，完善科技创新和研发成果转化统计机制，研究制定“共享经济”“数字经济”等统计核算和监测办法，加强文化科技融合业态监测，研究构建符合区域特色的新经济指数。

积极探索适应新经济的包容审慎监管制度。一是探索放宽“新经济”市场准入机制，破除限制新产业、新业态、新商业模式的不合理准入障碍，变“事前设限”为“事中画线”“事后监管”。二是建立适应“互联网+”“人工智能+”等新业态发展的监管模式，进一步优化新兴行业发展环境，包容审慎支持新业态新模式发展，促进互联网、大数据、人工智能与各行业深度融合，推动科技与文化融合发展，引导数字经济、平台经济、共享经济、体验经济等新经济健康成长。三是着眼共建共治共享，建立政府机构、新经济企业、行业组织、从业人员以及消费群体共同参与的规则协商、利益分配和权益保障新机制，调动第三方、同业、公众、媒体等监督力量，努力形成多元协同、共同治理的新格局。

参考文献

周跃辉：《以“新经济”助推中国经济高质量发展》，《成都日报》2019 年 10 月

30 日。

陈维涛：《“新经济”的核心内涵及其统计测度评析》，《南京社会科学》2017 年第 11 期。

任保平、何苗：《我国新经济高质量发展的困境及其路径选择》，《西北大学学报》（哲学社会科学版）2020 年第 1 期。

许宪春、张钟文、关会娟：《中国新经济：作用、特征与挑战》，《财贸经济》2020 年第 1 期。

史真真：《新常态背景下三新经济驱动消费升级的路径探究》，《经营与管理》2019 年第 10 期。

王德禄、赵慕兰：《中国新经济发展之路：脉络、经验与前瞻》，《新经济导刊》2019 年第 3 期。

B.25
探索飞地模式有序引导中关村科学城产业跨区域布局研究

宋洁尘　赵甜蜜*

摘　要：　飞地经济是指两个不同的行政区打破行政区划限制，以生产要素的互补和高效率利用为直接目的，在特定区域合作建设开发各种经济、产业园区，通过规划、建设、管理和利益分配等合作和协调机制，实现互利共赢的区域经济发展模式。本文对多年来的苏州、深圳等地发展“飞地经济”的尝试和实践进行研究分析，梳理总结典型的跨区域合作模式，结合中关村科学城发展实际，研究提出有序引导产业跨区域布局的具体对策。

关键词：　“飞地经济”　产业转移　区域合作　中关村

中关村科学城作为全国科技创新中心核心区，是原始创新策源地、创新创业苗圃，平均每天诞生50家科技企业，每年新增注册科技型企业1.8万家；国家级高新技术企业总数已经突破1万家，独角兽企业40家；万人发明专利拥有量350件，是全国平均水平的30倍。近年来，随着企业发展步入大规模产业化环节，受中关村科学城空间资源、区域产业链配套等因素制

---

* 宋洁尘，经济学博士，中关村国家自主创新示范区核心区发展研究中心主任，主要研究方向为区域经济、科技创新等；赵甜蜜，中关村国家自主创新示范区核心区发展研究中心副主任，主要研究方向为科技创新等。

约，跨区域发展诉求较为普遍，科学有序引导中关村科学城产业跨区域布局，形成支撑区域经济高质量发展的反哺效应，是中关村科学城亟待破解的难题。多年来，苏州、深圳等地发展飞地经济的尝试和实践，为中关村科学城提供了很好的经验借鉴。

一　飞地经济的主要模式

（一）政府主导模式

这种合作主要依靠两地政府部门主导推动，通常采取“飞出地”提供资金、项目、品牌等资源，“飞入地”提供空间、要素、环境等支撑的方式，共同开发、建设、运营新型园区。比如，苏州宿迁工业园区是苏州市落实江苏省委、省政府实施“区域共同发展”“南北共建园区”“加快苏北工业化”等系列战略部署，联合宿迁市共建的产业园区，面积13.6平方公里，于2006年启动建设。2018年，该园区以占宿迁市0.16%的土地面积创造了全市约6%的GDP、13.5%的工业增加值。深汕特别合作区位于汕尾市海丰县，距离深圳市中心120公里，面积468.3平方公里，成立于2011年。该合作区由深圳市政府与汕尾市政府共建，前者主导经济开发与经济建设，后者负责征地拆迁、社会事务管理等。该合作区近90%的产业化项目来源于深圳，2018年实现生产总值53.13亿元，已经成为深圳重要的产业转型升级承载区和自主创新拓展区。

（二）企业主导模式

这种模式主要依托“飞出地”专业化的产业园区运营企业，将先进的开发、建设、招商等理念和经验复制到“飞入地”，通常采取两地共同投资设立新的园区开发公司的形式进行合作。比如，苏通科技产业园位于江苏省南通市，面积50平方公里，于2009年启动建设。其开发建设主体——中新苏通科技产业园（南通）开发有限公司，由中新苏州工业园区开发集团股份有限公司（以下简称“中新集团”）、南通经济技术开发区、江苏省农垦集团分别按照51%、39%、10%的股权比例组建，承担园区综合开发任务。该园区旨在运用苏州工业园的成功经验，引进新加坡先进理念，打造江苏省实施国家沿海开发和长三角一体化发展战略的重点园区。苏滁现代产业园位于安徽省滁州市，面积36平方公里，于2011年签约建设，是中新集团首个跨省产业园项目。其开发主体——中新苏滁（滁州）开发有限公司，由中新集团与滁州市城市建设投资有限公司分别按照56%、44%的股权比例组建，负责园区整体规划、基础设施建设以及招商引资工作。截至目前，该园区累计引进工业项目220多个，投产企业90多家，其中大部分来自长三角地区，形成了电子信息、新能源新材料、汽车及装备制造、营养健康四大主导产业，成为长三角区域合作的新典范。

（三）对口援建模式

此类合作相对松散，通常是援建方向援建园区输出品牌、提供经验、推介项目等。比如，苏州对口援建的拉萨经济技术开发区和新疆霍尔果斯经济开发区，通过学习援建方的开发、建设、运营等理念和经验，致力于打造与苏州工业园近似的发展环境，吸引苏州企业到拉萨和新疆投资。深圳则将对口援建与推动产业转移相结合，出台贷款贴息等政策，引导深圳产业转移企业和项目到对口帮扶的深圳（河源）、盐田（东源）、福田（和平）等产业转移园集聚发展。

（四）“反向飞地”模式

与传统“飞地”不同，这种模式是由经济欠发达区域“飞向”发达地区，将招商触角直接伸到“飞出地”。比如，2018年5月，深圳出现首个“反向飞地”，即浙江衢州绿海飞地（深圳）产业园。该产业园位于深圳前海桂湾金融先导区，由衢州绿发集团（国企）投资建设，旨在依托深圳的高端人才、创新资源、区位等优势，探索“研发孵化在深圳、产业化到衢州”的产业培育新路径。目前，该园区招商已超过100家企业，其中落地衢州的投资超过20亿元。除了深圳，衢州在北京（翠湖科技园）、上海、杭州等地也建立了类似的“科创飞地”。近年来，尽管这种看似“挖墙脚”的“反向飞地”颇受争议，但是如能谨慎用好此类平台，发达地区不仅可以吸引异地投资壮大研发、孵化等高端环节，还可以将需要转移的产业化环节集中布局到异地集聚发展，并且通过资金链、服务链的纽带作用，促使跨区域产业协同发展。

二　外省市飞地经济模式对中关村跨区域产业布局的启示

（一）发挥地方党委政府的组织作用是实现产业跨区域合理布局的基本前提

苏州、深圳发展飞地经济的做法表明，无论采取哪种合作模式，地方党委政府在产业规划布局、园区开发建设、项目有序引导、创新资源配置、支持政策制定等方面都发挥着非常重要的作用。比如，苏州宿迁工业园区的最高决策协调机构是由两市主要领导共同主持的联合协调理事会，理事会下设双边工作委员会，由两市政府分管领导和苏州工业园区管委会主要领导牵头，负责协调处理开发建设具体工作。截至目前，该园区80%以上工业投资来自苏州工业园区。深汕特别合作区于2011年经广东省委、省政府批复成为全国首个拥有地级市管理权限的特别合作区；2018年，深圳市深汕特别合作区党工委、管委会正式挂牌，为深圳市委、市政府派出机构，地方党委政府在推动合作区创新发展方面的组织作用得到进一步强化。

（二）市场化运作是实现产业跨区域深度和长效合作的有效路径

调研发现，苏州、深圳作为“飞出地”与“飞入地”合作紧密，为建成长久实效的园区，大多采取市场化运作方式，这不仅体现在苏通科技产业园、苏滁现代产业园等企业主导型“飞地”上，而且近年来一些政府主导型“飞地”也逐渐选择在开发、建设等领域采取市场化运作方式。比如，苏州宿迁工业园区管委会将土地综合开发委托给苏宿工业园区开发有限公司。该公司注册资本6亿元，由江苏省、苏州市、宿迁市、苏州工业园区分别按1∶0.5∶0.5∶4比例共同出资组建。以往各地飞地经济的实践大多依靠“行政之手”推动，虽然在合作初期发展迅速，然而，一旦度过“蜜月期”，两地政府不得不面对行政管理协调、财税体制束缚、生态环境治理等一系列现实难题；再加上“飞入地”自身要素价格的快速上涨，原有的经营成本优势逐步弱化，使得这种模式的合作难以持久和深入，最终流于形式。正是在这样的背景下，2017年5月12日，国家发展改革委等八部门联合印发《关于支持“飞地经济”发展的指导意见》（发改地区〔2017〕922号，以下简称922号文件），明确指出鼓励合作方共同设立投融资公司，采取政府和社会资本合作（PPP）等模式，吸引社会资本参与园区开发和运营管理。

（三）拓展新的利益分享机制、侧重考量综合效应是未来跨区域合作的主流价值取向

实践证明，能否建立科学合理、可操作、可持续的利益分享机制是决定跨区域产业合作成败的关键。传统飞地经济往往较为关注税收、GDP等指标，在合作初期双方对税收、GDP分成进行约定或承诺，然而在实际运作过程中很难兑现或完全兑现，这种现象在省级以下地方政府自发合作型“飞地”上表现更为突出，主要原因：一是受现行分税制财政管理体制和GDP统计的属地原则影响，“飞出地”的利益实现难。比如，2015年6月3日，财政部、国家税务总局联合印发《京津冀协同发展产业转移对接企业税收收入分享办法》（财预〔2015〕92号），虽然规定了京津冀地区企业迁出地和迁入地双方分享税种、分享范围及分享方式，但该办法主要面向省级政府层面，由省级部门负责执行，市（区）级政府的主动性、积极性及话语权未被关注；2017年的922号文件虽然规定，对于地区生产总值、工业总产值、固定资产投资额、进出口额、外商投资额等指标，允许“飞地”合作方综合考虑权责关系和出资比例后进行协商划分，但仅作专门用途供内部使用。二是省级以下地方政府自发合作往往缺乏动态调整机制和“硬性”

约束机制，导致协议不能完全履行。以江苏江阴—靖江工业园区为例，2003年两地签订合作备忘录，明确约定10年内双方都不从园区提取投资收益，10年后收益五五分成；然而，随着园区经济规模不断增长，双方在利益划分上产生分歧，2013年园区最高决策会议——联席会议中断，10年之约并未真正履行。近年来，我区先后与秦皇岛市、溧阳市、德州市齐河县等地签订了明确税收分享比例的合作协议，但同样基于上述原因，尚未形成实际分享案例。

三　促进中关村发展飞地经济模式的政策建议

（一）制定高精尖产业跨区域布局规划和路线图，加强统筹谋划和组织

一是摸清底数。按照在更大范围整合上下游资源，做大做强和持续升级优势产业、高价值环节的总体思路，对中关村科学城迫切需要开展跨区域布局的高精尖产业领域、产业链关键环节、重点企业等，进行全面梳理和动态监测，为实现产业跨区域精准布局提供依据。二是科学布局。根据不同领域、不同环节、不同企业的发展规律和需求特征，选择与中关村科学城产业发展需求高度匹配、资源优势互补以及创新高效协同的特定区域开展合作。如针对受禁限目录限制和空间资源约束的生物医药规模化生产制造等领域（环节），可依托我区研发资源和人才优势，就近与不受禁限、空间资源相对丰富的本市其他区或津冀地区开展合作，发挥区位优势做强存量、拓展增量；针对集成电路芯片制造、封装测试等对生产工艺、人才资源及行业配套水平要求相对较高的领域（环节），可选择与长三角、粤港澳大湾区等具备一定产业基础的区域开展合作，通过跨区域布局形成相对完善的上下游产业链；针对互联网数据中心等空间需求大、关联配套要求低的领域（环节），可选择西部地区、对口帮扶地区开展合作，充分发挥其土地、人力等成本优势，为我区企业拓空间、降成本，提升产品和服务竞争力。

（二）搭建集园区开发、建设、运营等功能于一体的国有对外投资平台和机制，探索“政府组织+市场运作”的跨区域合作新路径

一是依托相关区属国企，引入专业化、多元化人才和资源，组建集园区土地一级开发、招商引资、运营管理、服务保障等实力于一身的综合型、旗舰型跨区域投资平台。二是依托区属国资投资平台，联合合作方共同设立投融资公司，在两地政府组织和引导下，采取股份制融资、企业化管理、市场化运作方式，进行园区综合开发，探索“海淀总部+异地基地”新发展路径。三是探索政府和社会资本合作（PPP）等新模式，更多采取产业融资、产权融资、股权融资等方式，积极引入社会资本，多渠道筹措资金。四是尝试通过特许经营、政府购买服务等方式，将园区部分或全部事务委托给第三方运营管理，探索园区管理与日常运营相分离，提高专业化运行水平。五是倡议合作双方共建产业基金，通过共同扶持重点项目建设、提升园区吸引力等，促进技术共享、资源共享、市场共享，真正形成政府组织、市场运作、滚动发展的良性互动和可持续发展机制。

（三）发挥市场化运作的政府股权投资基金的纽带作用，建立被投企业跨区域发展对“飞出地”的反哺机制

一是在市场化运行的政府股权投资对初创企业完成阶段性投资目标，使其顺利实现产业化之后，市场化运行的政府股权投资不完全退出，仍在企业保留少量股权，以便实时掌握企业异地拓展的意向和动态，主动服务企业跨区域发展需求，为持续分享企业在异地发展壮大形成的收益奠定基础。二是汇集产业链上下游企业异地发展需求，开展针对性的统筹布局。采取政府组织、市场推动、政策引导等多种方式，变分散转移、自发转移为集中转移、有组织转移，有序引导企业向目标区域拓展布局，实现异地集群发展。

（四）建立多样化的跨区域合作收益模式，侧重考量合作实效

一是针对跨省合作，鉴于目前跨省税收分成和 GDP 分成兑现困难，侧重于依托国资投资平台，通过合作园区土地增值、运营和服务收入等，实现国有资产增值和形成新的税收来源。二是针对与京内其他区的合作，考虑到北京市已出台市内企业跨区域迁移政策，即《关于进一步完善我市企业跨区迁移有关政策的意见》（京财预〔2019〕1312 号），在尝试依托区属国资平台获取投资收益的同时，加强对规模大、纳税多的企业的主动监测。据初步统计，目前我区有区级两税（增值税、企业所得税）超过 600 万元（含）的企业超过 700 家；针对这些符合财税共享机制范围的潜在跨区迁移重点企业，要尽快建立迁出预警和跟踪机制，确保及时、充分分享相应的财税利益。三是针对对口帮扶区域，在突出扶贫、帮扶导向的同时，加快探索可持续合作新模式。积极推动帮扶区域向我区企业开放科技应用场景，支持我区企业参与合作园区土地开发、公共服务平台、基础设施建设等，鼓励我区双创服务机构到合作园区建设孵化器、提供专业化服务等，打造“对口帮扶、合作共赢”的新样板。

（五）出台促进产业跨区域布局的专项政策，加快先行先试探索步伐

一是制定专项政策。通过设立专项资金、建立市场化基金、提供贷款贴息等多种措施，引导驻区企业在扎根海淀的前提下，有序向目标区域拓展布局。二是争取先行先试。面向北京市层面，探讨开展特别合作区建设试点，合作区财政体制由市级直管，具体管理委托海淀区政府；合作区产生的地方级税收在扣除市级按体制规定的获益部分外，一定年限内全部返还给合作区投资建设，一定年限后，按照 25%、25%、50% 的比例，在合作双方及合作区进行分成。面向国家层面，积极推动完善跨区域合作涉及的行政管理、财税、统计、成本核算、纠纷裁决等体制机制，推动建立去行政化的全面改制型“飞地”。争取试点建设具有独立法人地位的经济实体型合作园区，以“计划单列”形式直接从省级或更高层面获得土地、规划、财政等权限；园区管委会作为国有企业的管理机构承担国有资产保值增值责任；两地政府则按照股权确立成本分担和权益分配方式。此外，加快探索“反向飞地”等新合作模式，形成产业跨区域布局的多种路径。

参考文献

李琳、刘莹、黄跃:《湖南"飞地经济"发展模式选择与对策探析》,《湖南社会科学》2017年第6期。

查婷俊、刘志彪:《"飞地经济"的江苏实践》,《环境经济》2017年第16期。

易兵、姚丽霞:《武汉大都市区"飞地经济"理论实践与模式选择探析》,《中国市场》2019年第5期。

王倩:《"飞地经济"治理中的地方政府合作研究——以深汕特别合作区为例》,《厦门特区党校学报》2017年第5期。

蒙媛、王婉、王发莉:《基于互利共赢下的"飞地经济"发展模式分析》,《现代商贸工业》2017年第24期。

陈彦玲:《深汕特别合作区以"三大"创新激发各方活力创建"飞地经济"新模式》,《广东经济》2018年第3期。

王克:《跨区域共建产业园区期待"法人治理"式合作机制"飞地经济"的江苏试验》,《中国经济周刊》2017年第25期。

孙浩进、王昊天:《发展"飞地经济"承接产业转移的路径探析》,《牡丹江师范学院学报》(哲学社会科学版)2018年第2期。

马明:《区域产业协同发展的运行机理研究》,《中国乡镇企业会计》2017年第4期。

何向武、周文泳:《区域高技术产业创新生态系统协同性分类评价》,《科学学研究》2018年第3期。

张衔春、栾晓帆、马学广、林雄斌:《深汕特别合作区协同共治型区域治理模式研究》,《地理科学》2018年第9期。

李明惠、陈刚:《产业转移下产业集群跨区域创新合作研究述评与展望》,《技术经济与管理研究》2018年第10期。

杨金玲:《区域经济一体化进程中地方政府利益博弈与角色重构》,《领导科学》2018年第17期。

张鑫、王志远、朱春燕:《区域经济一体化中地方政府博弈行为与政府角色定位》,《商业经济研究》2017年第6期。

王媛媛:《区域经济一体化进程中地方政府治理创新机制研究》,《全国流通经济》2017年第3期。

章宇萍:《基于产业融合的长三角飞地经济发展策略研究》,《现代经济信息》2019年第1期。

徐志文：《用四大创新理念壮大“飞地经济”》，《当代县域经济》2018 年第 2 期。

马骏：《产业融合发展引领长三角飞地经济升级对策》，《科学发展》2018 年第 8 期。

雒海潮、苗长虹：《承接产业转移影响因素和效应研究进展》，《地理科学》2019 年第 3 期。

产耀东：《“飞地经济”模式视阈下的深汕特别合作区发展研究》，《中国经济特区研究》2018 年第 1 期。

Abstract

Annual Report on Economic Development of Beijing (*2019 - 2020*) is the latest annual research report about Beijing's economic development, economic analysis and forecasting. The researchers in the Institute of Economics in BASS (Beijing Academy of Social Sciences) are as the core team members, and some scholars who study in government departments, research institutions, universities and other academic institutions are absorbed in the team.

The book analyzed and reviewed the Beijing overall economic situation in 2019 and forecasted the economic trends in 2020. The Report deeply analyzed the current situation, problems and causes of economic development of Beijing and put forward some executable suggestions, concentrating on the global, strategic and key issues of Beijing economic development, using a combination of quantitative and qualitative analysis methods.

Annual Report on Economic Development of Beijing (*2019 - 2020*) is divided into general reports, macroeconomics, strategic analysis, industrial development, finance and regional development. From the perspective of content, this book forecasts, predicts and analyzes the economic situation and key tasks in 2020. Especially with regard to the high-quality economic development of XiCheng District and the constraints of regulations, the industrial upgrading and transformation of core areas, innovation system construction, cultural industry, software information service industry, traditional manufacturing, green bonds, ecological compensation, digital economy, foreign headquarters, Unicorn companies, Beijing World Garden Fair and other key hot issues have been thoroughly researched and analyzed.

The general report is the core of this book. The total report is divided into four parts. The first part mainly analyzes the current international economic situation and development trends. The second part mainly reviews and summarizes the economic development of Beijing in 2019. The third part analyzes the impact of the new corona virus epidemic on Beijing's economic growth, domestic demand and related industries. The fourth part establishes a macroeconomic simultaneous equation model, empirically analyzes the relationship between Beijing's investment, consumption, wages and economic growth, and forecasts and prospects the economic situation of Beijing in 2020.

This report predicts that in 2020, the growth rate of fixed assets investment in Beijing will increase by 1. 5% year-on-year, achieving a small increase. Total market consumption increased by 6. 5% year-on-year, and the growth rate declined slightly from 2019. The growth rate of the added value of the secondary industry will decline slightly, reaching 3. 8%. The growth rate of the added value of the tertiary industry will fall to a large extent, reaching 5. 2%; the consumer price index will continue to remain relatively stable at 102. 2%. Based on the above analysis, taking into account the impact of the epidemic, it is expected that Beijing's GDP will grow by 5. 5% in 2020, and the growth rate will further decline.

Keywords: Beijing Economy; High Quality Development; Macro Economy; Industrial Economy

Contents

I General Report

Abstract: The growth of the world economy in 2019 is difficult, and the economic growth rate may be the lowest level in the past decade. In 2020, the epidemic of new-type corona viruses will spread across the world, and the overall slowdown of world economic growth will continue. Looking back at 2019, Beijing's economic growth has been operating steadily, the decline in fixed asset investment has narrowed, consumer demand has picked up slightly, the quality of industrial development has improved, the price index has fallen slightly, residents' income has grown rapidly, and commodity housing prices have increased steadily. The New Crown Disease that broke out in early 2020 will have a significant impact on Beijing's economic growth, as well as tourism, catering and accommodation, culture and entertainment, transportation, and real estate. The report establishes a macroeconomic simultaneous equation model and empirically analyzes the relationship between consumption, investment, wages and economic growth in Beijing. This report predicts that in 2020, the growth rate of fixed assets investment in Beijing will increase by 1. 5% year-on-year, achieving a small increase. Total market consumption increased by 6. 5% year-on-year, and the growth rate declined slightly from 2019. The growth rate of the added value of the secondary industry will decline slightly, reaching 3. 8% . The growth rate of the added value of the tertiary industry will fall to a large extent, reaching 5. 2% ; the consumer price index will continue to remain relatively stable at 102. 2% . Based on the above analysis, taking into account the impact of the epidemic, it is expected that Beijing's GDP will grow by 5. 5% in 2020, and the growth rate will further decline.

Keywords: Economic Situation; New Crown Disease; Beijing

Ⅱ Macroeconomy

Abstract: In 2019, Beijing's economic and social development is generally stable and progress has been made. The functions of diversifying functions, stabilizing growth, promoting reform, restructuring, benefiting people's livelihood, preventing risks, and maintaining stability have been solidly advanced. The realization of major events guarantees a complete success, the implementation of major strategies is firm and strong, the major projects have achieved remarkable results, and major reforms have achieved fruitful results. In 2020, it is necessary to closely follow the goals and tasks of building a well-off society in an all-round way, adhere to the general tone of progress while maintaining stability, adhere to the new development concept, adhere to the main line of supply-side structural reform, and adhere to the drive of reform and opening up. Continue to vigorously strengthen the "four centers" function construction, improve the "four services" level, and do a good job of "three major events". Fight the three major battles, solidly promote high-quality development, effectively protect and improve people's livelihood, and make every effort to maintain security and stability in the capital. We will continue to lead the party from a strict rule to a deeper one, and work harder to push forward the new development of the capital.

Keywords: Beijing's Economy; Beijing's Society; High-quality Development; Society Governance

Abstract: Beijing's economic growth rate has slowed down in 2019 because of the complex and volatile international environment and the deep adjustment of the domestic economic structure. The GDP growth rate is expected to be 6. 1% for the whole year, which is still within a reasonable range of 6% -6. 5%. In 2020, although the outbreak of COVID-19 will have a significant impact on the economy, it won't change the long-term fundamentals of the economy. It is expected that the annual GDP growth will be about 5. 8%.

Keywords: GDP Growth; Fixed Asset Investment; Total Consumption; Industry; Service Industry

Abstract: In 2019, Beijing's industrial and software information services maintained a stable and progressive development and improved quality. The overall trend was to show high-quality development characteristics such as steady growth, high-end leadership, innovation-driven, and environmental protection. From the perspective of key industries, electronic information, intelligent equipment, biomedicine, and automobile transportation industries have become the main forces driving industrial growth. From the industrial output value of each area above the designated size, Yizhuang Development Zone, Haidian District, and Shunyi District account for a relatively large proportion, becoming the main force to support Beijing's industrial development. In 2020, the macroeconomic situation is still grim and complex, and the real economy is still facing difficulties. The downward pressure on industry is gradually increasing. The value added of industries above designated size is expected to increase by about 3%, and investment in fixed assets in key industrial industries will be more than 21 billion yuan. The software and information service industry is expected to achieve an operating revenue of 1450 billion yuan, an increase of about 12% year on year.

Keywords: Beijing; Industry; Key Industries; Advanced Project; Investment

Abstract: Innovation system is the innovation engine of high quality economic development in Beijing. This paper analyzes the current situation of innovation system construction in Beijing from three aspects: the main position of enterprise innovation, the construction of market-oriented mechanism of technological innovation supported by science and technology service industry, and the strategic layout of "three cities and one district" as the main platform. Then it puts forward countermeasures and suggestions to further strengthen the construction of innovation system in Beijing from the aspects of deep integration and docking of innovation chain and industrial chain, improving the innovation ability and innovation subject status of enterprises.

Keywords: Innovation System in Beijing; Capatial Economy; High Quality Economic Development; Innovation

Ⅲ Strategic Analysis

Abstract: Since the 18th National Congress of the Communist Party of China, the Party Central Committee with Comrade Xi Jinping at its core has summed up domestic and foreign development experiences and lessons, analyzed and grasped the development trend at home and abroad, and guided the high-quality economic development with new development concepts.

This article focuses on the practice and reflection on the innovation and promotion of high-quality economic development in XiCheng District at a higher level. Guided by Xi Jinping's socialist economic thought with Chinese characteristics in the new era, accurately grasp the new tasks and requirements of capital development in the new era, and in-depth study of the rich connotation and indicator system of high-quality development. Based on the resource endowment and development reality of XiCheng District, scientifically explore the strategic layout and practical path of high-quality development, and in-depth summarize the innovation practices and positive results achieved in recent years. We will further strengthen our determination and confidence to promote high-quality economic development in XiCheng District, and strive to be at the forefront of capital reduction, innovation and high-quality development.

Keywords: Xicheng District; Economy; High-quality Development

Abstract: Urban function is an important benchmark factor in the selection of urban leading industries and the evolution of industries. There are regular characteristics of co-evolution between urban industries and urban functions. Under the restriction of regulations, the industrial positioning of the core functional areas of the capital should be in line with the functions of the capital. Adhere to the development principles of reduction and intensiveness, innovation and leadership, and green and low carbon, and unswervingly unceasing non-capital functions. It is necessary to moderate development of modern financial industry, modern service industry, high-quality cultural and tourism industry, and high-quality living service industry in line with the functional positioning of the capital. Guide the existing industries in the core area to transform and restructure, reorganization and upgrade, and improve quality and efficiency. Promote the optimization and reorganization of the core area's industrial structure and urban spatial structure. It is time that promoting high-quality commercial development in core areas and optimizes and upgrades traditional commercial areas. It is time that promoting the international development of industries in core areas and enhance the industry's international competitiveness.

Keywords: Capital Functional Core Area; Industrial Positioning; Optimization Path

Abstract: Green bonds are a kind of financing bond instruments that specifically use funds to meet green projects. The specificity of green bonds compared with general bonds is mainly manifested in the use of green projects; the evaluation process reflects the greenness, the specialty of fundraising tracking management and the specialty of annual reports. At present, the development of Beijing's green bonds still has problems such as slow market size growth, relatively single issuers of green bonds, inconsistent green bond market standards, and differences in third-party assessment and certification methods. It is recommended to further promote the implementation of preferential policies for green bonds, provide financial support for green bonds, establish independent third-party green certification agencies, and enhance the awareness of green investors.

Keywords: Green Bonds; Corporate Bonds; Financial Bonds

B. 9 Study on the Long-term Docking and Cooperation Mechanism of Ecological Compensation between Plain Area and Ecological Conservation Area

Liu Wei / 132

Abstract: The docking and cooperation mechanism of ecological compensation between plain area and ecological conservation area is an organic combination of ecological protection and docking and cooperation, and an important way to achieve green development, economic and ecological coordinated development. The long-term docking mechanism of ecological compensation mainly involves the following four types: one is the market-oriented ecological compensation cooperation mechanism represented by forest carbon sink; the other is the horizontal ecological protection compensation mechanism of key water resource reserves; the third is to realize the long-term collaborative policy innovation through the ecological purchase mechanism; the fourth is to form the long-term green ecological industry of plain area and ecological conservation area through intellectual compensation Effective cooperation mechanism.

Keywords: Ecological Conservation Area; Ecological Compensation; Beijing

Abstract: The headquarters economy is an important feature of the capital economy, and it is a concentrated reflection of the capital's radiant power, influence, and control. Foreign headquarters are an important part of the Beijing headquarters economy. Over the years, the development of foreign-owned headquarters enterprises has played a positive role in the economic development of the capital and the construction of the "four centers." However, the development of foreign-owned headquarters in Beijing also faces many problems and challenges. It is necessary to base on the new situation facing the economic development of the capital headquarters and combine the implementation of the national opening strategy, the strategic positioning of the capital city, and the promotion of high-quality development of the capital economy. The overall requirements of the Group clearly define the ideas and measures to support the development of foreign headquarters in Beijing, better guide the healthy development of foreign headquarters in Beijing, and further enhance the active role of foreign headquarters in serving the development of the capital.

Keywords: Foreign Headquarter; Business Environment; Professional Service System

Abstract: Building a modern metropolitan area is the foundation for development of urban agglomeration. In order to promote the construction of the world-class urban agglomeration of Beijing, Tianjin and Hebei, the construction of the Beijing metropolitan area should be promoted first. As the basis of the new pattern of cities and towns, the development of small towns directly affects the development effectiveness of the metropolitan area. Therefore, this report chooses 42 small towns in Beijing suburban area and analyze their current situations from the four aspects of economy and industry, population status and urbanization level, transportation infrastructure, and basic public service level. With the goal of supporting the development of the metropolitan area, the problems in the current development of small towns are insufficient transportation infrastructure, high pressure for industrial transformation and development, deviations in supply and demand structure and single development model. It is suggested to accelerate the construction of rail transit, adopt multi-level industrial support policies based on location, accelerate the establishment of ecological compensation mechanisms, and further improve the level of public services.

Keywords: Development of Small Towns; Beijing Metropolitan Area; New Pattern of Cities and Towns

B. 12 Research on the Current Situation, Problems and Countermeasures of Digital Economy Development in Beijing

Zheng Tingting / 171

Abstract: Digital economy is the new driving force of Beijing, the analysis of its development status and existing problems will help to clarify the difficulties in the development of Beijing's digital economy and promote its healthy and rapid development. First, this paper analyzes the overall level, infrastructure, core big data industry, digital transformation and regional coordination of Beijing's digital economy development and confirms the achievements of Beijing's digital economy development. Then it analyzes the problems in the development of Beijing's digital economy from four aspects: policy support, digital talents, open data utilization and digital governance ability. Based on this, this paper puts forward five countermeasures to strengthen the development of digital economy in Beijing.

Keywords: Digital Economy; Big Data Industry; Digital Talents; Digital Governance

Ⅳ Industrial Development

Abstract: The thirteenth five-year period is key to achieve the goal of building a moderately prosperous society in all respects. In order to have a full view of the development of cultural and creative industry in the thirteenth five-year period, and provide a basis for the forumulation of the fourteenth five-year plan, this report takes a full analysis and assessment of main goals and important tasks in the "Thirteenth Five-Year Plan of Beijing Cultural and Creative Industry".

Keywords: Beijing; Cultural and Creative Industry; Cultural Financet

Abstract: In 2019, the growth rate of Beijing's cultural industry revenue has slowed down, the leading role of cultural core areas has been strengthened, the industrial structure has become more reasonable, and the "cultural +" multi-format integration and development momentum has been strong. Leading companies have vigorously built cultural brands, and their industrial development has maintained a national leading advantage. Although the development of the city's cultural industry is at the forefront of the country, there are still problems such as insufficient supply of high-quality cultural products and services, the scale effect of cultural and creative parks to be improved, insufficient international influence and competitiveness of cultural enterprises, and inadequate direct financing channels. The year of 2020 is the beginning of the "three-year action plan" for the cultural industry. Driven by multiple favorable policies and the continuous release of consumer demand, the development of the cultural industry will continue to grow steadily throughout the year. According to preliminary judgment, the operating income of the cultural industry increased will be about 8% throughout the year.

Keywords: Cultural Industry; Industrial Structure; "Culture +"

Abstract: In 2019, Beijing strives to build a sophisticated economic structure and promote high-quality development. In this context, Beijing's information industry still maintains a growth trend and continues to play a major supporting role in the city's economic growth. However, due to the slowdown of domestic and foreign economic growth, weak demand, and trade frictions, the growth of the information industry has slowed down. In 2020, with the acceleration of 5G commercialization and the continuous expansion and upgrading of information consumption, Beijing's information industry will usher in new opportunities for development, and it is expected that the industry's growth rate will gradually stabilize.

Keywords: Information Industry; 5G; Information Consumption

Abstract: In 2018, the added value of secondary industry in Beijing was

446. 46 billion yuan, of which the added value of modern manufacturing industry was 214. 97 billion yuan, accounting for only 48. 1% ; the total output value of industries above designated size was 1921. 29 billion yuan, of which the total output value of high-tech manufacturing industry above designated size was 422. 82 billion yuan, accounting for only 22% . According to the statistical data, Beijing still has a large proportion of traditional manufacturing industries, which play an important role in supporting the economic development of Beijing. In the future, it is still necessary to continue to maintain the economic development in Beijing. However, according to the current functional positioning requirements of the capital city, it is urgent to upgrade these traditional manufacturing industries in an all-round way, promote the overall high-quality development of the industry, and support the modernization of the city Economic system construction.

Keywords: Beijing; Traditional Manufacturing Industry; High Quality Development

Abstract: At present, Beijing's ice and snow sports industry has launched intensive favorable policies and huge market potential, but the industrial scale foundation is relatively small, the ability to resist risks is weak, and the size of venues is uneven, so talent becomes the bottleneck of development. From the supply side and the demand side, the Winter Olympics provides a good opportunity for the development of the ice and snow sports industry. At the same time, the fierce regional competition is also a challenge for the ice and snow sports industry in Beijing. In order to realize the orientation of Beijing's ice and snow sports industry, we should improve the policy guidance system, focus on the key sectors, strengthen crisis management, improve the service quality of venues, strengthen personnel training, regional industrial cooperation and other policy suggestions.

Keywords: Winter Olympic; Winter Sports; Industrial

Abstract: poverty alleviation by industry is an effective strategy to control poverty in our country at present. This paper analyzes the problems of recruitment and employment of the poor people, pollution and the relationship between the industrial park and related industries in the poverty alleviation project of deqingyuan golden chicken industry in Beijing, and proposes to establish a long-term poverty alleviation mechanism to ensure the employment demand of the poor population. Extend the poverty alleviation industry chain, and strengthen the correlation between deqingyuan enterprises and related industries; To coordinate the relationship between the development of layer breeding industry and environmental protection; The operating companies in poverty-stricken counties are given certain autonomy to improve the effect of poverty alleviation. In the future, we should actively innovate the poverty alleviation model and meet the needs of the national poverty alleviation strategy in the new era.

Keywords: Beijing; Deqingyuan; Industry Poverty Alleviation; National Strategy

Abstract: This article summarizes the main points of the national and Beijing agricultural water price reform policies, establishes and perfects the agricultural water price formation mechanism, and establishes a precise agricultural water price subsidy and incentive mechanism. The main methods and effects of agricultural water price reform in Beijing are briefly described. Prominent problems in agricultural water price reform: excessive government subsidies in the water price formation mechanism, excessively overpriced water prices are not well-known, and crop water use standards are too single. The one of solution is to establish and develop the agricultural water rights trading market in Beijing the other is establish a scientific and reasonable agricultural water price system that takes into account the full cost factor, and improve the annual crop water quota standards.

Keywords: Agricultural Water Price; Water Rights Trading Market; Beijing

V Fiscal & Financial Market

Abstract: in 2019, under the influence of multiple factors including the economic downturn and large-scale tax and fee reduction policies, the financial revenue of Beijing achieved a slight growth and successfully completed the adjusted annual target. In terms of fiscal expenditure, we will actively take various measures to vigorously reduce and control general expenditure, ensure key projects and expenditures for people's livelihood, ensure the balance of the city's general public budget, and ensure overall stable fiscal operation. In 2020, the budget revenue and expenditure of Beijing will be basically the same as that of the previous year.

Keywords: Fiscal Operation; Cut Taxes and Administrative Fees; Balance of Payments; Performance Management; Fiscal and Tax Reform

Abstract: This article analyzes the characteristics of Beijing's financial operations in 2019. The analysis finds that financial macro-control and credit policy-oriented evaluation have been effective, and the growth rate of deposits and loans has been generally stable. RMB deposits and RMB loans have maintained a high growth rate. Foreign currency deposits and foreign currency loan balances have declined slightly. It has been increased financial support for key areas and weak links. The financing structure has been continuously optimized, and loan interest rates and bond financing costs have continued to decline. It is necessary to pay attention to the weak demand for corporate loans, the pressure on maintaining the rapid growth of total credit is greater and bond market further raises default risk. And that housing companies are experiencing tight financing and a large funding gap; rising risks associated with financial markets. It is expected that in 2020, Beijing's financial industry will better play its supporting role in epidemic prevention and control and the real economy with new development concepts. The scale of social financing will increase moderately, and the financing structure will be further optimized.

Keywords: Finance; Deposit; Loan; Private Enterprise; Real Estate

Abstract: Based on the theory of corporate life cycle, the article follows the law of the growth cycle of unicorn companies. First, the development stages of unicorn companies are divided into germination, development, explosion, and maturity stages, and unicorns are analyzed at each stage The development characteristics of enterprises and their financial needs. Following this, the article sorted out and condensed the policy experience of Beijing to cultivate and promote the growth of unicorn enterprises. Finally, based on the research on the above two aspects, and combining the financing environment of Beijing unicorn enterprises, the article puts forward suggestions for optimizing the financial support system for fostering unicorn enterprises in Beijing. The research in this article can provide a reference policy experience for optimizing the growth and financing environment of unicorn companies.

Keywords: Unicorn; Financial Support System; Beijing

Ⅵ Regional Development

Abstract: Staging of Beijing International Horticultural Exhibition has had some significant impacts on Yanqing district's economic development. The paper argues that staging of International Horticultural Exhibition has introduced a large amount of investment to Yanqing district, improved the local infrastructure, and accelerated the significant development of the local industries, especially construction and tourism. Through the practice of International Horticultural Exhibition, the paper argues that Yanqing district shall further improve the local infrastructure as well as other tourism related facilities, raise the quality of services, and continue to enhance tourism industry to boost the local economic development.

Keywords: International Horticultural Exhibition; Economy; Yanqing

B. 24 Thoughts on Accelerating the New Economic Development of Zhongguancun Science City

Hu Ting / 329

Abstract: With the vigorous development of new economy, Zhongguancun Science City is gradually becoming an important engine to support the development of national science and technology innovation center and the main source of new economy. Through the research and analysis of the current stage characteristics, key areas of concern and challenges faced by Zhongguancun Science City's new economic development, around the cultivation of innovation subjects, the development of emerging industries, "High-precision" industrial spatial distribution, innovation mode exploration, reform and innovation of system and mechanism, the author puts forward suggestions and Countermeasures to promote the development of Zhongguancun Science City's new economy.

Keywords: Zhongguancun Science City; New Economy; Innovation Efficiency

B. 25 Research on Exploring to Orderly Guide the Industrial Cross-regional Distribution of ZhongGuanCun Science City by Enclave Economic Model

Song Jiechen, *Zhao Tianmi* / 346

Abstract: "Enclave economy" refers to the breaking of administrative division restrictions in two different administrative regions, with the direct purpose of complementary and efficient use of production factors. Cooperative construction various of economies, industrial parks in specific regions, through construction, management, and benefit distribution. This paper analyzes the attempts and practices of the development of "enclave economy" in Suzhou, Shenzhen and other places for many years, sorts out and summarizes typical cross-regional cooperation models, and combines with the development reality of

ZhongGuanCun Science City to propose an orderly guide for the industrial cross-regional layout Specific countermeasures.

Keywords: " Enclave Economy "; Industry Transfer; Cross-regional Cooperation; Zhongguancun Science City

皮书

智库报告的主要形式
同一主题智库报告的聚合

✣ 皮书定义 ✣

皮书是对中国与世界发展状况和热点问题进行年度监测，以专业的角度、专家的视野和实证研究方法，针对某一领域或区域现状与发展态势展开分析和预测，具备前沿性、原创性、实证性、连续性、时效性等特点的公开出版物，由一系列权威研究报告组成。

✣ 皮书作者 ✣

皮书系列报告作者以国内外一流研究机构、知名高校等重点智库的研究人员为主，多为相关领域一流专家学者，他们的观点代表了当下学界对中国与世界的现实和未来最高水平的解读与分析。截至 2020 年，皮书研创机构有近千家，报告作者累计超过 7 万人。

✣ 皮书荣誉 ✣

皮书系列已成为社会科学文献出版社的著名图书品牌和中国社会科学院的知名学术品牌。2016 年皮书系列正式列入“十三五”国家重点出版规划项目；2013~2020 年，重点皮书列入中国社会科学院承担的国家哲学社会科学创新工程项目。

S 基本子库
UB DATABASE

中国社会发展数据库（下设 12 个子库）

整合国内外中国社会发展研究成果，汇聚独家统计数据、深度分析报告，涉及社会、人口、政治、教育、法律等 12 个领域，为了解中国社会发展动态、跟踪社会核心热点、分析社会发展趋势提供一站式资源搜索和数据服务。

中国经济发展数据库（下设 12 个子库）

围绕国内外中国经济发展主题研究报告、学术资讯、基础数据等资料构建，内容涵盖宏观经济、农业经济、工业经济、产业经济等 12 个重点经济领域，为实时掌控经济运行态势、把握经济发展规律、洞察经济形势、进行经济决策提供参考和依据。

中国行业发展数据库（下设 17 个子库）

以中国国民经济行业分类为依据，覆盖金融业、旅游、医疗卫生、交通运输、能源矿产等 100 多个行业，跟踪分析国民经济相关行业市场运行状况和政策导向，汇集行业发展前沿资讯，为投资、从业及各种经济决策提供理论基础和实践指导。

中国区域发展数据库（下设 6 个子库）

对中国特定区域内的经济、社会、文化等领域现状与发展情况进行深度分析和预测，研究层级至县及县以下行政区，涉及地区、区域经济体、城市、农村等不同维度，为地方经济社会宏观态势研究、发展经验研究、案例分析提供数据服务。

中国文化传媒数据库（下设 18 个子库）

汇聚文化传媒领域专家观点、热点资讯，梳理国内外中国文化发展相关学术研究成果、一手统计数据，涵盖文化产业、新闻传播、电影娱乐、文学艺术、群众文化等 18 个重点研究领域。为文化传媒研究提供相关数据、研究报告和综合分析服务。

世界经济与国际关系数据库（下设 6 个子库）

立足“皮书系列”世界经济、国际关系相关学术资源，整合世界经济、国际政治、世界文化与科技、全球性问题、国际组织与国际法、区域研究 6 大领域研究成果，为世界经济与国际关系研究提供全方位数据分析，为决策和形势研判提供参考。

法律声明